V&R

Kommentar zu den Apostolischen Vätern

Herausgegeben von
Norbert Brox (†), Georg Kretschmar
und Kurt Niederwimmer

Dritter Band

Vandenhoeck & Ruprecht

Der zweite Clemensbrief

Übersetzt und erklärt
von
Wilhelm Pratscher

Vandenhoeck & Ruprecht

Ergänzungsreihe zum
Kritisch-exegetischen Kommentar
über das Neue Testament
Band 3

Bibliografische Information der Deutschen Nationalbibliothek

Die Deutsche Nationalbibliothek verzeichnet diese Publikation
in der Deutschen Nationalbibliografie; detaillierte bibliografische Daten
sind im Internet über <http://dnb.d-nb.de> abrufbar.

ISBN 10: 3-525-51688-6
ISBN 13: 978-3-525-51688-1

© 2007, Vandenhoeck & Ruprecht GmbH & Co. KG, Göttingen / www.v-r.de
Alle Rechte vorbehalten. Das Werk und seine Teile sind urheberrechtlich geschützt.
Jede Verwendung in anderen als den gesetzlich zugelassenen Fällen bedarf der
vorherigen schriftlichen Einwilligung des Verlages. Hinweis zu § 52a UrhG:
Weder das Werk noch seine Teile dürfen ohne vorherige schriftliche Einwilligung des
Verlages öffentlich zugänglich gemacht werden. Dies gilt auch bei einer
entsprechenden Nutzung für Lehr- und Unterrichtszwecke
Printed in Germany.
Satz: Dörlemann Satz, Lemförde
Druck und Bindung: ⊕ Hubert & Co, Göttingen

Gedruckt auf alterungsbeständigem Papier

VORWORT

Der zweite Clemensbrief hat in der Auslegung eine recht unterschiedliche Wertung erfahren. Während er bis in die jüngere Zeit hinein oft überwiegend negativ gewertet wurde, erfährt er in neuerer Zeit eine (mitunter freilich auch wieder undifferenzierte) günstige Beurteilung. Die vorliegende Auslegung versucht, ihm als einem interessanten und herausfordernden Dokument der heidenchristlichen Kirche gegen Mitte des 2. Jahrhunderts gerecht zu werden. Als, wie oft gesagt wird, „älteste erhaltene christliche Predigt", die das Leben der betreffenden Gemeinde in bestimmten Aspekten erkennen lässt, hat er von vornherein einen hohen Anspruch auf Beachtung.

Meinem verehrten Lehrer Kurt Niederwimmer danke ich nicht nur für eine lange theologische und persönliche Weggemeinschaft, sondern auch für die Aufnahme in die von ihm initiierte Reihe und für wichtige Hinweise. Danken möchte ich auch dem verstorbenen Mitherausgeber Norbert Brox für die spontane Bereitschaft, mich als Kommentator des zweiten Clemensbriefes in das KAV-Team zu holen. Ich habe nicht nur seine wissenschaftliche Arbeit, sondern auch sein gewinnendes Wesen außerordentlich geschätzt und werde ihm ein ehrendes Andenken bewahren.

Für Schreibarbeiten und Hilfe bei der Literaturbeschaffung danke ich Herrn Adalbert Raab, für Korrekturarbeiten meinen Assistenten, Herrn Markus Lang und Frau Iris Haidvogel, ersterem auch für die Mitarbeit bei der Erstellung der Register, für wertvolle Hilfe bei der Endredaktion auch meiner Frau Susanne Pratscher. Dem Verlag Vandenhoeck & Ruprecht, insbesondere Herrn Jörg Persch und Frau Tina Bruns, danke ich für die vorbildliche Drucklegung.

Möge der Kommentar dazu beitragen, Interesse und Verständnis für die Literatur im Übergang von der neutestamentlichen zur patristischen Zeit mit all ihren Facetten zu fördern.

Wien, im Oktober 2006   Wilhelm Pratscher

INHALT

A. EINLEITUNG

§ 1 Textüberlieferung

1. Handschriften

2 Clem ist in drei Handschriften überliefert, zwei griechischen (A; H) und einer syrischen (S).[1] Er folgt stets auf den 1 Clem.

Die älteste Hs ist der *Codex Alexandrinus (A)* aus dem 5. Jh. Der Entstehungsort ist unbekannt.[2] Die seit dem 11. Jh. in der Bibliothek des Patriarchen von Alexandrien nachweisbare Hs wurde 1621 vom Ökumenischen Patriarchen Kyrill Lukaris nach Konstantinopel gebracht und 1628 dem englischen König Charles I geschenkt (seit 1757 in der Brit. Libr.: Ms.Reg. 1 D V–VIII).[3] Die beiden Clemensbriefe folgen auf die Apk,[4] der Text von 2 Clem findet sich fol. 168a–169b, bricht allerdings 12,5 ab (mit τοῦτο). Im Unterschied zu 1 Clem fehlt bei 2 Clem eine Inscriptio, wegen der Unvollständigkeit des Textes auch eine Subscriptio,[5] im Inhaltsverzeichnis ist allerdings ΚΛΗΜΕΝΤΟΣ Ε(ΠΙΣΤΟΛ)Η Β̄ zu lesen. Der Text der Hs kann trotz gewisser Sorglosigkeiten als gut bezeichnet werden.[6]

Den vollständigen griechischen Text bietet der *Codex Hierosolymitanus* (H). Er wurde 1873 vom Metropoliten von Serrae, ΦΙΛΟΘΕΟΣ ΒΡΥΕΝΝΙΟΣ in der dem Jerusalemer Patriarchat gehörenden Bibliothek des Heiligen Grabes in Konstantinopel entdeckt und 1875 veröffentlicht.[7] Es handelt sich um eine 120 Folien umfas-

---

[1] Für genauere Angaben vgl. Lightfoot, Fathers I/1 116–147.

[2] Möglich ist sowohl Ägypten/Alexandrien als auch (wie Skeat, Provenance 121 u. a. erwägen) Konstantinopel bzw. dessen Einflussbereich. Der Text von A ist jedenfalls von unterschiedlicher Qualität, vgl. Aland/Aland, Text 118. Die Vorlagen für den (bzw. die) Schreiber von A repräsentieren Textgestalten verschiedener Kirchengebiete. Wo die Kompilation erfolgte, ist unsicher.

[3] Erstedition: P. Iunius 1633; Faksimile: F.G. Kenyon 1909.

[4] Die Einfügung der beiden Clemensbriefe in einen Bibelkodex zeigt deren im Umfeld des Schreibers vorhandene kanonische Geltung. Immerhin sind sie nicht in der unmittelbaren Nachbarschaft der katholischen Briefe zu finden (so in S, dazu unten), sondern im Anschluss an das NT. „Man wagte es wohl nicht mehr, die bereits festgefügte Sammlung des ntl. Briefteils mit der Apokalypse am Schluss durch Aufnahme der Klemensbriefe zu unterbrechen, sondern hängte diese dem ntl. Kanon an" (Stegemann, Herkunft 35).

[5] Nach Stegemann, Herkunft 36 war letztere „vermutlich" vorhanden.

[6] Lightfoot, Fathers I/1 120, in Bezug auf die drei Hss A, H und S sei A „by far the most trustworthy" (142); im Detail siehe unten im Kommentarteil.

[7] Βρυεννιοσ versah den Codex mit dem Sigel I (Ἱεϱοσολυμιτικόν); Gebhardt/Harnack, Epistulae XI (u. ö.), Lightfoot, Fathers I/1 123 (u. ö.) und zuletzt Stegemann, Herkunft 32f (u. ö.) verwenden das Sigel C (Constantinopolitanus), ansonsten hat sich unter dem Einfluss von Bihlmeyer,

sende, 1056 von einem Schreiber Leo (vgl. den Kolophon fol. 120a) hergestellte Sammelhandschrift, die u.a. auch Barn, 1 Clem, Did und Ign (rec. longior) beinhaltet.[8] Der Text von 2 Clem findet sich fol. 70a–76a. Die Inscriptio lautet Κλήμεντος πρὸς Κορινθίους B̄, eine Subscriptio fehlt. Die Handschrift ist insgesamt in einer sorgfältigen Minuskel geschrieben, „offenkundige Schreibfehler sind relativ selten".[9] Der Schreiber ist „mit einiger Überlegung an seine Arbeit gegangen".[10] Die (am Anfang von H stehende) Synopsis setzt den im griechischen Syrien Mitte des 4. bis Mitte des 5. Jh. gebräuchlichen Kanon des Neuen Testaments voraus (4 Evangelien, Acta, 14 Paulusbriefe, 3 katholische Briefe). Das deutet ebenso wie das Fehlen von Pol Phil und Herm sowie die Langfassung von Ign und der Brief der Maria von Kassoboloi an Ignatius, nicht zuletzt auch die Kenntnis der Didache auf eine Entstehung von H im antiochenischen Einflussbereich. Genauerhin könnte sogar der Fundort Konstantinopel der Abfassungsort der Hs sein.

Schließlich liegt 2 Clem in einer 1170 in Edessa angefertigten *syrischen Handschrift (S)* vor. Sie befindet sich unter der Signatur Add. Mss. 1700 in der Universitätsbibliothek Cambridge. 1876 entdeckte sie dort R.L. BENSLY. Seine Mitteilungen an LIGHTFOOT sind in dessen Kommentar (Fathers I/1 129–147) verarbeitet. Ediert wurde die Handschrift nach Benslys Tod durch R.H. KENNETT (1899).[11] Es handelt sich um eine Handschrift des NT mit dem Text der Harclensis (wie der Schreiber am Schluss angibt). Sie enthält im Einzelnen: 1. Die 4 Evangelien; eine, die 4 Evangelien verarbeitende Passionserzählung. 2. Apg; katholische Briefe; 1.2 Clem.[12] 3. Paulusbriefe inkl. Hebr. Die beiden Clemensbriefe, die in den Inscriptiones und Subscriptiones als 1. bzw. 2. Clemensbrief bezeichnet werden,[13] wurden nachträglich mit den ntl. Schriften verbunden. Denn die redaktionelle

---

Väter XVII (u.ö.) und KNOPF, 2 Clem 151 (u.ö.) das Sigel H (Hierosolymitanus) durchgesetzt, nicht zuletzt, weil die Hs 1887 nach Jerusalem gebracht wurde (Signatur Κῶδ. πατρ. 54). Fotokopie der Clemensbriefe von H bei LIGHTFOOT, Fathers I/1 425–474.

[8] Im Einzelnen: a. fol. 1a–38b: Ps. Chrysostomus, Synopsis des Alten und Neuen Testaments (vgl. PG 56, 313–386); b. fol. 39a–51b: Barnabasbrief; c. fol. 51b–70a: 1. Clemensbrief; d. fol. 70a–76a: 2. Clemensbrief; e. fol. 76a: Verzeichnis der ὀνόματα τῶν βιβλίων παρ᾽ ἑβραίους (hebr.-aram. mit griech. Transkription und griech. Titel), f. fol. 76a–80b: Didache; g. fol. 81a–82a: Brief der Maria von Kassoboloi an Ignatius; h. fol. 82a–120a: 12 Briefe des Ignatius (es folgt das Kolophon mit der Datierung); i. fol. 120a–120b: Abhandlung über die Abstammung Jesu.

[9] NIEDERWIMMER, Didache 33; vgl. schon LIGHTFOOT, Fathers I/1 123. Letzterer schätzt gleichwohl die textliche Qualität von A deutlich höher ein als die von H (124: „… it must certainly yield the palm to the Alexandrian"): H zeigt Angleichungen an LXX (ebd. 124f Belege aus dem 1 Clem), er bietet dogmatische (z.B. 9,5 λόγος statt πνεῦμα) und vor allem grammatikalisch-stilistische Änderungen (z.B. 7,5 φθείρων statt φθείρας).

[10] NIEDERWIMMER, Didache 35. Das zeigt z.B. der freie Raum nach dem Ende der Didache, deren Text er z.R. für unvollständig hält.

[11] BENSLY/KENNETT, Epistles.

[12] Auch ApostCan 85 (FUNK, Didascalia I 592) ordnen die beiden Clemensbriefe nach den katholischen Briefen ein.

[13] Für 2 Clem vgl. LIGHTFOOT, Fathers I/1 131: Inscriptio: „Of the same the Second Epistle to the Corinthians", 132: Subscriptio: „Here endeth the Second Epistle of Clement to the Corinthians".

Schlussbemerkung steht (anders als in den Teilen 1 und 3) in Teil 2 nicht am Ende, d.h. nach den Clemensbriefen, sondern vor ihnen. Nicht nur in der Beibehaltung der beiden Clemensbriefe, sondern auch in der des Passionsdiatessarons und im Verzicht auf Apk Joh spiegelt die Hs die Nachwirkung älterer Lokaltraditionen in der Zeit nach der Philoxeniana und Harclensis. Den Clemensbriefen wird durch die Stellung innerhalb der ntl. Schriften noch stärker eine kanonische Geltung zuerkannt, als dies durch die Anfügung in A geschehen ist. Das gilt für das 12. Jh. natürlich nicht für ganz Syrien, ist aber auch als Einzelfall höchst bedeutend für die Frage nach der bleibenden hohen Wertschätzung dieser Dokumente. Die Übersetzung geht nach BENSLY auf die Schule des Jakob von Edessa (633–708) zurück.[14] Sie unterscheidet sich deutlich von der Textform der ntl. Texte, die der Harklensis zugehören. „ … the Harcleo-Philoxenian version shows no tendency to that unrestrained indulgence in periphrasis and gloss which we find frequently in these Syriac Epistles of Clement".[15] In der Rekonstruktion des Textes wird im Folgenden dementsprechend das Gewicht von S (aufs Ganze gesehen) als geringer angesehen als das von H und insbesondere das von A.[16]

2. Zitate, Anspielungen und Testimonien[17]

2.1. Der älteste Zeuge für 2 Clem könnte Origenes sein. Maximus Confessor schreibt ihm in ProlegOpDionys (PG 4,20 D) die Kenntnis von 4 Clemensbriefen zu.[18] Nach Comm Joh 2,34,207 (GCS Orig 4,92) lehrten die Propheten ἃ δεῖ φρονεῖν περὶ τοῦ υἱοῦ τοῦ θεοῦ. Das steht 2 Clem 1,1 jedenfalls recht nahe, auch wenn man nicht „eindeutig" eine „Anlehnung"[19] diagnostizieren muss. Ein Reflex davon könnte auch Comm Rom 8,2 vorliegen.[20] In der Version des Rufin lesen wir: „Sed ita … debes sentire de Christo, tanquam de Verbo, et veritate, et sapientia, et justitia Dei" (LOMMATZSCH 7,201). Nicht zuletzt „könnte"[21] Origenes in seiner 18. Homilie zu Jeremia 2 Clem 8,1f verwertet haben. Gemeinsam ist beiden (gegen Jeremia) die Zuspitzung des Töpfermotivs auf die Unmöglichkeit der Neuformung des Tones nach dem Brennen (bzw. ohne Bild: der Rettung nach dem

---

[14] LIGHTFOOT, Fathers I/1 135.

[15] LIGHTFOOT, Fathers I/1 135. Vgl. weiters 136–142 und meine textkritischen Ausführungen unten im Kommentarteil. Auch sind die Clemensbriefe sonst nicht Teil der Philoxeniana bzw. Harklensis.

[16] Die Hochschätzung von S durch WENGST, 2 Clem (und in gewisser Hinsicht durch LINDEMANN, 2 Clem) ist nicht gerechtfertigt.

[17] Da die Übergänge fließend sind, werden die Zitate, Anspielungen und Testimonien gemeinsam erörtert.

[18] Ὁ γὰρ Ὠριγένης, οὐκ οἶδα εἰ πάντων, μόλις δὲ τεττάρων (scil. Clemensbriefe) ἐμνήσθη, vgl. HARNACK, Geschichte II/1 439: „man wird … muthmassen dürfen".

[19] Wie WARNS, Untersuchungen 34 meint; etwas vorsichtiger LINDEMANN, 2 Clem 189: „möglicherweise". Ähnlich ist immerhin die Verbindung von μὴ δεῖ und διδάσκειν Tit 1,11.

[20] WARNS, Untersuchungen 34f.

[21] So auch LINDEMANN, 2 Clem 189; WARNS, Untersuchungen 34 urteilt hier zurückhaltender als bei der Stelle aus dem Johanneskommentar.

Tod): ὅσον ἐσμὲν ἐν τῷ βίῳ τούτῳ, μορφούμεθα, ἵν᾽ οὕτως ὀνομάσω διὰ τὸ
πήλινον ἡμῶν σκεῦος, κεραμευτικῶς καὶ μορφούμεθα ἤτοι κατὰ κακίαν ἢ
κατὰ ἀρετήν (GCS Orig 3,151).

2.2. Nicht ausgeschlossen ist auch die Kenntnis von 2 Clem bei Hippolyt. Ein in
den zumeist Johannes von Damaskus (um 754) zugeschriebenen[22] Sacra Parallela
(HOLL, TU.NF 5,2, S. 137–143, Nr 353) überliefertes Fragment von Contra gentes
de universo bietet einen Anklang an 17,5; 19,3f[23]. Es ist allerdings verständlich, dass
beim selben Thema dieselben Wörter (oder Wortfamilien) auftauchen. Aus den
Gemeinsamkeiten, die doch einen recht allgemeinen Charakter haben, kann bes-
tenfalls „vielleicht"[24] eine Kenntnis des 2 Clem durch Hippolyt gefolgert werden.
Immerhin fehlen auch der für den Prediger wichtige Makarismus (19,3 vgl. V.4) und
die Betonung des tröstenden Gegenübers von kurzem Leiden und ewiger Freude.

2.3. Von einem zweiten Clemensbrief redet erstmals Euseb. HE 3,38,4 heißt es
nach einem Hinweis auf Ign und 1 Clem: ἰστέον δ᾽ ὡς καὶ δευτέρα τις εἶναι
λέγεται τοῦ Κλήμεντος ἐπιστολή, οὐ μὴν ἔθ᾽ ὁμοίως τῇ προτέρᾳ καὶ ταύτην
γνώριμον ἐπιστάμεθα, ὅτι μηδὲ τοὺς ἀρχαίους αὐτῇ κεχρημένους ἴσμεν
(GCS.NF 6,1,284).[25] Euseb weiß zwar von der Existenz eines zweiten Clemensbriefes, kennt die Schrift aber offenbar nicht.[26] Es ist unsicher, ob er überhaupt
2 Clem meint.[27]

2.4. 2 Clem ist auch in den vor 381 n. Chr. entstandenen Apostolischen Canones
(ApostConst 8,47,85 [Funk I 592]) bezeugt. Er wird hier, anders als bei Euseb, als
kanonisch betrachtet, da beide Clemensbriefe mit Κλήμεντος δύο in der nume-
rischen Aufzählung der kanonischen Schriften aufscheinen.

---

[22] ALTANER/STUIBER, Patrologie 528.

[23] LIGHTFOOT, Fathers I/2 258f zitiert folgende Passagen: ἡ τῶν πατέρων δικαίων τε ὁρωμένη
ὄψις πάντοτε μειδιᾷ ἀναμενόντων τὴν μετὰ τοῦτο τὸ χορὸν ἀνάπαυσιν καὶ αἰωνίαν ἀναβίωσιν
(TU.NF 5,2,139f), weiters ἀποφθέγξονται, φωνὴν οὕτως λέγοντες· δικαία σου ἡ κρίσις, sowie τὸ
πῦρ ἄσβεστον διαμένει ... σκώληξ δέ τις ἔμπυρος (TU.NF 5,2,141. Die gemeinsamen bzw. aus denselben Wortfamilien stammenden Wörter sind kursiv gesetzt). LIGHTFOOT meint, diese Ähnlichkeiten
„suggest that our Clementine homily was known to this writer" (259). Die Thematik wird auch in einem
Fragment der eventuell identischen Schrift Contra gentes des Ps.-Josephus angesprochen (Hg. MALLEY,
Fragments 16 fr. IV: Καὶ κριτὴν πάντων ἴσμεν δικαίων τε καὶ ἀδίκων ἔν τε τῷ παρόντι βίῳ καὶ
ἐν τῷ μέλλοντι· ἐν ᾧ δὴ καὶ ἀποδώσει ἑκάστῳ κατὰ τὰ ἔργα αὐτοῦ δικαίως καὶ ἀπροσω-
πολήπτως· Δίκαιος γάρ ἐστιν καὶ δικαιοσύνας ἠγάπησεν.)

[24] LINDEMANN, 2 Clem 189. WARNS, Untersuchungen 52 hält z.R. eine Abhängigkeit nicht für er-
weisbar und nimmt eine gemeinsame Vorlage an.

[25] Übersetzung KRAFT 188: „Bemerkenswert ist, daß man auch noch von einem zweiten Klemensbriefe spricht. Doch wissen wir, daß er nicht gleich dem ersten Klemensbriefe anerkannt wird; denn wie
uns bekannt ist, haben ihn auch die Alten nicht benützt."

[26] Gegen PAULI, Korintherbrief 323, richtig WENGST 2 Clem 208: er kannte 2 Clem „offenbar nur
vom Hörensagen". Eine genauere Kenntnis deutet auch Rufin nicht an (vgl. seine Übertragung der
Eusebstelle in GCS.NF 6,1,285: dicitur tamen esse et alia Clementis epistula, cuius nos notitiam non ac-
cepimus).

[27] GREGORY/TUCKETT, 2 Clem 251 verweisen darauf, dass 2 Clem kein Brief sei. Doch z.Z. des
Euseb könnte er schon (im Konnex mit 1 Clem) als solcher gegolten haben. Die Frage der Identität bleibt
trotzdem unsicher.

2.5. Von Euseb abhängig ist vermutlich Hieronymus Vir Inl 15 (TU 14,1,17).[28] Fertur et Secunda ex eius (scil. Clementis) nomine epistula, quae a veteribus reprobatur. Diese Formulierung lässt keine über Euseb hinausgehende Kenntnis des 2 Clem vermuten. Die Zusammenstellung mit 1 Clem ist freilich geläufig.

2.6. In dem ca. 430 n. Chr. entstandenen sog. Praedestinatus (1,14, PL 53,591 bc) wird als vierzehnte Häresie die Leugnung der Auferstehung des Fleisches und des Leidens Christi durch den Valentinianer[29] Markus genannt. Ihm sei sanctus Clemens episcopus Romanus entgegengetreten: fixis et integris assertionibus confutans … aeterna damnatione punivit (vgl. 10,3–5; 20,4): docens vere natum et passum Dominum nostrum Jesum Christum (vgl. 1,2; 9,5). Auch wenn man eine direkte Auseinandersetzung mit Markus bezweifelt,[30] kann man hier wohl ein Wissen um die antignostische Ausrichtung von 2 Clem bewahrt sehen.[31] Ob der Verfasser 2 Clem als Ganzes vor sich hatte, in einer Zitatenkollektion oder ob er nur ein allgemeines Wissen über ihn besaß, muss offen bleiben. Jedenfalls liegt nur eine Anspielung vor.

2.7. Ein Bezug zu 2 Clem liegt bei (Pseudo)-Justin vor. In den vermutlich von Theodoret von Kyros (um 466) stammenden[32] Quaestiones et Responsiones ad Orthodoxos 74 (Otto ³III/2, 108.110) heißt es: Εἰ τῆς παρούσης καταστάσεως τὸ τέλος ἐστὶν ἡ διὰ τοῦ πυρὸς κρίσις τῶν ἀσεβῶν, καθά φασιν αἱ γραφαὶ προφητῶν τε καὶ ἀποστόλων, ἔτι δὲ καὶ τῆς Σιβύλλης, καθώς φησιν ὁ μακάριος Κλήμης ἐν τῇ πρὸς Κορινθίους ἐπιστολῇ …[33] Die Vorstellung von dem durch Feuer erfolgenden Gericht an Gottlosen[34] findet sich jedoch nicht 1 Clem, dagegen sind 2 Clem 17,5f (vgl. 16,3) die entscheidenden Termini πῦρ, κρίσις und ἀσεβεῖν zu finden. Wie die Rede von „dem" Korintherbrief nahelegt, dürfte (Pseudo)-Justin 2 Clem als Teil von 1 Clem verstehen.[35] Dass eine persönliche Lektüre dahinter steht,[36] bleibt eine Vermutung. Jedenfalls ist zumindest eine rudimentäre Kenntnis vorauszusetzen.

2.8. Ein Zitat von 2 Clem 1,1f; 9,5a liegt in dem fälschlich Timotheus (Aelurus) von Alexandrien (477) zugeschriebenen Florilegium Edessenum anonymum[37] vor.

---

[28] BAASLAND, Rhetorik 85.

[29] Praedestinatus 1,13 (PL 53, 591b) spricht ausdrücklich vom Valentinianer Ptolemäus.

[30] HARNACK, Geschichte I/2 779 spricht von einer „Erfindung des Verfassers des Prädestinatus".

[31] WARNS, Untersuchungen 56.

[32] ALTANER/STUIBER, Patrologie 340.

[33] Übersetzung HARNACK, Diodor III unter Nr. 86 (74): „Wenn das Ende des gegenwärtigen Zeitlaufes das Feuergericht über die Gottlosen ist – wie die Schriften von Propheten und Aposteln sagen, dazu auch die Sibylle, und wie der selige Clemens in dem Brief an die Korinther sagt – …"

[34] Vgl. Jes 66,15; Dan 7,9f; 2 Thess 1,8; 2 Petr 3,7; Sib 4,170–180; STEGEMANN, Herkunft 162 A176.

[35] VÖLTER, Väter 2. Auf eine bloße Kenntnis des 2 Clem (so HARNACK, Brief 273) ist dagegen kaum zu schließen.

[36] STEGEMANN, Herkunft 53. Ansprechend ist die ebd. geäußerte Vermutung, (Pseudo)-Justin könnte mit dem καθὼς φησιν bei Clemens (nach dem im Konnex von Propheten, Aposteln und Sibylle auftauchenden καθά φασιν) „eine bestimmte Belegangabe" beisteuern.

[37] Syr. Text bei I. RUCKER, SBAW. PH 1933, H. 5, S. 4f Nr. 6 und 7. Syr. Text und engl. Übersetzung bei LIGHTFOOT, Fathers I/1 180–182.

Im Anschluss an ein Zitat aus PsClem EpVirg I folgt nach dem Lemma „Of the same (scil. Clement, bishop of Rome), from the beginning of the Third[38] Epistle" zunächst ein Zitat von 2 Clem 1,1f: „My brethren, thus it behoveth us to think concerning Jesus Christ, as concerning God, as concerning the Judge of the living and the dead. And it is not right for us to think small things concerning our salvation; for by thinking small things concerning it, we also expect to receive small things. And when we hear as concerning small things, we sin, in that we do not know from whence we are called, and by whom, and to what place, and all those things which Jesus Christ endured to suffer for our sakes".[39] Nach einem weiteren Lemma „Of the same" folgt 2 Clem 9,5a „There is one Christ our Lord, who saved us, who was first spirit, became then in the flesh, and thus called us".[40] Der Text entspricht mit einigen kleineren Abweichungen[41] dem der Handschriften von 2 Clem. Das (neben anderen Texten in der Handschrift Brit. Mus. Add. 12156 enthaltene) Florilegium hat eine monophysitische Ausrichtung. Es enthält vor den beiden 2 Clem-Zitaten noch solche aus Ign Eph 18,1–19,1; Ign Magn 8,2; Ign Röm 6,3; Pol Phil 12,2 und PsClem EpVirg I 5,6.

2.9. In denselben monophysitischen Bereich und wiederum nach Syrien gehört das Florilegium des Severus von Antiochien (538), Liber contra impium grammaticum 3,41,[42] das eine gemeinsame Tradition mit dem Florilegium des Timotheus zu haben scheint. Nach Zitaten des Ignatius (u.a. Röm 6,3; Eph 1,1; Magn 8,2; Pol Phil 12,2) folgt auch hier (nach dem Lemma „Clementis, tertii post apostolos episcopi Romani, ex secunda epistula ad Corinthios")[43] 2 Clem 1,1f (CSCO 102, 208, Übersetzung Lebon): Fratres mei, ita sentire nos oportet de Iesu Christo, tanquam de Deo, tanquam de iudice vivorum et mortuorum; nec decet nos humilia sentire de salute nostra. Si enim sentimus humilia de illo, parva etiam nos accepturos speramus, et quasi tenuia audientes, peccamus, nescientes unde vocati simus et a quo et in quem locum, et quanta sustinuerit Iesus Christus pati pro nobis. Die enge Verbindung der beiden Florilegien zeigen auch die übereinstimmenden Textvarianten (vgl. z.St.), auch wenn Severus nur das Zitat von 1,1f bietet, nicht das von 9,5a.

---

[38] Die Kennzeichnung als 3. Brief ist rätselhaft. Sie könnte mit der Zählung als 3. Bischof zusammenhängen, die im Severuszitat (unten Abschnitt 2,9) vorliegt, Rucker, ebd. Eher unwahrscheinlich ist die Zählung nach den beiden (als Einzeldokumente verstandenen) PsClem EpVirg (Harnack, Brief 275 und Geschichte I 48; Völter, Väter 3). Dagegen ist die Zählung nach den (als Einheit verstandenen, vgl. I 1,1; II 16,3) PsClem EpVirg und dem 1 Clem (Stegemann, Herkunft 56) wieder wahrscheinlicher. Wiederum weniger wahrscheinlich ist die nach PsClem EpClem und 1 Clem oder nach ApostConst und 1 Clem bzw. nach Hebr und 1 Clem (so Warns, Untersuchungen 60, der die Versionen mit EpClem und ApostConst für die wahrscheinlichsten hält).

[39] Lightfoot, Fathers I/1 181.

[40] Ebd. 182.

[41] Im Detail vgl. z.St.

[42] Hs. Brit. Mus. Add. 12157 fol. 200b. Syr. Text CSCO 101,283 (Hg. Lebon), ebenso Lightfoot, Fathers I/1 182f mit engl. Übersetzung.

[43] Bei Severus ist also erstmals ein Zitat als solches bezeichnet: aus dem „zweiten Brief des Clemens an die Korinther".

2.10. In der 2. Hälfte des 6. Jh. greift Dorotheus Archimandrites, Abt eines Klosters bei Gaza, in Doctr 23 (PG 88,1836b) 2 Clem 7,3 frei zitierend auf: ὡς λέγει καὶ ὁ ἅγιος Κλήμης· κἂν μὴ στεφανῶταί τις, ἀλλὰ σπουδάσῃ μὴ μακρὰν εὑρεθῆναι τῶν στεφανουμένων. Der Text differiert terminologisch stark, trifft aber sachlich das originelle Motiv der Clemensstelle sehr genau, wenigstens möglichst nahe an die Bekränzung heranzukommen. Von der Zitateinleitung her lässt sich nicht schließen, welche Kenntnis von Clemensschriften Dorotheus genauerhin hatte.

2.11. Zu dem durch Pseudo-Timotheus und Severus dokumentierten Traditionsstrom gehören im 7. Jh. die Excerpta Patrum, Brit. Mus. Add. 17214 fol. 76b.[44] Wie bei ersterem wird Kap. 1 und 9 zitiert, genauer: 1,1a; 9,1–5. In der Einleitung ist vom heiligen Clemens, Erzbischof von Rom die Rede, aus dessen 2. Brief an die Korinther auch der Patriarch Severus in vielen Schriften Belege bringe. Es folgt dann 1,1a: „My brethren, thus it is right for us to think concerning Jesus Christ, as concerning God, as concerning the Judge of the living and the dead"; es folgt unmittelbar 9,1–5: „And let no one of you say that this flesh is not judged nor riseth again. Know by what ye have been saved, and by what ye have seen, if it be not when ye are in this flesh. Therefore it is right for you that you should keep your flesh as the temple of God. For as ye were called when ye were in the flesh, so also in this flesh shall ye come. If it be that Christ our Lord, who saved us, who at first indeed was spirit, became flesh, and thus called you; so that we also in the same flesh receive the reward."[45] Der Text weicht nur 9,5a von den übrigen Zeugen ab (vgl. z.St.). Eine selbständige Kenntnis des 2 Clem kann in diesen Exzerptensammlungen je länger desto weniger vorausgesetzt werden. Selbst für Pseudo-Timotheus und Severus ist das nicht völlig sicher.

2.12. In dem wahrscheinlich im 7. Jh. entstandenen[46] Verzeichnis der 60 kanonischen Bücher ist als Nr. 21 unter den Apokryphen eine Διδασκαλία Κλήμεντος genannt (PREUSCHEN, Analecta II² 69). Da im Anschluss (Nr 22 und 23) von einer Lehre des Ignatius bzw. des Polykarp geredet wird, ist es nahe liegend, an 1 und 2 Clem zu denken, auch wenn keine Sicherheit besteht.[47]

2.13. Ein griechisches Zitat aus 2 Clem 20,1.3.4 findet sich in den Sacra Parallela (HOLL, TU.NF 5,2, S. 2, Nr.2). Im Lemma der Handschrift C,p. 213ʳ τοῦ ἁγίου Κλήμεντος ἐπισκόπου Ῥώμης ἐκ τῆς β′ πρὸς Κορινθίους ἐπιστολῆς ist ausdrücklich vom 2. Clemensbrief die Rede.[48] Das Zitat lautet: (1) Μὴ ταρασσέτω τὴν καρδίαν ὑμῶν ὅτι βλέπομεν τοὺς ἀδίκους πλουτοῦντας καὶ στε-

---

[44] Syr. Text und engl. Übersetzung bei LIGHTFOOT, Fathers I/1 184–186.

[45] Nach LIGHTFOOT, Fathers I/1 185 ist dieselbe Zitatverbindung von 2 Clem 1 und 9 auch in 3 weiteren Handschriften aus dem 8.–10. Jh. überliefert (Brit. Mus. Add. 14532 fol. 214b; Brit. Mus. Add. 14538 fol. 20a und Brit. Mus. Add. 17191 fol. 58b).

[46] SCHNEEMELCHER, in: NTApo ⁶I 34; dort 34f die Liste der Apokryphen.

[47] Vgl. das vorsichtige Urteil von STEGEMANN, Herkunft 48, die z.R. auch die Möglichkeit von 1 Clem allein oder von einer anderen Kombination oder von anderen clementinischen Schriften nicht grundsätzlich ausschließt.

[48] Im Lemma der Handschrift R, p. 198ᵛ lesen wir nur τοῦ ἁγίου Κλήμεντος ἐπισκόπου Ῥώμης.

νοχωρουμένους τοὺς τοῦ θεοῦ δούλους. (3) Οὐδεὶς γὰρ τῶν δικαίων ταχὺν
καρπὸν ἔλαβεν ἀλλ᾽ ἐκδέχεται αὐτόν. (4) Εἰ γὰρ τὸν μισθὸν τῶν δικαίων ὁ
θεὸς εὐθέως ἀπεδίδου, ἐμπορίαν ἠσκοῦμεν καὶ οὐκ εὐσέβειαν. Ἐδοκοῦμεν γὰρ εἶναι δίκαιοι οὐ διὰ τὸ εὐσεβὲς ἀλλὰ τὸ κερδαλέον διώκοντες. Der
Text ist gegenüber der aus den Handschriften rekonstruierten Textgestalt sachlich
nicht verändert; es finden sich nur einige kleinere stilistische und terminologische
Differenzen (siehe z.St.). Die vermutlich aus dem antiochenisch-syrischen Bereich
stammenden Sacra Parallela greifen mit ihren Zitaten über die Materialien der älteren Florilegien so weit hinaus, dass eine direkte Kenntnis der zitierten Schriften,
hier konkret des 2 Clem, vermutet werden kann.[49]

2.14. Die Stichometrie des Nikephorus, ein ca. 850 an dessen Chronographie
angehängtes Kanonsverzeichnis, das vermutlich spätestens im 6. Jh. entstanden
sein dürfte,[50] bringt unter den Apokryphen des Neuen Testaments an 7. Stelle den
Vermerk Κλήμεντος λβ′ mit Stichenangabe 2600 (PREUSCHEN, Analecta II² 64;
übers. in NT Apo ⁶I 34). Die offenbar verderbte Angabe λβ′ ist schwerlich als
Zahl 32 zu verstehen,[51] sondern viel eher als α′β′ zu lesen und auf 1 und 2 Clem hin
zu deuten.[52] Vor den Clemensschriften wird die Didache, nach ihnen werden Ignatius, Polykarp und Hermas genannt. Dieser Umstand sowie die für die beiden
PsClemEpVirg viel zu lange Stichenzahl dürften die Annahme der Bezeugung von
1 und 2 Clem nahe legen.

2.15. Eine Bezeugung des 2 Clem liegt auch beim Patriarchen von Konstantinopel, Photius († 891) vor: Bibl 113 (HENRY II 84) erwähnt er, dass das Schreiben im
Unterschied zu dem öffentlich verlesenen 1 Clem umstritten sei: ἡ δὲ λεγομένη
δευτέρα πρὸς τοὺς αὐτοὺς (scil. Κορινθίους) ὡς νόθος ἀποδοκιμάζεται.
Bibl 126 (HENRY, II 98) berichtet er von einem Büchlein (βιβλιδάριον), in dem
die beiden Clemensbriefe und der Polykarpbrief zu lesen seien. Über 2 Clem weiß
er allerhand zu berichten: er sei ein paränetisches Werk (ἡ δὲ δευτέρα καὶ αὐτὴ
νουθεσίαν καὶ παραίνεσιν κρείττονος εἰσάγει βίου), Jesus werde als Gott verstanden (ἐν ἀρχῇ θεὸν τὸν Χριστὸν κηρύσσει), er enthalte nichtkanonische
Zitate (ῥητά τινα ὡς ἀπὸ τῆς θείας γραφῆς ξενίζοντα παρεισάγει), er biete
unkonventionelle Zitatinterpretationen (ἑρμηνείας δὲ ῥητῶν τινῶν ἀλλοκότους
ἔχει) und er habe einen nicht folgerichtigen Gedankengang (οὐ συνεχῆ τὴν ἀκο-
λουθίαν ὑπῆρχε φυλάττοντα, jeweils HENRY II 99). Diese Angaben machen es
wahrscheinlich, dass Photius 1.2 Clem „selbst zur Hand gehabt hat",[53] ein förmliches Zitat bietet er jedoch nicht.

2.16. Als letzter Beleg sei ein mögliches Zitat von 3,2.4a in den Pandekten des
Nikon, Mönch des Theotokos-Klosters auf dem Schwarzen Berg in Syrien (um

---

[49] STEGEMANN, Herkunft 58.

[50] So GEBHARDT/HARNACK Epistulae XL A 27; ZAHN, Geschichte II/1 311 denkt an „die Zeit von
320–600, vielleicht vor 500".

[51] So SCHNEEMELCHER, NTApo ⁶I 34.

[52] LIGHTFOOT, Fathers I/1 196; vgl. auch STEGEMANN, Herkunft 159f A159.

[53] STEGEMANN Herkunft 39; anders GEBHARDT/HARNACK, Epistulae XLIf.

1088), Sermo 18 genannt. J.B. Cotelier hat diesen Text zusammen mit dem von 1 Clem 14,1f; 15,1f; 46,4.2 aus den Pariser Codd. Reg. 2418, 2423 und 2424 übernommen und als Fußnote zu 1 Clem 14,1 seiner Clemens-Editio vermerkt:[54] καὶ ὁ κύριος λέγει· τὸν ὁμολογήσαντά με ἐνώπιον τῶν ἀνθρώπων ὁμολογήσω αὐτὸν ἐνώπιον τοῦ πατρός μου. Ἐν τίνι δὲ αὐτὸν ὁμολογοῦμεν; ἐν τῷ ποιεῖν ἃ λέγει καὶ μὴ παρακούειν αὐτοῦ τῶν ἐντολῶν. Die Texte werden einfach mit Κλήμεντος Ῥώμης eingeleitet und waren ein Teil der für Mönche zusammengestellten Pandekten des Nikon.

---

[54] COTELERIUS, Patrum I 155; vgl. STEGEMANN, Herkunft 166 A209.

§ 2 Literarische Einheitlichkeit

1. Der sekundäre Charakter von 19,1–20,4

Die literarische Einheitlichkeit wurde nicht nur in der Frühzeit der Forschung am 2 Clem vorausgesetzt,[1] sie wird auch in der jüngeren Vergangenheit vertreten.[2] Doch sprechen gewichtige Argumente gegen sie.[3]

1.1. Die *literarische Gestaltung* deutet auf einen Neueinsatz bei 19,1, wie die Apostrophe ἀδελφοὶ καὶ ἀδελφαί und der Hinweis auf die vorzulesende ἔντευξις zeigen. Diese ἔντευξις ist nicht mit 19,1–20,4 zu identifizieren, sondern verweist auf eine Größe außerhalb ihrer selbst, nämlich 1,1–18,2; 20,5.[4] Bezüglich der literarischen Gestaltung ist auch auffällig, dass 19,1–20,4 keine Zitate enthält, wie es vorher in überaus intensiver Weise der Fall war.

1.2. Eine wesentliche Differenz zwischen der Predigt[5] 1,1–18,2; 20,5 und dem Nachtrag 19,1–20,4 ist der recht *unterschiedliche Sprachgebrauch.* Einige besonders auffällige Differenzen:[6] die Anrede lautet in der Predigt stets ἀδελφοί (1,1; 4,3; 5,1 u. ö.), im Nachtrag stets ἀδελφοὶ καὶ ἀδελφαί (19,1; 20,2). Die Predigt bezeichnet sich selbst als συμβουλία (15,1), der Nachtrag bezeichnet sie als ἔντευξις (19,1). Der in der Predigt zentrale Term ἀντιμισθία (1.3.5; 9,7 u. ö.) fehlt im Nachtrag, andererseits fehlen die wichtigen Wortfelder εὐσέβεια/εὐσεβής/θεοσέβεια (19,1; 20,4/19,4; 20,4/20,4) bzw. ἀδικία/ἄδικος (19,2/20,1) in der Predigt, ebenso der Term δοῦλος (20,1), der Hinweis auf die νέοι (19,1), oder – angesichts der Wettkampfmetaphorik Kap. 7 auffällig – auf den σκοπός (19,1). Bei identischen oder verwandten Themen werden unterschiedliche Termini benutzt: statt φιλοπονεῖν (19,1) verwendet der Prediger σπουδάζειν (10,2; 18,2); statt σκοτίζεσθαι τὴν διάνοιαν (19,2) redet er von πηροὶ ὄντες τῇ διανοίᾳ (1,6); statt von

---

[1] Vgl. nur Harnack, Brief 350; Lightfoot, Fathers I/2 191–210; Bardenhewer, Geschichte I 488.

[2] Vgl. nur Vielhauer, Geschichte 739; Öffner, 2 Clem 51f; Wengst, 2 Clem 210; Baasland, Rhetorik 116 sieht in Kap. 19f die peroratio.

[3] Erstmals vertreten wurde die These der sekundären Hinzufügung von Kap. 19f von Pauli, Klemensbrief 326; Schüssler, 2 Clem 4 und Völter, Väter 45. Die weitere These Völters von einer durchgehenden christlichen Überarbeitung einer ursprünglich jüdischen Schrift (besonders 47–54) hat sich dagegen z.R. nicht durchgesetzt. Für die sekundäre Hinzufügung von Kap. 19f treten in neuer Zeit u. a. ein: O' Hagan, Re-Creation 70; Glimm/Marique/Walsh, Fathers 78 A1; Stegemann, Herkunft 78–81: Warns, Untersuchungen 151–153; Lindemann, 2 Clem 255f; Salzmann, Lehren 222–224; Günther, Einleitung 58.

[4] 20,5 ist sachgemäßer Abschluss von 1,1–18,2 und zeigt auch einen anderen Sprachgebrauch als 19,1–20,4 (vgl. nur πατὴρ τῆς ἀληθείας, das auch 3,1 auftaucht, gegenüber θεὸς τῆς ἀληθείας 19,1).

[5] Zur Gattung vgl. Einleitung § 4.

[6] Vgl. im Detail Stegemann, Herkunft 70–72.

ἐπιθυμίαι μάταιαι (19,2) von κοσμικαὶ ἐπιθυμίαι (17,3); statt von πρόσταγμα (19,3) von ἐντολή (3,4; 4,5 u. ö.); statt von ἀθάνατος (19,3) von ἄφθαρτος (6,6; 7,3); statt von ἀναβιοῦν (19,4) von ἀνίστασθαι (9,1). Die Gegenüberstellung von νῦν χρόνοι – μακάριος χρόνος (19,4) bzw. νῦν βίος – μέλλων βίος (20,2) findet sich beim Prediger in der Version αἰὼν οὗτος – αἰὼν μέλλων (6,3). Insgesamt eine erstaunliche Zahl von Differenzen, die die These der literarischen Einheitlichkeit von 2 Clem als unmöglich erscheinen lassen.

1.3. Neben den sprachlichen stehen – freilich nicht in gleicher Gewichtung – auch einige *theologische Differenzen bzw. Differenzen in der Gemeindesituation.* Während der Prediger neben der steten Betonung der Verantwortung für das Heil (1,2; 4,2 u. ö.) auch das Motiv der zuvorkommenden Gnade Gottes betont (1,8; 15,3–5), fehlt letzteres in 19,1–20,4. Andererseits redet der Anagnost[7] von der manchmal gegebenen Unkenntnis des Bösen (19,2) und scheint dieses damit abzuschwächen, während der Prediger ein starkes Sündenbewusstsein hat und so die Verantwortung für das zukünftige Heil besonders stark betont (16,2f; 18,2). Auffällig ist weiters die ganz unterschiedliche Rede von καρπός: 1,3 ist das rechte menschliche Tun gemeint, 19,3; 20,3 dagegen dessen himmlische Belohnung. Unterschiedlich ist offenbar auch die Situation der Gemeinde. Der Prediger bemüht sich noch sehr um sie, er diskutiert und argumentiert (vgl. nur 9,1f), beim Anagnosten ist davon nichts zu bemerken.[8] Auch die Gegensätze zwischen Arm und Reich scheinen sich zu verfestigen. Während die starke Betonung des Almosens in der Predigt von großer Bedeutung ist und damit die Vermögenden in besonderer Weise angesprochen werden (16,4), scheidet der Anagnost deutlich zwischen dem ungerechten Reichen und den bedrängten Knechten Gottes (20,1).

1.4. Neben den Differenzen zwischen der Predigt 1,1–18,2; 20,5 und dem Nachtrag 19,1–20,4 gibt es auch eine Reihe von *Gemeinsamkeiten.* Die auffälligsten: Die zentrale Forderung des μετανοεῖν ἐξ ὅλης (τῆς) καρδίας findet sich 8,2 und 17,1 (vgl. 9,8: ἐξ εἰλικρινοῦς καρδίας) ebenso wie 19,1. Der eschatologische μισθός für das rechte Verhalten wird da (3,3; 9,5; 11,5 u. ö.) und dort (20,4) verheißen, wobei das abgelehnte Verhalten mit πονηρὰ πράσσειν bezeichnet wird (8,2 bzw. 19,2). Dabei wird beide Male auch die Wettkampfmetaphorik verwendet (7,1–6 bzw. 20,2) und auf die kurze Zeit des Lebens und Leidens in dieser Welt verwiesen (5,5 bzw. 19,3). Das Reden wird in der Predigt wie im Nachtrag mit νουθετεῖν (17,2f bzw. 19,2) und ἐπιστρέφειν (16,1; 17,2 bzw. 19,2) bezeichnet. Besonders auffällig ist auch das gemeinsame Motiv der Rettung von Prediger (bzw. Vorleser) und Hörer und Hörerinnen, indem letztere das jeweils Vorgetragene befolgen (15,1 bzw. 19,1).

Zeigen die Differenzen zwischen Predigt und Nachtrag, dass beide vermutlich verschiedene Verfasser und unterschiedliche Gemeindesituationen voraussetzen

---

[7] Der Verfasser von 19,1–20,4 versteht sich selbst als Lektor (19,1: ἀναγινώσκω).

[8] BAASLAND, Rhetorik 116 schließt daraus, 19,1–20,4 müsse deswegen ein Teil der Predigt sein. Doch erklärt sich die Differenz mindestens ebenso gut bei der Annahme unterschiedlicher Gemeindesituationen.

und somit nicht ursprünglich zusammengehörten, so zeigen doch auch die Gemeinsamkeiten die enge Zusammengehörigkeit beider Teile des jetzigen 2 Clem. Die Frage stellt sich damit, wie und weshalb der Nachtrag entstand und wie die jetzige Verbindung erfolgte.

2. Entstehung und Redaktion des Nachtrags 19,1–20,4

Für die Entstehung des Nachtrags sind einige Gemeinsamkeiten mit 1 Clem von Interesse:[9] Ἔντευξις (2 Clem 19,1) ist in der Bedeutung „Mahnschrift" in der frühchristlichen Literatur nur noch 1 Clem 63,2 belegt. Σκοπός (2 Clem 19,1) findet sich in derselben außer Phil 3,14 nur noch 1 Clem 19,2; 63,1. Das Wortfeld εὐσέβεια/εὐσεβής (19,1 bzw. 19,4; 20,4) findet sich bei den Apostolischen Vätern nur noch 1 Clem (εὐσέβεια: 1,2; 11,1; 15,1 u. ö.; εὐσεβής: 2,3; 50,3; dazu εὐσεβῶς: 61,2; 62,1). Die Verdunkelung des Denkens (2 Clem 19,2) findet sich auch 1 Clem 36,2; die ἐπιθυμίαι μάταιαι (2 Clem 19,2) haben eine enge Parallele in den μάταιαι φροντίδες von 1 Clem 7,2, während der Prediger μάταιος nicht verwendet; dasselbe gilt für die Verwendung von πρόσταγμα (2 Clem 19,3; vgl. 1 Clem 2,8; 3,4; 20,5 u. ö.) sowie ἀθάνατος (2 Clem 19,3; vgl. 1 Clem 36,2). Gemeinsames Vokabular des Nachtrags mit 1 Clem bei gleichzeitiger Differenz zum Prediger liegt schließlich auch in der Rede von den νέοι vor (2 Clem 19,1; vgl. 1 Clem 1,3; 3,3; 21,6).[10]

Die Gemeinsamkeiten des Nachtrags mit 1 Clem sind schwerlich schon als Beweis für die These von Stegemann ausreichend, der Nachtrag sei bei der Zusammenstellung des 1 Clem mit der Predigt 2 Clem 1–18 als gemeinsamer Abschluss entstanden.[11] Diese These setzt eine präzise Situation voraus, die als solche durch die Indizien noch nicht gedeckt ist. Wohl aber wird man, wenn man die Gemeinsamkeiten nicht als bloß zufällige betrachten will, doch eine Bekanntschaft des Anagnosten mit 1 Clem voraussetzen oder zumindest ein von diesem beeinflusstes Milieu. Weiters ist auch die These[12] nicht nachvollziehbar, der Anagnost habe den Nachtrag von Anfang an als solchen konzipiert. 19,1 ist nämlich als Beginn eines Nachtrages kaum verständlich: Das Syntagma ἀναγινώσκω ὑμῖν ἔντευξιν „klingt so, als komme das Entscheidende erst noch".[13] Es passt dagegen kaum als Rückblick auf die vorangegangene Predigt. Zudem kann sich das Syntagma θεὸς τῆς ἀληθείας (19,1) kaum auf die vorangegangene Predigt beziehen. Eine solche Bezeichnung wäre selbst bei einer hohen Achtung vor ihr kaum denkbar. Θεὸς

---

[9] Vgl. wieder Stegemann, Herkunft 70–72.

[10] Beide Male sind die an Jahren Jungen gemeint.

[11] Stegemann, Herkunft 105, wobei die Identität von Prediger und Anagnost vorausgesetzt wird. Überlegungen über die ursprüngliche Zugehörigkeit von 20,5 zur Predigt 1,1–18,2 fehlen. Wengst, 2 Clem 210–212 kritisiert z.R. die These Stegemanns, würdigt aber die sprachlichen Gemeinsamkeiten von 1 Clem und 2 Clem 19f zu wenig.

[12] Warns, Untersuchungen 38.

[13] Lindemann, 2 Clem 255.

τῆς ἀληθείας wird vielmehr die der Predigt vorangegangene Schriftlesung bezeichnen. Dann wäre der ursprüngliche Standort von 19,1–20,4 vor der Predigt
gewesen; der Nachtrag wäre somit als Einleitung, als „Ouvertüre" zu verstehen,
wie LINDEMANN z.R. vorschlägt.[14] Der im Traditionsbereich bzw. wenigstens im
geistigen Milieu des 1 Clem stehende Anagnost hätte dann zwischen Schriftlesung
und Predigt eine Einleitung eingeschoben, in der er die folgenden Themen der Predigt kurz angedeutet und auf das ihm Wesentliche konzentriert hätte. Erst nachträglich, möglicher Weise bei der Kombination von 1 Clem[15] und der Predigt
2 Clem 1,1–18,2; 20,5 mit dem dabei gegebenen Entfall der Schriftlesung wäre diese
Einleitung ans Ende der Predigt gerückt und so gleichzeitig ein Abschluss für
1 Clem und 2 Clem geschaffen worden, wobei sinnvoller Weise die Schlussdoxologie der Predigt 20,5 ganz ans Ende gerückt worden wäre.

Die Person des Anagnosten bleibt ebenso im Dunkeln wie die des Predigers (zu
diesem Einleitung § 8). Wie weit seine theologische Selbständigkeit gegangen ist, ist
unklar. Immerhin fordert die Apostol. Kirchenordnung 19 (TU 2,1.2,234), der Lektor solle διηγητικός sein, das Vorgetragene also erläutern können. In einem Gebet
zur Lektorenweihe (ApostConst 8,22,3) wird um den prophetischen Heiligen
Geist gebeten. Entsprechend wird der 303 in Caesarea verstorbene Lektor Alpha-
eus als Prediger und Lehrer des Wortes Gottes gerühmt (Eus Mart Paläst 1 in der
syr. Rez.).[16] Von da aus wird man auch den Anagnosten zum weiteren Führungs-
kreis seiner Gemeinde rechnen dürfen, zumal die Lektoren erst im 3. Jh. an Bedeutung verloren, während sie im 2. Jh. noch als Charismatiker betrachtet wurden.[17]
Jedenfalls dürfte er sich, wie die Wendung ὅταν τις ἡμᾶς νουθετῇ (19,2) anzu-
deuten scheint, nicht zu den autoritativ Ermahnenden gerechnet haben, sonst
hätte er ja eine eigene Predigt halten können.[18]

---

[14] Ebd. 256.
[15] Insofern hätte die genannte These von STEGEMANN, Herkunft 105, Richtiges im Blick.
[16] Vgl. WARNS, Untersuchungen 152.
[17] Ebd. 153; vgl. LECLERCQ, Lecteur 2241–2269; QUACQUARELLI, Origini 381–406.
[18] LINDEMANN, 2 Clem 256 urteilt hier m.E. zu zurückhaltend. Zur Verwendung nichtkanonischer
Texte im Gottesdienst im 2. Jh. vgl. URNER, Lesung 13–18.

§3 STRUKTUR

Die Bestimmung der Struktur von 2 Clem ist eine ausgesprochene Crux. Entsprechende Urteile finden sich seit jeher. So ist schon in der älteren Literatur von einer Homilie die Rede, „die jeder straffen Disposition ermangelt"[1] oder von einer Schrift „ohne streng logischen Fortschritt".[2] Auch in der jüngeren Literatur spricht man von der „lockeren, kaum thematisch akzentuierten Gedankenfolge"[3] bzw. von der fehlenden „logische(n) Gedankenentwicklung",[4] auch wenn man jetzt stärker sieht, dass die Predigt „mehr als ein reines Flickenteppichmuster"[5] besitzt und eine „nicht völlig systemlos konzipierte Rede"[6] ist.

Entsprechend stark differieren die Gliederungsversuche. Im Folgenden eine repräsentative Auswahl, die von der Postulierung von 3 bis 13 Abschnitten reicht.[7]

3 GEBHARDT/HARNACK:[8] 1–2/3–20,4/20,5.
    MCDONALD:[9] 1–4/5–15/16–20.
4 LIGHTFOOT:[10] 1–8/9–12/13–14/15–20.
    HEMMER, LOUVEL/BOUYER/MONDÉSERT, QUÉRÉ:[11] 1–4/5–7/8–17/18–20.
    JEFFORD/HARDER/AMEZAGA, DONFRIED, ÖFFNER:[12] 1–2/3–14/15–18/19–20.
    PAVAN:[13] 1–7/8–15/16–20,4/20,5.
    REBELL:[14] 1–2/3–8/9–12/13–20.
5 VIELHAUER:[15] 1–2/3–8/9–12/13–18/19–20.
    WARNS:[16] 1/2–14/15–18/19,1–20,4/20,5.

---

[1] PRAETORIUS, Bedeutung 524.

[2] VÖLTER, Väter 37.

[3] LOHMANN, Drohung 89.

[4] BAASLAND, Rhetorik 114; in Bezug auf Kap. 14: WALTER, Gemeinde 291f.

[5] BAASLAND, Rhetorik 114.

[6] FRANK, Studien 188.

[7] Dabei wird nur die Grobeinteilung notiert und die Schlussdoxologie (soweit ausgewiesen) ebenfalls gezählt. Der besseren Lesbarkeit wegen werden die einzelnen Teile durch senkrechte Striche getrennt.

[8] GEBHARDT/HARNACK, Epistulae LXVII–LXIX.

[9] MCDONALD, Comments 108.

[10] LIGHTFOOT, Fathers I/2 208–210.

[11] HEMMER, Pères II, LXVI–LXVIII; LOUVEL/BOUYER/MONDÉSERT, Écrits 115; QUÉRÉ, Pères 158.

[12] JEFFORD/HARDER/AMEZAGA, 2 Clem 132; DONFRIED, Setting 42.47; ÖFFNER, 2 Clem 76.

[13] PAVAN, Battesimo 52f.

[14] REBELL, Apokryphen 218f.

[15] VIELHAUER, Geschichte 738f.

[16] WARNS, Untersuchungen 134. Da WARNS den Zusatz 19,1–20,4 nicht mitzählt, kommt er nur auf 4 Abschnitte. Zudem teilt er den Hauptteil 2–14 in A (2–7) und B (8–14). Übernommen von ZIMMERMANN, Geschlechtermetaphorik 508.

GÜNTHER:[17] 1/2-15/16-18/19,1-20,4/20,5.
6 GRANT/GRAHAM:[18] 1-2/3-4/5-7/8-12/13-15/16-20.
  LINDEMANN:[19] 1/2-7/8-14/15-18/19,1-20,4/20,5.
7 KNOPF:[20] 1-2/3-4/5-6/7-8/9-12/13-18/19-20.
  LOHMANN:[21] 1-4/5-6,6/6,7-8,6/9-12/13-18/19,1-20,4/20,5.
8 FRANK:[22] 1-2/3-4/5-7/8/9-12/13-18/19-20,4/20,5.
9 STEGEMANN:[23] 1-2/3-4/5-8,3/8,4-13,4/14/15/16-17/18/19-20.
11 WENGST:[24] 1-4/5-6/7/8-9/10-12/13/14/15/16-18/19,1-20,4/20,5.
13 BAASLAND:[25] 1-2/3-4/5-6/7/8/9/10-12/13/14/15/16-17/18/19-20.

Schon die vielfältigen Versuche, eine Struktur von 2 Clem aufzuzeigen, lassen die Schwierigkeit eines solchen Vorhabens erkennen. An ein paar Beispielen soll das verdeutlicht werden: Der häufig angenommene Einschnitt nach Kap. 1 oder 2 legt sich schwerlich nahe, da die Thematik dieser Kapitel, die christologische Begründung der Paränese, auch noch Kap. 3 dominiert, obwohl die eschatologische Ausrichtung bereits in den Blick kommt. Kap. 3 gehört somit noch zum Vorhergehenden, bereitet aber auch schon das Folgende vor. Weiters: Die Kap. 3 bis 18 sind schwerlich, wie bei DONFRIED u.a., in einen ethischen (3-14) und einen eschatologischen Teil (15-18) zu trennen. Richtig ist, dass es in diesen Kapiteln um Ethik und Eschatologie geht, aber nicht hinter-, sondern ineinander. Die eschatologische Begründung der Paränese liegt durchgehend zwischen Kap. 4 und 18 (mit ihrer Vorbereitung in Kap. 3) vor.[26] Auch die Differenzierung GÜNTHERS zwischen 2-15 (Heil in Christus und Antwort der Gemeinde) und 16-18 (Bußmahnung) trennt Zusammengehörendes: Die Antwort der Gemeinde besteht gerade in der Buße. Nicht unproblematisch ist auch die Einteilung von Kap. 2-18 in 3 Teile bei LINDEMANN (2-7: Christi Heilstat und christliches Leben; 8-14: Die Mahnung zur Buße; 15-18: Verheißung und Gericht), da es durchgehend um das christliche Leben angesichts des Eschatons geht. Gleichwohl sind die Einschnitte 8,1 und 15,1 zu sehen, sie sind aber nur Akzentsetzungen innerhalb eines großen Ganzen. Nicht zuletzt setzt die Gliederung nach rhetorischen Gesichtspunkten, wie sie BAASLAND vornimmt, eine bewusste rhetorische Konzeption voraus, die nachzuvollziehen große Schwierigkeiten macht. Erst recht ist das Urteil von STEGEMANN

---

[17] GÜNTHER, Einleitung 55f.
[18] GRANT/GRAHAM, 2 Clem III.
[19] LINDEMANN, 2 Clem 197. LINDEMANNS Einteilung entspricht trotz anderer Zählweise der von WARNS.
[20] KNOPF, 2 Clem 151.
[21] LOHMANN, Drohung 90.
[22] FRANK, Studien 188.
[23] STEGEMANN, Herkunft 87-90.
[24] WENGST, 2 Clem 209.
[25] BAASLAND, Rhetorik 94.
[26] WENGST, 2 Clem 215 bezeichnet diese Aufteilung als „gewaltsam".

sehr kühn, bei 2 Clem handle es sich um „eine bewußt konzipierte, durchdacht
aufgebaute, klar gegliederte und in sich geschlossene Größe".[27]

2 Clem geht es insgesamt um Paränese. Sie ist zunächst christologisch motiviert
(Kap. 1-3), dann eschatologisch (Kap. [3] 4-18). Wenn die § 2 gemachte Analyse
richtig ist, könnten wenigstens Kap. 19f (ohne 20,5) als eigenständige Einheit verstanden werden. Kap. 4-18 bestehen aus einer Reihe von Akzentuierungen des
einen Themas der eschatologisch motivierten Paränese. Gewisse Einschnitte liegen
8,1f und 16,1 vor, wo es um das Thema der rechtzeitigen Buße geht. Von da aus
könnte man folgende Struktur annehmen:

1,1–3,5	Die primär christologische Begründung der Paränese
1,1–8	Die Darstellung des Heilsgeschehens
2,1–7	Die Schriftbeweise
3,1–5	Das Tatbekenntnis als Folge des vergangenen und als Vorausset-zung des eschatologischen Handelns Jesu
4,1–18,2	Die eschatologische Begründung der Paränese
4,1–5	Das geforderte Verhalten als Voraussetzung des eschatologischen Heils
5,1–7	Die Angst vor dem Tod und ihre Bewältigung im Tun des Wil-lens Christi
6,1–9	Das dem zukünftigen Äon entsprechende Verhalten als Voraus-setzung des Heils
7,1–7	Der Wettkampf der Unvergänglichkeit
8,1–9,6	Rechtzeitige Buße und sarkische Existenz
9,7–10,5	Rechtzeitige Buße und die eschatologischen Folgen
11,1–7	Die Gewissheit der Verheißungen Gottes und die Zweifler
12,1–6	Das Verhalten angesichts des kommenden Reiches Gottes
13,1–4	Buße und Außenstehende
14,1–5	Die Teilhabe an der zukünftigen Kirche
15,1–5	Handeln und freimütiges Gebet
16,1–4	Ermunterung zur rechtzeitigen Buße und zum richtigen Handeln
17,1–18,2	Buße und Gericht
19,1–20,4	Schlussermahnung
20,5	Schlussdoxologie

---

[27] Herkunft 89f.

§ 4 Gattung

2 Clem erscheint in der traditionellen Diktion als Brief, wenn vom „zweiten Clemensbrief" die Rede ist. Er verdankt diese Gattungsbezeichnung freilich nur der seit der Alten Kirche (erstmals Eus HE 3,38,4) üblichen Zusammenstellung mit 1 Clem, die sich auch in den Angaben der Handschriften spiegelt. Die Briefthese ist allerdings schon mit der Kenntnis des fragmentarischen Textes von A,[1] erst recht mit der des vollständigen von H und S gefallen. Nicht nur fehlen alle formalen brieflichen Kennzeichen wie Prä- und Postskript, Korrespondenz u. dgl., es finden sich auch keine Hinweise, dass sich das Dokument selbst als Brief versteht.[2]

Fast ausnahmslos wird in der Forschungsgeschichte die Auffassung vertreten, bei 2 Clem handle es sich – allgemein gesprochen – um eine Predigt.[3] Wenn dabei von Homilie gesprochen wird,[4] ist das missverständlich, denn eine Homilie im altkirchlichen Sinn, d. h. eine Vers für Vers vorgehende Predigt über einen Text, liegt natürlich nicht vor.[5] Der Predigtcharakter ist aber schon auf Grund der häufigen Anreden (1,1; 5,1.5 u. ö) deutlich und wird das vollends durch die Hinweise auf das gegenwärtige Ermahntwerden durch die Presbyter und die zu Hause erfolgende Erinnerung an das Gehörte (17,3). Dabei hat die Endfassung von 2 Clem

---

[1] VÖLTER, Väter 5; BAASLAND, Rhetorik 99.

[2] Vgl. nur die Urteile von VIELHAUER, Geschichte 739; WENGST, 2 Clem 210; LINDEMANN, 2 Clem 190.

[3] Varianten der Brieftheorie vertreten u. a. HARNACK, WEHOFER oder STEGEMANN. Ersterer versteht 2 Clem zwar als Predigt (vgl. GEBHARDT/HARNACK, Epistulae LXVI u. ö.), die aber Bischof Soter als Brief nach Korinth geschickt habe (Geschichte II, 1 438–450; anders in: Brief 267 A2; vgl. dazu VÖLTER, Väter 5–8). Damit ist HARNACK zugleich ein Vertreter der Predigtthese, das Verständnis als Soterbrief bezeichnet nicht die Gattung, sondern nur die sekundäre Verwendung. Eine Variante der Brieftheorie vertritt auch STEGEMANN. Sie wendet sich zwar gegen diese (Herkunft 106), steht ihr aber nahe, wenn sie meint, 2 Clem sei „als eine Art Anhang zum 1 Kl konzipiert worden" (136), weil dem Vf. in Syrien „eine Verbreitung des 1 Kl ohne ergänzende Ausführungen zu der dort etwas rückständigen Christologie sowie zu den Aspekten der Buße und Askese nicht als angemessen erschien" (139). Richtig ist daran, dass 2 Clem durch die Anfügung an 1 Clem in der Folge als Brief verstanden wurde. Doch bleibt dabei offen, wieso das angehängte Dokument so und nicht anders verfasst wurde. Zudem setzt sie eine ganz spezifische Situation voraus, die 2 Clem für sich genommen nicht erwarten lässt. Eine gewisse Nähe zur Position von STEGEMANN hat die von WEHOFER, Untersuchungen 111, der 2 Clem als „Kunstbrief" versteht, „d. h. er ist eine Rede über ein allgemeines Thema, welcher der Verfasser die litterarische Kunstform des Briefes gegeben hat". Für sich genommen deutet nichts auf einen Brief, wie immer man einen solchen versteht.

[4] Vgl. PAULI, Korintherbrief 329; KNOPF, Zeitalter 43; SCHÜSSLER, 2 Clem 2; PRAETORIUS, Bedeutung 522; FRANK, Studien 187; ΜΠΟΝΗΣ, Συμπόσιον 5; LINDESKOG, Schöpfer 597; HOFMANN, Literatur 155.

[5] STEGEMANN, Herkunft 108–114; HAUSAMMANN, Kirche 40.

den Charakter einer „Lesepredigt",⁶ denn 19,1 ist von der Verlesung einer Ansprache, d.h. der Predigt Kap. 1,1–18,2; 20,5, die Rede. Das gilt aber nicht für
diese ursprünglich selbständige Predigt, die nach 17,3 von einem Presbyter mündlich gehalten wurde.⁷ Da die Hörerinnen und Hörer Gemeindeglieder sind, wie
insbesondere die Betonung des Eindruckes auf Außenstehende voraussetzt
(13,1–4), handelt es sich um eine Gemeindepredigt,⁸ nicht um eine nach außen
gerichtete Missionspredigt. Auch eine spezielle Ausrichtung auf Katechumenen⁹
ist kaum anzunehmen.

17,3 charakterisiert der Prediger seine Tätigkeit als νουθετεῖσθαι, als Ermahnen (vgl. 19,2). 15,1 bezeichnet er die Predigt als συμβουλία περὶ ἐγκρατείας.
Ἐγκράτεια ist nicht im späteren technischen Sinn als sexuelle Enthaltsamkeit zu
verstehen, sondern als Distanz zu weltlichen Verhaltensweisen. Es geht somit nicht
um einen Rat, der nur einen Einzelaspekt der Predigt zum Ziel hat, sondern deren
Gesamtausrichtung charakterisiert. Die Predigt wäre damit inhaltlich als *Rat
bzw. Ermahnung zur Buße und zum rechten Verhalten* zu verstehen, die angesichts
der vielfältigen Gefährdungen in diesem Äon nötig sind. Man könnte somit von
einer „Bußpredigt",¹⁰ einer „Ermahnung"¹¹ o.dgl. reden.

Von der aristotelischen rhetorischen Systematik her wird man 2 Clem als „*sym-
buleutische Rede*" bezeichnen können,¹² die der Prediger betont protreptisch, d.h.
aufrüttelnd, ermahnend und warnend gestaltet (νουθετεῖσθαι). Dass er dabei
nicht überheblich über den Hörerinnen und Hörern steht (vgl. nur 17,2; 18,2), hat
der Anagnost mit dem Term ἔντευξις (eindringliche, bittende Ansprache) zutreffend aufgegriffen. Die Predigt hat jedenfalls eine betont paränetische Ausrichtung.

---

⁶ LINDEMANN, 2 Clem 190; REBELL, Apokryphen 217; ZIMMERMANN, Geschlechtermetaphorik
507.

⁷ Auf mündlichen Vortrag weisen auch die rhetorischen Stilmittel, z.B. rhetorische Fragen
(1,3 u.ö.), Alliterationen (6,9 u.ö.), Paronomasien (5,6 u.ö.), etymologische Figuren (7,4 u.ö.) u.dgl.,
vgl. ÖFFNER, 2 Clem 126f; WARNS, Untersuchungen 159–161; BAASLAND, Rhetorik 118f.

⁸ DASSMANN, Stachel 231; HAUSAMMANN, Kirche 40. KÖSTER, Einführung 671 bezeichnet 2 Clem
als „Predigt oder predigtartige Programmschrift". Letztere Bestimmung verkennt den mündlichen Charakter der Predigt.

⁹ STEWART-SYKES, Prophecy 176: „a catechetical and exhortatory address to those preparing
for baptism". Er schließt dies aus dem moralisierenden Ton und dem grundlegenden Charakter des
Inhalts (183). Doch ist diese Einschränkung des Kreises der Adressatinnen und Adressaten nicht angezeigt.

¹⁰ LÜTGERT, Amt III; VIELHAUER, Geschichte 741. WINDISCH, Christentum 123: „Buß- und Sitten-
lehre".

¹¹ POWELL, 2 Clem 121. LOHMANN, Drohung 90: „Mahnrede", ebenso BERGER, Theologiegeschichte 745; BULTMANN, Theologie 520: „Mahn- und Bußpredigt"; DONFRIED, Setting 36: „hortatory
address"; ebenso STEWART-SYKES, Prophecy 176. In diesem Sinne äußerte sich auch schon Phot Bibl
126 (Henry II 98): νουθεσίαν καὶ παραίνεσιν κρείττονος … βίου.

¹² D.h. als (öffentliche oder private) beratende Rede, vgl. besonders WARNS, Untersuchungen 65
u.ö.; BAASLAND, Rhetorik 103, in Abgrenzung von der epideiktischen (Lobrede) und dikanischen (Ge-
richtsrede). Letzteres trifft zwar insofern zu, als explizite Formen juridischer Argumentation fehlen, der
forensische Aspekt spielt aber in der Predigt als Motivation eine entscheidende Rolle. Eine gute Übersicht
über die antike Rhetorik bieten LAUSBERG, Rhetorik und FUHRMANN, Rhetorik.

Spezifisch lehrhafte Partien (besonders Christologie Kap. 1f und Ekklesiologie Kap. 14) sind nur von diesen Prämissen her von Interesse.

Wie schon in § 2 angedeutet, ist das Syntagma θεὸς τῆς ἀληθείας (19,1) auf eine der Predigt vorangehende Lesung zu beziehen. Explizit setzt das zwar erst der Anagnost voraus, für die ursprüngliche Predigt könnte[13] das aber in analoger Weise ebenfalls gelten. Es liegen einige Versuche vor, einen konkreten Text namhaft zu machen. So dachte ZAHN von den christologisch orientierten Eingangsaussagen 1,1 her an Act 10,[14] KNOPF von der häufigen Verwendung von Deutero- und Tritojesaja her an Jes 54–66,[15] SCHÜSSLER vom Nebeneinander von Hymnen und Ermahnungen im frühchristlichen Gottesdienst her (unter Hinweis auf Plin Ep 10,96) an einen Hymnus auf Christus, „vielleicht sogar ... 1 Tim. 3,16“.[16] Doch sind diese Versuche zum Scheitern verurteilt. 2 Clem ist keine konsequente Interpretation eines Textes, obwohl der Verfasser eine Vielzahl von Zitaten aufbietet. Ohne den Hinweis des Anagnosten 19,1 würde man nur schwer an eine vorausgehende Schriftlektüre vor der ursprünglichen Predigt 1,1–18,2; 20,5 denken. Es könnte durchaus sein, dass eine vorausgehende Lesung erst für die Zeit des Anagnosten vorauszusetzen ist; die Frage nach einem konkreten Text muss allerdings offen bleiben.

---

[13] Mehr als eine Vermutung kann das aber nicht sein.

[14] ZAHN, Kirchengebet 206; Ders., Geschichte I 848f A3.

[15] KNOPF, Anagnose 272.

[16] SCHÜSSLER, 2 Clem 13. Dabei identifiziert SCHÜSSLER (ebd. 7, wie schon vorher ZAHN, Geschichte I 848f A3) auch θεὸς τῆς ἀληθείας und τὰ γεγραμμένα, was aufgrund der möglicher Weise umfassenderen Bedeutung von letzterem nur bedingt zu halten ist. Zuzustimmen ist dagegen, wenn ersteres auf die vorangegangene Schriftlesung bezogen wird.

§ 5 ZITATE

Das frühe Christentum hat von Anfang an seine Existenz, seine Aufgabe und seine Zukunft nur in der Eingebundenheit in die bisherige Geschichte Gottes mit seinem Volk gesehen. So spielen diesbezügliche Zitate[1] in der frühchristlichen Literatur allgemein eine wichtige Rolle, unabhängig von der Häufigkeit, die in 2 Clem allerdings besonders hoch ist. Man könnte den Prediger gleichsam als Schrifttheologen bezeichnen. Ob und inwiefern er das tatsächlich ist, soll im Folgenden anhand der Auswahl und Verwendung der Zitate angedeutet werden, wobei jeweils nach Zitationsformel, Herkunft und Intention gefragt wird.[2]

1. Zitate aus der alttestamentlich-jüdischen Tradition

1.1. Alttestamentliche-Zitate[3]

Von den insgesamt zehn Zitierungen atl. Stellen (bei neun Zitaten) haben 2,1 und 17,5 keine *Zitationsformel*. 2,1 wird sie bei der in drei Abschnitten erfolgenden Interpretation z. T. nachgeholt, 17,5 folgt das Zitat unmittelbar auf ein anderes (17,4.5a).

Das entscheidende Verb ist λέγειν: 3,5; 6,8; 13,2; 14,2 als finites Verb im Präsens, 14,1b und 15,3 als Partizip, 17,4.5a als finites Verb im Aorist; 7,6 erscheint φημί im Präsens. Die Dominanz des Präsens unterstreicht die Gegenwartsbedeutung des in den Zitaten Ausgeführten eindrücklich.

Vorausgesetzte Sprecher sind: θεός (15,3), κύριος (13,2; 17,4.5a) und γραφή (6,8; 14,1b; 14,2). Auffällig ist das Nebeneinander von θεός und κύριος, wobei bei letzterem Jesus gemeint sein dürfte: 5,2 und 8,5 ist der κύριος als Sprecher eines

---

[1] Es handelt sich (in späterer Diktion) um Zitate aus AT, NT und der (jüdischen wie christlichen) apokryphen Tradition. Im Folgenden werden die Zitate behandelt, die als solche markiert bzw. sicher zu erkennen sind, nicht aber bloße Anspielungen. Ob darüber hinaus weitere Texte Zitatfragmente enthalten bzw. Anspielungen darstellen, wird jeweils an der betreffenden Stelle im Kommentar erörtert. Zu den methodologischen Fragen vgl. GREGORY/TUCKETT, Reflections 61–82, vgl. insbesondere die prägnanten Ausführungen 70–78 über die Identifizierung von Zitaten aus der synoptischen Tradition mit Bezug auf MASSAUX (Influence XVIII: Nähe zu Mt), KÖSTER (Überlieferung 3: Redaktion des Mt) und KÖHLER (Rezeption 13f: größere Nähe zu Mt als zu anderen Evangelisten; Erklärung der Abweichungen von Mt her).

[2] Zum Folgenden vgl. PRATSCHER, Schriftzitate 139–159; Ders., Ntl. Zitate 99–111.

[3] Folgende explizite AT-Zitate liegen vor: 2,1 (Jes 54,1); 3,5 (Jes 29,13); 6,8 (Ez 14,14–20 in Paraphrase); 7,6 und 17,5 (Jes 66,24b); 13,2 (Jes 52,5b); 14,1b (Jer 7,11); 14,2 (Gen 1,27); 15,3 (Jes 58,9); 17,4.5a (Jes 66,18).

ntl. Zitates natürlich Jesus, so dass bei stringentem Sprachgebrauch auch die atl. Zitate auf ihn zu beziehen wären. Stimmt das, dann dürften auch die beiden pronomischen Einleitungen 3,5 und 7,6 auf ihn zu beziehen sein, denn: 7,6 ist Jes 66,24 zitiert, das (ohne Einleitung) auch 17,5 unmittelbar an das (mit κύϱιος eingeleitete) Zitat aus Jes 66,18 in 17,4.5a angefügt ist, das vom Kommen des κύϱιος redet. In Zitationsformeln verschwimmen somit die Grenzen zwischen Gott und Jesus, zumal 13,4 als Sprecher eines ntl. Logions (vgl. Lk 6,32.35) Gott auftreten kann. Der Prediger setzt somit ganz unproblematisch die Gottheit Jesu voraus.[4] Die zitierten Schriften selbst werden nur 3,5 (Jesaja) und 6,8 (Ezechiel) genannt. Die Zitationsformeln sind sowohl in Bezug auf die Sprecher wie auf die biblischen Bücher uneinheitlich.

Was die *Herkunft* betrifft, finden sich die Zitate z. T. auch im NT. Die Parallelen bei den Synoptikern (3,5; 14,1b;14,2) sind allerdings nicht nah genug, um eine Herleitung von dort anzunehmen, die Parallelen bei Paulus (2,1; 13,2) dürften wegen der Unkenntnis der paulinischen Theologie[5] auch nicht vom Apostel stammen. Es gibt jeweils verschiedene Möglichkeiten der Herkunft: eine Handschrift der betreffenden atl. Schrift (Gen, Jes, Jer und Ez), eine Zitatenkollektion oder ein apokryphes Evangelium. Abweichende Einzelformulierungen können auch auf mündliche Tradition oder den Prediger selbst zurückgehen.

Im Detail: 2,1 stimmt wörtlich mit Jes 54,1 LXX überein. Da das Zitat häufig im frühen Christentum bezeugt ist (Gal 4,27; Just Apol I 53,5; Epist Apost 33; Iren Haer 1,10,3 u. ö.), dürfte es wohl in einer Zitatenkollektion enthalten gewesen sein. Deren Verwendung ist freilich nicht gesichert. Immerhin stammen sechs der neun atl. Zitate aus Jesaja, sodass die Kenntnis einer Handschrift dieses Propheten ebenso gut möglich ist. 3,5 (Jes 29,13) dürfte auf Grund der Differenzen zur LXX-Version sowie zu der in Mt 15,8 bei gleichzeitiger relativer Nähe zu der in 1 Clem 15,2 am ehesten aus einer Zitatenkollektion stammen.[6] Die übrigen vier Jesajazitate stimmen fast wörtlich mit LXX überein, was freilich kein Beweis für die Herkunft aus einer Jesaja-Handschrift ist. Die Nähe von 7,6 (Jes 66,24) zu 6,8 (Kurzfassung von Ez 14,14–20)[7] ist auch sonst bezeugt (Just Apol I 52,8; Dial 140,3 u. ö.) und könnte ebenfalls für eine Zitatenkollektion sprechen, während die starke Paraphrasierung des Ezechielzitats auch auf den Prediger selbst zurückgehen kann. Eine überaus große Nähe zum LXX-Text zeigen auch die Zitate 15,3 (Jes 58,9) sowie 13,2 (Jes 52,5; eventuell zusätzlich ein kleiner Einfluss von Dtn 4,27; Jer 51,8 LXX u. a.) und 17,4.5a (Jes 66,18, eventuell zusätzlich Dan 3,7). Sollten an den zwei letztgenannten Stellen Mischzitate vorliegen, könnte das wieder für eine Zitatenkollektion sprechen.

---

[4] Vgl. die Ausführungen zur Christologie in Einleitung § 6.
[5] Zur Rezeption der paulinischen Theologie in 2 Clem vgl. LINDEMANN, Paulus.
[6] Eine Herleitung aus einem apokryphen Evangelium ist wegen des Alters von 1 Clem praktisch ausgeschlossen.
[7] 6,8 setzt zusätzlich möglicherweise Jer 15,1 und Ps Sal 2,6 voraus (WARNS, Untersuchungen 517–521).

Wörtlich mit LXX stimmt 14,2 (Gen 1,27)[8] überein. Dass sich das Zitat im gleichen Wortlaut auch 1 Clem 33,5 findet, dürfte wieder ein Argument für die Benutzung einer Testimoniensammlung sein.[9]

Eine stärkere Abweichung vom LXX-Text von Jer 7,11 liegt dagegen 14,1 vor. Die Benutzung einer Zitatenkollektion hat deshalb manches für sich. Freilich ist auch die Benutzung eines apokryphen Evangeliums nicht auszuschließen, bei der Eindrücklichkeit der Formulierung auch nicht die eigene kreative Gestaltung durch den Prediger.

Fazit: 2 Clem dürfte eine Zitatenkollektion benutzt haben. Ob er allerdings ausschließlich daraus zitiert oder zumindest z. T. auch aus einer Jesaja-Handschrift oder aus einem apokryphen Evangelium, muss offen bleiben.

Die *Intention* der Verwendung der atl. Zitate ist nur bedingt theologische Lehrexplikation. Eine Ausnahme ist die Ekklesiologie. 2,1–3 wird Jes 54,1 in einem Dreischritt interpretiert, wobei der erste und dritte Schritt in allegorischer Auslegung und in Auseinandersetzung mit nicht näher gekennzeichneten Gegnern die jetzige, überaus positive Situation der Kirche von ihrem früheren Status abhebt. Ekklesiologische Bezüge haben auch die Zitate in 14,1 und 14,2 (Jer 7,11 bzw. Gen 1,27).

14,1 ist der ekklesiologische Bezug nur indirekt gegeben: wer den Willen des Vaters nicht tut, gehört nicht zur pneumatischen Kirche, sondern nach Jer 7,11 nur zur Räuberhöhle. Tiefergehende christologisch-ekklesiologische Bezüge bietet dagegen 14,2: Gen 1,27 dient zur Begründung der präexistenten Syzygie zwischen Christus und der Kirche. Die letzte Konsequenz der Ausführungen über diese himmlische Syzygie sowie über die beiden weiteren Syzygien zwischen dem Inkarnierten und der irdischen Kirche sowie zwischen dem πνεῦμα und der σάρξ als den beiden kontradiktorischen Existenzweisen ist freilich nicht die Ekklesiologie, sondern die Paränese. Das ist auch beim zweiten Auslegungsschritt von Jes 54,1 in 2,2 der Fall. Es geht dort im Rahmen einer Gebetsdidache um das einfältige, vertrauensvolle Gebet zu Gott.[10]

Das gilt auch für 15,3 (Jes 58,9). Das Zitat begründet das freimütige, hoffnungsvolle Gebet auf dem Hintergrund von Gottes bereitwilliger Gebebereitschaft (vgl. Mt 6,8; 7,7–11; 1 Joh 3,21f u. ö.). Der Prediger thematisiert hier (ähnlich wie in Kap. 1) Gottes vorhergehendes, souveränes, nicht auf menschliches Tun reagierendes Handeln.[11]

Von diesen wenigen Ausnahmen abgesehen, werden die atl. Zitate durchwegs paränetisch ausgelegt. Sie dienen als Motivation zum rechten Handeln im Blick auf eschatologische Belohnung oder Bestrafung. Z. T. sind sie nur lose in den Text eingebaut, so 3,5 (Jes 29,13): Das erwünschte Handeln angesichts des zukünftigen Gerichts ist nach 3,2 das Bekenntnis zu Jesus, das V. 4 durch das Tun im Unterschied

---

[8] Im NT wird Gen 1,27 nur Mk 10,6par Mt 19,4 zitiert, allerdings in sehr geraffter Form. Eine Herleitung von dort scheidet somit aus.

[9] Die Abhängigkeit von 1 Clem 33,5 ist vom Gesamtkontext her nicht angezeigt.

[10] Die Auslegung ist somit ebenso wenig systematisch ausgerichtet wie die Predigt als Ganze.

[11] Diese Stellen sind für die Frage nach der „Werkgerechtigkeit" des Predigers von hohem Interesse (siehe Einleitung § 6).

zum bloßen Lippenbekenntnis charakterisiert ist. Das Zitat ist kein integraler Be-
standteil der Argumentation und könnte ohne Störung des Kontextes fehlen. Der
Prediger zeigt nur seine Schriftgelehrsamkeit.

Anders ist das 6,8: Wenn stellvertretende Rettung schon bei den Kindern von
Gerechten in Israel (Ez 14,14–20) unmöglich ist, um wie viel mehr bleibt der gegenwärtigen Generation nur das eigene Tun. Die Begründung und Bekräftigung
der Paränese ist hier ebenso deutlich wie 7,6; 17,5 (Jes 66,24) und 17,4.5a (Jes 66,18),
wo die betreffenden Zitate das Endgericht beschreiben. Die eschatologische Akzentuierung dieser Zitate dient aber gleichwohl der gegenwärtigen Paränese, die ja
das Bestehen im zukünftigen Gericht gewährleisten soll.

Eine paränetische Funktion hat schließlich auch 13,2 (Jes 52,5), hier im Kontext
missionstheologischer Überlegungen. Wiederum ist das Zitat nur stichwortartig
assoziiert und stört eher den Konnex von 13,1 und 13,3, als dass es ein organischer
Teil der Argumentation wäre.

Insgesamt spiegelt der Gebrauch atl. Zitate die sonstige Gestaltung der Predigt.
Es geht zentral um Paränese. Eine theologisch argumentative Verwendung ist zwar
vorhanden, steht aber ganz am Rande.

1.2. Anspielungen an das Alte Testament

Neben den förmlichen Zitaten gibt es einige Anspielungen. 14,1a könnte der Hinweis auf die Entstehung der pneumatischen Kirche πρὸ ἡλίου καὶ σελήνης
Ψ 71,5.17 voraussetzen, allerdings nur terminologisch, die Thematik ist eine ganz
andere. Eine AT-Anspielung liegt mit großer Wahrscheinlichkeit auch 16,3 vor.
Den Vergleich des Gerichtstages mit einem brennenden Ofen dürfte der Prediger
auf dem Hintergrund von Mal 3,19 formuliert haben, ebenso wie er mit dem Motiv
des Schmelzens einiger Himmel und der Erde Jes 34,4 voraussetzen dürfte. Letzteres geschieht freilich nur sehr vage, die Motive sind auch sonst belegt. Weitere
Anspielungen[12] sind überaus vage.

1.3. Apokryphe Zitate

An einigen Stellen liegen Zitate aus unbekannter (wohl) jüdischer Tradition vor.[13]
11,2–4 zitiert ein Logion als προφητικὸς λόγος, 1 Clem 23,3f als γραφή. Just
Dial 56,6 meint προφητικὸς λόγος den göttlichen Logos, das Syntagma oszilliert
zwischen den Bedeutungen Schrift und Logos. Welche Schrift gegebenenfalls gemeint ist, bleibt im Unklaren. Sie könnte zwar auch christlicher Herkunft sein,[14]

---

[12] WARNS, Untersuchungen 478–484 sieht hinter 3,1 Ψ 113, 25f und hinter 10,2 Ψ 33,15. Dagegen m.R.
vorsichtig LINDEMANN, 2 Clem 193.

[13] JAUBERT, 1 Clem 141 A4; WENGST, 2 Clem 222 u.a.

[14] Das Problem der Parusieverzögerung wäre als Hintergrund des Logions sehr gut vorstellbar.

die Rede von „meinem Volk" (11,4) ist aber bei jüdischem Ursprung besser verständlich, ebenso die Zitateinleitung, die bei christlicher Herkunft wohl einen Hinweis auf die Apostolizität enthielte. Es ginge dann um die Bewältigung der Zweifel am Eintreffen der Verheißungen Jahwes.

Ein Zitat aus jüdischer apokrypher Tradition liegt 11,7 vor. Es ist auch 1 Kor 2,9 und 1 Clem 34,8 belegt und formuliert die Größe der Taten Gottes an den Seinen, die die Gerechtigkeit tun. Die Intention ist wieder eine betont paränetische. Nach Orig Mt 27,9 stammt es aus der Elia-Apokalypse, Anklänge bestehen zu Jes 64,3; Jer 3,16 u.a.

Ein apokryphes Zitat bietet der Prediger auch 17,7b. Λέγοντες dürfte hier als Zitateinleitung fungieren (mit ὅτι-citativum). Das folgende Futur ἔσται passt nicht in den Rahmen der dargestellten eschatologischen Situation, auch nicht der Singular δεδουλευκότι zum Plural λέγοντες. Es dürfte somit ein Zitat vorliegen (genauerhin aus liturgischem Kontext), das das Motiv der Hoffnung für die formuliert, die Gott redlich gedient haben.

2. Zitate aus der Jesustradition

Diese Gruppe kann gegliedert werden in Zitate mit deutlichen und umfassenden Parallelen im NT,[15] in Anspielungen daran sowie in Zitate aus der apokryphen Tradition, die keine oder nur marginale Parallelen im NT haben.

2.1. Zitate mit neutestamentlichen Parallelen

An 7 Stellen liegen Zitate mit engen Parallelen im NT vor: 2,4; 3,2; 4,2; 6,1.2; 9,11; 13,4. Mit Ausnahme von 6,2 (wo es dem Prediger unmittelbar hinter 6,1 nicht nötig erschien) liegen jeweils *Zitationsformeln* vor. Das entscheidende Verb ist wieder λέγειν, das außer 9,11 stets verwendet wird, jeweils in der Form λέγει. Der schriftliche Charakter der Zitate ist damit wenigstens angedeutet, wie die Rede von der ἑτέρα γραφή explizit 2,4 zeigt:[16] καὶ ἑτέρα δὲ γραφὴ λέγει (im Anschluss an das Zitat aus Jes 54,1 in 2,1). Als Sprecher der Zitate wird Jesus stets mit Hoheitstitel angeführt (oder vorausgesetzt): 3,2 wird mit λέγει δὲ καὶ αὐτός an den Titel Χριστός (2,7) angeknüpft; 4,2 setzt mit λέγει γάρ im näheren Kontext von 3,2 ebenfalls Χριστός voraus, im Kontext 4,1 ebenso wie im Zitat selbst ist aber von κύριος die Rede, das in 6,1 explizit in der Zitationsformel auftaucht: λέγει δὲ ὁ κύριος. 13,4 wird das Jesuslogion schließlich mit λέγει ὁ θεός eingeleitet (unmit-

---

[15] Genauer natürlich: in den erst nach der Entstehung von 2 Clem kanonisierten Schriften der Jesustradition. Im Unterschied zu atl. Zitaten kann nicht von „ntl." gesprochen werden, da die Herkunft aus den kanonischen Schriften trotz eventuell vorhandener Parallelen nicht sicher ist.

[16] Eine Parallele bietet γέγραπται Barn 4,14 (Mt 22,14). Dass hier das ntl. Zitat „as scripture like the Old Testament" (LIGHTFOOT, Fathers I/2 215) verstanden wird, ist wahrscheinlich.

telbar nach dem in 13,2 mit λέγει γὰρ ὁ κύριος eingeleiteten Zitat aus Jes 52,5). Das erzählende εἶπεν erscheint nur 9,11 in der Formel καὶ γὰρ εἶπεν ὁ κύριος[17] Die häufige Verwendung von λέγειν lässt keinen stringenten Schluss auf die Verwendung einer schriftlichen Vorlage zu.[18] 2,4 ist das durch die Hinzufügung von γραφή, in dem apokryphen Zitat 8,5 (siehe unten) durch die von εὐαγγέλιον angezeigt. Von mindestens ebenso großer theologischer Bedeutung wie die beginnende Wertung der Jesustradition als Schrift ist die Verwendung wichtiger Hoheitstitel bis hin zu θεός für Jesus. Die schon 1,1 betonte göttliche Stellung Jesu setzt eine entwickelte Christologie voraus, auch wenn diese mehr referiert als theologisch reflektiert ist.

Die *Herkunft* der Zitate ist im Einzelfall kaum zu beantworten.[19] 2,4 scheidet die wörtliche Parallele Mk 2,17 aus, da sonst kein Zitat sicher Mk zuzuweisen ist. Die Annahme mündlicher Tradition fällt wegen des Hinweises auf die γραφή weg. Es bleibt die Möglichkeit der Abhängigkeit von Mt 9,13,[20] einer Zitatenkollektion[21] oder dem 8,5 benützten apokryphen Evangelium.[22] 3,2 hat eine stärkere Verwandtschaft zu Mt 10,32 als zu Lk 12,8, allerdings ist wegen der Differenzen nur eine gedächtnismäßige Zitation des Mt möglich,[23] doch ist auch eine von den Synoptikern unabhängige Tradition, eine Zitatenkollektion oder das benützte apokryphe Evangelium[24] denkbar. 4,2 steht wieder Mt 7,21 näher als Lk 6,46. Es gilt dasselbe wie bei 3,2. 6,1 ist wörtlich ident mit Lk 6,13a und entspricht Ev Thom 47a NHC II 41,14–17. Eine Herkunft von Lukas[25] ist ebenso möglich wie mündliche Tradition, eine Zitatenkollektion oder das apokryphe Evangelium.[26] 6,2 entspricht wieder fast wörtlich Mt 16,26. Ersetzt man Lk durch Mt, bleiben in der Frage der Herkunft dieselben Optionen wie 6,1. 9,11 ist nur z.T. mit Mt 12,50 bzw. Lk 8,21 ident (noch weniger mit Mk 3,35). Eine besondere Nähe besteht zu (einigermaßen) zeitgenössischen großkirchlichen (ClemAl EclProph 20,3) wie heterodoxen Versionen (Ev Eb 5 EpiphPan 30,14,5; Ev Thom 99 NHC II 49,21,–26 u.ö.). Möglich sind

---

[17] Vgl. 4,5; 5,4 und 12,2 in apokryphen Zitaten.

[18] Auch bei den atl. bzw. frühjüdischen Zitaten finden wir λέγει (3,5; 6,8; 11,2; 13,2; 14,2) neben εἶπεν (17,4).

[19] Zur Frage von Mündlichkeit und Schriftlichkeit im 2. Jh. vgl. LÖHR, Beobachtungen 234–258.

[20] So die häufigste Annahme, KÖSTER, Überlieferung 109; KÖHLER, Rezeption 129; WARNS, Untersuchungen 285; LINDEMANN, 2 Clem 205; HAUSAMMANN, Kirche 40.

[21] Eine Zitatenkollektion ist bei Zitaten aus der Jesustradition wegen der Unabgeschlossenheit des Traditionsprozesses jedoch unwahrscheinlicher als bei atl. Zitaten.

[22] Eine Präferenz für Mt-Abhängigkeit könnte das 2 Clem und Mt gemeinsame Motiv der Barmherzigkeit sein. Die Differenzierung zwischen Zitatenkollektion und apokryphem Evangelium ist freilich nicht unproblematisch, da erstere von deren Tradenten durchaus als „Evangelium" betrachtet worden sein kann.

[23] LIGHTFOOT, Fathers I/2 216; KNOPF, 2 Clem 158; WENGST, 2 Clem 243 A26; LOHMANN, Drohung 96.

[24] WARNS, Untersuchungen 71 A3031.

[25] KÖSTER, Überlieferung 75; KÖHLER, Rezeption 142.

[26] WARNS, Untersuchungen 358.

wieder Abhängigkeit von Mt oder Lk,[27] freie Tradition,[28] Zitatenkollektion[29] und apokryphes Evangelium.[30] 13,4 schließlich scheidet Mt 5,44.46 wegen der geringen Übereinstimmung aus, möglich sind ein von Lk beeinflusstes Gedächtniszitat,[31] die Benützung einer Zitatenkollektion oder des apokryphen Evangeliums.[32] Präferenzen in die eine oder andere Richtung sind z. T. möglich, ansonsten muss einfach die Ungesichertheit der Frage konstatiert werden.

So ungesichert die Frage der Herkunft ist, so deutlich ist die der *Intention*. Eine christologische Ausrichtung hat 2,4. Im Anschluss an das vorausgegangene Zitat aus Jes 54,1 betont der Prediger das voraussetzungslose Handeln Christi (bzw. Gottes). Der Blick richtet sich dabei auf die Rettung aus dem Heidentum (vgl. 1,8). Liegt hier eine lehrhafte Ausrichtung vor, so stehen alle übrigen Zitate in einem betont paränetischen Kontext: Es geht wieder und wieder um das rechte Tun als Voraussetzung des eschatologischen Heils. Es geht um die Verwirklichung der Gerechtigkeit im Gegensatz zum bloßen Lippenbekenntnis (4,2). Es geht weiters um die rechte Gottesverehrung im Gegenüber zur Verhaftetheit an die Welt (6,1.2). Die Heiden sollen nicht durch die Differenz zwischen schönen Reden und fehlender Feindesliebe zur Lästerung des Namens Christi verleitet werden (13,4). Bruder Jesu ist nur, wer den Willen des Vaters tut (9,11). Das Ganze steht in eschatologischem Kontext: Nur das Tatbekenntnis zu Jesus hat sein Eintreten im Gericht zur Folge (3,2). Die Zitate aus der Jesustradition haben somit (fast ausschließlich) dieselbe Funktion wie die aus dem AT und der jüdischen Tradition. Es geht um die Begründung der rechten Lebensgestaltung und die Ermunterung zu ihr.

2.2. Anspielungen an neutestamentliche Texte

An einigen Stellen könnten Anspielungen an ntl. Texte vorliegen. So könnte die Rede vom ποιεῖν ἃ λέγω (3,4a) ein Reflex von Lk 6,46 sein (ποιεῖτε ἃ λέγω). 3,4b könnte das Nebeneinander von καρδία und διάνοια Mk 12,30 par Lk 10,27 zum Hintergrund haben (Mt 22,37 hat als Präposition ἐν statt ἐξ). Das Motiv, Menschen nicht mehr zu fürchten als Gott (4,4) liegt auch Mt 10,28 par Lk 12,4f vor. Die Wettkampfmetaphorik 7,1 hat eine enge Parallele in 1 Kor 9,24–27 (vgl. 1 Tim 6,12; 2 Tim 4,7 u. ö.), das Bewahren des Fleisches ὡς ναὸν θεοῦ eine ebensolche in 1 Kor 3,16f (in Bezug auf die Gemeinde; vgl. Eph 2,21) und in 1 Kor 6,19 (in Bezug auf die einzelnen Christen).[33] Schließlich ist auch der Hinweis auf die Bereitwilligkeit Gottes zum Geben in der synoptischen Tradition geläufig (vgl. Mt 7,7par

---

[27] MASSAUX, Influence 146f; METZGER, Kanon 75.

[28] SCHUBERT, 2 Clem 251; KÖHLER, Rezeption 138.

[29] KÖSTER, Überlieferung 79; WARNS, Untersuchungen 368.

[30] SCHUBERT, 2 Clem 251; OXFORD COMMITTEE, New Testament 134.

[31] LIGHTFOOT, Fathers I/2 243; KÖSTER, Überlieferung 76f.

[32] WARNS, Untersuchungen 388.

[33] Direkte Zitate aus der paulinischen Literatur bietet 2 Clem nicht, vgl. nur: LINDEMANN, Paulus, 270; GREGORY/TUCKETT, 2 Clem 279.

Lk 11,9 bzw. Mt 6,8.32par Lk 12,30). Bei diesen Anspielungen handelt es sich vermutlich (zumindest zumeist) nicht um bewusste Anlehnungen an die betreffenden ntl. Texte, sondern um Aufnahme geläufigen Traditionsgutes, sozusagen frühchristlicher Aphorismen. Die Intention dieser Anlehnungen an ntl. Vokabular ist wieder eine paränetische.

2.3. Apokryphe Zitate

Neben den Zitaten mit umfassenden ntl. Parallelen gibt es 4(6) Zitate, die nur einen marginalen oder gar keinen Konnex zum NT aufweisen und die z.T. (5,2–4; 12,2–6) zu eigenständigen Szenen verarbeitet sind: 4,5; 5,2.4; 8,5; 12,2.6. In den *Zitationsformeln* ist 4,5; 5,2; 8,5; 12,2 stets der κύριος der Sprecher. Nur in den Fortsetzungen der Zitate ist 5,4 ὁ Ἰησοῦς genannt, 12,6 wird kein Subjekt genannt. Κύριος ist somit im Traditionsbereich der apokryphen Zitate noch stärker der gebräuchliche Titel für Jesus als in denen mit deutlichen ntl. Bezügen. Eine Differenz liegt auch in der Verwendung des Verbs vor. Während in den ntl. Zitaten mit Ausnahme von 9,11 (εἶπεν) stets λέγει erscheint, ist bei den apokryphen das Verhältnis von λέγει (5,2; 8,5) zu εἶπεν (4,5; 5,4; 12,2) eher ausgewogen (zusätzlich wird 12,6 φησίν verwendet). Der ursprünglich erzählende Charakter kommt so in den apokryphen Zitaten noch stärker zum Ausdruck.

Gleichwohl ist 8,5 eine schriftliche Vorlage explizit vorausgesetzt (dementsprechend ist wohl auch das hier verwendete λέγει kein Zufall): λέγει γὰρ ὁ κύριος ἐν τῷ εὐαγγελίῳ. Der Prediger verwendet somit praktisch mit Sicherheit ein apokryphes Evangelium. Es ist gut möglich, dass er sämtliche Zitate der Jesustradition daraus entnommen hat,[34] im Einzelfall bleiben freilich jeweils Unsicherheiten bzw. sind prinzipiell auch andere Herleitungen möglich.[35]

Die Frage der *Herkunft* muss deshalb individuell untersucht werden. 4,5 hat nur geringe sprachliche Gemeinsamkeiten mit den synoptischen Parallelen Mt 7,23par Lk 13,27, eine direkte Abhängigkeit ist also auszuschließen. Eine größere Nähe besteht zum sog. Ἰουδαϊκόν (= wohl Ev Naz 6, NT Apo ⁶I, 134), doch auch hier ist eine direkte Abhängigkeit auszuschließen. Möglicher Weise entstammt das Logion der auf synoptischer Tradition beruhenden freien Tradition,[36] aus zeitlichen Gründen aber eher einer Zitatenkollektion oder dem auch sonst benutzten apokryphen Evangelium.[37] Die synoptische Tradition ist jedenfalls weiterentwickelt, indem unterschiedliche Motive verarbeitet und neu gedeutet werden. 5,2 greift das synopti-

---

[34] Vgl. nur WARNS, Untersuchungen 466–468; LINDEMANN, 2 Clem 194; LÜHRMANN/SCHLARB, Fragmente 134–137; GREGORY/TUCKETT, 2 Clem 277 (jeweils natürlich nur als Möglichkeit).

[35] GREGORY/TUCKETT, 2 Clem 278: „‚Clement' does refer to a (single) εὐαγγέλιον at 8,5. But this in no way requires that all the other citations he gives are taken from this same εὐαγγέλιον. It could well be that ‚Clement' has access to, and/or uses, a variety of different texts for his Jesus tradition."

[36] KÖSTER, Überlieferung 94.

[37] KNOPF, 2 Clem 159; HAGNER, Use 301.

sche Bildmaterial Schafe-Wölfe auf. Der Text hat eine größere Nähe zu Lk 10,3 als
zu Mt 10,16. Interessant ist die Ausgestaltung zu einer Chrie. Nach einem Einwand
des Petrus (5,3) folgt 5,4 ein weiteres Logion, das Mt 10,28par Lk 12,5 voraussetzt,
allerdings sind die wörtlichen Übereinstimmungen gering. Die zeitlich nächste
Parallele liegt Just Apol I 19,7 vor. Einige von den Synoptikern abweichende Übereinstimmungen könnten eine über die gemeinsame Synoptikerabhängigkeit hinausgehende Verwandtschaft andeuten. Am ehesten liegt wieder eine Zitatenkollektion
oder das auch sonst benützte apokryphe Evangelium vor.[38] Der Beleg für letzteres:
8,5. Struktur und Zielrichtung entsprechen zunächst Lk 16,11. Von der Terminologie her ist lukanische Herkunft allerdings auszuschließen. Näher liegt das Logion
Iren Haer 2,34,3, doch besteht auch hier kein literarischer Bezug. Das zweite hier
zitierte Jesuslogion ist wörtlich mit Lk 16,10a ident. 2 Clem versteht beide Logien
als ein einziges. Eine Herkunft von Lukas scheidet schon auf Grund der Zitateinleitung aus. Die Annahme der Benützung eines apokryphen Evangeliums drängt
sich hier auf.[39] Ein Zitat ohne ntl. Parallele liegt schließlich 12,2 vor (mit wahrscheinlicher Fortsetzung 12,6). Die Frage nach dem Zeitpunkt der Parusie beantwortet Jesus hier im Rahmen einer Chrie. Parallelen liegen ClemAl Strom 3,92,2,
wonach es aus dem Ev Äg stamme, und Ev Thom 22 NHC II 37,20–35 vor. Eine
literarische Beziehung ist auf Grund der nicht unbeträchtlichen Differenzen unwahrscheinlich. 12,2 dürfte wegen der am geringsten ausgeprägten enkratitischen
Grundhaltung die älteste Version sein.[40] Hintergrund dürfte am ehesten das benützte apokryphe Evangelium sein,[41] eine Zitatenkollektion ist aber auch möglich.
Ein ursprüngliches Jesuswort wird wegen des esoterischen und zumindest tenden-
ziell enkratitischen Charakters eher nicht anzunehmen sein.[42] Aus der gnostischen
Verwendung kann aber auch nicht eine Entstehung erst in diesem Kontext erschlossen werden.

Die *Intention* der apokryphen Zitate ordnet sich nicht nur in den Gebrauch der
anderen Zitate ein, sondern entspricht auch der Grundhaltung des Predigers. Es
geht um das rechte Verhalten angesichts des zukünftigen Gerichts. So drückt 4,5
den drohenden Aspekt der eschatologisch motivierten Paränese in der Betonung
der Vergeblichkeit selbst der Nähe zu Jesus bei Fehlverhalten besonders intensiv

---

[38] LIGHTFOOT, Fathers I/2 219. Die Zuordnung zu einem namentlich bekannten apokryphen Evangelium (z.B. Ev Äg: LIGHTFOOT, ebd.; Ev Naz: KÖSTER, Überlieferung 99) ist allerdings zu spekulativ.
Interessant ist aber die Parallele zu POxy 4009, das dem Ev Petr zuzuordnen sein wird (vgl. LÜHR-
MANN/SCHLARB, Fragmente 132). Freilich gilt: „Die Differenzen zwischen 2 Klem 5,2–4 und POxy
4009 r 7ff erlauben nicht, das im Zweiten Klemensbrief herangezogene εὐαγγέλιον insgesamt als das
Petrusevangelium zu identifizieren" (LÜHRMANN, Evangelien 82f).
[39] GEBHARDT/HARNACK, Epistulae 123; WARNS, Untersuchungen 358. Von hier aus „diesem Evangelium … wohl auch die sonstigen Jesusworte zuzuweisen" (LÜHRMANN/SCHLARB, Fragmente 132),
ist durchaus sinnvoll, wenn auch nicht stringent beweisbar.
[40] Vgl. nur BAARDA, 2 Clem 544.
[41] WARNS, Untersuchungen 428–431.
[42] Als Jesuslogion wäre es nur futurisch-eschatologisch im Sinne von Mk 12,25par als Aufhebung der
sexuellen Differenziertheit im Eschaton verständlich.

aus. Auch 5,2–4 ist das richtige Verhalten entscheidend für die Angstbewältigung. Die Bewahrung des Fleisches als Ausdruck des erwünschten Gesamtverhaltens legt 8,5 eindringlich ans Herz. Die paränetische Grundhaltung liegt schließlich auch 12,2 vor; das Logion wird V.3–5 in einem Dreischritt nicht theologisch-spekulativ, sondern ganz ethisch ausgelegt.

§ 6 Theologisches Profil

1. Theologische Grundüberzeugungen

Theologische Reflexionen zu vermitteln ist verständlicher Weise nicht die Aufgabe einer Predigt. Gleichwohl sind sie vorhanden, bewegen sich aber stark in traditionellen Bahnen (und haben zudem eine spezifisch ethische Orientierung, dazu unten P.2).

    1.1. Das gilt besonders für die *spezielle Theologie*.[1] Gott wird in seinem Handeln in Vergangenheit, Gegenwart und Zukunft zu verstehen gesucht. Er ist der *Schöpfer* (15,2).[2] Die Aussage taucht im Kontext eschatologischer Rettung zwar unvermittelt, aber keineswegs unmotiviert auf: Das neuschaffende Handeln ist nur im Konnex mit dem schöpferischen Handeln am Beginn des Kosmos zu sehen. Das Gottesbild bekommt so eo ipso eine antignostische Ausrichtung.[3] Die Schöpfungsvorstellung geht über Gen 1 hinaus, wenn 14,1 von einem Geschaffensein der (mit dem himmlischen Christus in einer Syzygie vereinigten) pneumatischen Kirche vor Sonne und Mond spricht – von einem Geschaffensein des präexistenten Christus redet der Prediger verständlicher Weise nicht.[4] Neben dem Schöpfungs- steht das *Erlösungshandeln Gottes*, das Gegenwart (bzw. für Christen: schon Vergangenheit) und Zukunft umfasst: 16,1 ist Gott der, der uns berufen hat und der uns unter der Voraussetzung der Buße annimmt (vgl. 10,1). Der Ort der Berufung ist wohl die Taufe[5], auch wenn keine ausschließliche Zuordnung anzunehmen ist. Das Handeln Gottes geht dem geforderten Handeln voraus, was sachlich dem Indikativ-Imperativ-Verhältnis etwa bei Paulus entspricht, auch wenn das nicht näher reflektiert wird.[6] Diese Vorordnung kommt auch im Motiv der Sendung des Erlösers und Führers zur Unvergänglichkeit (20,5) zum Ausdruck (vgl. Gal 4,4; Joh 8,40 u. ö., dazu genauer im Folgenden zur Christologie). Eine Reihe von Attributen setzt Gottes heilvolles Handeln voraus: 9,7 wird er als der heilende Gott beschrieben (vgl. Dtn 30,3; Jes 6,10; Jer 3,22 u. ö.; von Christus: Mk 2,17; Ign Eph 7,2 u. ö.). Er ist der fürsorgende, da-seiende Gott (2,3; 15,3; vgl. Jes 58,9; Mt 6,8; 7,7-11par u. ö.), der gütige (15,5; vgl. Ψ 30,20; Ps Sal 5,18; Röm 2,4; 11,22 u. ö.). Der Konnex von Verheißung, Gebet und Bereitwilligkeit Gottes zu geben

---

[1] Vgl. PRATSCHER, Gottesbild 361–378.

[2] Die partizipiale Wendung θεὸς ὁ κτίσας ist traditionell (vgl. nur Jes 45,8; 3 Makk 2,3; Eph 3,9).

[3] Das gilt freilich nur im Gesamtkontext der Predigt (vgl. Einleitung § 7).

[4] Die Präexistenz der Kirche erinnert an die valentinianische Spekulation über den Äon Kirche in der Ogdoas (Iren Haer 1,11,1).

[5] DONFRIED, Setting 147.

[6] Vgl. unten zu 11,7.

(15,3–5) zeigt wieder das Wissen des Predigers um den Indikativ des Heils, auch
wenn dieser nicht ohne Imperativ erscheint (vgl. 19,1). Traditionell ist weiters auch
die Rede vom allwissenden (9,9; vgl. SapSal 6,13; Jub 9,6; Röm 8,29 u. ö.), vom
lebendigen (20,2; vgl. Ri 8,19; 1 Sam 14,39; Ψ 17,47 u. ö.), vom einzigen (20,5; vgl.
Jes 37,20; Ep Arist 132,1; Jos Ant 8,335; Joh 5,44; Röm 16,27 u. ö.) und unsichtbaren
Gott (20,5; vgl. Phil LegAll 3,206; Jos Bell 7,346; Röm 1,20; Kol 1,15 u. ö.). Die Wendungen „Vater der Wahrheit" (3,1; 20,5) und „Gott der Wahrheit" (19,1) greifen
ebenfalls ein altes Motiv auf (Ex 34,6; Ψ 118,160; Joh 17,3; 1 Thess 1,9 u. ö.), auch
wenn diese Syntagmen nur in gnostischen Texten Parallelen haben (EV NHC I
16,33; HA NHC II 86,21; OdSal 41,9 u. ö.), wieder ein Hinweis auf das gnostische
Umfeld des 2 Clem.

    1.2. Mit dem Motiv der Sendung ist bereits die *Christologie und Soteriologie* im
Blick.[7] Der Prediger vertritt eine Präexistenz- und Sendungschristologie und über-
nimmt damit die im heidenchristlichen Bereich dominant gewordene Form der
Christologie (vgl. nur Gal 4,4; Phil 2,5–11; Joh 1,1–14 u. ö.). Nach 14,2 war Christus
in einer präexistenten pneumatischen Syzygie mit der vor Sonne und Mond geschaffenen Kirche vereint. Am Ende der Tage sei er erschienen, um sein Rettungs-
werk durchzuführen. Als Erlöser und Führer zur Unsterblichkeit sollte er die
Wahrheit und das himmlische Leben offenbaren (20,5). 1,4 wird das Heilsgeschehen mehrfach beschrieben: Gabe des Lichtes, Anerkennung als Söhne, Rettung
vor dem Verlorengehen. Ort des Heilsgeschehens ist das Leiden, das Jesus ἕνεκεν
ἡμῶν auf sich genommen hat (1,2). Die Voraussetzung dazu: sein Erbarmen (3,1).
Von einer Inkarnation ist nicht expressis verbis die Rede, wohl aber wird das Stichwort σάρξ mit der irdischen Kirche verbunden (14,3). Da der Prediger durch und
durch orthodox sein will, leugnet er die Inkarnation natürlich nicht. Mit der Sendung sind die Machtverhältnisse klar umrissen. Christus kommt zwar aus der göttlichen Sphäre, ist aber von Gott in seinem Rang deutlich unterschieden. Das zeigt
auch die Rede von „meinem Vater" (9,11; 10,1 u. ö.; vgl. Mt 7,21; Joh 2,16; 5,17;
Röm 15,6 u. ö., also wiederum Tradition).

    Der Rede von Gott als Vater der Glaubenden (14,1; vgl. 10,1) entspricht die von
diesen als Söhnen (= Gottes: 9,10).[8] Nun redet 1,4 auch von den Glaubenden als
Söhnen Christi. Damit steht Jesus (gleichgültig, wie weit und wie bewusst das expliziert ist) neben Gott.[9] Das wird (wiederum in Aufnahme von Tradition) bestätigt und unterstrichen. Der Irdische (5,2; 6,1 u. ö.) wird ebenso selbstverständlich
wie der Auferstandene (4,1; 8,2 u. ö.) als κύριος bezeichnet. Grundlegende Aussagen werden von Gott und Christus gleichermaßen gemacht: Beide berufen
(Gott: 10,1; 16,1; Christus: 1,8; 2,4 u. ö.), beide geben die Gebote für die Glauben-

---

  [7] Vgl. Pratscher, Gottesbild 373–375; Ders., Soteriologie 261–274.

  [8] Der Aspekt der Geborgenheit, der in der Vater-Metaphorik des irdischen Jesus prägend ist (vgl. nur
Lk 15,11–32), kommt in der stark von Gerichtsangst geprägten Frömmigkeit des Predigers (vgl. unten 2.1.)
nicht recht zum Ausdruck.

  [9] Knopf, Zeitalter 377 sieht an einzelnen Stellen (1,1f; 11,7–12,2; 13,4) „die naive heidenchristliche Anschauung" der Identifikation von Gott und Christus gegeben.

den (Gott: 17,3; vgl. 9,9 u. ö.; Christus: 4,5; 8,4 u. ö.), beide retten (von Gott wenigstens indirekt formuliert: 10,1; Christus 1,4.7 u. ö.). Die Nähe von Gott und
Christus wird schon 1,1 thematisiert: Über letzteren ist zu denken ὡς περὶ θεοῦ.
Die Frage ist, ob der Prediger Christus das Gottesprädikat zubilligt. Die Fortsetzung in 1,1 ὡς περὶ κριτοῦ ζώντων καὶ νεκρῶν setzt die Richterfunktion Christi
voraus. Damit ist aber wegen der Analogie der Formulierungen die Folgerung
kaum zu vermeiden, dass Christus auch als Gott verstanden wird.[10] Das dürfte
auch durch 13,4 bestätigt werden, wo das Logion von der Feindesliebe (Mt 5,44par)
mit λέγει ὁ θεός eingeleitet wird. Freilich: 2 Clem bietet keine Identifikationsformel, das Gottesprädikat für ihn ist aber mit aller Wahrscheinlichkeit vorauszusetzen. Unumstritten ist jedenfalls: In seinem Handeln wie in der Stellung der Glaubenden zu ihm steht Christus auf der Ebene Gottes. In der Außenperspektive sind
beide nicht zu trennen.[11]

1.3. Einen spezifischen Charakter haben *pneumatologische* Aussagen, die wegen
des engen Konnexes zusammen mit den *ekklesiologischen* skizziert werden sollen.[12]
In Bezug auf Christus wird 9,5 gesagt, dass dieser, zuerst πνεῦμα, σάρξ geworden
sei und uns berufen habe. Die Inkarnation bedeutet sicher nicht einen Verlust seines Geistbesitzes, dazu ist die frühchristliche Tradition vom Geistbesitz des irdischen Jesus viel zu stark (vgl. nur Mk 1,9–11parr u. ö.). Was die Gegenwart von
2 Clem betrifft, ist Christus als Erhöhter wieder in der Geistexistenz vorauszusetzen, die er als Präexistenter innehatte.[13]

Vom πνεῦμα ist sonst (außer 20,4)[14] nur Kap. 14 die Rede, in christologischem
und besonders ekklesiologischem Kontext.[15] Nach 14,1f war die vor Sonne und
Mond geschaffene, d.h. präexistente, obere, pneumatische Kirche als σῶμα Χρισ
τοῦ mit dem himmlischen Christus in einer (ersten) Syzygie vereint.

Nach 14,3 ist diese pneumatische Kirche als σάρξ Χριστοῦ erschienen. Neben
der präexistenten Syzygie steht eine zweite in der Gegenwart (V.2: νῦν). Es handelt sich aber nicht um eine irdische Syzygie, da Christus sich als Erhöhter ja schon
wieder im Himmel befindet (V.4). Die jetzige Kirche ist die irdische Realisierung

---

[10] Nach LINDEMANN, 2 Clem 200 läuft der οὕτως – ὡς Vergleich „fast auf eine Identifikation" hinaus: „Jesus ist in seinem Handeln Gott". Dass der Prediger Christus das Gottesprädikat zubillige, lehnt
LINDEMANN, ebd. ab (vgl. JEFFORD/HARDER/AMEZAGA, Fathers 125: 1,1 „is not a confession that
seeks to associate Jesus and God with respect to identity but, rather, with respect to function"). Für das
Verständnis von Christus als Gott: STEGEMANN, Herkunft 86f; WENGST, 2 Clem 228, die neben 1,1 und
13,4 auch 4,4 (man müsse Gott mehr fürchten als Menschen) und 12,1 (der Tag der Erscheinung Gottes)
heranziehen. Die letzteren beiden Stellen sind allerdings fragwürdig (mit LINDEMANN, ebd.): An den
Parallelstellen von 4,4 (Act 5,29; 1 Clem 14,1) ist mit θεός Gott gemeint und 12,1 redet unmittelbar vorher
vom Reich Gottes. Freilich: 1,1 und 13,4 sind wichtige Belege für das Verständnis von Christus als Gott.
[11] Das Nebeneinander von Unterordnung und Gleichstellung wird (verständlicherweise) nicht näher
reflektiert. Der Prediger steht so in einem breiten Traditionsstrom, der zur späteren Trinitätslehre führt.
[12] Vgl. PRATSCHER, Geistverständnis 38–51; Ders., Kirchenverständnis 101–113.
[13] Selbstverständlich ist auch das πνεῦμα-Sein Gottes vorauszusetzen.
[14] Hier liegt eine dämonologische Verwendung von πνεῦμα vor.
[15] Auch Christologie und Ekklesiologie werden nicht um ihrer selbst willen thematisiert; sie stehen,
der Gesamtausrichtung des 2 Clem entsprechend, in ethischem Kontext (dazu unten P.2).

der oberen, das ἀντίτυπον des αὐθεντικόν bzw. der ἀντίτυπος τοῦ πνεύματος (V.3). Die Rede von der gegenwärtigen Kirche als σάρξ Χριστοῦ setzt eine Inkarnation der himmlischen, pneumatischen Kirche voraus und hat eine antidoketische Note. Das Motiv der sarkischen Kirche ist ein Protest gegen jede doketische Ekklesiologie und gegen jeden Exklusivitätsanspruch von Pneumatikern. Dabei setzt das αὐθεντικόν-ἀντίτυπον-Verhältnis (anders als das platonische Gegenüber τὸ ὄν und τὸ γιγνόμενον, z. B. Tim 27d u. ö.) keine Abwertung der σάρξ-Kirche voraus. Die irdische, sarkische Kirche ist die legitime Vergegenwärtigung der himmlischen, pneumatischen. Es ist stets die eine Kirche, ob sie nun in der einen oder anderen Existenzweise auftritt. In den verschiedenen Phasen ihrer Existenz kommen ihr nur verschiedene Attribute zu.

Die Kirche hat aber noch eine futurisch-eschatologische Existenz, in der für sie wieder das πνεῦμα kennzeichnend ist. Wir haben somit hier, in der Postexistenz, eine dritte Syzygie zwischen Christus und der Kirche vor uns, wiederum eine pneumatische. 14,3: Wer die Kirche im Fleisch behütet und nicht entehrt, wird sie im Heiligen Geist erhalten bzw. wer das ἀντίτυπον zugrunderichtet, wird das αὐθεντικόν nicht erhalten. D.h. das αὐθεντικόν ist die Kirche in ihrer Prä- und Postexistenz. Das πνεῦμα ist Charakteristikum beider Existenzweisen der Kirche, so wie natürlich auch der prä- und postexistente Christus πνεῦμα ist (V.2.4).[16]

Außer Kap. 14 ist nur noch 2,1 von der Kirche die Rede. Jes 54,1 (Freue dich, Unfruchtbare, die du nicht gebierst) wird auf die Kirche bezogen, die unfruchtbar war, bevor ihr Kinder gegeben wurden. Hier wird wohl auf die Erstarkung der Kirche des Predigers im antignostischen Kampf angespielt. Eine ekklesiologisch relevante Aussage ist das freilich nicht.

Betrachtet man die Vielfalt der frühchristlichen Aussagen über den Heiligen Geist und die Kirche,[17] so fällt diesbezüglich eine starke Beschränkung des 2 Clem auf. Auffällig ist vor allem, dass die Verbindung des Geistes mit der gegenwärtigen Kirche (und damit den gegenwärtigen Glaubenden) völlig ausfällt. Trotz aller Differenzen ist in frühchristlicher Zeit das Wirken des Geistes in den unterschiedlichen Lebensvollzügen der Kirche deutlich: sei es ihre Gründung (Act 1,5 u. ö.), ihr Wachstum in der Mission (Act 8,29 u. ö.), ihre Struktur in diversen Charismatikern (1 Kor 12,28 u. ö.) und Amtsträgern (1 Tim 4,14 u. ö.) oder ihr Bestand in der Auseinandersetzung mit Gegnern (2 Tim 1,14 u. ö.).

Ebenso auffällig ist, dass die Verbindung des Geistes mit der konkreten Lebensgestaltung ausfällt. Wo in der frühchristlichen Tradition vom πνεῦμα als Gabe an die einzelnen Glaubenden gesprochen wird, wird direkt oder indirekt seine Bedeutung für die verantwortliche Gestaltung des Lebens herausgestrichen, z. B. im Rahmen eines reflektierten Indikativ-Imperativ-Bezuges (Gal 5,25), im Kontext der Rede vom Wohnung-Nehmen des Geistes (Jak 4,5), von seiner Wirkung in der Liebe (Kol 1,8; 2 Tim 1,7 u. ö.), der Heiligung (1 Petr 1,2) oder dem Martyrium

---

[16] Zu den paränetischen Schlussfolgerungen im Rahmen einer vierten Syzygie zwischen der σάρξ und dem πνεῦμα in Bezug auf die einzelnen Glaubenden vgl. unten P.2.

[17] Vgl. nur Schweizer, πνεῦμα κτλ. 394–453; Schmidt, καλέω κτλ. 505–516. 535–537.

(1 Petr 4,14). Das Fehlen eines Bezuges des Geistes zur gegenwärtigen Kirche und der Lebensgestaltung ihrer Glieder ist umso auffälliger, als diese Themen auch in der außerneutestamentlichen Literatur von nicht geringer Bedeutung sind (vgl. nur: Gemeindeaufbau: Ign Eph 9,1; Prophetie: Did 11,7–12; Taufe: Did 7,1; Bewährung im Leben: Barn 4,11 u. ö.). Die Gründe für dieses pneumatologische Defizit dürften in der konkreten Situation des Predigers liegen: nach außen: seine Auseinandersetzung mit einem gnostischen Selbstverständnis (dazu Einleitung § 7); nach innen: der hohe Stellenwert der futurischen Eschatologie im Rahmen der Begründung der Paränese (dazu unten 2.1.).

1.4. Der Prediger teilt im Wesentlichen die geläufigen futurisch-*eschatologischen* Vorstellungen seiner Zeit.[18] Dazu gehört zunächst die Vorstellung der zwei, einander feindlich gegenüberstehenden Äonen (6,3). In der jetzigen Welt erleiden die Glaubenden Böses, es erwartet sie aber eine glückliche Zeit (19,3f). Der frühchristliche terminus technicus παρουσία (1 Thess 3,13; 1 Kor 15,23 u. ö.) fehlt. Stattdessen wird von der ἡμέρα τῆς ἐπιφανείας (τοῦ θεοῦ) geredet (12,1; 17,4), ein Syntagma, das sich nur hier in der frühchristlichen Literatur findet.[19] Sachlich parallel ist die Rede von der βασιλεία τοῦ θεοῦ (12,1). Von größter Bedeutung ist der Aspekt des zukünftigen Gerichts. Die ἡμέρα τῆς κρίσεως (16,3; 17,6) steht bevor: die κρίσις ist dem Zeitaspekt nach μέλλουσα (18,2), der Autorität nach θεία (20,4; vgl. 10,5). Als κριτὴς ζώντων καὶ νεκρῶν wird Jesus schon 1,1 eingeführt. Der Erscheinungs- und Gerichtstag wird mit traditionell-apokalyptischen Ereignissen verbunden: Vergehen von (einigen) Himmeln und Erde (16,3) bzw. Auferstehung (9,1; 19,3) und Eingehen in die βασιλεία τοῦ θεοῦ (6,9; 9,6 u. ö.).

Für die Zeit der Entstehung des 2 Clem[20] nicht verwunderlich ist das Problem der Parusieverzögerung. Dem Prediger erscheint es offenbar ein besonders großes, denn er erörtert es hinsichtlich der Gewissheit wie des Zeitpunktes der Parusie:

Ersteres geschieht 11,1–5. In paränetischem Kontext (dazu im Folgenden) wendet er sich an Leute, die die Parusieerwartung schon aufgegeben haben oder im Begriff dazu sind. Er zitiert einen προφητικὸς λόγος, der aus dem Wachstumsprozess in der Natur auf das sichere Eintreffen der erwarteten eschatologischen Ereignisse schließt.[21] Die Gewissheit des Kommens der Parusie setzt auch 9,1 mit der Abweisung der gnostischen[22] Bestreitung von Gericht und leiblicher Auferstehung voraus: Niemand solle sagen, dieses Fleisch werde nicht auferstehen und gerichtet werden. Die Begründung der Gewissheit der Parusie liegt hier in der Kontinuität der σάρξ. Die zukünftige sarkische Existenz wird dabei nicht begründet, sondern nur behauptet und paränetisch fruchtbar gemacht.

Den Zeitpunkt der Parusie thematisiert der Prediger 12,1–6, wiederum mit Hilfe eines apokryphen Zitates, das in Ev Thom 22 und Ev Äg (ClemAl Strom 3,92,2) in

---

[18] Zur Eschatologie bei den Apost. Vätern vgl. nur OEGEMA, Hoffnung passim.
[19] Ἐπιφάνεια ist belegt in: 2 Thess 2,8; 1 Tim 6,14; 2 Tim 1,10; 4,1.8; Tit 2,13.
[20] Vgl. unten Einleitung § 9.
[21] Eine Parallele liegt 1 Clem 23,3f vor.
[22] Zu den Gegnern vgl. Einleitung § 7.

Varianten vorliegt. Die eschatologische Zukunft wird da sein, wenn die Differenzierung des Seins in außen – innen, oben – unten und männlich – weiblich aufgehoben und die ursprüngliche Einheit wieder hergestellt ist. In der paränetisch orientierten dreiteiligen Auslegung wird das Kommen des Reiches Gottes mit der Wahrhaftigkeit im Reden (erster Teil) und Handeln (zweiter Teil)[23] sowie dem entsprechenden sexualethischen Verhalten (dritter Teil) verbunden. In eschatologischer Hinsicht ist diese Auslegung sehr interessant: Wenn das Kommen des Reiches mit dem rechten Verhalten verbunden wird, das (zumindest partiell) auch schon gelebt wird, scheint der Prediger faktisch (auch!) eine Präsenz des Reiches vorauszusetzen. D.h. er vertritt implizit auch eine präsentische Eschatologie und holt das Reich Gottes auch schon in der Gegenwart herein. Freilich: Er macht das nicht explizit, wie überhaupt die präsentische Eschatologie keinen eigenen Stellenwert besitzt. Eine Spannung zwischen präsentischer und futurischer Eschatologie wird nicht erkennbar. Was den Termin der Parusie betrifft, ist gewiss keine nebulöse Fernerwartung im Blick, aber auch keine Naherwartung, wie sie für die Frühzeit charakteristisch war (vgl. nur 1 Thess 4,17; 1 Kor 15,51; Mt 10,23 u. ö.). Das καθ' ὥραν (12,1) drückt den Aspekt der Nähe sicher nicht stärker aus als Ign Eph 11,1 mit dem Hinweis auf die letzten Zeiten oder Barn 21,3 mit dem vom Nahesein des Tages bzw. des Herrn. Das οὐκ οἴδαμεν (12,1) bleibt in der Terminfrage (wie Mk 13,32par Mt 24,36)[24] ganz zurückhaltend. Der Prediger lehnt die Naherwartung nicht ab (wie Lk 21,7–11; 2 Thess 2,1–12), betont sie aber auch nicht, und dürfte damit eine ähnliche Haltung in der Terminfrage voraussetzen wie die stereotypen Aufforderungen des Wachens 1 Thess 5,6; Mk 13,33parr; Mt 25,13 u. ö. Auch 16,3 (ἔρχεται ἤδη ἡ ἡμέρα τῆς κρίσεως) dürfte angesichts des hier vorliegenden Zitates aus Mal 4,1 und angesichts des sonstigen allgemeinen Hinweises auf die Zukünftigkeit der ἡμέρα (17,6) bzw. des Gerichtes (10,5; 18,2) nicht im Sinne der Naherwartung zu verstehen sein.[25] Schließlich sind auch die Hinweise auf die rechtzeitige Buße ὡς … ἐσμὲν ἐπὶ γῆς (8,1) bzw. ἐν τούτῳ τῷ κόσμῳ (8,2) bzw. ὡς ἔχομεν καιρὸν τοῦ ἰαθῆναι (9,7) oder ἕως ἔτι ἔχομεν τὸν πατέρα δεχόμενον ἡμᾶς (16,1) jeweils eher auf die Zeit vor dem individuellen Tod zu beziehen als dass sie eine Naherwartung voraussetzten.

2. Die Praxis des Glaubens

Der Schwerpunkt der Predigt liegt nicht bei der theologischen Reflexion. Liegt das schon von der Textsorte her nicht nahe, so erst recht nicht von der ganz und gar praxisbezogenen Grundeinstellung des Predigers her. Es geht ihm um das rechte Verhalten, also nicht um Ethik als theoretische Reflexion der Praxis des Glaubens,

---

[23] Zum jüdischen und judenchristlichen Hintergrund vgl. nur pTaan 1,1,63d; 2 Petr 3,12 (BILLERBECK I 162–165).

[24] Lk tilgt hier bezeichnenderweise.

[25] Anders LINDEMANN, 2 Clem 248.

sondern um die Praxis selbst. Alle theologischen Erörterungen (so reflektiert sie immer sein mögen) sind auf das Ziel der Paränese ausgerichtet, es geht nicht um Erweiterung theologischer Kenntnisse. Auch dort, wo ansatzweise theologische Reflexionen vorliegen, stehen sie im Dienst der Paränese.

2.1. Theologische Erörterungen dienen mithin zur *Begründung ethisch verant-worteten Handelns.*

Im Rahmen von Aussagen über *Gott* wird zum Tun des Willens des Vaters ermuntert mit dem Ziel des zukünftigen Lebens (10,1; vgl. 16,1). Sind Schöpfung und Berufung durch Gott nur der Hintergrund für die Forderung des heilsamen rechten Verhaltens, so liegt im Aufzeigen der derzeit noch von Gott geschenkten Bußmöglichkeit (16,1; vgl. 8,1f u. ö.) eine direkte Begründung der Paränese vor. Vaterschaft und Berufung stehen neben der durch das rechte Handeln wirksam werdenden eschatologischen Annahme. Das „solange" warnt von der Gottesvorstellung her vor Leichtfertigkeit.

Auch die *Christologie* zeigt die paränetische Ausrichtung. Die diesbezügliche Folgerung aus den soteriologischen Aussagen 1,4 zieht 1,3, wenn das geforderte Tun durch ἀντιμισθία, καρπός und ὅσια (scil. ἔργα) bezeichnet wird. Ἀντιμισθία ist besonders typisch für die Paränese des Predigers (1,5; 9,7; 15,2). Das Heilsgeschehen verlangt nach einer Gegenleistung (vgl. ähnlich 2 Kor 6,13). Καρπός als Ausdruck für die Lebensgestaltung im neuen Sein ist in der Tradition breit verankert (Mt 3,8par; Röm 6,22; Gal 5,22 u. ö.). Ὅσια meint das angemessene Verhalten zu Gott (1 Tim 2,8; Tit 1,8 u. ö.). Die Begründung der Paränese im Heilshandeln Jesu ist zwar nicht häufig. Sie steht aber betont am Anfang (1,1.6; 2,4; 3,1) und hat so Signalwirkung für die weiteren Ausführungen.[26] Eine christologische Begründung der Paränese liegt auch in der Betonung der Außenwirkung der christlichen Existenz vor. 13,1–4 geht es um die Vermeidung der Lästerung des Namens (wohl: Christi) durch Außenstehende wegen unsachgemäßen Verhaltens der Glaubenden.

Die paränetische Ausrichtung gilt auch für die Bereiche, in denen die theologische Reflexion des Predigers am stärksten ausgeprägt ist: *Ekklesiologie (und Pneumatologie).* Den drei Syzygien zwischen dem präexistenten Christus und der pneumatischen Kirche sowie der zwischen dem Auferstandenen und der gegenwärtigen Kirche und der zwischen dem Auferstandenen und der zukünftigen, pneumatischen Kirche (14,1–3a) folgt 14,3b eine vierte zwischen πνεῦμα und σάρξ mit Bezug auf die Glaubenden. Mit der Deuteformel ἄρα οὖν τοῦτο λέγει, ἀδελφοί wendet der Prediger die Ausführungen über die ersten drei Syzygien in der vierten ins Ethische:[27] τηρήσατε τὴν σάρκα, ἵνα τοῦ πνεύματος με-

---

[26] Dazu im Folgenden unter „Werkgerechtigkeit".

[27] Die paränetische Pointe von Kap. 14 wird allgemein anerkannt, vgl. in neuerer Zeit: O' HAGAN, Re-Creation 81; DONFRIED, Setting 161; NIEDERWIMMER, Askese 192; WENGST, 2 Clem 275; LINDEMANN, 2 Clem 242f.

ταλάβητε.[28] 8,6 liegt eine enge Parallele vor: τηρήσατε τὴν σάρκα ἁγνὴν καὶ τὴν σφραγῖδα ἄσπιλον, ἵνα τὴν αἰώνιον ζωὴν ἀπολάβωμεν. Da die ursprünglich pneumatische Kirche eine sarkische Gestalt angenommen hat, ist die gesamte sarkische Existenz der Glaubenden davon betroffen. Das Verhältnis von πνεῦμα und σάρξ im Kirchenbegriff ist durchscheinend für die anthropologische Ebene. Es liegt nicht bloß eine ethische Anwendung der Ekklesiologie vor, sondern auch eine Festigung der (antignostisch akzentuierten) Ekklesiologie durch die Ethik.

Von größter Bedeutung ist schließlich die *eschatologische* Begründung ethisch verantworteten Handelns. Zum einen argumentiert der Prediger (weniger auf dem Hintergrund einer lebendigen Naherwartung als mit Blick auf die Lebenserwartung) mit der Kürze der Zeit und der in ihr noch gegebenen Umkehrmöglichkeit (5,5; 6,6; 19,3f) und motiviert, diese Zeit zu nutzen (8,1–3; 9,7; 16,1). Zum anderen tut er es mit dem Hinweis auf die heil- bzw. unheilvolle Zukunft. Erstere wird in einer Reihe von Termini beschrieben: Es geht um Rettung (4,2; 13,1 u. ö.), um Erlösung (17,4), um das zukünftige Erbarmen Christi (16,2) oder sein Eintreten als Fürsprecher (3,2–4; 6,9). Dabei wird dieses zukünftige heilvolle Handeln nur denen zuteil, die die Gerechtigkeit verwirklichten (4,2), die entsprechenden Taten vorweisen können (17,4), die den weltlichen Begierden absagten (16,2) oder sich zu Jesus bekannt haben (3,2). Als zukünftige Heilsgüter fungieren insbesondere das (rein zukünftig vorgestellte) Reich Gottes (9,6; 11,7 u. ö.), die zukünftige pneumatische Kirche (14,3), der zukünftige Geist (14,3) sowie weitere metaphorisch oder direkt formulierte Heilsgüter wie Siegeskranz (7,2; 20,2), Sohnschaft (9,10), Rechtfertigung (11,1), Friede (10,2), Freude, Glück (19,4), Ruhe (5,5; 6,7) oder ewiges Leben (8,4.6; 10,1 u. ö.). Voraussetzung ist jeweils das rechte Verhalten. Mindestens ebenso wichtig sind die Hinweise auf das zukünftige Unheil bei Fehlverhalten. Der Gerichtsgedanke zieht sich durch die ganze Predigt (1,1f; 10,1–3; 17,6 u. ö.). Strafen sind Verlorengehen (17,1), Verfehlen der Rettung (4,1), Hinausgeworfenwerden (4,5), schreckliche Qualen im ewigen Feuer (5,4; 17,7) u. dgl. Die Paränese des Predigers ist somit in hohem Maße angstbesetzt (18,2: Ich fürchte das künftige Gericht). In einer Kraftanstrengung sondergleichen sucht er die Hörerinnen und Hörer zum rechten Verhalten zu motivieren, denn sonst sind sie verloren.

2.2. Mit der Betonung des richtigen Handelns im Konnex des zukünftigen Heils[29] stellt sich die Frage nach der *theologischen Einordnung ethisch orientierter Paränese*. In dieser Hinsicht sind immer wieder recht negative, um nicht zu sagen, vernichtende Urteile über 2 Clem abgegeben worden, die freilich z. T. auch wieder relativiert wurden. HARNACK erkennt in ihm „ein sehr charakteristisches Merk-

---

[28] Die ekklesiologische Parallele 14,3b: niemand, der das ἀντίτυπον (die gegenwärtige Kirche) zerstört, wird am αὐθεντικόν (der zukünftigen, pneumatischen Kirche) Anteil erhalten, womit nur die positive Aussage von V.3a wiederholt wird: Wer die sarkische Kirche bewahrt und nicht zerstört, wird an der pneumatischen Anteil haben.

[29] Es handelt sich dabei um einen traditionellen Topos, vgl. Mk 10,20f par; Jak 2,24; Did 4,13f; Barn 4,11f; 1 Clem 50,5; PolPhil 2,2; Herm Mand 4,2,4 u. ö.

mal der Mattigkeit der Zeit und des Verlustes der lebendigen sittlichen Kraft",[30] das freilich keine „Degeneration der paulinischen Dogmatik", sondern „das natürliche Product der Heidenkirche" der Mitte des 2. Jh. sei.[31] WINDISCH diagnostiziert „ein spätjüdisch verstandenes und spätjüdisch verflachtes synoptisches Christentum",[32] trotzdem lebe „in dem Brief ein Stück echtester prophetisch-synoptischer Religion, zurechtgemacht für die Gemeinden des zweiten Jahrhunderts".[33] Auch BULTMANN beurteilt die Theologie als „gesetzlich", doch seien die „Mahnungen des Presbyters bestimmt durch den Hinweis auf die durch das Werk Christi bestimmte Gegenwart". Gemessen an Paulus fehle „die paradoxe Realisierung des Zukünftigen im Gegenwärtigen".[34] ÖFFNER sieht in der Predigt „eine recht dürre Moralepistel",[35] erkennt aber in 17,2f und 18,2 auch „zaghafte Ansätze, den Moralismus zu durchbrechen".[36] Nach VIELHAUER lehre der Prediger schlicht „eine handfeste Werkgerechtigkeit",[37] nach WENGST „Gesetzlichkeit".[38] In neuerer Zeit beurteilt man 2 Clem deutlich positiver: DONFRIED notiert zwar „an extreme moralism", betont aber die Nötigung dazu durch gegnerische, gnostische Einseitigkeiten,[39] POWELL interpretiert den Term ἀντιμισθία als „eine Reaktion auf die Güte Gottes",[40] ebenso BAASLAND, der die Rede von Moralismus und Gesetzlichkeit zu kurzschlüssig von Paulus oder dem modernen Protestantismus her gefällt sieht.[41] Nach LINDEMANN sind deshalb „die christologischen bzw. soteriologischen Aussagen vor allem in Kap. 1–3 (vgl. außerdem 9,5; 11,6; 15,3) in gleicher Weise ernst zu nehmen wie die Mahnungen, deren Zahl bei einer συμβουλία bzw. ἔντευξις naturgemäß überwiegt".[42]

---

[30] HARNACK, Brief 355; vgl. Ders., Dogmengeschichte I 192: „Bei Hermas … und im 2. Clemensbrief verschwindet das Bewusstsein, unter der Gnade auch nach der Taufe zu stehen, nahezu vollständig hinter der Forderung, die Aufgaben, zu denen die Taufe verpflichtet, zu erfüllen." HARNACK, Dogmengeschichte I 240: „Die moralistische Denkweise ist klassisch repräsentiert durch den Hirten des Hermas und den 2. Clemensbrief …"

[31] HARNACK, Brief 356.

[32] WINDISCH, Christentum 126. Die pauschale negative Charakterisierung „spätjüdisch" wird einer differenzierten Betrachtung nicht gerecht.

[33] Ebd. 133.

[34] BULTMANN, Theologie 521.

[35] ÖFFNER, 2 Clem 267.

[36] Ebd. 271. Dass die Betonung der futurischen Eschatologie die heilsgeschichtliche Vergangenheit vergessen lässt (117), zeigt die faktische Tendenz, ist aber ansonsten ein zu hartes Urteil.

[37] VIELHAUER, Geschichte 742. AONO, Entwicklung 162 betont die „Werkgerechtigkeit" des Predigers, verweist aber auf den Kontext der Auseinandersetzung mit libertinistischen Gegnern.

[38] WENGST, 2 Clem 235. Die Rettung aus dem Heidentum ist die Voraussetzung des neuen Lebenswandels, dieser wiederum die Voraussetzung für die endgültige Rettung (234 mit Hinweis auf die ähnliche Position Barn 19,3).

[39] DONFRIED, Theology 497; vgl. KÖSTER, Einführung 672.

[40] POWELL, 2 Clem 121. Ähnlich betont EHRMAN, Fathers 155 das neue Leben der Nachfolge als „response", als „debt they owe to God for the salvation."

[41] BAASLAND, Rhetorik 127.

[42] LINDEMANN, 2 Clem 196. Ähnlich betont HAUSAMMANN, Kirche 45, der Verfasser behaupte nicht, „die Gerechtigkeit aus eigener Kraft und Bemühung erfüllen zu können". Vgl. auch das Urteil von RÄISÄNEN, Werkgerechtigkeit 95 in Bezug auf 1 Clem: „Die im Gesetz geforderten Werke waren Er-

Diese verschiedenen Versuche einer positiveren Wertung sind sehr ernst zu nehmen, soll die Predigt nicht zu unhistorisch gesehen werden.[43] Die Einordnung in
die allgemeine Situation der Heidenkirche der Mitte des 2. Jh. und speziell die antignostische Ausrichtung müssen gebührend berücksichtigt werden, sodass Ver-
dikte nicht angebracht sind. Der Prediger weiß, dass das vorhergehende Handeln
Gottes bzw. Christi alles christliche Handeln erst ermöglicht. Rein formal entspricht also die Predigt durchaus dem paulinischen Indikativ-Imperativ-Verhältnis.
Freilich sind die Differenzen auch nicht zu übersehen. Die überaus prägende
eschatologische Begründung der Paränese ist auffällig. Das Heil hängt einzig vom
eigenen richtigen Handeln ab. Verdienste anderer gelten nicht. Ohne gute Werke
gibt es keinen Fürsprecher im Gericht (6,8f). Die Quantität der Forderungen rechten Tuns scheint sich qualitativ umzusetzen. Ein außerordentlich hohes Maß an
Heilsunsicherheit ist die Folge. Entsprechend ist nicht freudiges, gelöstes Gottver-
trauen die Grundstimmung religiösen Seins, sondern Angst, die der Prediger am
Ende (18,1f) formuliert und die den schalen Eindruck der bisherigen Ausführungen
in kaum überbietbarer Weise dokumentiert.[44] Es ist kein Wunder, dass die Rede
vom πνεῦμα als bewegender Kraft der Gegenwart des Glaubens völlig ausfällt.

2.3. Bezüglich der *Inhalte der Ethik* bewegt sich der Prediger auf traditionellen
Bahnen, setzt aber doch deutliche Akzente. Die meisten *Forderungen* sind freilich
nur *allgemeiner Art*.[45] Einige Beispiele: Es geht um das Tun (ποιεῖν) des Willens
des Vaters (14,1), des Willens Christi (6,7), der Gerechtigkeit (4,2) der Gebote (4,5),
der Worte Christi (15,5), um das Trachten (σπουδάζειν) nach Gerechtigkeit (18,2),
um das Nachjagen (διώκειν) nach der Tugend (10,1), um das Betreiben (ἀσκεῖν)
der Gottesverehrung (20,4), um das Bewahren (τηρεῖν) der Gebote des Herrn
(8,4), der Taufe (6,9), des Siegels (7,6), des Fleisches (8,4) und der Kirche (14,3), um
den Gehorsam (ὑπακούειν) gegenüber den Anordnungen (19,3), um das Gehen
(θεῖν) auf dem geraden Weg (7,3), um das Nüchtern-Sein (νήφειν) zum Guten
(13,1), um den Fortschritt (προκόπτειν) in den Geboten des Herrn (17,3), um den
frommen und gerechten Wandel (ἀναστρέφεσθαι, 5,6) etc. In negativer Formulierung geht es um das Vermeiden (μὴ ποιεῖν) des Bösen (19,2), das Verlassen (καταλείπειν) des Bösen (10,1), die Flucht (φεύγειν) vor der Gottlosigkeit (10,1), den
Verzicht auf den Ungehorsam (μὴ παρακούειν 3,4) etc.

Für die Ethik des 2 Clem ist das Motiv der *Umkehr bzw. Buße* von größter
Bedeutung. Μετανοεῖν (8,1–3; 9,8; 13,1; 15,1 u. ö.) und μετάνοια (8,2; 16,4) sind als
Forderungen an die Getauften ungewöhnlich. Es geht primär (vgl. die Anrede

---

weise des Gehorsams gegen Gott. So ist es im Judentum, so bei Jesus, bei Matthäus und bei Klemens …
Menschliches Handeln wird … erst aufgrund göttlichen Handelns möglich." Das gilt analog auch für
2 Clem, wenn man 1,1–3,1 gebührend würdigt. Die Frage bleibt nur, ob der Prediger dieses Programm
auch durchhält.

[43] Das gilt analog für alle anderen historischen Dokumente.

[44] Zwar redet auch Paulus vom Wirken (κατεργάζεσθαι) des Heils mit Furcht und Zittern (Phil 2,12),
aber die Paradoxie bleibt erhalten: Gott ist es, der Wollen und Vollbringen wirkt (2,13).

[45] BAASLAND, Rhetorik 132 redet von „formal"; vgl. die Zusammenstellung bei WENGST, 2 Clem
230f.

ἀδελφοί 8,4) nicht um anwesende Gäste oder Katechumenen, also nicht um die
Hinwendung vom Heiden- zum Christentum. Der Prediger vertritt auch nicht wie
Herm Vis 2,2,5 u. ö. nur eine einmalige Bußmöglichkeit[46] oder verweigert sie überhaupt wie Hebr 6,4–6. Er sagt zwar nicht wie Luther, das ganze Leben solle eine
Buße sein,[47] ist aber auf dem Weg dahin, wenn er zur rechtzeitigen Buße mahnt
(8,2f; 9,8; 16,1) und sich selbst in die Schar der Sünder einschließt. Da die Buße sich
primär an Getaufte wendet, gleichgültig, wie lange sie es schon sind, setzt der Prediger faktisch ihre Mehrmaligkeit voraus – sonst müsste er Sünder ja von der Bußmöglichkeit ausschließen. Seine Sorge gilt deshalb besonders der Rechtzeitigkeit
der Buße. Sachlich ist die Buße, wenn Getaufte angesprochen werden, kein völli-
ger Neubeginn, da diese das geforderte Verhalten zumindest partiell auch schon
verwirklicht haben. Wie die Buße institutionell aussieht, bleibt unklar. Eine
institutionalisierte Form ihres Vollzuges ist möglich bzw. wurde mehr und mehr
notwendig.

Konkreter als diese allgemein gehaltenen Anweisungen oder als die Bußforderung ist die Aufnahme von *Grundprinzipien judenchristlicher Frömmigkeit*: Almosen, Gebet und Fasten.[48] Während Mt 6,1–18[49] implizit das Gebet durch die mittlere Stellung hervorhebt,[50] formuliert 2 Clem 16,4 explizit: „Wichtiger als Gebet
ist Fasten, Almosen aber als beides". Es entsteht so die sachliche Reihenfolge:
Almosen – Fasten – Gebet. Die Voranstellung des Almosens entspricht der betont
praxisorientierten Frömmigkeit des Predigers. Im Almosen wird konkret, was als
Tun der Gerechtigkeit u. dgl. allgemein formuliert wird. Eine nähere Anweisung,
wie sie bezüglich der Ausübung der Almosentätigkeit Did 1,6 gegeben wird, liegt
nicht vor. Die Konkretheit ist nicht besonders ausgeprägt.

In gewisser Hinsicht gilt das auch für den Grundzug der Ethik des Predigers,
die *Enthaltsamkeit*. Er versteht sein Werk als συμβουλία περὶ ἐγκρατείας (15,1).
Ἐγκράτεια bezeichnet in der griechischen philosophischen Tradition allgemein
die Selbstbeherrschung und Kontrolle aller Emotionen, eine besondere sexuelle
Ausrichtung liegt nicht vor. Dasselbe gilt für die frühjüdische und ntl. Tradition.
Sexuell bestimmt ist ἐγκρατεύεσθαι 1 Kor 9,25, allerdings auf die betreffenden
Charismatiker beschränkt. Dasselbe Bild liegt bei den Apost. Vätern vor. Auch
hier dominiert ganz überwiegend (Ausnahme wohl 1 Clem 38,2)[51] die allgemeine,

---

[46] So TELFER, Forgiveness 35. Dabei wird die Differenz zu Herm nicht ausreichend gewürdigt; dagegen z. R. HALL, Repentance 30.

[47] WA 1 (1883) 233: „Dominus et magister noster Iesus Christus dicendo ‚Penitentiam agite &c.' om-
nem vitam fidelium penitentiam esse voluit." In diesem Sinne deutet SEEBERG, Dogmengeschichte I 156
„das Leben nach der Taufe" als „eine fortgehende Buße". Vgl. BENRATH, Buße 452–473.

[48] Zum jüdischen Vergleichsmaterial vgl. Tob 12,7–9; pTaan 2,65b, BILLERBECK I 454; IV 533f.

[49] Für die christliche Tradition vgl. auch Ev Thom 6 NHC II 33,14–23; 14 NHC II 35,15–27. Reihenfolge: Fasten, Gebet, Almosen; dazu noch: Speisevorschriften. Im Detail siehe unten z. St.

[50] LUZ, Mt I 253–255 sieht das Gebet, genauerhin das Vaterunser, nicht nur als Zentrum von 6,1–18,
sondern des gesamten Hauptteils der Bergpredigt 5,21–7,11: „Das Unservater ist sein (scil. des Hauptteils)
Zentraltext" (255).

[51] LONA, 1 Clem 419.

weitere Bedeutung.[52] In diesen Gesamttrend gehört auch 2 Clem. Insbesondere spricht die Ablehnung des Ehebruchs (4,3; 6,4) und damit die Voraussetzung des ehelichen Sexualverkehrs sowie die Ablehnung von Vergewaltigung bzw. Abtreibung (6,4) gegen ein sexualenkratitisches Verständnis.[53] Der Prediger vertritt aber eine deutlich ausgeprägte Weltdistanz (vgl. 5,6f), die in seinen eschatologischen Vorstellungen ebenso zum Ausdruck kommt wie in seinen ethischen. Von einer gnostischen Weltverneinung ist er freilich weit entfernt.[54]

2.4. *Die Bedeutung des ethisch geforderten Handelns* liegt auf verschiedenen Gebieten. Zunächst und hauptsächlich im *individuellen Heil*. Die obigen Ausführungen zur eschatologischen Begründung des Handelns zeigen das in aller Deutlichkeit. Der Prediger hat trotz aller universalistischen Ausrichtung der apokalyptischen Eschatologie ein besonderes Interesse an der persönlichen Zukunft in Auferstehung und Gericht für seine Hörerinnen und Hörer wie für sich selbst. Das richtige Handeln ist der entscheidende Garant für das Bestehen im Endgericht.[55] Für dieses Ziel kämpft er die ganze Predigt hindurch mit seinem vollen Einsatz.

Weiters ist das rechte Handeln nötig für die *Mission*. Die Lästerung des Namens Jesu soll vermieden werden durch Kongruenz der Verkündigung der schönen und großen Worte Gottes mit dem entsprechenden Handeln (13,2-4). Das Leuchten der guten Werke ist traditionelle Forderung frühchristlicher Paränese (vgl. Mt 5,16; 1 Thess 4,12; 1 Tim 6,1; Tit 2,5; 1 Petr 2,12; Ign Eph 10,1-3; Pol Phil 10,2 u. ö.).[56] Dabei geht es dem Prediger nicht um die Propagierung gesellschaftlich anerkannter Normen, sondern gerade um den in der Jesustradition so wichtigen Topos der Feindesliebe (13,4; vgl. Mt 5,43-48par.).

Schließlich ist das rechte Handeln auch im Rahmen der *Auseinandersetzung mit Gegnern* von Bedeutung.[57] Gegen eine Bevorzugung des hiesigen Genusses vor der zukünftigen Verheißung durch präsentisch-eschatologisch ausgerichtete Pneumatiker betont der Prediger die Notwendigkeit rechten Handelns angesichts des zukünftigen Gerichts (13,1-5). Im Grunde stellt diese Bestimmung der Notwendigkeit des rechten Handelns (ähnlich wie die vorherige in Bezug auf die Mission) ganz im Kontext des individuellen Heils. Durch Mission soll dieses Heil Außenstehenden ermöglicht und durch Auseinandersetzung mit Gegnern erhalten bleiben.

---

[52] Belege unten zu 15,1. Tit 1,8 schließt ἐγκρατής (als Erfordernis für den Bischof) ein sexuelles Verständnis sogar aus.

[53] Vertreter für oder gegen ein enkratitisches Verständnis unten zu 15,1. Vom „antikosmischen Charakter gnostischer Askese" (KOSCHORKE, Polemik 114) ist 2 Clem weit entfernt.

[54] Die Ethik des Predigers ist im Ganzen großkirchlich orientiert (vgl. die Beschreibung Plin Ep 10,96). Sie ist nicht die Ethik einer Sondergruppe (richtig: BAASLAND, Rhetorik 145).

[55] AONO, Entwicklung 161 betont z.R., das definitive Heil werde dem Menschen im zukünftigen Gericht „aufgrund seiner Leistung, also als Schuldigkeitslohn" gegeben.

[56] Weitere Belege ÖFFNER, 2 Clem 214-219.

[57] Insofern ist das rechte Handeln auch ekklesiologisch interessant, indem es das Wir-Bewusstsein der Gemeinde stärkt (vgl. nur die Motive der gegenseitigen Liebe 4,3; 9,6, der gegenseitigen Stütze im Glauben 17,2, der Wahrhaftigkeit im Umgang miteinander 12,3 oder der Einmütigkeit in der Gemeinde 12,3; 17,3).

§ 7 Gegner

Die Frage nach den Gegnern in 2 Clem ist in der Forschung unterschiedlich beantwortet worden:

1. Die alte These, der Vf. kämpfe gegen den *Ebionitismus*,[1] basiert auf der Annahme, die Betonung der Präexistenz Christi 1,1f wende sich gegen eine Niedrig-
keitschristologie, sowie auf der Deutung von 2,3 auf das Judentum.[2] Diese Lösung
scheitert aber am Fehlen jeder wie immer gearteten Polemik gegen Juden- oder Judenchristentum in der gesamten Predigt.[3]

2. Nicht nachvollziehbar ist auch die These, 2 Clem wende sich gegen die
heidnischen Mysterienreligionen.[4] Der Prediger grenzt sich zwar von Beginn an
deutlich von der heidnischen Gottesverehrung ab und wendet sich gegen eine welt-
förmige Existenz, das gilt aber im Prinzip für die gesamte frühchristliche Literatur.
Der Schluss von der Betonung des rechten Tuns auf Leute „with no significant
moral qualifications"[5] ist zwar bedingt richtig, aber das Heidentum oder gar Mysterienreligionen dahinter zu sehen, ist viel zu unbestimmt.

3. Sehr viel besser zu begründen ist dagegen die These, bei den Gegnern handle
es sich um *Gnostiker*.[6] Sie ist freilich weit mehr implizit vorauszusetzen als explizit
formuliert.

3.1 Was das *Grundsätzliche* betrifft, könnte ein Hinweis in der Rede von der
nicht nur einem elitären Kreis, sondern der Gesamtgemeinde zugänglichen Erkenntnis des Vaters der Wahrheit durch Christus (3,1) liegen.[7] Die t.t. γνῶσις und
γινώσκειν und insbesondere das Syntagma „Vater der Wahrheit" bekämen in diesem Kontext ein klares Profil.[8]

---

[1] Für die Tübinger Schule vgl. Schwegler, Zeitalter I 54, der freilich den Vf. selbst dem Judenchristentum zurechnet („So ist also der zweite Brief des Clemens eine Bestreitung des Ebionitismus innerhalb
des Ebionitismus"); ein weiterer markanter Vertreter ist Lightfoot, Fathers I/2 211.

[2] Letzteres wird öfters vertreten, auch wenn die Gegnerfrage anders gelöst wird, vgl. unten zu 2,3.

[3] Vgl. nur zuletzt Berger, Theologiegeschichte 745. Implizit wird freilich mit der Betonung der Gött-
lichkeit Jesu die ebionitische Christologie distanziert.

[4] Tugwell, Fathers 144.

[5] Ebd.

[6] Vgl. nur Lütgert, Amt 111–118; Knopf, 2 Clem 166; Windisch, Christentum 133; Frank, Studien 251; Öffner, 2 Clem 139f; Donfried, Setting 112; Köster, Einführung 672; Wengst, 2 Clem
226f; Powell, 2 Clem 121; Warns, Untersuchungen 76–90 u. passim; Rebell, Apokryphen 222; Jef-
ford/Harder/Amezaga, Fathers 122–127.

[7] Πατὴρ τῆς ἀληθείας (ebenso 20,5; die Parallele θεὸς τῆς ἀληθείας liegt 19,1 vor) ist nur in gnostischen Traditionen bezeugt; vgl. dazu unten zu 3,1.

[8] Γνῶσις und γινώσκειν sind wegen der weiten Verbreitung schon im NT (vgl. nur 1 Kor 1,5; 8,1 u. ö.
bzw. Röm 1,21; 1 Kor 1,21 u. ö.) noch kein direkter Hinweis auf die Distanzierung eines gnostischen

3.2 Im *Detail* ist eine antignostische Grundhaltung in verschiedenen Themenbereichen erkennbar. Die wichtigsten:

In gewisser Hinsicht gilt dies schon für die *christologischen* Ausführungen 1,1f, wo in Bezug auf Ἰησοῦς Χριστός das Ἰησοῦς betont und dem Hinweis auf das Leiden ein besonderer Stellenwert zugemessen wird. Damit vertritt 2 Clem von Anfang an eine nicht-doketische Christologie. Ob und in welchem Maße man von einer bewusst antidoketischen Haltung reden kann, muss noch von anderen Themenbereichen her bestätigt werden. Das betrifft auch die Inkarnation (9,5), die der Prediger nicht nur christologisch als selbstverständlich voraussetzt, sondern die er ethisch und eschatologisch auswertet. Da dieser Topos in der frühchristlichen Tradition geläufig ist (vgl. nur Joh 1,14), könnte es sich somit bloß um traditionelle Sprache handeln. Sie ist freilich schon Joh 1,14 antidoketisch, vielleicht antignostisch ausgerichtet, sodass auch 2 Clem zumindest eine implizite, vielleicht sogar eine bewusste, antignostische Ausrichtung vorliegt. Zudem könnte sie antivalentinianisch sein. Immerhin verwendet 9,5 auch den Term κύριος, den Valentinianer nach Iren Haer 1,1,3 Jesus nicht zubilligen wollten.[9]

Deutlich ist das Ergebnis bezüglich der *Ekklesiologie*. Das Motiv der mit Christus in einer präexistenten Syzygie vereinten Kirche (14,1f) hat seine nächste Parallele in der valentinianischen Äonenvorstellung. Dort habe der oberste pneumatische Bereich aus vier Äonenpaaren bestanden mit λόγος und ζωή an dritter, ἄνθρωπος und ἐκκλησία an vierter Stelle (Iren Haer 1,11,1; Exp Val NHC XI 29,25–29). Die Wiedervereinigung beider im Pleroma sei Ergebnis des Erlösungsprozesses (Tract Trip NHC I 122,12–129,34). Die Verbindung von Χριστός und ἐκκλησία bzw. von ζωή und ἐκκλησία wird bei der Annahme eines Konnexes mit den valentinianischen Spekulationen besonders anschaulich.[10] Neben der präexistenten Kirche als σῶμα Χριστοῦ steht weiters die gegenwärtige als σάρξ Χριστοῦ. Die These der Inkarnation der ursprünglich pneumatischen Kirche (14,3) hat sicher eine implizite, vielleicht sogar eine bewusste antignostische Ausrichtung, insbesondere wenn man die folgende Argumentation mit dem Term σάρξ in Bezug auf Kirche bzw. einzelne Glaubende berücksichtigt (14,3–5). Die erste Argumentationslinie (14,3bc)[11] sieht die sarkische Kirche als ἀντίτυπος der pneumatischen, dem αὐθεντικόν.[12] Die sarkische Kirche ist die geschichtliche Vergegenwärtigung der himmlischen, sie wird nicht wie in der Gnosis abgewertet als Größe, die keinen Bezug zum Eigentlichen hätte. Sie ist ebenso Kirche wie die pneumatische, nur in einer anderen Situation und auf eine andere Weise. Eine

---

Selbstverständnisses. Im Kontext mit anderen Aussagen gewinnt diese Terminologie gleichwohl an Gewicht.

[9] Wie wenig eine einheitliche valentinianische Christologie vorausgesetzt werden darf, zeigt Ev Phil 27a NHC II 58,14, wo gegen die Geringachtung des Lammes polemisiert wird.

[10] Genaueres unten zu Kap. 14.

[11] Die zweite Argumentationslinie (14,3d–5) zieht die ethischen Konsequenzen für die einzelnen Glaubenden (dazu im Folgenden).

[12] Das Verständnis des Abbildes als inadäquate Vergegenständlichung des Ursprünglichen (vgl. Plat Tim 27d.28a; Plot Enn 2,9 u. ö.) fehlt.

Differenzierung der Glaubenden in Pneumatiker und Psychiker ist damit ausgeschlossen.

Auch die *eschatologische* Gesamtausrichtung der Predigt zeigt eine wenigstens
implizite antignostische Grundhaltung. Hier sei nur auf 9,1–12,1 verwiesen. Die
traditionellen apokalyptischen Zukunftshoffnungen werden derart betont, dass die
präsentische Eschatologie fast ganz verschwindet – eine deutliche Differenz zur
Betonung der letzteren in der Gnosis. Ein paar Beispiele: Auferstehung, Gericht
und zukünftiges Heil werden der σάρξ zuteil (9,1–5), deshalb auch die wiederholte
Paränese, sie zu bewahren (8,4.6; 9,3; 14,3; vgl. das Bewahren der Taufe 6,9 bzw.
des Siegels 7,6; 8,6). Denn in der σάρξ wird man Anteil am zukünftigen Sein erhalten (9,4f; 14,5). Probleme mit der Auferstehung der σάρξ sind traditionell
(1 Kor 15,12–34; 2 Tim 2,18; 1 Clem 23–27 u. ö.). Auch der Prediger setzt sie voraus,
behandelt sie aber nur soweit, als es ihm um die Verantwortung für das Leben ἐν
τῇ σαρκί geht. Er will keine Missverständnisse über das eschatologische Sein der
σάρξ aufkommen lassen. Ihrer doketischen bzw. gnostischen Abwertung tritt er
mit Entschiedenheit entgegen. Der hiesige Genuss steht gegen die Verheißung des
Zukünftigen (10,3). Nur das rechte Verhalten sichert das Eingehen in das zukünftige Reich (11,7). Bei alledem ist der Prediger nicht an die apokalyptische Terminologie gebunden. Er kann auch ganz wie die Gnostiker von der ἀνάπαυσις als
eschatologischem Heilsgut reden (5,5; 6,7).[13]

Schließlich dürfte auch die *Ethik*, das Grundanliegen der Predigt, eine antignostische Ausrichtung zeigen. Wiederum nur signifikante Beispiele: 14,3d–5 zieht mit
ἄρα οὖν τοῦτο λέγει, ἀδελφοί die ethischen Konsequenzen aus den ekklesiologischen Erörterungen. Sie betreffen das Bewahren der σάρξ, um am eschatologischen Heilsgut πνεῦμα Anteil zu erhalten (V.3d; vgl. 8,4.6; weiters 6,9 u. ö.). Frevel gegen die σάρξ ist Frevel gegen die Kirche und macht den (zukünftigen) Anteil
am πνεῦμα unmöglich. Der Frevel an der σάρξ dürfte eine Missachtung der leiblichen Existenz im weitesten Sinn meinen, wie der Makrokontext (Befolgen des
Willens des Vaters bzw. des Herrn, V.1) zeigt. Diese hervorragende Wertung der
σάρξ ist kaum bloß theoretisch, sondern setzt ein inadäquates Verständnis und
Verhalten voraus.[14] Ein gnostischer Kontext legt sich nahe, vor allem, wenn man
das rein zukünftig orientierte Verständnis des πνεῦμα (vgl. 14,3d) als Gegenbewe-
gung gegen das betont präsentische Geistverständnis der Gnostiker berücksichtigt.

---

[13] 5,5 verbindet er ἀνάπαυσις mit μέλλουσα βασιλεία. Dabei ist ἀνάπαυσις ein traditioneller
Heilsbegriff (Mt 11,29; Zitat von Jer 6,16), ist also an sich noch kein Beleg für einen gnostischen Kontext.

[14] Wie das konkret aussah, wissen wir leider nicht. Libertinismus (so besonders LÜTGERT, Amt 114:
„Die Bekämpfung der Unkeuschheit ist das eigentliche Interesse der Predigt"; weiters KNOPF, Zeitalter
324 als Möglichkeit; WINDISCH, Christentum 133; KLIJN, Vaders 206; ÖFFNER, 2 Clem 79 u.a.) liegt
schon angesichts der weithin asketischen Ausrichtung der Gnostiker, wie sie die Nag Hammadi-Schrif-
ten zeigen, nicht besonders nahe. Der Prediger polemisiert auch nicht gegen erkennbare libertinistische
Verhaltensweisen, sowenig sie prinzipiell ausgeschlossen werden müssen. Die Polemik gegen Ehebruch 4,3; 6,4 ist wegen der Katalogparänese jedenfalls nicht unmittelbar für das Verhalten der Gegner
signifikant. Die Rede von den ἡδυπάθειαι (16,2; 17,7) wendet sich nur gegen das genießerische Sich-Einrichten in der Welt überhaupt.

Dasselbe gilt auch für die ethische Interpretation der sonst nur im gnostischen Traditionsbereich (Ev Äg bei ClemAl Strom 3,92,2 und Ev Thom 22 NHC II 37,20–35) überlieferten Chrie über das Kommen der Gottesherrschaft 12,2–6. Da die Version von 2 Clem den altertümlichsten Eindruck macht, dürfte die Chrie nicht erst im gnostischen Bereich entstanden sein, wenn sie auch z. Z. der Entstehung der Predigt bereits in diesem verwendet wurde. Die explizit ethische Interpretation (V.3–5) setzt einen anderen Sinn voraus und sucht ihn zu korrigieren. Das neue Sein als Aufhebung der sexuellen Differenziertheit der Menschen muss ursprünglich analog zu Mk 12,25par noch keine gegenwartsbezogene enkratitische Haltung bedeuten.[15] Im Rahmen einer einseitigen präsentisch-eschatologischen Grundkonzeption ist sie aber anzunehmen.[16] Die ethische Deutung widerspricht ihr und bekämpft somit eine in der Gnosis jedenfalls geübte Praxis. Die Auslegung V.5 formuliert freilich missverständlich. Doch ist die Warnung, beim Anblick einer Schwester bzw. eines Bruders an sie als Frau bzw. an ihn als Mann zu denken, von 4,3 her nicht enkratitisch zu deuten.[17] Entsprechend hat ἐγκράτεια auch 15,1 (die Predigt als συμβουλία περὶ ἐγκρατείας) nicht den engeren Sinn der sexuellen Enthaltsamkeit, sondern den weiteren der Abkehr von weltlichen Verhaltensweisen. In letzterem trifft sich der Prediger mit den ethischen Grundvorstellungen der Gnostiker, in ersterem nicht und insofern hat auch in diesem Punkt die Predigt implizit eine antignostische Ausrichtung.

3.3. Offen ist die Frage einer bloß *impliziten oder einer direkten antignostischen Ausrichtung.* Unumstritten ist, dass es „im Umkreis des 2 Clem ein gnostisches Christentum gegeben hat".[18] Dass aber „nur" das erkennbar sei, und dass sich eine „gezielte Auseinandersetzung mit der Gnosis … wegen des (in der Forschung allgemein gesehenen) Mangels an direkter Polemik nicht aufweisen" lasse,[19] ist zumindest missverständlich formuliert. Der beklagte Mangel an direkter Polemik dürfte sich von der Textsorte Predigt her erklären. Sie spricht nicht direkt die gnostischen Gegner an,[20] sondern nur die Gemeindeglieder, im speziellen die von der

---

[15] Insofern könnte die Chrie auf den irdischen Jesus zurückgeführt werden.

[16] Das präsentisch-eschatologische Konzept, das man hinter Gal 3,28 annehmen könnte, erscheint jedenfalls durch den futurisch-eschatologischen Rahmen des Paulus in einem neuen Licht.

[17] Vgl. Einleitung § 6.

[18] Lindemann, 2 Clem 192.

[19] Ebd. Übernommen von Günther, Einleitung 61 und Zimmermann, Geschlechtermetaphorik 508. Dass „keine akute Gefahr" (Salzmann, Lehren 227 A354) bestehe, lässt sich, so formuliert, schwerlich halten. Lindemann, 2 Clem 192 anerkennt, dass „sich bestimmte Formulierungen des 2 Clem als antignostisch verstehen" lassen (die Betonung der σάρξ 8,6; 9,1–5 und die ethische Deutung des Logions 12,2) und dass einzelne Begriffe (ἀνάπαυσις 6,7 und ἡ ἐκκλησία ἡ πρώτη ἡ πνευματική 14,1) „als aus gnostischem Kontext stammend verstanden werden" können. Wenn Zimmermann, Geschlechtermetaphorik 517f betont, es liege „wohl kaum eine Auseinandersetzung mit voll entwickelten gnostischen Systemen" vor, anerkennt er implizit doch eine direkte Auseinandersetzung, nur eben nicht mit einem entwickelten System. Richtig Hausammann, Kirche 41: Der Gnostizismus stellt „eine Gefahr dar, der bewusst begegnet wird".

[20] Warns, Untersuchungen 80 A3067.

Irrlehre gefährdeten.[21] Das zeigt sehr schön die Ausführung über die Auferstehung der σάρξ 9,1–6: „Keiner von euch soll sagen, daß dieses Fleisch nicht gerichtet wird und nicht aufersteht" (V.1). Das könnte auch auf Außenstehende gemünzt sein. Der folgende Text spricht aber die Hörerinnen und Hörer auf das ihnen zuteil gewordene vergangene Heilshandeln und auf ihre eschatologische Zukunft an, hat also eine innergemeindliche Zielsetzung. Die Gegner werden implizit distanziert, ohne dass ihre tatsächlichen Verhaltensweisen im Detail thematisiert werden. Der Prediger redet über die Gegner mehrfach in der 3. Person: Insbesondere 10,3–5 ist das der Fall: „Sie flößen Furcht vor Menschen ein, weil sie den Genuß hier bevorzugt haben" (V.3). „Sie wissen nicht …" (V.4). „Sie verharren darin …" (V.5). Ähnlich 17,6: „ … die gottlos gehandelt und falsches Spiel getrieben haben …" In dritter Person werden die Gegner auch im Zitat 11,2 attackiert. Eine direkte Polemik gegen die gnostischen Gegner liegt somit nirgends vor, sondern stets nur eine implizite, eine „gezielte Auseinandersetzung mit der Gnosis" ist es aber gleichwohl.[22] Dass sie meist nur eine distanzierende, nicht eine detaillierter theologisch argumentierende ist, steht auf einem anderen Blatt.

3.4. Will man versuchen, eine *nähere Zuordnung* der implizit, aber gleichwohl gezielt bekämpften Gegner vorzunehmen, so bieten sich am ehesten die Valentinianer an.[23] Dafür könnten einige bei ihnen gebräuchliche Termini bzw. Theologumena sprechen[24] wie z.B. ἀνάπαυσις (5,5 u.ö.), πατὴρ τῆς ἀληθείας (3,1 u.ö.), ἐκκλησία πρώτη/πνευματική/πρὸ ἡλίου καὶ σελήνης ἐκτισμένη (14,1 u.ö.) oder die Verwendung des Terms ὄνομα für Jesus Christus (13,4). Weiters die Rede vom Woher und Wohin (1,2). Von da aus könnte eine Kenntnis valentinianischer Positionen durch den Prediger postuliert werden, wobei er diese Termini und Theologumena freilich in sein eigenes System integrieren würde. Er versteht sie jedenfalls ganz im Rahmen seiner großkirchlichen Gesamtausrichtung. Die These, die gnostischen Gegner seien Valentinianer, ist z.T. auch von weiteren Parallelen her zu untermauern. Die Verbindung einzelner Termini oder Syntagmen mit valentinianischen Vorstellungen bleibt jedoch z.T. recht hypothetisch. Das gilt nicht zuletzt für die von WARNS angenommene Kritik an den valentinianischen Theo-

---

[21] Dabei ist die Grenze zwischen Irrlehrern und Gefährdeten nur eine unscharfe. Angesprochen werden jedenfalls Gemeindeglieder. Ob einzelne schon explizit als Irrlehrer gelten können, hängt wohl nur von deren diesbezüglichen Aktivitäten ab.

[22] Gegen LINDEMANN, 2 Clem 192; SALZMANN, Lehren 227 spricht nur von einem „imaginären Gegenüber der Irrlehrer".

[23] Vgl. DONFRIED, Setting 155f; FRANK, Studien 251f. Mit großer Bestimmtheit wird diese These von WARNS, Untersuchungen 76–90 und passim vertreten. Doch sieht er (83f A3084) z.R., dass die Valentinianer eine weit verzweigte Gruppe waren. Eine genauere Zuordnung ist wegen der fragmentarischen und nur andeutenden Ausführungen nicht möglich. MARKSCHIES, Valentinus 384 A349 wendet sich gegen eine ausschließlich antivalentinianische Auslegung von Stellen wie 1,1f; 9,5; 14,1–4. So sei nicht klar, wieso die Fragenkette 1,2 von ClemAl ExcTheod 78,2 abzuleiten sei; die Betonung des Fleisches 9,1–5 könne sich gegen verschiedene Gegner richten; 14,1–4 sei kein Mosaik valentinianischer Aussagen erkennbar. Eine Kritik an der allzu pointierten Zuspitzung der Gegner auf die Valentinianer ist sicher richtig, aber dadurch sind sie auch nicht (als u.a. gegebene Gegner) ausgeschlossen.

[24] Zu den Belegen siehe jeweils auch den Kommentar z.St.

logumena Konfirmation (in 2 Clem 2), Brautgemach (in 2 Clem 12) und Erlösung (in 2 Clem 17).[25] So sieht er z. B. im Stichwort στηρίζειν (2 Clem 2,6) eine Polemik gegen die valentinianische Konfirmation[26] – durchaus möglich, aber unsicher.[27] Viel besser begründet ist dagegen die im Zitat 2 Clem 12,2 beschriebene Erlösung als Vereinigung des Männlichen mit dem Weiblichen, vgl. ClemAl ExcTheod 21,3 (GCS ClemAl III² 113): τὰ θηλυκὰ δὲ ἀπανδρωθέντα ἑνοῦται τοῖς ἀγγέλοις καὶ εἰς πλήρωμα χωρεῖ (weiters 63,1–65,2; Iren Haer 1, 7,1). Das „Pneumatische läßt in der Gnosis die Verlorenheit hinter sich und gelangt über die Sphäre der Entfremdung und Zerrissenheit, die von den polaren Begriffen, speziell eben ‚männlich' und ‚weiblich', gekennzeichnet wird, hinaus und gelangt zu sich selbst, zur Identität, wo das Polare in höherer Einheit aufgeht."[28] Das Brautgemach stellt sakramental die Vereinigung des Pneumatikers mit seinem himmlischen Gegenbild und damit die Erlösung dar. Schließlich sieht WARNS im Stichwort λυτροῦν (2 Clem 17,4) einen Hinweis auf das Erlösungs- bzw. Sterbesakrament der Valentinianer[29] – ebenfalls möglich, aber unsicher.

Fazit: Der Prediger setzt gnostische Gegner voraus, vermutlich (wenigstens: auch) Valentinianer, er bekämpft sie aber nicht direkt,[30] sondern nur implizit, gleichwohl aber gezielt.

---

[25] WARNS, Untersuchungen 86 A3090; 236–244 u. ö. (zu 2 Clem 2); 86 A3091; 448–456 u. ö. (zu 2 Clem 12); 87 A3093; 409–416 u. ö. (zu 2 Clem 17). Nach WARNS versuchte der Prediger, das valentinianische Verständnis der Zitate 2,1; 12, 2.6 und 17,4 zu korrigieren, in den beiden ersten Fällen durch Kettenexegesen.

[26] WARNS, Untersuchungen 86 A3090.

[27] Vgl. ZIMMERMANN, Geschlechtermetaphorik 509.

[28] WARNS, Untersuchungen 449.

[29] WARNS, Untersuchungen 87 A3093.

[30] Die 3. Person 10,3–5 lässt darauf schließen, dass sie bei der Predigt nicht anwesend sind.

§ 8 Verfasser

Eine besondere Crux stellt die Frage nach den Verfassern von ursprünglicher Predigt (1,1–18,2; 20,5) und Nachtrag (19,1–20,4) dar.[1]

Als obsolet kann die These gelten, der *Prediger* sei *Judenchrist*. Er steht mit seiner Betonung des rechten Tuns zwar in guter judenchristlicher Tradition (vgl. nur die Konzepte von Mt oder Jak), bietet aber keine „Bestreitung des Ebionitismus innerhalb des Ebionitismus".[2] Implizite Schlussfolgerungen über eine judenchristliche Herkunft können daraus nicht gezogen werden, was gelegentlich der Fall ist bzw. zu sein scheint.[3]

Die Gesamtausrichtung der Predigt setzt ein *heidenchristliches* Milieu voraus, was auch für den Verfasser zutreffen dürfte. Entsprechend dem historisch-kritischen Bestreben nach Konkretisierung sind verschiedene Versuche einer namentlichen Identifikation vorgetragen worden.[4]

Der Prediger nennt verständlicherweise seinen Namen nicht. Er benützt die 1. Pers. Sg. (15,1; dasselbe gilt auch vom Epilogisten 19,1) und versteht sich offenbar als *Presbyter*. 17,3 thematisiert das Ermahntwerden durch die Presbyter, 17,5 ihre Heilspredigt. Das ist genau das, was der Prediger selbst tut. Er wird somit zu ihnen gehört haben.[5] Eine genauere Kennzeichnung der Identität ist nicht möglich, obwohl eine Reihe von Versuchen vorliegt:

In der handschriftlichen Überlieferung[6] erscheint *Clemens Romanus* als Verfasser, so bei H in der Inscriptio, bei S in der Inscriptio und der Subscriptio, bei A im Inhaltsverzeichnis. Das spiegelt die kirchliche Tradition, bis hin zu Βρυεννιος,[7] obwohl schon Eus HE 3,38,4 die bestehenden Zweifel an der Herkunft von Clemens Romanus bezeugt. Der Verfasser von 1 Clem scheidet jedoch aufgrund der großen Differenzen als Verfasser aus, wie längst erkannt ist.[8] Die weiteren Versu-

---

[1] Die Frage nach verschiedenen Verfassern stellt sich natürlich nur dort, wo zwischen dem Prediger und dem Epilogisten unterschieden wird.

[2] Schwegler, Zeitalter I 454; vgl. Einleitung § 7.

[3] Bihlmeyer, Väter XXIX: Der Verfasser „steht offenbar dem Judenchristentum nahe", fast wörtlich übernommen von Öffner, 2 Clem 47. Öffner meint weiters, der Prediger sei ein Judenchrist oder ein ehemaliger jüdischer Proselyt gewesen (175).

[4] Vgl. den instruktiven Überblick bei Baasland, Rhetorik 86f.

[5] So die allgemeine Annahme, vgl. in neuerer Zeit nur: Louvel/Bouyer/Mondésert, Écrits 130; Grant/Graham, Fathers 109; Vielhauer, Geschichte 744; Wengst, 2 Clem 217; Lindemann, 2 Clem 190; Lightfoot/Harmer/Holmes, Fathers 65; Rebell, Apokryphen 223; Günther, Einleitung 62; dagegen Jefford/Harder/Amezaga, Fathers 124; Ehrman, Fathers 159. Μπονης, Συμπόσιον 26 redet andererseits sogar von einem ἐπίσκοπος.

[6] Vgl. Einleitung § 1.

[7] Βρυεννιος, Ἐπιστολαί ρξξ'.

[8] Vgl. Einleitung § 2.

che, einen Autor namhaft zu machen, setzen die Entstehungszeit der Predigt deutlich später an.

An den den Gnostiker Kerdon bekämpfenden Bischof *Hyginus* (138–142) denkt u. a. GRANT.[9] Als Argument führt er an, während dessen Episkopat sei weder Markion noch Valentin exkommuniziert gewesen, was er offenbar aus der relativen Nähe des Predigers zu gnostischen Vorstellungen (bei aller Differenz) ableitet.

Die Nähe von 2 Clem zu Herm führte HARNACK zeitweilig zur Annahme, der *Herm Vis 2,4,3* als Verantwortlicher für die auswärtige Korrespondenz der römischen Gemeinde *genannte Clemens* sei der Verfasser.[10] Die Grundvoraussetzung dieser wie der vorhergehenden (und einiger noch folgender) Hypothesen ist die (durch die Zusammenstellung mit 1 Clem motivierte) Annahme einer Abfassung in Rom[11] – die freilich erst glaubhaft gemacht werden müsste. Parallelen zu 1 Clem oder zu Herm verlieren durch gewichtige Differenzen an Bedeutung. Zudem ist der Hinweis auf Clemens sekundär und trägt die Beweislast nicht.

Großer Beliebtheit erfreute sich die durch HILGENFELD aufgestellte und durch HARNACK populär gemachte These, der *römische Bischof Soter* sei der Autor.[12] Dahinter steht die Kombination von Eus HE 3,38,4 (Existenz eines zweiten Clemensbriefes) und 4,23,9–11 (Bericht des korinthischen Bischofs Dionysius, in dem er die Verlesung eines römischen, von 1 Clem differenzierten Schreibens in Korinth erwähnt). Wegen der gemeinsamen Überlieferung der beiden Clemensbriefe könne das nur 2 Clem sein und da Dionysius z. Z. des Soter schreibt, sei dieser der Verfasser. Nicht nur der Abfassungsort Rom wird hier vorausgesetzt, man kann auch durchaus von einer „gewagten Kombination"[13] reden.

Von den genannten Eusebstellen aus hat WOCHER bei Verlegung des Entstehungsortes an *Bischof Dionysius von Korinth* gedacht.[14] Das Spekulative an dieser Lösung ist noch deutlich höher als bei der Soter-These.

Eine originelle, aber ebenfalls sehr spekulative Identifikation liegt bei HARRIS vor.[15] Nach ClemAl Strom 3,91f habe *Julius Cassian* eine Schrift über die Enthaltsamkeit verfasst (vgl. 2 Clem 15,1) und das Logion 2 Clem 12,2–6 tradiert, folglich sei er der Autor unserer Predigt. Doch scheitert diese Lösung vor allem an deren nicht-enkratitischem Charakter.[16]

---

[9] GRANT, Gnosticism 216 A3.

[10] HARNACK, Brief, 363f; HARNACK meint, dass diese These „lockend erscheint" (364), verzichtet aber auf eine förmliche Identifikation. STAHL, Untersuchungen 292f nimmt an, 2 Clem sei „in Rom selbst von dem Verfasser als Predigt gehalten und dann der Zweckmäßigkeit wegen in derselben Gestalt verschickt" worden (293).

[11] Vgl. genauer Einleitung § 9.

[12] HILGENFELD, Epistulae XLV f; HARNACK, Ursprung 69f; (in Geschichte II/1 448 spricht HARNACK nur von dem „unter Soter nach Korinth gesandten ‚Brief'" und meint Geschichte II/1 440 A3, „daß ein Verfasser überhaupt nicht genannt war [sonst hätte Dionysius ihn doch wohl bezeichnet]".); übernommen von PAULI, Korintherbrief 323f; GOODSPEED, Fathers 83.

[13] BAASLAND, Rhetorik 86.

[14] WOCHER, Briefe 204.

[15] HARRIS, Authorship 200.

[16] Zur umfassenden Kritik vgl. WINDISCH, Cassianus 258–262.

In der 2. Auflage seiner Ausgabe der Apostolischen Väter hält HILGENFELD eine weitere, schon im 17. Jh. belegte These für möglich: Verfasser des 2 Clem sei Clemens von Alexandrien.[17] Diese Lösung scheitert freilich schon an der Spätansetzung, die mit der Art des Schriftgebrauches in einer sich als orthodox verstehenden Schrift nicht zu verbinden ist.

Es bleibt dabei: Eine Feststellung der Person des Verfassers ist angesichts der Quellenlage aussichtslos. Eine berühmte Persönlichkeit war er vermutlich nicht, denn es ist „von vornherein unwahrscheinlich, daß eine von einem berühmten Verfasser geschriebene Schrift später in die Dunkelheit der Anonymität geriet".[18] Das Umgekehrte entspricht vielmehr den literarischen Gepflogenheiten, wie allein schon das Phänomen der Pseudonymität zeigt. Mit größter Wahrscheinlichkeit wird er ein *Presbyter* gewesen sein. Dass er ein Bischof war,[19] ist dagegen bloß Vermutung. Jedenfalls wurde die Predigt in ihrem Einflussbereich für so bedeutend gehalten, dass sie mit 1 Clem zusammengestellt und so tradiert wurde.

Auch die Person des *Epilogisten* kann nicht identifiziert werden. Er steht in der Gefolgschaft des Predigers, ist vielleicht sein Schüler. Jedenfalls ist dieser für ihn Autorität, dessen Anliegen er unterstützend und interpretierend aufgreift und weitergibt. Er versteht sich nicht als autoritativen Prediger, sondern als Vorleser.

---

[17] HILGENFELD, Epistulae XLIX; vgl. HAGEMANN, Brief 514.

[18] BAASLAND, Rhetorik 87.

[19] ΜΠΟΝΗΣ, Συμπόσιον 26. Schon die Clemens Romanus-These setzt das voraus. STEGEMANN, Herkunft 139; „vielleicht ein Bischof oder ein wohlhabender und gelehrter Presbyter".

§ 9 Abfassungsort

Die Predigt nennt verständlicher Weise weder den Verfasser noch die Zeit, noch den Ort ihrer Entstehung. Wir sind jeweils auf äußere Indizien angewiesen. Das Ergebnis sind jeweils recht unterschiedliche Positionen. Bezüglich des Ortes sind immer wieder, falls man nicht überhaupt genauere Bestimmungen für unmöglich hält,[1] vier Möglichkeiten erwogen worden (häufig nicht exklusiv!): Rom, Korinth, Syrien und Ägypten.

Die Verfasserschaft in *Rom* ist die in der älteren Literatur am weitesten verbreitete Annahme. Sie hängt mit der alten Bezeichnung der Predigt als 2. Clemensbrief zusammen, wobei nicht nur Clemens Romanus, sondern auch andere römische Autoren als Verfasser genannt wurden.[2] Da die Rom-These nicht mit der Bestimmung von 2 Clem als Brief fällt, und da nicht unwichtige Parallelen zu 1 Clem und Herm bestehen, ist diese Möglichkeit genauso wenig wie irgendeine andere grundsätzlich auszuschließen.[3] Gegen Rom spricht freilich die völlige Unkenntnis der Predigt in der frühen westlichen Tradition,[4] ebenso die Differenzen zu 1 Clem und Herm.[5]

Neben Rom ist wegen der Zuordnung zu 1 Clem seit alters auch *Korinth* als Abfassungsort genannt worden.[6] Das Hauptargument ist die Rede von καταπλεῖν (7,1), das auf die isthmischen Spiele in Korinth hinweise. Doch ist eine so spezifische Interpretation des viel allgemeiner zu verstehenden Terms sehr problematisch.[7]

---

[1] So zuletzt Ehrman, Fathers 158.

[2] Siehe Einleitung § 8. Die Rom-These halten über die dort genannten Autoren hinaus eine Reihe weiterer für möglich: vgl. nur Völter, Väter 41.52; Knopf, Zeitalter 43; Ders., 2 Clem 152; Dibelius, Geschichte 58; Müller, Ehelosigkeit 72; Lietzmann, Geschichte I 211; Bueno, Padres 350; Stanton, 2 Clement 320; Frend, Rise 121; Bellinzoni, Gospel 214; Salzmann, Lehren 219; Jefford/Harder/Amezaga, Fathers 121. Martín, Espiritu 143 nennt Rom und Korinth, Hausammann, Kirche 41f Rom und Ägypten (Alexandrien), präferiert aber offenbar ersteres.

[3] Nach Wengst, 2 Clem 225 ist sie „allenfalls eine sehr vage Möglichkeit".

[4] Das hat Harnack, Brief 282 bereits gesehen, aber nicht als ausreichenden Grund gegen die Rom-These betrachtet (unter Hinweis auf die weitgehende Unkenntnis auch des 1 Clem). Bezeugt wird 2 Clem in Hier Vir Inl 15, der von Eus HE 3,38,4 abhängt (Harnack, ebd. 271).

[5] Es sei hier nur an die im Unterschied zu 1 Clem fehlende Paulusrezeption oder an die von Herm deutlich abweichende Bußauffassung erinnert.

[6] Vgl. Wocher, Briefe 204; Zahn, Kirchengebet 203; Lightfoot, Fathers I/2 194–208; Uhlhorn, Clemens 170; Funk, Klemensbrief 268–270; Bardenhewer, Geschichte I 490; Knopf, 2 Clem 152; Bihlmeyer, Väter XXX; Krüger, Bemerkungen 423; Quasten, Patrology I, 54; Adam, Dogmengeschichte I 129; Glimm/Marique/Walsh, Fathers 61f; Schneyer, Geschichte 41; Μπονης, Συμπόσιον 32; Altaner/Stuiber, Patrologie 88; Öffner, 2 Clem 175; Jefford/Harder/Amezaga, Fathers 121.

[7] Vgl. besonders Stanton, 2 Clement 314–320. 315f: „... in the great majority of cases where καταπλέω occurs without explanation and the direction must be understood from the context, it is by no means clear what is the point of reference of either the writer/speaker or the audience".

Die Wettkampfmetaphorik ist nicht nur seit 1 Kor 9,24–27 in der frühchristlichen Tradition weit verbreitet (vgl. nur 1 Tim 6,12; 2 Tim 4,7; Hebr 12,1; Jak 1,12; 1 Clem 2,4; Barn 4,11), sie hat auch eine lange Vorgeschichte im profanen (vgl. Plat Gorg 526 de; Epict Diss 3,22,57; Sen Ep 78,16 u. ö.) wie atl.-jüdischen Bereich (vgl. Hos 14, 10; Ψ 106,7; Sir 4,28; Phil Abr 48).[8] Eine originelle Version der Korinth-These ist die Rückführung der Predigt auf die wieder in ihr Amt eingesetzten Presbyter von 1 Clem (bes. 44–58).[9] Aus dem Konnex mit 1 Clem sowie der entsprechenden Interpretation des καταπλεῖν (7,1) und der Angabe über die Predigt der Presbyter (17,3) folgert DONFRIED: „Shortly after their reinstatement these presbyters wrote a discourse, known to us as 2. Clement".[10] Damit hätte man eine exakte historische Einordnung der Predigt vor sich, lokal und zeitlich,[11] allerdings mit dem Problem, dass diese sehr spezifische Situation in der Predigt nicht angedeutet wird. Deren Ausführungen bleiben so allgemein, dass diese Lösung damit faktisch fällt.

Eine weitere Möglichkeit ist *Syrien*.[12] Das entscheidende Argument ist die handschriftliche Überlieferung. Allerdings kann man (praktisch mit Sicherheit) nur die syrische Übersetzung (S) dort lokalisieren, die Handschrift H hat aber insofern ein Nahverhältnis zu Syrien, als sie in dem mit Syrien engstens verbundenen Konstantinopel entstanden sein dürfte.[13] Dasselbe wird auch für Codex A gelten, der sich zwar (spätestens) seit dem Mittelalter in Alexandrien befunden hatte,[14] aber wegen der schlechten Textqualität in den Evangelien[15] vermutlich nicht dort entstanden ist, sondern wohl ebenfalls in Konstantinopel. Von der handschriftlichen Bezeugung her wäre somit Syrien am ehesten als Entstehungsort anzunehmen, und was das theologische Gesamtbild betrifft, würde es auch nicht schlechter passen als Rom.[16]

Eine letzte, häufig vertretene These ist *Ägypten* (bzw. *Alexandrien*).[17] Die Argumentation orientiert sich hier am Kampf des Predigers gegen die Gnosis, speziell an der angenommenen Benützung des Ägypterevangeliums in 12,1–6. Letzteres lässt

---

[8] Vgl. nur PFITZNER, Paul 16–75; PRATSCHER, Wettkampfmetaphorik 47–59.

[9] DONFRIED, Theology 499–500; Ders., Setting 1 u. ö.

[10] DONFRIED, Theology 499.

[11] Zu letzterem vgl. Einleitung § 10.

[12] Mit Bestimmtheit wird diese These von STEGEMANN, Herkunft 133 u. passim vertreten. Als Möglichkeit (ohne Präferenz): VIELHAUER, Geschichte 744; LINDEMANN, 2 Clem 195; GÜNTHER, Einleitung 63; HOFMANN, Literatur 155; als Möglichkeit (in der Wertung hinter Ägypten): WENGST, 2 Clem 225; REBELL, Apokryphen 223.

[13] ΒΡΥΕΝΝΙΟΣ, ’Επιστολαί ζε΄ ff.

[14] ALAND/ALAND, Text 118.

[15] Ebd.

[16] Zur Zuschreibung von Literatur an Clemens vgl. die im 3. Jh. wohl in Syrien/Palästina verfassten Briefe Ad virgines, HOFMANN, Literatur 155.

[17] So u. a. HILGENFELD, Epistulae XLIX; PFLEIDERER, Urchristentum II 596; BARTLET, Origin 125; HARNACK, Dogmengeschichte I 273 A1; LEIPOLDT, Geschichte I 126.189f; STREETER, Church 244; RICHARDSON, Fathers 186; ÖFFNER, 2 Clem 172; VIELHAUER, Geschichte 744; AONO, Entwicklung 158; WARNS, Untersuchungen 94 u. passim; KÖSTER, Einführung 672f; WENGST, 2 Clem 226f; LINDEMANN, 2 Clem 92; REBELL, Apokryphen 223; HÜBNER, θεός 333; ZIMMERMANN, Geschlechtermetaphorik 507. WALTER, Gemeinde 291 spricht von einer gegenwärtigen Tendenz für Ägypten.

sich zwar nicht halten, zeigt aber einen traditionsgeschichtlichen Konnex.[18] Die Berührung mit der Gnosis, vermutlich in der valentinianischen Form, passt ausgezeichnet zu Ägypten, ebenso die unbefangene Aufnahme gnostischer Termini und Traditionen (trotz impliziter Polemik dagegen). Eine auch nur andeutungsweise sichere Zuordnung ist allerdings bei weitem nicht möglich.[19] Denn die Auseinandersetzung mit valentinianischer Gnosis ist faktisch überall denkbar, auch wenn in dieser Hinsicht viel für Ägypten spricht. Zudem haben wir nur eine geringe Kenntnis des frühen ägyptischen Christentums.[20] Dass man dabei wegen der Unkenntnis von 2 Clem bei Clemens von Alexandrien diese Stadt ausschließen kann,[21] scheint freilich unnötig zu sein. Immerhin scheint Origenes als erster eine Kenntnis der Predigt zu verraten.[22] Ein Problem bleibt freilich der Mangel an handschriftlicher Bezeugung in Ägypten.

Fazit: Die geringste Wahrscheinlichkeit hat Korinth. Rom ist möglich, aber wegen des langen Fehlens einer westlichen Bezeugung ebenfalls weniger wahrscheinlich. Die Entstehung im Osten legt sich näher. Die Entscheidung zwischen Syrien und Ägypten ist kaum zu fällen, doch scheint Ägypten etwas wahrscheinlicher zu sein.[23]

---

[18] Nach LAKE, Fathers 126 erkläre die Annahme einer Entstehung in Ägypten am besten den Inhalt von 2 Clem, das Problem sei aber die Verbindung mit 1 Clem.

[19] WENGST, 2 Clem 226 spricht z.R. von einer „Möglichkeit", die freilich „zumindest so ernst zu nehmen ist wie Syrien".

[20] BAASLAND, Rhetorik 91 betont z.R. diesen relativierenden Aspekt; vgl. schon HARNACK, Mission 706.

[21] WARNS, Untersuchungen 94.

[22] Vgl. Einleitung § 1.

[23] BAASLAND, Rhetorik 92 hat gleichwohl Recht: „Immer noch fehlt der entscheidende Beweis für eine endgültige Lokalisierung." Auch KÖHLER, Rezeption 148 moniert die fehlenden „überzeugenden und zwingenden Gründe". Gleichwohl kann man schwerlich sagen, das gelte „für Rom, Korinth, Ägypten und Syrien in gleicher Weise" (ebd.).

§ 10 Abfassungszeit

Die Abfassungszeit ergibt sich aus der Verfasserschaft. Ist der jeweils angenommene Verfasser (bzw. die Verfasser) unwahrscheinlich,[1] ist es auch die betreffende Zeit. Damit scheidet auf jeden Fall die *Frühansetzung* mit Clemens Romanus bzw. den in Korinth wieder eingesetzten Presbytern aus,[2] ebenso die *Spätansetzung* mit Clemens Alexandrinus.[3] Dazwischen eröffnet sich ein weites Feld, das das gesamte 2. Jh. umfasst.[4] In der Regel erfolgt eine mehr oder minder genaue Eingrenzung, wobei sich bei grober Klassifizierung drei Gruppen ergeben: 1. Hälfte des 2. Jh., Mitte des 2. Jh. und 2. Hälfte des 2. Jh.[5] Die Angaben sind zumeist genauer eingegrenzt:

1. Hälfte des 2. Jh.: 1. Hälfte des 2. Jh.,[6] vor 150,[7] frühes 2. Jh.,[8] 100–130/140,[9] vor 130,[10] 120–140,[11] 120–150,[12] 125–140,[13] ca. 130,[14] 130–140,[15] 130–150,[16] vor 140,[17] ca. 140,[18] ca. 140–150,[19] gegen 150.[20]

---

[1] Vgl. Einleitung § 8.

[2] Nach Donfried, Setting 1: ca. 98–100; vgl. Frend, Rise 146.

[3] Hilgenfeld, Epistulae XLIX, vgl. Einleitung § 1.

[4] Das betrifft die übrigen in Einleitung § 8 genannten Autoren, die einen namentlich genannten Verfasser annehmen, wie die, die das nicht tun.

[5] Im Folgenden eine repräsentative Auswahl.

[6] Hemmer, Pères II LXX; van Unnik, Rücksicht 221; Tugwell, Fathers 137; Klijn, Vaders 203; Lohmann, Drohung 91; Muddiman, Church 113.

[7] Bihlmeyer, Väter XXX; Hoh, Buße 35; Altaner/Stuiber, Patrologie 88; Daley, Hope 14.

[8] Grant, Gnosticism 123.

[9] Zahn, Kirchengebet 203.

[10] Powell, 2 Clem 122.

[11] Lightfoot, Fathers I/2 202; Knopf, Zeitalter 44; Öffner, 2 Clem 88; Jefford/Harder/Amezaga, Fathers 117.

[12] Knopf, 2 Clem 152; Lindeskog, Schöpfer 597; Drobner, Lehrbuch 47.

[13] Windisch, Christentum 134 A1.

[14] Bartlet, Origin 135.

[15] Uhlhorn, Clemens 170; Μπονης, Συμπόσιον 32.

[16] Harnack, Brief 363; Wengst, 2 Clem 227; Hausammann, Kirche 41; Hofmann, Literatur 155.

[17] Streeter, Church 247.

[18] Loofs, Dogmengeschichte 86; Schubert, Apokryphen 172; Niebergall, Geschichte 213; Adam, Dogmengeschichte I 129.

[19] Goldhahn-Müller, Grenze 323; Ehrman, Fathers 160.

[20] Telfer, Forgiveness 33; Köster, Einführung 673; Pratscher, Gottesbild 363.

Mitte des 2. Jh.: Zumeist wird in dieser Kategorie allgemein von der Mitte des 2. Jh. gesprochen.[21] Genauere Eingrenzungen sind: 120–160,[22] ca. 130(135)–160,[23] 130–170,[24] ca. 130 (unwahrscheinlicher 140) – ca. 170,[25] 133–166,[26] 140–160.[27]

2. Hälfte des 2. Jh.: 150, eventuell etwas später,[28] ca. 150–165,[29] 150–175,[30] ca. 160,[31] 160–180,[32] 166–174,[33] ca. 170,[34] 166/67–200.[35]

Eine Reihe von Argumenten wird aufgeboten, die jeweilige Position zu stützen. In den Fällen, in denen ein namentlich bekannter Autor angenommen wird,[36] ist es die jeweils vorausgesetzte *historische und theologische Situation.* Deren Bestimmung erfolgt freilich so unterschiedlich, dass Ansetzungen von Clemens Romanus bis Clemens Alexandrinus zustande kommen.

Lässt man die Identifikation des Autors weg und sucht *nur nach sachlichen Gesichtspunkten,* so ist auf eine Reihe von Argumenten zu verweisen. Zum Großteil sind sie freilich so unbestimmt, dass eine nähere zeitliche Einordnung nicht möglich ist. Dies gilt für die *Problematisierung der Naherwartung*[37] ebenso wie für die noch *nicht näher explizierte Christologie,*[38] das noch *fehlende Bischofsamt,*[39] die fehlende Arkandisziplin[40] und die Art des Bußverständnisses.[41] Immerhin ermöglichen alle diese Aspekte eine Einordnung ins 2. Jh., obwohl sie z. T. in frühere,[42]

---

[21] HAGEMANN, Brief 525; JORDAN, Geschichte 188; BARDENHEWER, Geschichte 489; ARNOLD, Christen 275; KRÜGER, Bemerkungen 436; RICHARDSON, Fathers 184; MARTÍN, Espiritu 143; QUASTEN, Patrology I 54; FISCHER, Ausgaben 105; FRANK, Studien 187; VIELHAUER, Geschichte 744; AONO, Entwicklung 159; KÖSTER, Evangelienliteratur 1539; Ders., Text 27; BUENO, Padres 353; KÖHLER, Rezeption 148; LINDEMANN, 2 Clem 195; REBELL, Apokryphen 224; DERRETT, Scripture 684; SALZMANN, Lehren 219; PRATSCHER, Schriftzitate 139 A1; LÜHRMANN/SCHLARB, Fragmente 132; ZIMMERMANN, Geschlechtermetaphorik 507. Nach WALTER, Gemeinde 291 scheine man sich gegenwärtig auf die Mitte des 2. Jh. geeinigt zu haben.
[22] STEGEMANN, Herkunft 139; BELLINZONI, Luke 63.
[23] GEBHARDT/HARNACK, Epistulae LXXIII.
[24] KNOPF, Anagnose 266.
[25] HARNACK, Geschichte II/1 448.
[26] MÜLLER, Ehelosigkeit 72.
[27] GRANT, Clement 1061; GÜNTHER, Einleitung 63.
[28] KÖSTER, Gospels 17f.
[29] GOODSPEED, Fathers 83.
[30] PFLEIDERER, Urchristentum II 596.
[31] WARNS, Untersuchungen 90f u. passim.
[32] TURMEL, Homélie 472.
[33] HARNACK, Ursprung 69; Ders., Geschichte II/1 448; PAULI, Korintherbrief 329.
[34] WOCHER, Briefe 204.
[35] SCHWEGLER, Zeitalter I 449.
[36] Vgl. Einleitung § 8.
[37] SCHWEGLER, Zeitalter I 449 A2; SCHUBERT, Apokryphen 172; KNOPF, 2 Clem 152; HOH, Buße 35.
[38] GEBHARDT/HARNACK, Epistulae LXXII; KÖSTER, Einführung 671f.
[39] GEBHARDT/HARNACK, Epistulae LXXII; SCHUBERT, Apokryphen 172.
[40] GEBHARDT/HARNACK, Epistulae LXXII.
[41] TURMEL, Homélie 472; QUASTEN, Patrology I 54.
[42] Wie das offenbar noch fehlende Bischofsamt.

z.T. in spätere[43] Zeit verweisen, also kaum auf einen gemeinsamen Nenner zu
bringen sind.

Am wichtigsten sind die folgenden zwei Argumente, die deshalb auch z.R. am
häufigsten genannt werden: die Verwendung apokrypher Zitate und die Auseinandersetzung mit gnostischen Gegnern.

Insbesondere gilt das für den Hinweis auf die *apokryphen Zitate*.[44,45] Der Prediger benützt ganz unproblematisch ein apokryphes Evangelium, kennt also nicht
eine Beschränkung auf den in der 2. Hälfte des 2. Jh. im großkirchlichen Christentum üblich gewordenen Vierevangelienkanon.[46] Damit wird man als terminus ad
quem nicht wesentlich über die Mitte des 2. Jh. hinausgehen können. Der Kano-
nisierungsprozess ist noch nicht sehr weit fortgeschritten. Dazu passt auch gut die
Nichtbenützung insbesondere der Paulusbriefe.[47] Der Terminus a quo ist durch die
Existenz des apokryphen Evangeliums gegeben. Allerdings bleibt er von hier aus
sehr vage.

Hier hilft die *Auseinandersetzung mit gnostischen Gegnern weiter*. Zwar ist keine
Kenntnis des Ägypterevangeliums vorauszusetzen,[48] wohl aber eine (wenn auch
zumeist nur implizite) Auseinandersetzung mit Gnostikern.[49] Wenn es sich, wie
anzunehmen, um Valentinianer handelte, kann man als terminus a quo wohl die
Zeit um 130 annehmen. Da man eine gewisse Zeit des Wirkens der Gegner annehmen kann und da 2,3 bereits auf den Höhepunkt der Gefahr zurückzublicken
scheint, wird man am besten die Zeit gegen *Mitte des 2. Jh.* annehmen können. Eine
exakte Abgrenzung ist nicht möglich, einen Spielraum von einigen Jahrzehnten
muss man offen halten.

---

[43] Wie die Problematisierung der Naherwartung. Dieses Phänomen verweist auf die Zeit gegen Mitte
des 2. Jh.

[44] Vgl. Einleitung § 5.

[45] Vgl. nur: GEBHARDT/HARNACK, Epistulae LXXII; UHLHORN, Clemens 170; KNOPF, 2 Clem
152; VIELHAUER, Geschichte 744; WENGST, 2 Clem 227; POWELL, 2 Clem 122; WARNS, Untersuchungen 21; REBELL, Apokryphen 224.

[46] Vgl. KÖSTER, Text 27; Ders., Gospels 18. Die angenommenen Harmonisierungen ntl. Evangelien-
texte (Gospels 18 A1) sagen für die Frage der Datierung aber nichts aus.

[47] So schon GEBHARDT/HARNACK, Epistulae LXXIII. Zusammenfassend LINDEMANN, 2 Clem
194: „Der Vf des 2 Clem hat in seiner Predigt paulinische Aussagen nicht verwendet." Eine Kenntnis der
Paulusbriefe ist damit aber nicht ausgeschlossen.

[48] Vgl. unten zu 12,2–6.

[49] Vgl. Einleitung § 7.

B. ÜBERSETZUNG UND KOMMENTAR

1,1–3,5: Die primär christologische Begründung der Paränese

1,1–8: Die Darstellung des Heilsgeschehens

(1) Brüder, wir müssen über Jesus Christus so denken wie über Gott, wie über den Richter der Lebenden und Toten. Wir dürfen auch nicht gering denken über unsere Rettung. (2) Wenn wir nämlich über ihn gering denken, hoffen wir auch nur Geringes zu erhalten. Selbst wenn wir nur zuhören, als ginge es um Geringes, sündigen wir, wenn wir nicht wissen, woher wir berufen worden sind, von wem, und zu welchem Ort, und wie viel Leiden Jesus Christus wegen uns auf sich genommen hat.

(3) Welche Gegenleistung sollen wir ihm also geben oder welche Frucht, würdig dessen, das er uns gegeben hat? Was für heilige Leistungen schulden wir ihm? (4) Das Licht hat er uns nämlich geschenkt, wie ein Vater hat er uns Söhne genannt, als Verlorengehende hat er uns gerettet.

(5) Was für einen Lobpreis sollen wir ihm also darbringen oder welches Entgelt als Gegenleistung für das, was wir erhalten haben?

(6) Wir, die wir gelähmt waren im Denken, die wir Steine und Holz, Gold, Silber und Erz, Menschenwerke, anbeteten. Ja, unser ganzes Leben war nichts anderes als Tod. Von Finsternis also umgeben und von solchem Dunkel im Sehen erfüllt, konnten wir wieder aufblühen, nachdem wir durch seinen Willen jene uns umfangende Wolke abgestreift hatten. (7) Er hat sich unser erbarmt und uns aus Mitleid gerettet, nachdem er unter uns großen Irrtum und Verderben gesehen hatte und auch, dass wir keine Hoffnung auf Rettung hatten außer durch ihn. (8) Er hat uns nämlich berufen als Nichtseiende und er hat gewollt, dass wir aus dem Nichtsein ins Sein treten.

Struktur:

V. 1	These: Christologie und Soteriologie (in Paräneseform)
V. 2	Begründung
V. 3	Folgerung I: Ethik
V. 4	Erneute Begründung: Soteriologie
V. 5	Folgerung II: Ethik
V. 6–8	Erneute Begründung: Soteriologie

V.1 verweist die Angesprochenen, die ἀδελφοί,[1] auf die Notwendigkeit des richtigen Verständnisses von Jesus Christus: οὕτως δεῖ ἡμᾶς φρονεῖν περὶ Ἰησοῦ Χριστοῦ. Die Predigt setzt also mit einer dogmatischen Forderung ein, nämlich: über Jesus Christus sei ὡς περὶ θεοῦ zu denken. Dahinter steht eine christologische Tradition, die Jesus eng an Gott heranrückt und ihm schließlich das Gottesprädikat zubilligt (vgl. Joh 1,1; 20,28; Phil 2,6; Ign Eph Inscr.; Ign Röm 6,3; Diogn 7,4 u. ö.).[2] 2 Clem bezeichnet zwar Christus hier nicht direkt als Gott,[3] tut das aber offenbar später (vgl. nur die Parusie als ἐπιφάνεια τοῦ θεοῦ 12,1 oder die Zitateinleitung 13,4). Er vertritt eine Präexistenz- und Sendungschristologie (vgl. 3,1; 14,2; 20,5). Die Verwendung von κύριος und θεός ist nicht reflektiert.[4] Soviel ist aber deutlich: Die Bedeutung Jesu kann gar nicht überschätzt werden.[5]

Die weitere Bestimmung Christi ὡς περὶ κριτοῦ ζώντων καὶ νεκρῶν[6] ist keine Steigerung des ὡς περὶ θεοῦ,[7] sondern dessen Explikation, die nicht nur eine Identität der Funktion[8] zwischen Gott und Christus voraussetzt, sondern auch den für 2 Clem so wichtigen eschatologischen Aspekt sofort ins Blickfeld rückt. Die nächsten Parallelen sind Act 10,42 und Pol Phil 2,1 (κριτὴς ζώντων καὶ νεκρῶν). 2 Tim 4,1; 1 Petr 4,5; Barn 7,2 reden vom κρίνειν ζῶντας καὶ νεκρούς.[9] Es ist auffällig und für die Gesamtausrichtung des 2 Clem höchst bezeichnend, dass zuerst das Gerichtsmotiv zur Erläuterung des Gottseins Jesu dient. Damit wird die Eschatologie (jedenfalls: zunächst) als rein futurische charakterisiert. Jesus

---

[1] Ἀδελφοί ist die übliche Anrede (5,1.5; 13,1; 14,1.3; 16,1), gelegentlich erweitert durch μου (7,1; 10,1; 11,5; in 1,1 ist ἀδελφοί durch μου erweitert in den syr. Testimonien Florilegium Edessenum, Florilegium des Severus und Excerpta Patrum, vgl. oben Einleitung § 1). Anders 19,1; 20,2: ἀδελφοὶ καὶ ἀδελφαί.

[2] Für Außenstehende erschien Jesus schon z. Z. Trajans als Gott: Plin Ep 10,96,7: „carmenque Christo quasi deo dicere".

[3] In der kirchlichen Rezeption von 2 Clem 1,1 war das Gottesprädikat für Christus aber unproblematisch, vgl. nur Phot Bibl 126.

[4] Gegen STEGEMANN, Herkunft 87.

[5] Eine Auseinandersetzung mit ebionitischer Christologie (so z.B. die vorherrschende Meinung im 19. Jh., vgl. ΒΡΥΕΝΝΙΟΣ, Ἐπιστολαί, 113 Α7; GEBHARDT/HARNACK, Epistulae 110; LIGHTFOOT, Fathers I/2 211f; in neuerer Zeit als Möglichkeit LOHMANN, Drohung 95f) liegt kaum vor. Diese These lässt sich die ganze Predigt hindurch nicht mehr stützen (obwohl natürlich implizit auch die ebionitische Christologie abgelehnt wird). Vielmehr dürfte eine Auseinandersetzung mit der gnostischen Trennung von himmlischem Christus und irdischem Jesus mit Abwertung des letzteren vorliegen, so m.R. die neuere Position (vgl. nur DONFRIED, Setting 98 und besonders eindrücklich WARNS, Untersuchungen 253–255). Über Jesus zu denken wie über Gott bedeutete auch, ihn wie Gott zu verehren, vgl. PELIKAN, Traditions 238. Ein Geschaffensein des himmlischen Christus ist nicht anzunehmen (anders als bei der präexistenten Kirche), gegen SEEBERG, Dogmengeschichte I 125.

[6] Κριτής ist hap.leg. im 2 Clem. Zur Traditionsgeschichte des Motivs LOHSE, Christus 70–81.

[7] Gegen diese Meinung von HARNACK, Dogmengeschichte I 206 und KNOPF, 2 Clem 153 spricht, dass das Richten nur eine Teilfunktion göttlichen Handelns ist.

[8] DONFRIED, Setting 99.

[9] Ein Zitat oder eine Anspielung daran liegt 2 Clem wegen der liturgischen und bekenntnismäßigen Prägung der Terminologie nicht vor, GREGORY/TUCKETT, 2 Clem 278.

Christus wird als Richter auch der Hörerinnen und Hörer[10] der Predigt vor Augen gestellt. Die Hinzufügung von κριτής zu θεός ist somit nicht zufällig, sondern dient dazu, das Gerichtsmotiv als zentralen Aspekt der Christologie herauszustreichen, um so eine (um nicht zu sagen: die) wesentliche Begründung für die folgenden paränetischen Unterweisungen zu formulieren.

Vom Gerichtsmotiv her ist auch der Term σωτηρία zunächst futurisch-eschatologisch akzentuiert. Die zukünftige Rettung soll durch ein μικρὰ φρονεῖν nicht gefährdet werden. 2 Clem verwendet hier die rhetorische Figur der Litotes, die vielleicht am besten mit „geringschätzen", „unterschätzen" zu übersetzen ist. Σωτηρία ist vom unmittelbaren Kontext V. 1a.2 her rein futurisch akzentuiert,[11] nicht jedoch im Gesamtkontext von Kap. 1: V. 7 bezeichnet der Term (ebenso wie ἔσωσεν V. 4.7) den gegenwärtigen Heilszustand, zu dem all das gehört, was V. 3–8 über das Heilswirken des irdischen Jesus formuliert.

V.2 Φρονεῖν μικρὰ περὶ αὐτοῦ (scil Χριστοῦ)[12] knüpft an das μικρὰ φρονεῖν περὶ τῆς σωτηρίας von V.1 an, wie σωτηρία in dem ἐλπίζομεν λαβεῖν[13] wieder aufgenommen wird. V.2a steht somit parallel zu V.1 und verstärkt den dort bereits angedeuteten eschatologischen Horizont der Christologie. Die zukünftige σωτηρία hängt am richtigen Verständnis Jesu. Wird er gering geschätzt, kann man auch nur wenig von ihm erwarten. Die soteriologisch geprägte Christologie ist der Realgrund futurisch-eschatologischer Aussagen, wie diese der Erkenntnisgrund jener sind.

V.2b variiert und verstärkt: nicht erst das eigene Denken, d.h. die faktische Identifikation mit einer unzureichenden Rede von Christus, sondern schon deren bloßes Hören ist Sünde: καὶ οἱ ἀκούοντες ὡς περὶ μικρῶν ἁμαρτάνομεν.[14]

---

[10] Bezeichnend ist auch der Schluss der Predigt: der Verfasser bemüht sich eifrigst, der Gerechtigkeit wenigstens nahe zu kommen, denn auch von sich selbst bekennt er: φοβούμενος τὴν κρίσιν τὴν μέλλουσαν (18,2). Das Gerichtsmotiv umschließt somit die Predigt. Das unmittelbare Selbst-Erleben in dieser Situation ist Angst.

[11] LINDEMANN, 2 Clem 200.

[12] Die syr. Testimonien Florilegium Edessenum und Florilegium des Severus setzen περὶ αὐτῆς (scil σωτηρίας) voraus, offenbar eine Erleichterung (vgl. oben Einleitung § 1)

[13] Ἐλπίζειν und λαμβάνειν sind mit den zukünftigen Heilsgütern verbunden; ἐλπίζειν: μισθός 11,5; λαμβάνειν: ζωὴ αἰώνιος 8,4; ἐπαγγελίαι 11,7; καρπός 20,3.

[14] A und H vertreten die gebotene Lesart. Ebenso setzen das Florilegium Edessenum und das Florilegium des Severus diese Lesart voraus (vgl. oben Einleitung § 1). Weiters vertreten von HILGENFELD, Epistulae 69; ΒΡΥΕΝΝΙΟΣ, Ἐπιστολαί 114; GEBHARDT/HARNACK, Epistulae 110; WENGST, 2 Clem 238. Dagegen setzt S voraus: καὶ οἱ ἀκούοντες ὡς περὶ μικρῶν ἁμαρτάνουσιν, καὶ ἡμεῖς ἁμαρτάνομεν, weiters vertreten von: LIGHTFOOT, Fathers I/2 212 (in []); FUNK/BIHLMEYER, Väter 154; KNOPF, 2 Clem 154; LINDEMANN, 2 Clem 199. Für die gewählte Lesart spricht nicht nur die äußere Textkritik, sondern auch die innere im Sinne der lectio brevir. Bei der Version von S ist das plötzliche Auftauchen der 3. Pers. bei der sonst im Kontext durchgängig verwendeten 1. Pers. sehr merkwürdig (wenn auch nicht unmöglich). Auch ist die Trennung der Angesprochenen in Gäste (3. Pers.) und Gemeindeglieder (1. Pers.) (LINDEMANN, 2 Clem 200) insofern problematisch, als das μικρὰ φρονεῖν auch in V.1 die Gemeindeglieder meint. Das Problem bei der gewählten Textlesart ist der Artikel οἱ (LIGHTFOOT, Fathers I/2 212: „awkward and misplaced"), freilich spricht schon Phot Bibl 126 von der stilistischen Nachlässigkeit von 2 Clem.

Schon im Zuhören partizipiert man an der Herabsetzung Christi und macht sich dadurch mitschuldig. 2 Clem geht es ganz betont um die Respektierung der Würde und Heilsbedeutung Jesu Christi. Denn die zukünftige Rettung der Predigthörerinnen und -hörer hängt daran (ebenso wie seine eigene).

Mit der mangelnden Respektierung der Würde und Heilsbedeutung Jesu Christi ist die Sünde bereits zureichend festgestellt, so dass V. 2 fin. nur noch zwei soteriologische Präzisierungen vorgenommen werden. Sie basieren auf zwei unterschiedlichen Traditionszusammenhängen und formulieren eine doppelte Unkenntnis (οὐκ εἰδότες).

Zum einen: Sünde ist Unwissenheit darüber, πόθεν ἐκλήθημεν καὶ ὑπὸ τίνος καὶ εἰς ὃν τόπον. Die Fragen nach dem Woher und Wohin sind typisch für gnostisches Welt- und Selbstverständnis, besonders deutlich belegt bei Clemens von Alexandrien für die Valentinianer (ExcTheod 78,2 [GCS ClemAl III 131]): τίνες ἦμεν, τί γεγόναμεν, ποῦ ἦμεν, [ἢ] ποῦ ἐνεβλήθημεν, ποῦ σπεύδομεν, πόθεν λυτρούμεθα, τί γέννησις, τί ἀναγέννησις.[15] Die Rede vom „Woher" des Berufenseins setzt ein (wie immer vorgestelltes) Vorher der Angesprochenen voraus. Eine Interpretation der Frage nach dem Woher von gnostischen Voraussetzungen her wäre überaus gut denkbar, wobei 2 Clem freilich nicht die gnostischen Implikationen (Präexistenz des Pneuma-Selbstes) mittragen würde. Die Interpretation des πόθεν durch den Hinweis auf die Berufung aus der Macht der Sünde[16] trifft zwar einen Teilaspekt, erklärt aber nicht die Herkunft der Formel insgesamt. Auch die Frage nach dem Wohin ist für die Gnosis besonders charakteristisch, wenn auch nicht exklusiv. Sie ist ein, wenn nicht das entscheidende Motiv futurischer Eschatologie und ein allgemein frühjüdischer und urchristlicher Topos (Tob 3,3; Phil Somn 1,181; Phil 1,23; Joh 14,2f u. ö.). Im Kontext des 2 Clem ist die Frage nach dem zukünftigen Ort der Glaubenden von ungleich größerer Bedeutung als die nach dem vergangenen. Nicht die Vergangenheit interessiert den Verfasser primär; er reflektiert vielmehr über die Zukunft und das von dieser her nötige gegenwärtige Handeln.

Zum anderen: Auch die Vergangenheit ist von hohem Interesse. Allerdings ist es nicht die Präexistenz individuellen Seins, sondern das Heilshandeln Jesu Christi. Sünde ist nicht nur die Unwissenheit über Woher und Wohin, sondern auch, nicht zu wissen, ὅσα ὑπέμεινεν Ἰησοῦς Χριστὸς παθεῖν ἕνεκα ἡμῶν. Παθεῖν ist t.t. für das heilvolle Leiden und Sterben Jesu (Mk 8,31parr; 9,12 u. ö.; in späterer Zeit Ign Sm 2,1; Barn 5,5; Mart Pol 17,2 u. ö.). 2 Clem greift nur hier das frühchrist-

---

[15] Vgl. weiters bes. EV NHC I 22,5.14f; 40,30–42,35. Zum Vergleich von 2 Clem 1,1–3,2 mit der valentinianischen Gnosis insbesondere des Evangelium Veritatis vgl. FRANK, Studien 235–240. Die Auseinandersetzung mit und Abgrenzung von der Gnosis spielt in 2 Clem eine überaus große Rolle, vgl. nur 1,4.6; 3,1–4; 5,5f; 6,6f; 9,1; 12,2–5; 14, vgl. WARNS, Untersuchungen 78A 3061; 79A 3062 (dazu genauer in der Einleitung § 6).

[16] GEBHARDT/HARNACK, Epistulae III reden mit Blick auf Tit 3,3f von der Berufung „e peccatis et perditione". Der Hinweis von DONFRIED, Setting 102 A2 auf Jdt 10,12, wo Judith von assyrischen Soldaten über ihr Kommen und Gehen befragt wird, trägt nichts zur Interpretation des sachlichen Gehaltes der formelhaften Redeweise bei (richtig WENGST, 2 Clem 270 A3).

liche Theologumenon vom stellvertretenden Sühneleiden bzw. -tod auf. Er steht
damit eindeutig auf dem Boden der Großkirche, hält das Motiv für seine eschatologisch orientierte Paränese, wie es scheint, aber nicht weiter für erforderlich.[17] Immerhin formulieren V.1f das christologisch-soteriologische Grundaxiom, von dem
aus die weiteren Ausführungen zu sehen sind: Christus, in seiner Stellung Gott
gleich, umfasst das gesamte Leben der Gemeinde, vom heilschaffenden Leiden
und der Berufung ins neue Sein bis hin zum zukünftigen Gericht. Das hat dann
auch entsprechende Folgen für die Gestaltung des Lebens, wie der Verfasser in
zwei parallelen Paränesen (V. 3.5) festhält, wobei er jeweils ergänzend und verstär-
kend das Heilshandeln Jesu weiter entfaltet (V.4.6–8).

Mit drei Fragen[18] werden **V.3** die Hörerinnen und Hörer auf die sachgemäße Reaktion auf das Heilshandeln verwiesen. Die erste: τίνα οὖν ἡμεῖς αὐτῷ δώσομεν
ἀντιμισθίαν; Der entscheidende Term ist ἀντιμισθία. Er fehlt in LXX[19] und
kommt auch im NT und den Apost. Vätern nur Röm 1,27 (negativ: Vergeltung)
und 2 Kor 6,13 (positiv: Erwiderung) vor. 2 Clem findet er sich noch 1,5; 9,7; 11,6;
15,2 und meint[20] die Gegenleistung für das Heilshandeln Jesu. Diese Gegenleistung
macht das Verhältnis Schenkender – Beschenkter zu einem Rechtsverhältnis. Die
Gültigkeit der Leistung Christi ist ohne menschliche Gegenleistung nicht denkbar.
So sehr das ganz gesetzlich gedacht ist, ist andererseits doch die menschliche Leistung nur die Reaktion auf das vorhergehende (!) göttliche Handeln: Die Reihenfolge setzt eindeutig das Prae des göttlichen Handelns voraus. Auch wenn dieses
Vorgeordnetsein nur am Anfang der Predigt eine Rolle spielt, steht es doch durch
diese Position gleichsam wie ein Vorzeichen über dem Ganzen und relativiert die
übliche Gesetzlichkeit im Denken des Verfassers ganz eminent.[21]

Das geschieht erst recht durch die Fortsetzung der Frage: ἢ τίνα καρπὸν ἄξιον
οὗ ἡμῖν αὐτὸς ἔδωκεν; Mit καρπός wird ein zentraler ntl. Term aufgenommen
(Gal 5,22; Röm 6,22; Mt 3,8par u. ö.). Auch hier ist wieder ein Entsprechungsver-
hältnis vorausgesetzt, das jede platte Moral transzendiert und die christologisch-
soteriologische Motivation des Handelns betont. Das an der Rede vom καρπός
besonders gut explizierbare Indikativ-Imperativ-Verhältnis wird damit in aller
Deutlichkeit festgehalten: Das göttliche Handeln ermöglicht erst das menschliche.
Der freien Tat dort entspricht[22] die freie Tat hier.

Die dritte Frage hat allerdings wieder einen stärker gesetzlichen Akzent: πόσα
δὲ αὐτῷ ὀφείλομεν ὅσια; Die Beschenkten stehen in der Schuld des Gebers und
sind aufgefordert (um nicht zu sagen: gezwungen), sie abzutragen. Mit πόσα wird
die Größe von Geschenk und Gegenleistung bezeichnet. Ὅσια meint das Gott

---

[17] Insbesondere in Kap. 5 mit seiner Martyriumsthematik könnte man das Motiv erwarten.
[18] Grammatikalisch sind es nur zwei Fragen.
[19] Vgl. aber ἀνταποδίδωμι Ψ 115,3.
[20] Mit Ausnahme von 11,6: eschatologischer Lohn für die guten Werke.
[21] Wengst, 2 Clem 239 A5: Der Term bringe „das Interesse des Verfassers an der Soteriologie auf den
Begriff“.
[22] Der Entsprechungscharakter ist insbesondere in dem ἄξιον ausgedrückt.

Gebührende,[23] also den religiösen Vollzug insgesamt. Es steht parallel zu ἀντιμισθία und καρπός, beschreibt das Geforderte aber stärker in religiös-kultischer
Hinsicht.[24]

Den drei Fragen von V.3 folgen in **V.4** drei Aussagesätze, die den Fragen allerdings nicht entsprechen, so dass sie keine Antworten darstellen, sondern (in asyn-
detischer Aneinanderreihung) weitere Begründungen für das geforderte Tun bieten. Sie haben wie die Aussagen V.1f soteriologischen Charakter und verstärken
somit die dortige Begründung.

Zunächst: τὸ φῶς γὰρ ἡμῖν ἐχαρίσατο. Φῶς steht für das Heilsgut. Von V.6
her (wo das Motiv noch genauer ausgeführt wird) ist konkret an die Befreiung aus
der heidnischen Gottesverehrung gedacht,[25] φῶς bezeichnet somit die rechte Gotteserkenntnis. In der frühchristlichen Tradition ist die Lichtmetaphorik weit verbreitet. Der Term bezeichnet traditionell das gegenwärtige (Joh 1,4; 8,12; 12,35;
1 Petr 2,9; 1 Clem 36,2; 59,2 u. ö.) wie das zukünftige Heil (Kol 1,12; Apk 21,23; Ign
Röm 6,2 u. ö.).[26] Obwohl er im Rahmen der futurisch-eschatologischen Aussagen
des 2 Clem gut passen würde, taucht er als hap.leg. nur hier zur Bezeichnung des
präsentisch-eschatologischen Status auf. Er gehört entweder nicht zum Standard-
vokabular des Verfassers[27] oder er wird von diesem bewusst nicht stärker in den
Vordergrund gerückt.

Die zweite, ebenfalls aphorismenartige Beschreibung des Heilsgeschehens argumentiert mit einem Vergleich aus dem Familienleben: ὡς πατὴρ υἱοὺς ἡμᾶς
προσηγόρευσεν. Auch die Annahme an Sohnes (bzw. Kindes) Statt ist traditionelle Bezeichnung des gegenwärtigen (Röm 8,14; 9,26; 2 Kor 6,18; 1 Joh 3,1 u. ö.)
wie des zukünftigen Heilsstandes (Mt 5,9.45par; Lk 20,36 u. ö.). Anders als beim
φῶς-Motiv finden sich in 2 Clem beide Verwendungsmöglichkeiten: Während
nach der vorliegenden Stelle Christus die Sohn(Kind)schaft zugesprochen hat,[28]
wird das nach 9,10 Gott erst in der Zukunft tun. Eine nähere theologische Vermitt-
lung dieser unterschiedlichen Verwendung erfolgt nicht.[29] Trotz der christologi-

---

[23] Vgl. Eur Suppl 368: ὅσια περὶ θεούς. Der Gegenbegriff ist δίκαια: das den Menschen Gebührende, so seit Plat Gorg 507b. LIGHTFOOT, Fathers I/2 213: „religious duties", LINDEMANN, 2 Clem
199: „heilige Leistungen".

[24] WARNS, Untersuchungen 175–181 sieht infolge des Subjektwechsels von Christus zu Gott hinter
V.3.5 eucharistische Traditionen (mit besonderem Hinweis auf ActJoh 109; vgl weiters ActThom 72),
doch taucht ActJoh 109 die Trias αἶνος, προσφορά und εὐχαριστία auf, der Bezug ist nicht so deutlich,
wie WARNS will (vgl. auch LINDEMANN, 2 Clem 201). Dagegen ist die Rede von den in V.3.5 gestellten
„Themafragen" des 2 Clem (WARNS, 177 u. ö.) hilfreich zur Strukturbestimmung.

[25] Götzendienst wird dort (u.a.) in geradezu ausladender Weise mit Finsternis verbunden:
ἀμαύρωσιν ... περικείμενοι καὶ τοιαύτης ἀχλύος γέμοντες ἐν τῇ ὁράσει ... νέφος.

[26] Soweit es den vorliegenden Kontext betrifft. Zum Ganzen vgl. CONZELMANN, φῶς 334–349;
RITT, φῶς 1072: Der Term φῶς gehört „zu den religionsphänomenologisch verbreitetsten ‚Ur-Wor-
ten' ...", die mit der archetypischen Sehnsucht des Menschen nach Gott zusammenhängen".

[27] Das könnte traditionsgeschichtlich auszuwerten sein, vgl. zu 1,8.

[28] An Gott als Handelnden (BAASLAND, Rhetorik 128) ist jedenfalls auf der Textebene nicht zu denken. Unpräzise GEBHARDT/HARNACK, Epistulae 112: „Dona dei creatoris et salvatoris (Christi) ...“

[29] Ähnliches galt V.1 für das φρονεῖν περὶ Ἰησοῦ Χριστοῦ ὡς περὶ θεοῦ.

schen Grundlegung der Predigt in Kap. 1 geht es somit auch hier nicht um eine theologische Explikation, sondern nur um die Begründung der Paränese.

Die dritte Kennzeichnung des Heilshandelns Jesu geschieht durch ἀπολλυμένους ἡμᾶς ἔσωσεν. Auch σῴζειν beschreibt die vergangene (1,7; 2,7; 3,3; 9,2.5) wie die zukünftige Rettung (2,5; 4,1f; 8,2; 13,1; 14,1.2; 15,1; 17,2; 19,1.3).

Ein logischer Konnex zwischen den drei Beschreibungen der Entstehung des gegenwärtigen Heilsstandes ist nicht erkennbar. Gleiches gilt auch für eine etwaige Symmetrie der drei Aussagen mit den drei Fragen von V.3. Eine gewisse kreative Zufälligkeit ist somit schwer zu verkennen.[30] Der Verfasser dürfte einfach nach der Regeldetri vorgehen.

Parallel zu V.3.4 folgt in V.5.6–8 ein neuer Argumentationsgang. **V.5** ist V.3a völlig parallel gebaut: Vom jeweils einzigen Hauptverb δώσομεν sind zwei durch ἤ verbundene Fragen abhängig, wobei die zweite durch einen Hinweis auf das geschenkte Sein abgeschlossen wird: ποῖον οὖν αἶνον αὐτῷ δώσομεν[31] ἢ μισθὸν ἀντιμισθίας ὧν ἐλάβομεν.

Die erste der beiden genannten Reaktionen auf das Heilshandeln Jesu Christi ist αἶνος. Im NT kommt der Term nur Mt 21,16 (in einem Zitat aus Ψ 8,3) und Lk 18,43 vor und bezeichnet dort den Gott dargebrachten Lobpreis: „Der αἶνος ist die einzig gotteswürdige Ehrung und das Gott einzig angemessene Opfer".[32] 2 Clem 9,10[33] wird der Lobpreis ebenfalls Gott dargebracht. Nach V.5 steht, ganz im Einklang mit V.1, dieses Gott Gebührende auch Christus zu, schon von dieser gewählten Terminologie her ist die hohe Christologie des 2 Clem wieder deutlich. Der Term meint traditioneller Weise das verbale Lob. 9,10 spricht vom Lob mit Mund und Herz. Letzteres meint nicht bloß Innerliches, sondern zielt auf die Bewährung im Tun.

Die Bewährung im Tun greift auch die zweite genannte Reaktion μισθὸς ἀντιμισθίας auf. Die Wendung ist auffällig.[34] Ἀντιμισθίας dürfte als genitivus explicativus zu verstehen sein, der den Aspekt der geforderten Reaktion noch besonders betont: „Entgelt, nämlich Gegenleistung". Das Syntagma ist offenbar auf rhetorische Wirkung (Variation von V.3) aus und versucht (im Sinne der gesamten Predigt), die Notwendigkeit des geforderten Tuns zu unterstreichen.

V.6–8 stehen parallel zu V.4 und bieten im Einst-Jetzt-Schema den zweiten Durchgang der Darstellung des Heilswerkes Jesu Christi. **V.6** beschreibt größtenteils nur das Einst. Die Hauptaussage ist markiert durch das einzige finite

---

[30] Vielleicht spielt die Kürze der jeweils drei Formulierungen eine Rolle.

[31] A liest δώσωμεν (ebenso GEBHARDT/HARNACK, Epistulae 112; LIGHTFOOT, Fathers I/2 213, obwohl er meint, δώσομεν sei „perhaps correct") H δώσομεν (ebenso FUNK/BIHLMEYER, Väter 154; WENGST, 2 Clem 238). Die Vermischung von ω und ο ist seit dem 3. Jh. v. Chr. bezeugt, (vgl. MAYSER, Grammatik I/1 73f), im NT z.B. Mk 6,37; 1 Kor 13,3; Hebr 2,3 u. ö. An der vorliegenden Stelle entsteht durch die Lesart δώσωμεν die „unmögliche … Annahme eines Conj. fut." (BDR §28).

[32] SCHLIER, αἰνέω 177 mit Hinweis auf Just Apol I 13,1 (hier zusammen mit εὐχαριστία, ὕμνος und δόξα), Dial 118,2; Orig Ps 148,1. Eine Parallele zu αἶνον διδόναι ist αἶνον ἀναπέμπειν (Just Apol I 65,3; Orig Orat 13,3).

[33] Außer 2 Clem 1,5 und 9,10 kommt das Stichwort in den Apostolischen Vätern nicht vor.

[34] KNOPF, 2 Clem 154: „geziert"; LINDEMANN, 2 Clem 202: „etwas gekünstelt".

Verb[35] ἦν: Unser ganzes Leben war nichts anderes als Tod. Die Differenz zwischen dem Einst und dem Jetzt wird durch das Oxymoron βίος ὅλος – ἄλλο οὐδὲν εἰ μὴ θάνατος drastisch zum Ausdruck gebracht. Das Motiv ist in der frühchristlichen Tradition in mehrfacher Weise gegeben. Es dokumentiert die Abkehr vom bisherigen Leben in der Nachfolgetradition (Mt 8,22par) ebenso wie in der Zuwendung zum Offenbarer (Joh 5,24f; Barn 14,5), in der (speziell: Tauf-) Paränese (Kol 2,13; Eph 2,1.5; 5,14; 1 Tim 5,6) und in der prophetischen Anklage (Apk 3,1).[36] Eine philosophisch orientierte Dialektik von Leben und Tod liegt nicht vor.[37]

In einer Reihe von Aussagen wird der Todescharakter der vergangenen Existenz näher beschrieben, zumeist nur in Partizipien:

Zunächst: πηροὶ ὄντες τῇ διανοίᾳ.[38] Πηρός kommt in der biblischen und frühchristlichen Literatur nur hier vor,[39] es meint „gelähmt, verstümmelt, geschwächt, in Bezug auf die Augen blind".[40] Von der folgenden partizipialen Bestimmung προσκυνοῦντες λίθους καὶ ξύλα, χρυσὸν καὶ ἄργυρον καὶ χαλκόν, ἔργα ἀνθρώπων[41] her ist eine grundlegende Verwirrung des Denkens, ein Blindsein für das richtige Gottesverhältnis anzunehmen. In der Anbetung[42] von Götterstatuen[43] ist es eine Verwechslung von Schöpfer und Geschöpf. Die Materialien λίθοι, ξύλα, χρυσός, ἄργυρος und χαλκός kommen in anderer Reihenfolge auch in der Polemik gegen heidnische Götterstatuen Apk 9,20 vor.[44] Das weit verbreitete Motiv ist traditioneller Topos der hellenistisch-jüdischen Mission und geht (trotz aller Differenzen) auf die griechische Aufklärung zurück.[45] Eine konkrete Abhängigkeit ist bei der allgemeinen Verbreitung nicht anzunehmen. Es ist dem Verfasser offenbar sehr geläufig.

Im Rahmen des zweiten Hauptsatzes (ἀνεβλέψαμεν) liegen weitere partizipiale Bestimmungen vor: ἀμαύρωσιν … περικείμενοι und ἀχλύος γέμοντες ἐν ὁράσει; weiters (ἀποθέμενοι) ἐκεῖνο ὃ περικείμεθα νέφος.[46] Ἀμαύρωσις

---

[35] Der Übergang zum Jetzt wird durch das zweite finite Verb ἀνεβλέψαμεν markiert.

[36] Vgl. auch Ign Eph 7,2 in christologischer Hinsicht.

[37] Richtig LINDEMANN, 2 Clem 202 in Abgrenzung zu den diesbezüglichen Angaben von KNOPF, 2 Clem 155 (Herakl, Fr. 62 DIELS/KRANZ ¹¹I 164 und Eurip, Fr. 639 und 833 TGF² 561.631).

[38] Vgl. Eph 4,18: ἐσκοτωμένοι τῇ διανοίᾳ.

[39] Πηρόω Hi 17,7v.l.; 4 Makk 18,21; Πηρός Phil Leg All 3, 91.109; Ebr 6; Fug 123; Somn 1,27; Sib 3,793 u.ö. Im NT als varia lectio Mk 8,17; Joh 12,40; Act 5,3; Röm 11,7.

[40] BAUER/ALAND, Wb 1322.

[41] Hier liegt die literarische Figur der Metonymie vor.

[42] Προσκυνεῖν noch 3,1. Aus der Rede in der 1. Pers. schließt LIGHTFOOT, Fathers I/2 213 z.R. auf einen Heidenchristen als Verfasser der Predigt.

[43] Das deutet auf eine (wenigstens überwiegend) heidenchristliche Herkunft der Adressaten hin.

[44] Diogn 2,2 nennt: Stein, Kupfer, Holz, Silber, Eisen und Ton; Ker Petr bei ClemAl Strom 6,40,1: Holz, Steine, Kupfer, Eisen, Gold und Silber; dieselben Materialien auch schon Dan 5,4.23Θ; vgl. weiters Jes 44,9f; Ψ 113, 12; 134,15; Ps Sal 13,10–13; Sib 5,82f; Äth Hen 99,7 u.ö.

[45] Zur Kritik an unsachgemäßer Götterverehrung vgl. Xenoph, Fr. 14–16 DIELS/KRANZ ¹¹I 132f; Herakl, Fr. 5 DIELS/KRANZ ¹¹I 151f.

[46] Νέφος περικεῖσθαι sowie ἀποτιθέναι werden auch Hebr 12,1 nebeneinander verwendet. Ein Einfluss der Sprache von Hebr (so OXFORD COMMITTEE, New Testament 126: „unconsciously influenced") ist nicht prinzipiell auszuschließen, eine direkte Abhängigkeit legt sich allerdings nicht nahe (GREGORY/TUCKETT, 2 Clem 291; vgl. LINDEMANN, 2 Clem 202: „erinnert … an Hebr 12,1".

und ἀχλύς sind hap.leg. in der frühchristlichen Literatur. Das frühere Leben war von Finsternis und Nebel verhüllt.[47] Die Lösung aus der Finsternis besteht im Öffnen der Augen: ἀνεβλέψαμεν … τῇ αὐτοῦ θελήσει. Die Metapher „Finsternis" wird durch drei Termini ausgedrückt. Das zeigt, wie wichtig es dem Verfasser ist, den Kontrast zum späteren (= jetzigen) lichtvollen Dasein zu zeichnen. Wiederum liegt im Nebeneinander von „Finsternis" und „Sehend-werden" (Licht) von der hellenistisch-judenchristlichen Missionspredigt geprägte Terminologie vor (Act 26,18; Röm 2,19f; Eph 5,8; 1 Petr 2,9; 1 Clem 59,2 u. ö.).

V.7 setzt die Beschreibung des Heilshandelns Jesu durch ἠλέησεν und ἔσωσεν fort.[48] Die Hinzufügung von σπλαγχνισθείς zu ἔσωσεν zeigt formal die plerophore Diktion des Verfassers und verstärkt inhaltlich das Motiv der Barmherzigkeit. Die vorchristliche Existenz ist gekennzeichnet durch πολλὴ πλάνη, ἀπώλεια und μηδεμία ἐλπίς.[49] Πλάνη und deren Resultat ἀπώλεια finden sich auch 2 Petr 3,16f und greifen auf den Kontext V.4.6 zurück. Ἐλπίς ist neu und verstärkt das Motiv der ehemaligen Hoffnungslosigkeit,[50] deren gnadenhafte Überwindung durch die Schlusswendung εἰ μὴ τὴν παρ' αὐτοῦ nochmals betont wird. Der Vers ist (wie Kap.1 insgesamt) ganz präsentisch-eschatologisch ausgerichtet. Licht, Sohnschaft und Sehvermögen sind gegenwärtige Heilsgaben, die auf dem vorangegangenen Heilshandeln der gnädigen Rettung beruhen. Ein Defizit an Heilserfahrung ist nicht im Blick.

Auch **V.8** ist das voraussetzungslose Heilshandeln Christi in aller wünschenswerten Deutlichkeit artikuliert:[51] ἐκάλεσεν γὰρ ἡμᾶς οὐκ ὄντας καὶ ἠθέλησεν ἐκ μὴ ὄντος εἶναι ἡμᾶς. Καλεῖν ist frühchristliche Bekehrungssprache, wobei zumeist Gott als der Berufende verstanden wird (Röm 8,30; 1 Kor 1,9; 1 Thess 2,12; Eph 4,1; 1 Petr 5,10; 1 Clem 59,2 u. ö.); gelegentlich ist aber auch Christus der Berufende (z.B. Röm 1,6; vgl. Jud 1 und insbesondere die Berufungserzählungen der Evangelien Mk 1,16–20parr. u. ö.). Die hohe Bedeutung Jesu kommt 2 Clem auch in der überwiegenden Rede von der Berufung durch Christus (1,2.8; 2,4.7; 5,1; 9,5 gegenüber 10,1; 16,1: Berufung durch Gott) zum Ausdruck. Die ursprüngliche Theozentrik in der Terminologie tritt ganz zurück, ohne dass das Verhältnis Gott-Christus schon deutlicher geklärt wäre.

---

[47] Die zweimalige Verwendung von περικεῖσθαι unterscheidet das rettungslose „Eingewickelt-Sein" in der undurchdringlichen Finsternis, die von den Betroffenen nicht beseitigt werden kann.

[48] Ἐλεεῖν und σπλαγχνίζεσθαι sind hap.leg. im 2 Clem, σῴζεσθαι ist dagegen ein Lieblingswort des Verfassers (18x).

[49] Μηδεμίαν ἐλπίδα ἔχοντας σωτηρίας ist wohl von θεασάμενος abhängig, nicht von dem weiter entfernten ἔσωσεν, richtig KNOPF, 2 Clem 145; LINDEMANN, 2 Clem 199. Eine sachliche Differenz ergibt sich jedoch nicht. A liest ἔχοντες. Sollte das kein Schreibfehler sein, müsste ein Textstück ausgefallen sein oder ein holpriger Text vorliegen (LIGHTFOOT, Fathers I/2 214, der aber im Text gleichwohl ἔχοντας hat).

[50] Ἐλπίς meint die durch das Heilsgeschehen „begründete Hoffnung" (LINDEMANN, 2 Clem 202). Zur Hoffnungslosigkeit der vorchristlichen Existenz vgl. Röm 7,14–25; Eph 2,12 u. ö.

[51] Dasselbe gilt für Kap. 2.

Theologisch sind vor allem οὐκ ὄντας bzw. ἐκ μὴ ὄντος von Interesse, da hier traditionelle schöpfungstheologische Terminologie auftaucht.[52] Im Kontext der Betonung der unvergleichlichen Macht Gottes wird im hellenistischen Judentum formelhaft auch von der Schöpfung aus dem Nicht-Sein gesprochen,[53] erstmals, wie es scheint, 2 Makk 7,28: οὐκ ἐξ ὄντων ἐποίησεν αὐτὰ ὁ θεός; weiters insbesondere bei Phil SpecLeg 4,187: τὰ γὰρ μὴ ὄντα ἐκάλεσεν εἰς τὸ εἶναι; vgl. weiters VitMos 2,267; Her 36; Mut 46; LegAll 2,2.[54] Auch im apokalyptischen Judentum (Syr Bar 21,4; 48,8)[55] ist die Vorstellung der Schöpfung des bis dahin Nicht-Seienden zu finden. Gleiches gilt auch für das frühe Christentum. Röm 4,17 bezeichnet Gott als den ζῳοποιῶν τοὺς νεκροὺς καὶ καλῶν τὰ μὴ ὄντα ὡς ὄντα. Der Vers steht als Teil des Abrahammidraschs in einem heilsgeschichtlichen Konnex. Der Ruf aus dem Nicht-Sein ins Sein steht parallel zur Auferweckung der Toten und beschreibt paradigmatisch die Entstehung des Glaubens am Beispiel Abrahams.[56] Kol 1,16 redet davon, dass alles von Gott in Christus geschaffen sei, Hebr 11,3, dass alles Sichtbare aus nichts geworden sei, Joh 1,3, dass alles durch den Logos geschaffen sei – das „Nichts" ist in dem „Alles" impliziert. Nach Herm Vis 1,1,6; Mand 1,1 habe Gott alles Bestehende aus dem Nichts geschaffen.[57] Eine fest formulierte, eindeutige Lehre von der creatio ex nihilo liegt hier noch nirgends vor, ist aber intentionaliter schon erkennbar.[58]

---

[52] Die Schöpfungsthematik findet sich auch Kap. 14f. 14,1 geht es um einen christologisch-ekklesiologischen Topos (vgl. PRATSCHER, Kirchenverständnis 101–113); 15,2 wird nur formelhaft von Gott als „unserem Schöpfer" gesprochen. Zum Thema der Schöpfung bei den Apostolischen Vätern vgl. LINDESKOG, Schöpfer 588–642.

[53] Terminologisch steht dahinter die bis in die vorsokratische Zeit zurückgehende Rede vom οὐκ ὄν bzw. μὴ ὄν in der griechischen Philosophie, vgl. nur Xenoph Fr 28 DIELS/KRANZ [11]I 117; Parmen Fr 8,7f DIELS/KRANZ [11]I 235f; Plat Symp 205b; Soph 219b; Plot Enn 1,8,3 u.ö.

[54] Dabei dürfte Philon ebenso wie 2 Makk 7 (analog zur griechischen Tradition) die Präexistenz der Materie voraussetzen. Nach Opif 27 ist der Himmel als Bestes der geschaffenen Dinge aus dem reinsten Teil der Materie entstanden (vgl. MAY, Schöpfung 9f).

[55] Für das spätere rabbinische Judentum vgl. Gen R 1,9. Gamaliel lehnt hier „die Deutung von Gen. 1,2 auf die ungewordene Materie ab und behauptet damit der Sache nach die creatio ex nihilo." (MAY, Schöpfung 23).

[56] Der Ton liegt „auf der stets präsenten Schöpfungskraft Gottes, die sich ebenso darin erweist, daß er das Nichtseiende ruft, daß es sei, wie darin, daß er Toten neues Leben schafft" (WILCKENS, Röm I, 275). Vgl. Röm 9,25, wo Hos 2,25 im Konnex der Aufnahme von Heiden in die Kirche zitiert wird: καλέσω τὸν οὐ λαόν μου λαόν μου (vgl. 1 Petr 2,10).

[57] Eine klare Ausführung der creatio ex nihilo-Lehre finden wir bei Basilides (Hipp Ref 7,21), Tat Orat 5,3; Theoph Autol 1,4; Iren Haer 2,10,2 u.ö. vgl. dazu MAY, Schöpfung 63–119. 151–182. May betont, die „Anschauung, daß das Produzieren des höchsten Gottes alle innerweltlichen Analogien übersteigt und sich deshalb nicht als Gestaltung einer präexistenten Materie vorstellen läßt", finde sich bei Markion, Basilides und den Valentinianern, habe sich aber nur bei Basilides in seiner vollen Tragweite entwickelt. Weiters: „die kirchliche Theologie will durch den Satz von der creatio ex nihilo die Allmacht und Freiheit des in der Geschichte handelnden Gottes zum Ausdruck bringen." (184).

[58] Die Formulierung von LINDESKOG, Schöpfer 615 „Im NT gibt es keinen expliziten Beleg für die creatio ex nihilo", ist zu undifferenziert. MAY, Schöpfung 27: „Erst durch die Gnosis wird der Schöpfungsglaube zum theologischen Problem, und aus der Begegnung mit der philosophischen Metaphysik sollte sich die Notwendigkeit ergeben, die Freiheit und Voraussetzungslosigkeit von Gottes Schaffen begrifflich zu formulieren." Vgl. auch WEISS, Untersuchungen 59–74; LINDESKOG, Schöpfer 615f.

Auch 2 Clem 1,8 ist natürlich kein Beleg für eine entwickelte creatio ex nihilo-Lehre. Es geht hier „weder um die Schöpfung der Welt noch um die des Menschen, sondern allein um die Berufung zum Glauben".[59] Die Schöpfungsterminologie dient wie Röm 4,17 (ohne davon abhängig zu sein)[60] nur dazu, das neue Sein der Glaubenden zu beschreiben (vgl. auch 2 Kor 5,17; Gal 6,15; Eph 2,10.15 u. ö. ohne Rede vom μὴ ὄν). In der frühchristlichen Literatur wird allerdings nirgends so deutlich wie 2 Clem 1,8 das vorherige heidnische Sein der Glaubenden als Nicht-Sein und das Heilshandeln als Ruf aus diesem Nicht-Sein beschrieben.[61] Das Heilsgeschehen wird in einer durchaus kreativen schöpfungstheologischen Weise beschrieben. Blindheit, Finsternis, Tod, Irrtum, Verlorenheit, die in V.4.6f die vorchristliche, heidnische Existenz beschreiben, werden nun in einer aus der griechischen Philosophie stammenden und im hellenistischen Judentum zur Explikation des Schöpfungsglaubens verwendeten Terminologie neu formuliert. Der Verfasser lässt diese Terminologie allerdings nur anklingen, ohne sie jetzt oder im weiteren Verlauf der Predigt noch genauer zu explizieren.[62]

2,1–7: Die Schriftbeweise

(1) **Freue dich, Unfruchtbare, die du nicht gebierst, brich in Jubel aus und rufe laut, die du nicht in Wehen liegst, denn viele Kinder wird die Einsame haben, mehr als die, die einen Mann hat.**

Wo (die Schrift) sagte: „Freue dich, Unfruchtbare, die du nicht gebierst", sprach sie von uns: denn unfruchtbar war unsere Kirche, bevor ihr Kinder gegeben wurden. (2) Wo sie aber sagte: „Schreie laut, die du nicht in Wehen liegst", das bedeutet: Unsere Gebete ohne Umstände zu Gott emporsteigen zu lassen, damit wir nicht wie die in Wehen Liegenden den Mut verlieren. (3) Wo sie aber sagte: „Denn viele Kinder wird die Einsame haben, mehr als die, die den Mann hat": Unser Volk schien von Gott verlassen zu sein, nun aber sind wir, zum Glauben gekommen, zahlreicher geworden als die, die meinen, Gott zu besitzen.

---

[59] Weiss, Untersuchungen 143.

[60] Lindemann, 2 Clem 203; Gregory/Tuckett, 2 Clem 281.

[61] Weiss, Untersuchungen: „Der Begriff μὴ ὄν bezeichnet hier … den Zustand des ungläubigen Menschen." Louvel/Bouyer/Mondésert, Écrits 116: „Le païen est comme s'il n'était pas." Muddiman, Church 113 sieht in der Bekehrung „a kind of new creatio ex nihilo" beschrieben.

[62] Donfried, Setting 103–107 u. ö. (Ders., Theology 488–490, übernommen von Jefford/Harder/Amezaga, Fathers 129f) sieht in 1,4.6–8 ein hymnisches Taufbekenntnis der Gemeinde zitiert, das 2 Clem im Folgenden gegen eine gnostische Fehlinterpretation absichere. Immerhin hebt sich der Text stilistisch (Partizipia, hapax legomena, Er-Stil, asyndetische Satzglieder u. dgl.) sowie theologisch (präsentische Eschatologie!) deutlich vom übrigen Text des 2 Clem ab, auch wenn die Vorlage nicht exakt rekonstruiert und nicht unbedingt als hymnisch bezeichnet werden kann. (vgl. Wengst, 2 Clem 270 A7; Warns, Untersuchungen 182–184; Lindemann, 2 Clem 199f).

(4) **Aber auch eine andere Schrift sagt: „Ich bin nicht gekommen, Gerechte zu rufen, sondern Sünder."** (5) **Das bedeutet: man muss die Verlorengehenden retten.** (6) **Denn das ist groß und bewundernswert, nicht das Stehende zu stärken, sondern das Fallende.** (7) **So hat auch Christus das Verlorengehende retten wollen und er hat viele gerettet, als er kam und uns schon Verlorengehende rief.**

Struktur:

V. 1a	Zitat
V. 1b–3	Auslegung des Zitats in 3 Schritten
V. 4	Weiteres Zitat
V. 5	Auslegung des Zitats
V. 6	Allgemeine Schlussfolgerung
V. 7	Christologischer Schluss

V.1 beginnt unvermittelt mit einem Zitat aus Jes 54,1. Den Grund für das Fehlen einer *Zitationsformel*[1] in einer der Predigt vorangegangenen Lesung des Jesajazitates zu sehen,[2] ist denkbar, setzt aber voraus, was erst zu beweisen wäre. Dass auf Grund des hohen Bekanntheitsgrades eine eigene Einleitung unnötig war,[3] überzeugt ebenfalls nicht recht, denn auch die gewiss nicht weniger bekannte Stelle Gen 1,27 wird 14,2 mit einer Einleitung versehen. Auch dass der Verfasser die Predigt „effektvoll eröffnen"[4] wollte, ist nur eine Vermutung. Immerhin wird die Zitateinleitung in den Interpretationsformeln ὃ (δὲ) εἶπεν (V.1b.2.3.) mehrfach nachgeholt,[5] so dass der Verfasser vielleicht von daher leichter auf eine vorhergehende Zitationsformel verzichten konnte.

Das Zitat stimmt wörtlich mit Jes 54,1 LXX überein: Εὐφράνθητι, στεῖρα ἡ οὐ τίκτουσα, ῥῆξον καὶ βόησον ἡ οὐκ ὠδίνουσα, ὅτι πολλὰ τὰ τέκνα τῆς ἐρήμου μᾶλλον ἢ τῆς ἐχούσης τὸν ἄνδρα. Die Genauigkeit der Zitation setzt eine *schriftliche Vorlage* voraus, entweder eine Jesajahandschrift oder eine Testimoniensammlung. Aufgrund des häufigen Vorkommens des Zitats in der frühchristlichen Literatur[6] stand es wohl in einer solchen Sammlung, ob freilich 2 Clem daraus zitiert oder direkt aus einer Jesajahandschrift, muss offen bleiben. Immerhin stammen sechs der neun atl. Zitate aus Jesaja, so dass der Besitz einer solchen Handschrift zumindest gut denkbar ist.

---

[1] Von allen atl. Zitaten ist das nur hier der Fall.
[2] KNOPF, 2 Clem 156.
[3] Ebd.
[4] WARNS, Untersuchungen 488.
[5] Zudem wird das V.4 folgende Zitat aus Mt 9,13par mit ἑτέρα δὲ γραφὴ λέγει eingeleitet.
[6] Wörtlich findet es sich Gal 4,27; Just Apol I 53,5; Dial 13,8. Die Herkunft des Zitates aus dem Gal ist infolge der Unkenntnis paulinischer Theologie wohl auszuschließen (vgl. LINDEMANN, Paulus 268; nach DONFRIED, Setting 108 könne Vf. Gal bzw. eine Paulusbrief-Sammlung gekannt haben); weitere Belege: Epist Apost 33; Iren Haer 1,10,3; ClemAl Strom 2,28,5 u. ö. Zur zeitgenössischen jüdischen Deutung vgl. BILLERBECK III 574f.

V.1b–3 wird das Zitat in pescherartiger Weise in drei Schritten interpretiert.[7] Zunächst wird V.1b der durch den Zitatverweis ὃ εἶπεν[8] markierte erste Teil des Jesajazitates εὐφράνθητι, στεῖρα ἡ οὐ τίκτουσα durch die Deuteformel ἡμᾶς εἶπεν auf die Gegenwart bezogen: στεῖρα γὰρ ἦν ἡ ἐκκλησία ἡμῶν πρὸ τοῦ δοθῆναι αὐτῇ τέκνα. Die ursprünglich das verbannte Israel apostrophierende Prophetie wird auf die Kirche bezogen.[9] Die ursprünglich kinderlose, jetzt kinderreiche Frau ist die Kirche.[10]

Das Problem von V.1b ist die Interpretation des einstigen, unfruchtbaren Zustandes der Kirche: στεῖρα ἦν. Die einen[11] deuten ihn (mythologisch) von Kap. 14 her auf das Sein der Kirche in der Präexistenz. Hier ist zwar ein Sein der Kirche vor ihrer (in den Kindern dokumentierten) irdischen Existenz deutlich in Ansatz gebracht. Doch: Kann das präexistente, pneumatische Sein – d.h. der Inbegriff des Lebens in der Urzeit (wie der Endzeit) – als στεῖρα charakterisiert werden, also als negatives Gegenbild zur jetzigen Kirche?[12]

Die andere (historische) Deutung[13] geht vom unmittelbar vorangehenden Kontext aus: 1,8 redet vom Berufensein der Adressaten aus dem Nichtsein (= Heidentum). Doch ist das στεῖρα-Sein der Kirche mit dem Heidentum identisch? Immerhin wird ein Sein der Kirche (wenn auch ein στεῖρα-Sein) vor ihrem gegenwärtigen durch die Existenz von Kindern gekennzeichneten Sein vorausgesetzt,[14] vielleicht am besten zu verstehen als eine Art latent vorhandener Kirche. In dieser Zeit war sie unfruchtbar, ihr Manifestwerden äußert sich dann im Existentwerden ihrer Kinder.

Eine interessante, ebenfalls historische Deutung hat LINDEMANN[15] vorgeschlagen. Er denkt daran, „daß der Vf. an seine (Teil-) Kirche (vgl. das ἡμῶν) denkt, die eine Zeitlang unter einer – jetzt überwundenen – Stagnation gelitten haben mag". Problematisch ist dabei, dass die Kirche auch in der Zeit der Stagnation keine kinderlose war. Hier wird nicht überhaupt das Existentwerden von Kindern voraus-

---

[7] Die Auslegung einer Schriftstelle ist alte synagogale Tradition, vgl. 1QpHab; Phil VitMos 2,215; Lk 4,17–21; Act 13,15; STEMBERGER, Judentum 104–107; RIESNER, Lehrer 150f. Für die christliche Tradition vgl. 1 Kor 14,26; die Predigten in den Synagogen (Act 9,20; 13,5; 14,1 u.ö.) setzen das offenbar auch voraus, wie 17,2 zeigt. Für Justin ist das bereits gängige Praxis, wie Apol I 67,3f. zeigt; vgl. NIEBERGALL, Geschichte 192–213; vgl. auch unten zu 19,1. Schriftlesung und Predigt sind für den Prediger und sein Gemeindeumfeld konstitutive Elemente des Gottesdienstes. Dazu tritt in umfassender Weise die Paränese (die in 2 Clem einen zentralen Stellenwert hat) und sicher auch das Gebet (2,2; 16,4 u.ö.).

[8] Subjekt zu εἶπεν ist die γραφή, vgl. V.4.

[9] Damit ist das Motiv der Kirche als Mutter vorausgesetzt, wenn auch nicht explizit formuliert, QUASTEN, Patrologie I 56.

[10] V.3 setzt die ekklesiologische Deutung fort, vgl. im Folgenden.

[11] KNOPF, 2 Clem 156; LOUVEL/BOUYER/MONDÉSERT, Écrits 116; DONFRIED, Setting 192; WARNS, Untersuchungen 501; PRATSCHER, Kirchenverständnis 102 A4.

[12] WARNS bezieht (Untersuchungen 501) die Unfruchtbarkeit auf das Sein der außerhalb des Pleromas befindlichen unteren σοφία/ἐκκλησία vor ihrer Rettung durch den σωτήρ. Doch lässt 2 Clem eine solche Differenzierung nicht erkennen.

[13] FRANK, Studien 202–210; WENGST, 2 Clem 270f A17: Die Kirche ist „die gewesene στεῖρα".

[14] Kirche ist mithin stets mehr als die Summe der Gläubigen.

[15] LINDEMANN, 2 Clem 204.

gesetzt, sondern von „mehr" Kindern.[16] Ansonsten wäre das eine logisch glatte Lösung. Sie bietet sich m. E. (in entsprechender Konkretisierung) zwar nicht von V.1,[17] wohl aber von V.3 her an.

Bevor Vf. jedoch dazu kommt, legt er **V.2** den zweiten Teil des Zitates (βόησον[18] ἡ οὐκ ὠδίνουσα) aus,[19] allerdings nicht ekklesiologisch, sondern paränetisch:[20] τὰς προσευχὰς ἡμῶν ἁπλῶς ἀναφέρειν[21] πρὸς τὸν θεόν, μὴ ὡς αἱ ὠδίνουσαι ἐγκακῶμεν.[22] Wir haben hier eine kleine Gebetsdidache vor uns: Ein offenes, aufrichtiges[23] Gebet werde nicht verzagen lassen. Das Motiv der Erhörungsgewißheit ist bei einem Bittgebet intentionaliter mitgesetzt (vgl. Prov 15,29; Ψ 4,4; 6,10; 10,1 u. ö.). Die terminologische Verbindung von προσεύχεσθαι und ἐγκακεῖν liegt auch Lk 18,1 vor, ohne dass ein direkter Einfluss angenommen werden muss:[24] Sir 48,19f vergleicht die Angst der Beter mit dem Zittern einer Gebärenden (das Stichwort ἐγκακεῖν fehlt dabei allerdings). Die Aussage, eine Gebärende verzage, beschreibt gewiss nicht deren Normalverfassung, sondern dient dazu, vom Zitat her die negative Folie für die Erhörungsgewissheit zu kennzeichnen.

V.3 greift die ekklesiologische Deutung von V.1b wieder auf: ὁ λαὸς ἡμῶν entspricht der ἐκκλησία,[25] ebenso ἔρημος[26] dem στεῖρα. Im Einst-Jetzt-Schema wird ein früheres, negativ qualifiziertes Stadium der Kirche einem gegenwärtigen,

---

[16] Das gilt freilich auch für die unten (vgl. V.3) angenommene Lösung.

[17] Als Anschluss an 1,8 und damit als dessen Interpretation passt das Jesaja-Zitat gar nicht, denn Unfruchtbarsein ist nicht ident mit Nichtsein. Die Interpretationsprobleme hängen also auch damit zusammen, dass das Zitat gar nicht als Begründung von 1,8 passt, der Vf. aber gleichwohl wegen des Einst-Jetzt-Gegensatzes nicht darauf verzichten wollte (vgl. DONFRIED, Setting 83). Eine Kenntnis von Gal 4,27, wo das Jesajazitat ebenfalls vorkommt (ebenso Just Apol I 53), ist wegen der unterschiedlichen Ausrichtung eher unwahrscheinlich (mit LINDEMANN, 2 Clem 204 gegen DONFRIED, Setting 199).

[18] Βοᾶν als Rufen im Gebet auch Jes 58,9; Hos 7,14; Lk 18,7; 1 Clem 34,7 u. ö.

[19] Τοῦτο λέγει findet sich als paränetische Interpretationsformel unmittelbar nach einem Zitat auch 2,5; 8,6; 12,5. 14,3 leitet es die paränetische Schlussfolgerung der ekklesiologischen Auslegung des Zitats Gen 1,27 ein, 17,4 die christologische Interpretation von Jes 66,18/Dan 3,7.

[20] Der Bezug zum Thema „Gebet" ist nach KNOPF, 2 Clem 156 „besonders gewaltsam", vgl. WENGST, 2 Clem 271 A18: „fällt aus dem Zusammenhang". Für den Makrokontext der Predigt gilt dieses letzte Urteil aber nicht.

[21] Ἀναφέρειν, ein t.t. der Opfersprache, liegt im übertragenen Sinn auch Hebr 13,15; 1 Petr 2,5; Barn 12,7 vor.

[22] Ἐγκακῶμεν AS: verzagen; ἐκκακῶμεν H: den Mut verlieren (BAUER/ALAND, Wb 434.484). Ein Bedeutungsunterschied liegt nicht vor; vgl. 2 Thess 3,13.

[23] Ἁπλῶς = schlicht, aufrichtig, geradeheraus, rückhaltlos, BAUER/ALAND, Wb 172. Die Ermunterung zum Vertrauen auf die Gebetserhörung ist traditionell: vgl. nur Mt 6,5–8; 7,7–11par.

[24] WARNS, Untersuchungen 320f sieht zitathaftes Material (aus Lk 18,1 oder einem Agraphon, vgl. Aphr Dem 4,16 u. ö.) vorliegen. Das ist möglich, aber doch sehr vage: die Kombination von Gebet und Verzagtheit erfordert nicht unbedingt eine Vorlage.

[25] Ein Bezug von λαός auf das ägyptische Volk (WENGST, 2 Clem 241 A19) ist auszuschließen: dabei würde, fern aller Intention des Textes, ein starkes Wachsen des ägyptischen Volkes seit der Christianisierung vorausgesetzt, vgl. LINDEMANN, 2 Clem 205.

[26] Ἔρημος ἀπό ist Koine, BDR §211,1; vgl. Jer 40,10 LXX; 51,2 LXX u. ö.; ἔρημος ἐκ … παραπομπῆς App BellCiv 4,5,30; ἔρημος mit bloßem Gen. Plat Gorg 523e.

positiv beurteilten gegenübergestellt.[27] Die entscheidende Wendung für das Verständnis bietet V.3fin.: πλείονες ἐγενόμεθα τῶν δοκούντων ἔχειν θεόν.[28] Die
gängige Deutung auf das Judentum[29] (insbesondere unter Hinweis auf die Gegenüberstellung von Christen und Juden Just Apol I 53,5f; Diogn 3,1; Ker Petr bei
ClemAl Strom 6,41,2–6) ist insofern problematisch, als eine Auseinandersetzung
mit diesem in 2 Clem fehlt. Wenn eine polemische Note vorausgesetzt werden
darf, legt sich eher eine antignostische Ausrichtung nahe.[30] Der Prediger könnte
dann die valentinianischen Gegner als die einst größere Gruppe erscheinen lassen[31]
und auf die kritische Phase in der Auseinandersetzung mit ihnen zurückblicken.
Die Auseinandersetzung mit den Gegnern in der Gegenwart stünde dann quantitativ auf einer ganz neuen, wesentlich weniger bedrohlichen Ebene.[32]

V.4 setzt mit einem Jesuslogion fort: οὐκ ἦλθον καλέσαι δικαίους ἀλλὰ
ἁμαρτωλούς.[33]

2 Clem 2,4	Mt 9,13	Mk 2,17	Lk 5,32
καὶ ἑτέρα δὲ γραφὴ λέγει, ὅτι			
οὐκ ἦλθον	οὐ γὰρ ἦλθον	οὐκ ἦλθον	οὐκ ἐλήλυθα
καλέσαι δικαίους	καλέσαι δικαίους	καλέσαι δικαίους	καλέσαι δικαίους
ἀλλὰ ἁμαρτωλούς.	ἀλλὰ ἁμαρτωλούς.	ἀλλὰ ἁμαρτωλούς.	ἀλλὰ ἁμαρτωλοὺς εἰς μετάνοιαν.

Barn 5,9: οὐκ ἦλθεν καλέσαι δικαίους ἀλλὰ ἁμαρτωλούς.
Just Apol I 15,8: οὐκ ἦλθον καλέσαι δικαίους ἀλλὰ ἁμαρτωλοὺς εἰς μετάνοιαν.
vgl. 1 Tim 1,15: Χριστὸς Ἰησοῦς ἦλθεν εἰς τὸν κόσμον ἁμαρτωλοὺς σῶσαι.

---

[27] Ἐδόκει – δοκούντων ist Paronomasie.

[28] „Gott/Vater/Christus haben" ist traditionelle Redeweise: vgl. 16,1; Esth 4,17t LXX; Joh 8,41; Kol 4,1;
1 Clem 46,6; Ign Magn 12,1; Herm Mand 12,4,3 u. ö. Plot Enn 2,9,9 spricht in Bezug auf Gnostiker von
denen, die wissen, dass sie nicht haben, und doch behaupten zu haben. Iren Haer 1,6,4 spricht von ἔχειν
τὴν χάριν. Eine spezifisch gnostische Terminologie liegt jedenfalls nicht vor, eine direkte Polemik von
2 Clem gegen Gnostiker lässt sich sprachlich nicht belegen.

[29] HARNACK, Brief 337; LIGHTFOOT, Fathers I/2 215; PRAETORIUS, Bedeutung 523; KNOPF, Zeitalter 62; Ders., 2 Clem 156; WINDISCH, Christentum 130; DONFRIED, Setting 199; ÖFFNER, 2 Clem
171; KLIJN, Vaders 205; WENGST, 2 Clem 271 A20; ZIMMERMANN, Geschlechtermetaphorik 509;
MUDDIMAN, Church 114; GREGORY/TUCKETT, 2 Clem 286.

[30] WARNS, Untersuchungen 488–503.

[31] LINDEMANN, 2 Clem 205 meint, nach der Rekonstruktion von WARNS, Untersuchungen 63 ließe
2 Clem „die valentinianische Kirche als die ältere" erscheinen. Auf den zeitlichen Aspekt scheint Vf. jedoch nicht zu rekurrieren.

[32] Denkbar ist auch, dass V.3 keine direkte, beabsichtigte Polemik vorliegt. In dem Fall wäre Vf. nur
durch den Gegensatz von Alleinstehender und Verheirateter im Zitat dazu motiviert worden, neben der
Deutung der ersteren auf die Kirche auch eine der letzteren vorzunehmen, die Identifikation mit dem
δοκεῖν ἔχειν θεόν aber bewusst so vage zu formulieren, dass sie nicht näher greifbar ist. In ähnlicher
Weise fragt LINDEMANN, 2 Clem 205, ob hier nicht Vf. „einfach die Begrifflichkeit des Zitates (τῆς
ἐχούσης τὸν ἄνδρα)" aufnehme, „ohne daß auf dem Verb ἔχειν besonderes Gewicht liegt".

[33] Vgl. Barn 5,9: οὐκ ἦλθεν …; Just Apol I 15,8: … εἰς μετάνοιαν.

Der Text ist wörtlich identisch mit Mk 2,17, da aber im 2 Clem sonst kein Zitat sicher Mk zuzuweisen ist, wird das auch hier nicht der Fall sein.[34] Lk 5,32 scheidet ebenfalls aus, da diese Version größere Differenzen zu V.4 aufweist als Mt 9,13b.[35] Auch die Annahme mündlicher Tradition[36] empfiehlt sich wegen der Zitierung als γραφή nicht. Es bleibt die Möglichkeit einer Abhängigkeit von einer Zitatenkollektion,[37] einem apokryphen Evangelium[38] oder von Mt.[39] Von 2,4 aus ist zwar kein Argument gegen die beiden ersten Möglichkeiten zu gewinnen, wohl aber eines für die letzte: Nur hier findet sich bei den Synoptikern neben dem genannten Jesuslogion (im Zitat Hos 6,6) der Hinweis auf die Barmherzigkeit, ein Motiv, das 2 Clem vor und nach dem Logion (1,7; 3,1) anspricht.[40]

Das Logion wird eingeleitet durch die Zitationsformel: καὶ ἑτέρα δὲ γραφὴ λέγει. Das Stichwort γραφή wird nur hier für ein NT-Zitat verwendet,[41] eine Parallele bietet γέγραπται Barn 4,14 (Mt 22,14). 2 Clem versteht das Logion als „Schrift"[42] und damit das Dokument, dem er es entnimmt. Inwieweit dieses mit „der" Schrift auf eine Ebene gestellt wird,[43] bleibt offen. Ein Artikel wird nicht explizit verwendet,[44] sodass man den Text „nicht überbewerten"[45] darf.

Terminologisch ist der Anschluss von Mt 9,13b an Jes 54,1 assoziativ: Die Motive Berufung und Gerecht- bzw. Sündersein fehlen V.1–3. Der sachliche Konnex ist jedoch insofern gegeben, als jeweils auf das Heilshandeln Bezug genommen wird. Die theologische Aussage von V.1–3 wird V.4 in christologischer Variation geboten. Das Heilshandeln Gottes ist kein anderes als das Christi.[46] Das voraussetzungslose Handeln Gottes bzw. Christi wird in aller Deutlichkeit festgehalten. Es

---

[34] LIGHTFOOT, Fathers I/2 215 denkt an Mk, hält aber auch Mt für möglich. Mk ist nur „theoretically" eine Option, so z.R. GREGORY/TUCKETT, 2 Clem 255 A19.

[35] Ἐλήλυθα und die Hinzufügung von εἰς μετάνοιαν gegenüber οὐ γάρ bei Mt. Letzteres ist durch das δέ in der Zitateinleitung erklärbar, WARNS, Untersuchungen 285.

[36] BENOÎT, Überlieferung 166. GREGORY, Reception 146 hält wegen der Parallelen Barn 5,9 und 1 Tim 1,15 eine „free tradition" ebenso für möglich. LINDEMANN, 2 Clem 205 hält z.R. fest, dass der Vf. selbst bei der Annahme mündlicher Überlieferung das Logion für ein Stück γραφή halte (im Anschluss an KÖHLER, Rezeption 136).

[37] DONFRIED, Setting 80.

[38] Dafür sind allerdings keine Argumente namhaft zu machen.

[39] So die häufigste Annahme: vgl. nur KÖSTER, Überlieferung 109; GRANT, Formation 84; STEGEMANN, Herkunft 119; FRANK, Studien 97; LINDEMANN, Paulus 271 A63; Ders., 2 Clem 205; MASSAUX, Influence 139; KÖHLER, Rezeption 129; WARNS, Untersuchungen 285; GREGORY/TUCKETT, 2 Clem 255.

[40] WARNS, Untersuchungen 288 sieht neben dem Mt-Zitat eine Anspielung an Hos 6,6 gegeben, da nur hier auf das Zitat das Stichwort γινώσκειν folge (wie 2 Clem 3,1).

[41] 6,8; 14,1.2 bezeichnet der Term (mit Artikel) das Alte Testament.

[42] Vgl. in neuerer Zeit nur: METZGER, Kanon 77; KÖHLER, Rezeption 136; KÖSTER, Überlieferung 71.

[43] LIGHTFOOT, Fathers I/2 215: „as scripture like the old Testament"; HAGNER, Use 275.

[44] Vgl. LINDEMANN, 2 Clem 205.

[45] CAMPENHAUSEN, Entstehung 143 A63. Im Unterschied zu 2 Clem 2,4 ist Barn 2,4 die Herleitung aus einer ntl. Schrift umstritten (vgl. KÖSTER, Überlieferung 125f).

[46] Im Jesuslogion stehen „die Kranken im Mittelpunkt …, nicht der Arzt (Subjekt)", GNILKA, Mt I 332.

bezieht sich freilich nicht auf das zukünftige Heil, sondern nur auf das Heil, das in der Christwerdung besteht. Die Rede von der Berufung, die im Zitat V.4 ebenso wie in der christologischen Schlussfolgerung V.7 vorliegt, knüpft an 1,8 an und markiert den Gegensatz Einst-Jetzt.

V.5 interpretiert mit τοῦτο λέγει[47] das Zitat im Sinne der Rettung des Verlorenen. Es geht um ein δεῖ. Dieser Term bezeichnet nicht wie z.B. Mk 8,31parr christologisch die göttliche Notwendigkeit des Leidens Jesu (obwohl das 2 Clem nicht bestreiten würde, vgl. 1,2).[48] Er partizipiert vielmehr voll an der auf das Bestehen im Eschaton ausgerichteten Paränese (vgl. 4,4; 6,5; 7,4; 9,3; 17,1).[49] Das Muss des Handelns wird angesichts des unausweichlichen Gerichtes in aller Deutlichkeit vor Augen gestellt. Die Termini ἀπόλλυσθαι und σῴζειν sind auch 1,4; 2,7; 15,1; 17,1f miteinander verbunden (bzw. 1,7 ἀπώλεια und σῴζειν). Eine Beeinflussung der Kombination durch Lk 19,10[50] wäre nur bei Bekanntschaft mit diesem Evangelium anzunehmen. Eher ist aber bei der gewiss nahe liegenden Kombination von Verlorensein und Rettung doch wohl die „urchristliche Erbauungssprache"[51] als Hintergrund anzunehmen. Der personelle Bezug der ἀπολλύμενοι muss nicht exklusiv gesehen werden: vom vorangehenden Zitat (V.4) her sind die Heiden angesprochen. In der Auslegung V.5 eine „Aufforderung zur Mission"[52] zu sehen, ist wohl richtig, wenn auch keine Ausschließlichkeit in dieser Hinsicht anzunehmen ist (vgl. Kap. 13). Auf Grund der Gesamtausrichtung der Predigt liegt aber der Bezug auf innergemeindliche Gegner[53] zumindest näher, jedenfalls, was den folgenden Kontext V.6 betrifft.

V.6 zieht eine allgemeine Schlussfolgerung aus dem Zitat und dessen Auslegung (V.4f): Groß und wunderbar sei es, nicht das Stehende zu festigen, sondern das Fallende. Die Kombination μέγας und θαυμαστός findet sich in der Profangräzität (SIG [4]III 1073,26; PlatSymp 178a) ebenso wie im atl.-jüdischen Bereich (Dtn 28,59; Hi 42,3; Dan 9,4Θ; Tob 12,22; Phil VitMos 2,10). Im frühchristlichen Sprachgebrauch bezeichnet sie verschiedene Größen: ein Zeichen am Himmel (Apk 15,1), die Werke Gottes (Apk 15,3), den Tag des Herrn (Barn 6,4), die Auferstehung (1 Clem 26,1), die Liebe (1 Clem 50,1), das Volk Israel (1 Clem 53,3), die

---

[47] Vgl. oben zu 2,2.

[48] Den christologischen Akzent des δεῖ formuliert 2 Clem 1,1.

[49] Die Rettung erfolgt im Endgericht durch Christus auf der Basis des eigenen Tuns. Insofern kann die Rettung durch Christus (8,2; 14,2) neben der Rettung durch sich selbst (15,1; 19,1) genannt werden. Die Letztbegründung für die Rettung im Gericht ist damit das eigene Tun.

[50] WARNS, Untersuchungen 304 mit Verweis auf das τοῦτο λέγει (das ein Zitatbewusstsein erkennen lasse), auf δεῖ sowie auf die Wiederholung in 2,7. Eine Beeinflussung durch Mt 18,11 ist auf Grund der schlechten handschriftlichen Bezeugung dieses Verses auszuschließen, vgl. KÖHLER, Rezeption 141.

[51] KÖSTER, Überlieferung 109.

[52] WENGST, 2 Clem 241 A22, dagegen LINDEMANN, 2 Clem 205. Nach WENGST sollen „die weiteren Ausführungen zeigen, daß mit dem Vorhergehenden die Verehrer von Götzen gemeint sind".

[53] WARNS, Untersuchungen 490f; LINDEMANN, 2 Clem 205.

Weisungen Jesu (Just Dial 10,2).[54] Die traditionelle Kombination soll das über alle Maßen Große des geforderten Handelns zum Ausdruck bringen. In aller Konventionalität schimmert (insbesondere im θαυμαστόν) die Partizipation am göttlichen Handeln durch und damit die hohe Wertschätzung des in der Paränese geforderten Tuns.

Ἑστῶτα und πίπτοντα nehmen auf δίκαιοι und ἁμαρτωλοί (V.4) Bezug und interpretieren diese Termini des Zitates. Τὰ πίπτοντα dürfte, wie der Kontext V.4.7 andeutet, nicht exklusiv zu verstehen sein: Es werden sowohl die am Heil vorbeigehenden Heiden wie die durch die gnostischen Gegner „gefährdeten Gemeindeglieder"[55] gemeint sein; τὰ ἑστῶτα ist hingegen nur im Kontext der Gemeindesituation zu interpretieren als „die im Glauben ... gefestigten".[56]

Es geht um das Festigen der Fallenden. Στηρίζειν hat im Profangriechischen die Hauptbedeutung „stützen, etwas so zu befestigen, daß es aufrecht und unverrückbar steht".[57] In der ntl. Verwendung setzt die Stärkung voraus, „daß die Christen ... angefochten sind und in der Gefahr stehen, in ihrem Glauben wie in ihrem Wandel unsicher oder lässig zu werden".[58] V.6 steht ganz in dieser Tradition und entspricht damit auch der üblichen Verwendung des Terms bei den Apostolischen Vätern (1 Clem 8,5; 13,3; 18,12; 35,5; Ign Eph 12,1; Ign Philad Inscr). Eine bestimmte Gefahrensituation ist von der Terminologie her nicht vorausgesetzt. Die Paränese mit dem Ziel der Festigung könnte freilich im Rahmen einer Auseinandersetzung des 2 Clem mit gnostischen Gegnern noch eine besondere Note bekommen: Das Motiv scheint jedenfalls bei den Valentinianern im Äonenbereich (Iren Haer 1,2,5; Tert Val 16,2) wie im Heilsgeschehen (Iren Haer 1,21,3; Tract Trip NHC I 87,1–5; Apokr Joh NHC II 26,12–19 und Parallelen) eine Rolle zu spielen.[59] Ob ein Konnex mit dem Konfirmationssakrament besteht, muss freilich offen bleiben.[60]

V.7 fasst zusammen[61] und nennt explizit Christus als den Handlungsträger. Οὕτως hat beispielhafte und damit begründende Funktion: Die Forderung, das Verlorengehende zu retten (V.5), hat Christus mit voller Absicht (ἠθέλησεν)[62] in die Tat umgesetzt. Ἀπολλύμενα/ἀπολλυμένους und ἔσωσεν nehmen das

---

[54] Parallele Zusammenstellungen: καλός und μέγας (2 Clem 13,3); μέγας und ἔνδοξος (Herm Vis 4,2; Sim 9,2); μακάριος und θαυμαστός (1 Clem 35,1).

[55] LINDEMANN, 2 Clem 206.

[56] Ebd. Möglicherweise haben die Gnostiker sich selbst als Stehende, die Gemeindechristen dagegen als Fallende verstanden.

[57] HARDER, στηρίζω 653.

[58] Ebd. 656; vgl. nur Act 18,23; Röm 16,25; 1 Thess 3,13; 2 Thess 2,17.

[59] WARNS, Untersuchungen 493–500.

[60] Immerhin: στηρίζειν = confirmare. Es bezeichnet auf jeden Fall (zunächst auch) ein Tun an Getauften. Auf das Brautgemach- und das Sterbesakrament bezieht sich 2,6 jedoch nicht (zu diesen vgl. Kap. 17 bzw. 12), WARNS, Untersuchungen 497.

[61] GREGORY/TUCKETT, 2 Clem 256: „a (quasi-summary) statement, apparently by the author himself". Es sei aber möglich, „that 2 Clement here has drawn on the saying in Luke 19.10".

[62] Das θέλω von V.7 vorher nicht aufgetaucht und könnte eine besondere Motivation an die Hörerinnen und Hörer sein, am Wollen Christi zu partizipieren.

ἀπολλυμένους σῴζειν von V.5 auf, καλέσας das καλέσαι von V.4. Sachlich steht V.7 insbesondere Lk 19,10 nahe (Der Menschensohn ist gekommen, das Verlorene zu suchen und zu retten), weiters 1 Tim 1,15 (Christus ist in die Welt gekommen, um Sünder zu retten). Eine direkte Beeinflussung ist nicht anzunehmen, wohl aber liegt geprägte Sprache vor.[63] Der expliziten Nennung Christi als des Subjekts der Rettung entspricht die der Angesprochenen (ἡμᾶς) als des Objekts. Dabei ist aber nicht die Rolle Christi bei der zukünftigen Rettung im Blick, sondern nur die vergangene: die Rettung durch Berufung aus dem Heidentum.

3,1–5: Das Tatbekenntnis als Folge des vergangenen und als Vorraussetzung des eschatologischen Handelns Jesu Christi

(1) Da er uns also eine so große Barmherzigkeit erwies, liegt es zum Ersten an uns, dass wir, die Lebenden, den toten Göttern nicht opfern und nicht vor ihnen auf die Knie fallen. Vielmehr haben wir durch ihn den Vater der Wahrheit erkannt. Was ist die auf ihn gerichtete Erkenntnis anderes als nicht zu verleugnen, durch wen wir ihn erkannt haben? (2) Er sagt aber auch selbst: Den, der mich bekannt hat vor den Menschen, den werde auch ich bekennen vor meinem Vater. (3) Somit ist das unser Lohn, wenn wir also den bekennen, durch den wir gerettet worden sind. (4) Worin sollen wir ihn aber bekennen? Indem wir tun, was er sagt und seinen Geboten gegenüber nicht ungehorsam sind und ihn nicht nur mit den Lippen ehren, sondern aus ganzem Herzen und mit dem ganzen Denken. (5) Denn er sagt auch bei Jesaja: Dieses Volk ehrt mich mit den Lippen, ihr Herz aber ist weit weg von mir.

Struktur:

V. 1 a–c	These: Heilsbedeutung Jesu in der Vergangenheit
d	Negativ formulierte paränetische Folgerung
V. 2	Paränetische Folgerung aus der zukünftigen Heilsbedeutung Jesu mit Hilfe eines Schriftbeleges
V. 3	Wiederholung der paränetischen Folgerung mit Blick auf das zukünftige und vergangene Heilshandeln
V. 4	Erläuterung
V. 5	Schriftbeleg

Kap. 3 setzt die Begründung der Paränese durch das Christusgeschehen fort. **V.1** ist das vergangene Heilshandeln im Blick (V.1a–c), wobei eine paränetische Aussage

---

[63] Der Schluss von V.7 (καὶ καλέσας ἡμᾶς ἤδη ἀπολλυμένους) ist ein Pentameter (KNOPF, 2 Clem 157). WARNS, Untersuchungen 554 hält ein Zitat für möglich, eventuell liege auch bloß eine unbewusste Versbildung vor. In jedem Fall handelt es sich um traditionelles Sprachmaterial.

folgt (V.1d). Dass Gott Barmherzigkeit übt, ist traditioneller Glaubensinhalt (Gen 19,19; Jos 2,12; Ψ 24,6; Mt 5,7; Röm 9,23; Gal 6,16; Barn 15,2; 1 Clem 18,2; 22,8; Ign Trall 12,3 u. ö.). Die Verwendung von ἔλεος in 2 Clem fällt demgegenüber ganz aus dem Rahmen, denn die Wortgruppe wird nur mit Christus in Verbindung gebracht (ἔλεος 3,1; 16,2; ἐλεεῖν 1,7),[1] ein Umstand, der durch die hohe Christologie (1,1) bedingt sein dürfte. Ἔλεος bezeichnet nicht die Voraussetzung des Heilshandelns, sondern dieses selbst (ποιήσαντος). V.1b.c formulieren die Folge dieses Heilshandelns. Der Satz ist ein Anakoluth: Neben dem πρῶτον μέν gibt es kein δεύτερον δέ (o.dgl.).[2]

Das barmherzige Handeln hat eine zweifache Folge (ὅτι). Zuerst die negativ formulierte: ἡμεῖς οἱ ζῶντες τοῖς νεκροῖς θεοῖς οὐ θύομεν καὶ οὐ προσκυνοῦμεν αὐτοῖς.[3] Ἡμεῖς οἱ ζῶντες ist geprägte Redeweise: Ψ 113,26; 1 Thess 4,17. Eine Anspielung daran[4] ist möglich, aber nicht beweisbar. Die gesamte Wendung hat in Acta Carpi 12[5] eine beinahe wörtliche Parallele: οἱ ζῶντες τοῖς νεκροῖς οὐ θύουσιν. Acta Carpi 7 findet sich auch das weitere Stichwort προσκυνεῖν (προσκυνοῦντες τῷ θεῷ, vgl. Joh 4,23). Die Rede von den toten Göttern ist in der Martyriumsituation überaus passend, dahinter steht die alte Tradition der Abgrenzung vom heidnischen Kult (vgl. Ψ 105,28; SapSal 13,10; 15,17; Did 6,3; Ker Petr bei ClemAl Strom 6,40,1f). 2 Clem wiederholt damit 1,6f: Rettung (ἐλεεῖν) = Rettung aus dem verkehrten heidnischen Kult.

Die positiv formulierte Folge: ἔγνωμεν δι' αὐτοῦ τὸν πατέρα τῆς ἀληθείας. Das erlösende Handeln Christi kommt hier noch unmittelbarer zum Ausdruck als in der zeitlich und sachlich erst danach möglichen Abkehr vom heidnischen Kult. Γινώσκειν als Ausdruck des Gottesverhältnisses ist in der frühchristlichen Tradition so weit verbreitet,[6] dass daraus keine genauen Schlüsse für Sprache und Gedankenwelt des 2 Clem möglich sind. Im Rahmen der Auseinandersetzung mit Gnostikern wäre der Term jedoch besonders gut verständlich. Dabei würde die entscheidende Note nicht auf dem Verb an sich liegen, sondern auf der 1. Pers. Plu-

---

[1] Vgl. Jud 2. Von Gott und Christus gemeinsam: 1 Tim 1,2; 2 Tim 1,2 u. ö. In Bezug auf 2 Clem von „Gottes ἔλεος" zu reden (BULTMANN, ἔλεος 481 A98) lässt sich nicht halten, auch wenn Vf. hinter der Barmherzigkeit Christi natürlich die Barmherzigkeit Gottes voraussetzt.

[2] Ebenso Hdt Hist 3,3; Röm 1,8; 3,2; 1 Kor 11,18 u. ö. Nach BDR § 447,14 kann die Fortsetzung entfallen.

[3] Καὶ οὐ προσκυνοῦμεν αὐτοῖς fehlt (im Unterschied zu AS) bei H. H wäre lectio brevior, eine unabhängig voneinander vorgenommene idente Ergänzung ist aber mindestens ebenso unwahrscheinlich, so dass AS doch den älteren Text bieten dürften, so auch GEBHARDT/HARNACK, Epistulae 114; LIGHTFOOT, Fathers I/2 216; FUNK/BIHLMEYER, Väter 156; KNOPF, 2 Clem 157; WENGST, 2 Clem 242; LINDEMANN, 2 Clem 206.

[4] WARNS, Untersuchungen 478f. sieht in der Wendung eine antivalentinianische Note gegeben: wir, nicht die elitäre Gruppe der Pneumatiker, sind die Lebenden. Wie auch sonst häufig gilt: von hier allein aus lässt sich die Gnostikerthese schwerlich begründen, allerdings ist die Stelle im Rahmen dieser Annahme gut verständlich.

[5] KRÜGER/RUHBACH, Märtyrerakten 9.

[6] Vgl. nur Joh 14,7; 16,3; Röm 1,21; 2,18; 1 Kor 2,11; Hebr 8,11; Barn 11,4; 12,3; 1 Clem 7,4; Herm Vis 3,3. In 2 Clem kommt neben unserer Stelle γινώσκειν für das Gottesverhältnis auch 17,1 vor.

ral: Nicht ein elitärer Kreis, sondern „wir", die gesamte Gemeinde, partizipieren an dieser Erkenntnis. Die antignostische Ausrichtung wird insbesondere an πατὴρ τῆς ἀληθείας[7] deutlich. Dieses Syntagma kommt nicht in der großkirchlichen,[8] sondern nur in der gnostischen Tradition vor: z. B. Od Sal 41,9: „der Vater der Wahrheit gedachte meiner …" (BAUER in: NT Apo ⁴II 622); Herakl Fr. 13 und 16 (VÖLKER, Quellen 74); nach EV NHC I 16,31–33 ist das Evangelium der Wahrheit Freude für die, die vom Vater der Wahrheit die Gnade erhalten haben, ihn zu kennen. Die Beschreibung der Rettung durch 2 Clem und EV ist ähnlich; vgl. weiters 2 Log Seth NHC VII 53,3f; HA NHC II 86,21 u. ö. Zeigen diese Parallelen die Abfassung des 2 Clem „in an environment of incipient gnosticism",[9] so zeigt die V.1c–5 vorgenommene weitere Begründung und Explikation des Christusgeschehens die antignostische Gesamtausrichtung.

Kommt V.1b schon implizit ein paränetisches Anliegen zum Ausdruck, so wird ein solches V.1d explizit genannt: Was soll die Erkenntnis Gottes anderes sein als das Bekenntnis zu Christus, der Gott bekannt gemacht hat?[10] Γνῶσις θεοῦ schließt im Kontext der Abkehr vom heidnischen Kult sicher auch die Konnotation „Monotheismus" ein;[11] eine Beschränkung darauf liegt aber kaum vor. Vielmehr wird von der Abwehr eines gnostischen Gottesverständnisses her generell das biblische Gottesverständnis im Blick sein.[12] Die enge Verbindung Gott – Christus, die bereits den Anfang der Predigt prägte, liegt wieder vor: da Christus Gott bekannt gemacht hat (V.1c.d),[13] kann γνῶσις θεοῦ sinnvoller Weise nicht mit seiner Verleugnung verbunden werden (V1d; vgl. 17,7). Worin die Verleugnung besteht, dürfte von der antignostischen Gesamtausrichtung her deutlich sein.[14] das inadäquate Verständnis des irdischen Jesus. Die Gültigkeit der von Christus gebrachten Gotteserkenntnis impliziert eo ipso das richtige, ganzheitliche Verständnis des Vermittlers dieser Erkenntnis. Die Anfügungen V.2–5 bestätigen dieses ganzheitliche Verständnis.

V.2 setzt die V.1d negativ formulierte Paränese im Rahmen eines Herrenwortes positiv fort: τὸν ὁμολογήσαντά με ἐνώπιον τῶν ἀνθρώπων ὁμολογήσω αὐτὸν ἐνώπιον τοῦ πατρός μου.

---

[7] Es findet sich auch 20,5; Parallele ist θεὸς τῆς ἀληθείας 19,1.

[8] Die Verbindung von πατήρ und ἀλήθεια liegt auch in der joh. Trad. vor: 4,21; 15,26; vgl. ἀληθινὸς θεός 17,3; der Teufel als ψεύστης πατήρ 8,44.

[9] DONFRIED, Setting 112.

[10] Ἔγνωμεν – γνῶσις – ἔγνωμεν ist eine figura etymologica. Trotz der oft holprigen Textgestaltung (VÖLTER, Väter 12 spricht von „einem ganz ungeheuerlichen Text") kennt und verwendet 2 Clem sehr wohl eine Reihe von rhetorischen Stilfiguren.

[11] KNOPF, 2 Clem 157.

[12] Vgl. dazu PRATSCHER, Gottesbild 361–378.

[13] Ign Eph 17,2 personifiziert: θεοῦ γνῶσιν ὅ ἐστιν Ἰησοῦς Χριστός. Nach Joh 17,3 gründet das ewige Leben darin, den allein wahren Gott oder seinen Gesandten Jesus Christus zu erkennen.

[14] Vgl. DONFRIED, Setting 112. Zum Motiv des μὴ ἀρνεῖσθαι Χριστόν vgl. Mt 10,33; Lk 12,9; Act 3,13f; 2 Tim 2,12f; 2 Petr 2,1; 1 Joh 2,22; Jud 4.

2 Clem 3,2	Mt 10,32	Lk 12,8
λέγει δὲ καὶ αὐτός·		λέγω δὲ ὑμῖν,
τὸν ὁμολογήσαντά	πᾶς οὖν ὅστις ὁμολογήσει	πᾶς ὃς ἂν ὁμολογήσῃ
με	ἐν ἐμοὶ	ἐν ἐμοὶ
ἐνώπιον τῶν ἀνθρώπων	ἔμπροσθεν τῶν ἀνθρώπων,	ἔμπροσθεν τῶν ἀνθρώπων,
		καὶ ὁ υἱὸς τοῦ ἀνθρώπου
ὁμολογήσω αὐτὸν	ὁμολογήσω κἀγὼ ἐν αὐτῷ	ὁμολογήσει ἐν αὐτῷ
ἐνώπιον τοῦ πατρός μου	ἔμπροσθεν τοῦ πατρός μου	ἔμπροσθεν τῶν ἀγγέλων
	τοῦ ἐν τοῖς οὐρανοῖς·	τοῦ θεοῦ.

Apk 3,5: καὶ ὁμολογήσω τὸ ὄνομα αὐτοῦ ἐνώπιον τοῦ πατρός μου
καὶ ἐνώπιον τῶν ἀγγέλων αὐτοῦ.

Die *Zitateinleitung* erfolgt durch λέγει δὲ καὶ αὐτός. Λέγει leitet auch 2,4; 4,2; 5,2; 6,1; 8,5; 13,4 ein Evangelienzitat ein.[15] Ob eine schriftliche Quelle vorliegt, lässt sich von diesem Term her nicht sagen. 2,4 scheint das jedenfalls durch die Hinzufügung von γραφή, 8,5 durch εὐαγγέλιον ausdrücklich fixiert zu sein.[16]

Die *Textgestalt* ist an mehreren Stellen unsicher: ἐνώπιον τῶν ἀνθρώπων findet sich in A und H, ebenso bei Nikon (vgl. oben Einleitung §1), dagegen nicht in S. Die S-Version würde als lectio brevier den Vorrang verdienen,[17] das gemeinsame Gewicht der beiden griechischen Versionen scheint mir aber doch größer zu sein. Weiters fehlt αὐτόν bei H, dafür fügt S ein καί dazu. Die mittlere A-Version (ebenso Nikon) scheint mir die wahrscheinlichste zu sein. Schließlich lässt S im Unterschied zu AH μου weg.[18] Hier gilt m.E. wieder das bei ἐνώπιον τῶν ἀνθρώπων Gesagte.

Das Zitat findet sich auch in der Q-Tradition: Mt 10,32par Lk 12,8.[19] Die Nähe zu Mt ist wesentlich größer: wörtliche Übereinstimmungen bei gleichzeitiger Differenz zu Lk sind ὁμολογήσω und τοῦ πατρός μου.[20] Gleichwohl sind die Differenzen zu Mt so groß, dass jedenfalls kein wörtliches Zitat angenommen werden kann, wie überhaupt die Gemeinsamkeiten der beiden Evangelienrezensionen[21] größer sind als die zwischen Mt und 2 Clem. Gut denkbar ist hingegen die gedächtnismäßige Zitation des Mt-Textes.[22] Auszuschließen ist aber bei dem anzunehmenden Bekanntheitsgrad des Logions auch nicht das Vorliegen einer von den

---

[15] 4,5; 5,4; 9,11; 12,2: εἶπεν.

[16] Dasselbe gilt für das 3,5 folgende λέγει (Zitat Jes 29,13).

[17] LIGHTFOOT, Fathers I/2 216: „S is probably correct"; LINDEMANN, 2 Clem 207; Beide bieten den Text in [ ]. Eine Erweiterung des kürzeren syr Textes in A und H ist jedenfalls gut möglich.

[18] LINDEMANN, 2 Clem 207 im Anschluss an WENGST, 2 Clem 242.

[19] Sachlich verwandt, aber dem Wortlaut nach wesentlich weiter entfernt sind Mk 8,38par Lk 9,26 und Apk 3,5.

[20] Zusätzlich (ebenso wie Lk): τῶν ἀνθρώπων; die Spezifika des Lk-Textes fehlen.

[21] Ὅστις/ὅς; ἐν ἐμοί; ἔμπροσθεν.

[22] Vgl. nur LIGHTFOOT, Fathers I/2 216; KNOPF, 2 Clem 158; KÖSTER, Überlieferung 72; KÖHLER, Rezeption 131; WENGST, 2 Clem 243 A26; LOHMANN, Drohung 16. GREGORY/TUCKETT, 2 Clem 256 verweisen auf den redaktionellen Charakter von ὁμολογήσω und τοῦ πατρός μου. Sicherheit besteht freilich nicht (m.R. KÖHLER 132 gegen MASSAUX, Influence 142f).

Synoptikern unabhängigen Tradition,[23] ebenso wenig das von 2 Clem benutzte apokryphe Evangelium.[24] Von 3,2 allein aus muss die Frage der Herkunft (wiederum) offen bleiben.[25]

Sachlich ist V.2 einerseits positiv formulierte Wiederholung der Paränese von V.1d: Christus nicht zu verleugnen bedeutet positiv: ihn zu bekennen. Andererseits bietet der Vers auch eine Begründung des geforderten Verhaltens von der Eschatologie her: das zukünftige Eintreten Jesu vor dem Vater ist abhängig vom gegenwärtigen Bekenntnis zu ihm. Die christologische und eschatologische Motivation der Paränese verschränkt sich somit in Kap. 3. Eine strikte Anfügung der letzteren an die erstere liegt nicht vor, denn V.3 erfolgt wieder ein Rückgriff auf das vergangene Heilshandeln (vgl. 1,4.6–8; 2,7).

V.3 wiederholt die V.1f formulierte paränetische Schlussfolgerung aus dem vergangenen und zukünftigen Heilsgeschehen: οὗτος οὖν ἐστὶν ὁ μισθὸς ἡμῶν, ἐὰν οὖν ὁμολογήσωμεν δι᾽ οὗ ἐσώθημεν. Der These, dass hier „die Antwort auf die Fragen 1,3.5"[26] vorliege, ist zuzustimmen, wenn man den Blick auf den paränetisch ausgerichteten Nebensatz lenkt. Nach LINDEMANN[27] besteht der „von uns zu zahlende Lohn" im Bekenntnis. Dabei wird μισθός auf den folgenden ἐάν-Satz bezogen. Allerdings bezeichnet der Term in seiner gesamten Tradition[28] nicht etwas, das man erbringt, sondern das man erhält. Das gilt auch für 2 Clem 9,5; 11,5; 15,1; 19,1; 20,4. Nur 1,5 wird er im Sinne einer zu erbringenden Leistung verstanden, allerdings neben ἀντιμισθία, das auch 1,3 vorliegt. 1,5 soll das „gesteigerte μισθὸν ἀντιμισθίας ... rhetorisch wirken".[29] Von daher ergibt sich also schwerlich eine Stütze für die Annahme, in 3,3 beziehe sich μισθός auf den folgenden ἐάν-Satz. Schließlich wäre statt ἐάν ein ὅτι zu erwarten. Der Rückbezug von μισθός auf das V.2 in Aussicht gestellte Bekenntnis Jesu vor dem Vater liegt somit näher.[30]

Das vergangene und das zukünftige Heilsgeschehen hängen mit dem gegenwärtigen Bekenntnis der Predigthörerinnen und -hörer aufs Engste zusammen: das

---

[23] DONFRIED, Setting 60f; vgl. schon OXFORD COMMITTEE, New Testament 130.

[24] WARNS, Untersuchungen 71 A3031. WARNS 333–340 verweist auf die nahe Parallele Epiph Pan 24,5 (τὸν ἀρνούμενόν με ἐνώπιον τῶν ἀνθρώπων ἀρνήσομαι ἐνώπιον τοῦ πατρός μου τοῦ ἐν τοῖς οὐρανοῖς), die er auf eine basilidianische Quelle zurückführt, die ihrerseits dasselbe apokryphe Evangelium wie 2 Clem bemüht habe (339). Als Argumente dafür führt er den Partizipialstil, das zweimalige ἐνώπιον und die im Kontext gegebene Reihenfolge Verleugnen-Bekennen an. Freilich ist hier der zeitliche Abstand so groß, dass die Ausführungen in hohem Maße hypothetisch werden. Die Annahme der Abhängigkeit vom auch sonst verwendeten apokryphen Evangelium ist freilich auch unabhängig von der Epiph-Parallele möglich.

[25] SCHUBERT, 2 Clem 249.

[26] KNOPF, 2 Clem 158; LINDEMANN, 2 Clem 207.

[27] LINDEMANN, 2 Clem 207.

[28] Für das NT vgl. nur als nächstliegende Parallele Lohn von Gott für Erfüllung seines Willens Mt 5,12par.46; 6,2.5.16; Röm 4,4; 1 Kor 3,8 u. ö. (PREISKER, μισθός 702–705). Dasselbe gilt für die Apostolischen Väter: Did 4,7; 5,2; Barn 1,5; 4,12; 11,8; 1 Clem 34,3; Herm Mand 11,12 u. ö.

[29] KNOPF, 2 Clem 154.

[30] Ein Bezug auf den folgenden ἐάν-Satz ergäbe jedoch bei der Verwendung von ἀντιμισθία einen sehr guten Sinn.

vergangene Heilshandeln ist die Voraussetzung des gegenwärtigen Bekenntnisses zu Christus, dieses wiederum die Voraussetzung für das zukünftige Heilshandeln Christi im Eintreten für die Bekennerinnen und Bekenner vor seinem Vater.

V.4 erläutert das gegenwärtige Bekenntnis zu Christus, eingeleitet wieder durch eine rhetorische Frage. In der Antwort sind drei Verben leitend: ποιεῖν, μὴ παρακούειν und τιμᾶν. Es ist möglich, die jeweils mit καί verbundenen Aussagen additiv nebeneinander zu stellen.[31] Doch scheinen die beiden καί eher explikativen Charakter zu haben: Ποιεῖν ist das Leitwort, das den Inhalt des Geforderten vollgültig zum Ausdruck bringt. Μὴ παρακούειν bestärkt quantitativ die volle Gültigkeit des Tuns durch Hinweis auf die Einzelgebote, τιμᾶν qualitativ durch den Hinweis auf die Ganzheitlichkeit des Tuns.[32]

Ποιεῖν ἃ λέγει findet sich in der Version ποιεῖτε ἃ λέγω[33] Lk 6,46 im Jesuslogion vom Herr-Herr-Sagen (Mt 7,21: ὁ ποιῶν τὸ θέλημα τοῦ πατρός μου), das 4,2 in der Verbindung mit ὁ ποιῶν τὴν δικαιοσύνην vorkommt. Dass 2 Clem „offensichtlich" Lk 6,46 aufnimmt[34] ist vielleicht etwas zu bestimmt formuliert. Jedenfalls kennt Vf. die synoptische Tradition. Die Betonung des ποιεῖν ist ihm außerordentlich wichtig. Es kommt 23-mal vor, in verschiedenen Varianten: mit ἔλεος (3,1), δικαιοσύνη (4,2; 11,7), ἐντολαί (4,5) und θέλημα (τοῦ Χριστοῦ 6,7 vgl. 5,1; κυρίου 14,1; τοῦ πατρός 8,4; 9,11; 10,1; 14,1). Dagegen findet sich der traditionelle Term für die Bezeichnung des Verhältnisses zu Gott bzw. Christus πιστεύειν nur sechsmal (2,3; 11,1; 15,3; 17,3.5; 20,2), dazu einmal πίστις (15,2). An der praktischen Verwirklichung des Gotteswillens liegt für 2 Clem alles.

Tun, was Jesus sagt, heißt, negativ formuliert: μὴ παρακούειν αὐτοῦ τῶν ἐντολῶν. Παρακούω kommt zusammen mit ἐντολαί in der frühchristlichen Literatur nur noch 6,7, zusammen mit ῥήματα nur 15,5; Herm Vis 4,2 vor.[35] Verwandt ist die Verbindung von μὴ ποιεῖν und ἐντολαί (4,5) sowie von παραλογίζεσθαι und ἐντολαί (17,6). Positiv betonen das Halten der Gebote 8,4; 17,3. In der Verbindung von παρακούειν und ἐντολαί liegt typische Redeweise des Predigers vor, das Motiv des Haltens der Gebote ist allerdings weit verbreitet.[36] Es hat in 2 Clem mit hoher Wahrscheinlichkeit eine antignostische Note (vgl. 1 Joh 2,3f; 2 Joh 6–11 u. ö.).

Tun, was Jesus sagt, hat nicht zuletzt eine qualitative Note. Es geht um das echte, ganzheitliche Tun, nicht um Halbheiten. Es geht darum, μὴ μόνον χείλεσιν αὐτὸν τιμᾶν, ἀλλὰ ἐξ ὅλης καρδίας καὶ ἐξ ὅλης τῆς διανοίας. Die Differenz zwischen Reden und Tun wird 4,1f wieder aufgegriffen. Das Gegenüber von χείλη und καρδία ist vom folgenden Zitat Jes 29,13 her beeinflusst, die Kombination von ἐξ ὅλης καρδίας und ἐξ ὅλης τῆς διανοίας von der Tradition über die

---

[31] So LINDEMANN, 2 Clem 207.
[32] Also insgesamt rhetorisch durchaus überlegt.
[33] Vgl. ποιεῖν ἃ βούλομαι 13,2.
[34] LINDEMANN, 2 Clem 207.
[35] Die Kombination von παρακούειν und λόγος: Mk 5,36; von λύειν und ἐντολαί: Mt 5,19.
[36] Τηρεῖν und ἐντολή/ἐντολαί,: Mt 19,17; Joh 14,15; 15,10; 1 Tim 6,14; 1 Joh 2,3 u. ö.

Gottesliebe Dtn 6,5; Mk 12,30parr. Eine direkte Anspielung an Dtn 6,5[37] ist auszu-schließen, da dort nicht καρδία und διάνοια gemeinsam vorkommen.[38] Auch eine Abhängigkeit von Mt entfällt, da dieser die Präposition ἐν verwendet.[39] Für eine Abhängigkeit von Lk könnte man die sonstige Unkenntnis des Mk durch 2 Clem anführen,[40] für Mk das engere Beisammenstehen von καρδία und διάνοια.[41] Wegen des Fehlens eines Hinweises auf ein Zitat oder eine Anspielung[42] und wegen des hohen Bekanntheitsgrades des Gebotes der Gottesliebe (in welcher Variante auch immer) wird aber die Möglichkeit der Verwendung „der urchrist-lichen Erbauungssprache"[43] anzunehmen sein.

V.5 bietet einen abschließenden Schriftbeleg aus Jes 29,13.

2 Clem 3,5	Jes 29,13
λέγει δὲ καὶ ἐν τῷ Ἡσαΐᾳ·	καὶ εἶπεν κύριος·
ὁ λαὸς οὗτος	ἐγγίζει μοι ὁ λαὸς οὗτος
τοῖς χείλεσίν με τιμᾷ,	τοῖς χείλεσιν αὐτῶν τιμῶσίν μέ,
ἡ δὲ καρδία αὐτῶν	ἡ δὲ καρδία αὐτῶν
πόρρω ἄπεστιν ἀπ᾽ ἐμοῦ.	πόρρω ἀπέχει ἀπ᾽ ἐμοῦ
	μάτην δὲ σέβονταί με.

Mt 15,8	Mk 7,6	1 Clem 15,2
Ἡσαΐας λέγων·	ὡς γέγραπται ὅτι	λέγει γάρ που·
ὁ λαὸς οὗτος	οὗτος ὁ λαὸς	οὗτος ὁ λαὸς
τοῖς χείλεσίν με τιμᾷ,	τοῖς χείλεσίν με τιμᾷ,	τοῖς χείλεσίν με τιμᾷ,
ἡ δὲ καρδία αὐτῶν	ἡ δὲ καρδία αὐτῶν	ἡ δὲ καρδία αὐτῶν
πόρρω ἀπέχει ἀπ᾽ ἐμοῦ·	πόρρω ἀπέχει ἀπ᾽ ἐμοῦ·	πόρρω ἄπεστιν ἀπ᾽ ἐμοῦ

Die Zitateinleitung erfolgt durch λέγει δὲ καὶ ἐν τῷ Ἡσαΐᾳ.[44] Das δὲ καί weist das Zitat nicht als Wiederholung, sondern als zusätzlichen Beleg aus.[45] Es ist inso-fern weiterführend, als das V.4 offenbar schon im Blick auf das Zitat paränetisch Ausgesagte jetzt in thetischer Weise aufgegriffen wird.

Das Zitat lautet: ὁ λαὸς οὗτος τοῖς χείλεσίν με τιμᾷ ἡ δὲ καρδία αὐτῶν[46] πόρρω ἄπεστιν[47] ἀπ᾽ ἐμοῦ. Der Text stammt vermutlich nicht direkt aus einer

---

[37] KNOPF, 2 Clem 158.
[38] Vielmehr: καρδία (A) bzw. διάνοια (Bʳ) – ψυχή – δύναμις.
[39] Nach KÖHLER, Rezeption 140 ist eine Abhängigkeit von Mt allenfalls theoretisch möglich.
[40] KÖSTER, Überlieferung 108; WARNS, Untersuchungen 301.
[41] Bei Mk steht διάνοια, an 3., bei Lk an 4. Stelle. Vgl. LINDEMANN, 2 Clem 208: „da dort (= Mk,W.P.) καρδία und διάνοια nebeneinander stehen".
[42] GREGORY/TUCKETT, 2 Clem 274.
[43] KÖSTER, Überlieferung 108.
[44] Nur hier und 6,8 (Kurzfassung von Ez 14,14–20) wird das zitierte biblische Buch genannt.
[45] LINDEMANN, 2 Clem 208.
[46] Αὐτῶν AS; αὐτοῦ H; WENGST 2 Clem 242; LINDEMANN, 2 Clem 208. Αὐτῶν stimmt mit der sonstigen Überlieferung des Zitats überein, αὐτοῦ kann durch Angleichung an den Sg λαός entstanden sein.
[47] Ἄπεστιν AS; ἀπέστη H. Letzteres dürfte durch einen Lesefehler bedingt sein.

Jes-Handschrift,[48] da LXX einige wesentliche Differenzen aufweist: αὐτῶν τιμῶσίν με statt με τιμᾷ und ἀπέχει statt ἄπεστιν. Von der Mt-Fassung (15,8) unterscheidet er sich nur durch das ἄπεστιν (Mt: ἀπέχει). Doch stimmt er gerade in diesem Wort mit 1 Clem 15,2 überein,[49] so dass sich nicht so sehr eine Mt-Vorlage nahelegt[50] als ein Konnex mit 1 Clem. Eine direkte Abhängigkeit von letzterem ist allerdings vom Gesamtbefund der beiden Briefe her nicht angezeigt, so dass als wahrscheinlichste Lösung die Abhängigkeit beider von einer gemeinsamen Vorlage, einer Zitatenkollektion,[51] anzunehmen ist.[52]

Das Jes-Zitat soll die V.4 durch die Stichworte ποιεῖν sowie ὅλη καρδία bzw. διάνοια geforderte Ganzheitlichkeit des Tuns begründen. Das geschieht freilich nur indirekt, insofern auf das Herz Bezug genommen wird, vom Tun aber nicht direkt die Rede ist. In der Form der prophetischen Scheltrede geschieht diese Begründung zudem nur in negativer Weise, indem auf die nicht vorhandene Verehrung Gottes im Herzen (nach der vorherigen Anspielung an Dtn 6,5: von ganzem Herzen) verwiesen wird. Diese Scheltrede passt gar nicht in den Kontext. Denkbar ist, dass 2 Clem sie einfach um des Gegensatzes χείλη – καρδία willen verwendet. Mindestens ebenso wahrscheinlich ist, dass er durch ὁ λαὸς οὗτος eine polemische Note einbringt: Er könnte damit seine Gegner meinen, die den Maßstäben einer praxisorientierten Frömmigkeit nicht gerecht werden.[53]

---

[48] Als Möglichkeit KÖSTER, Überlieferung 22.105. Auch die Herkunft aus einer Zitatensammlung sei möglich. GREGORY/TUCKETT, 2 Clem 273 nehmen eine griech. Jes-Handschrift an, die sich leicht vom LXX-Text unterscheide.

[49] 1 Clem 15,2 hat mit Ausnahme der Umstellung am Anfang (οὗτος ὁ λαός) denselben Text wie 2 Clem.

[50] Einen solchen nehmen an: LIGHTFOOT, Fathers I/2 217; KNOPF, 2 Clem 158; MASSAUX, Influence 143f. Die Mk-Fassung weicht an zwei Stellen vom Text des 2 Clem ab: οὗτος ὁ λαός und ἀπέχει, so dass sich auch an dieser Stelle keine Abhängigkeit von Mk nahe legt. GREGORY/TUCKETT, 2 Clem 273 verweisen auf das Fehlen eines Hinweises auf den κύριος o.dgl.

[51] Vgl. DONFRIED, Setting 50; WENGST, 2 Clem 218; WARNS, Untersuchungen 504f; KÖHLER, Rezeption 141; LINDEMANN, 2 Clem 208.

[52] Jes 29,13 wird auch in der zeitgenössischen bzw. späteren kirchlichen Tradition häufig benutzt. Sofern bloße Anspielungen vorliegen (z.B. Just Dial 27, 4; 39,5; ClemAl Paed 2,62,5) lässt sich ohnehin über deren Herkunft nichts sagen; aber auch genauere Zitate lassen keine generell geltenden Schlüsse zu: So zitiert Just Dial 78,11 wörtlich den Jes-Text, auch Iren Haer 4,12,4 und ClemAl Paed 1,76,4 stimmen weitgehend mit ihm überein (bei ersterem fehlt αὐτῶν nach χείλεσιν, letzterer schreibt ἐστίν statt ἀπέχει), andererseits stimmt Ptol Epist Flor (Epiph Pan 33,4,13) mit Mt überein und ClemAl Strom 2,61,3 differiert von Mt und 2 Clem nur durch ἐστίν. D.h. das Jes-Zitat existiert im 2. Jh. in verschiedenen Fassungen, eine erkennbare Bevorzugung einer derselben ist nicht erkennbar, so dass sich von daher keine weiteren wichtigen Aspekte für die Fragen der Herkunft des Zitates 2 Clem 3,5 ergeben.

[53] Nach WARNS, Untersuchungen 505 kritisiert 2 Clem „mithilfe des Jes-Spruches die hintertriebene und fast jederzeit anpassungsfähige Zungenfertigkeit der Valentinianer", vgl. LINDEMANN, 2 Clem 208: „Denkbar". Immerhin ist auch auf die Stichworte πατὴρ τῆς ἀληθείας und γινώσκειν V.1 zu verweisen. Eine nähere Charakterisierung der Gegner ist V.5 wiederum nicht gegeben. Im Kontext anderer Stellen gewinnt allerdings auch diese an Gewicht.

4,1–18,2: Die eschatologische Begründung der Paränese

4,1–5: Das geforderte Verhalten als Voraussetzung des eschatologischen Heils

(1) Nennen wir ihn also nicht bloß „Herr". Denn das wird uns nicht retten. (2) Er sagt nämlich: „Nicht jeder, der zu mir ‚Herr', ‚Herr' sagt, wird gerettet werden, sondern der, der die Gerechtigkeit verwirklicht". (3) Deshalb wollen wir ihn also, Brüder, mit Taten bekennen: indem wir einander lieben, indem wir weder ehebrechen noch einander verleumden noch Eifersüchteleien pflegen, sondern enthaltsam sind, barmherzig, gut. Wir müssen auch miteinander mitleiden und dürfen nicht geldgierig sein. Mit diesen Taten bekennen wir ihn und nicht mit den entgegengesetzten. (4) Auch dürfen wir nicht die Menschen fürchten, sondern Gott. (5) Deshalb, wenn wir das tun, sagte der Herr: „Wenn ihr mit mir an meiner Brust vereint seid und meine Gebote nicht haltet, werde ich euch hinauswerfen und zu euch sagen: ‚Geht weg von mir, ich kenne euch nicht, (noch) woher ihr seid, ihr Täter der Gesetzlosigkeit'".

Struktur:

- V.1a   Paränese
- V.1b   Begründung I: Eschatologische These
- V.2   Begründung II: Schriftbeleg
- V.3   Schlussfolgerung I: Tugend- und Lasterkatalog
- V.4   Schlussfolgerung II: Gegenüberstellung Gottes- und Menschenfurcht
- V.5   Begründung: Schriftbeleg

Kap. 4 setzt die Differenzierung reden – tun fort und bildet so eine enge Einheit mit dem vorhergehenden Kontext. **V.1** beginnt mit einer Paränese: μὴ μόνον οὖν αὐτὸν καλῶμεν κύριον (V.1a). Καλεῖν greift das ὁμολογεῖν von 3,2–4 auf und leitet zum folgenden Zitat über. Κύριος taucht erstmals auf.[1] Der Term spielt im Folgenden eine große Rolle (4,2.5vl; 5,2; 6,1 u. ö.). V.1b bringt eine erste, allgemein formulierte eschatologische Begründung: Jesus bloß κύριος zu nennen, hat keine rettende Funktion im Endgericht. Das Futur σώσει ist gegenüber der bisherigen Verwendung im Aorist[2] auffällig. Damit verschiebt 2 Clem endgültig die Aufmerk-

---

[1] Abgesehen von 2,7 vl H.
[2] Ἔσωσεν 1,4.7; 2,7; ἐσώθημεν 3,3.

samkeit vom vergangenen Heilshandeln Jesu (1,2–3,1) hin zur futurischen Eschatologie und führt so 3,2f weiter.[3] Rettung meint im Folgenden die zukünftige Rettung im Gericht. Das bloße Lippen-Bekenntnis (vgl. 3,4f) nützt gar nichts.

Es geht um das schon 3,4 genannte ποιεῖν, wie **V.2** in einem Schriftbeweis[4] weiter begründet: Οὐ πᾶς ὁ λέγων μοι· Κύριε κύριε, σωθήσεται, ἀλλ᾽ ὁ ποιῶν τὴν δικαιοσύνην.

2 Clem 4,2	Mt 7,21	Lk 6,46
λέγει γάρ·		
οὐ πᾶς ὁ λέγων μοι·	οὐ πᾶς ὁ λέγων μοι·	τί δέ με καλεῖτε·
κύριε, κύριε,	κύριε, κύριε,	κύριε, κύριε,
σωθήσεται,	εἰσελεύσεται εἰς τὴν	
	βασιλείαν τῶν οὐρανῶν,	
ἀλλ᾽ ὁ ποιῶν	ἀλλ᾽ ὁ ποιῶν	καὶ οὐ ποιεῖτε
τὴν δικαιοσύνην.	τὸ θέλημα	ἃ λέγω;
	τοῦ πατρός μου	
	τοῦ ἐν τοῖς οὐρανοῖς.	

Mt 7,21 bietet von οὐ bis κύριε κύριε sowie ἀλλ᾽ ὁ ποιῶν einen wörtlich identen Text.[5] Bei Lk 6,46 gilt das nur für das doppelte κύριε sowie das Verb, nicht aber die Verbform. Für die Herkunft des Zitats gilt wie für die meisten anderen: „Die Quelle des Zitats läßt sich nicht eindeutig ermitteln".[6] Lk scheidet aufgrund der geringen Übereinstimmungen aus, Mt dagegen wäre als Vorlage gut denkbar.[7] 2 Clem hätte dann von V.1 aus in der zweiten Vershälfte den Hinweis auf das Eingehen in das Himmelreich und den Hinweis auf den Willen des himmlischen Vaters durch δικαιοσύνη ersetzt.[8] Beide mt Termini sind Lieblingsworte des Predigers (vgl. im Folgenden). Allerdings ist auch von der βασιλεία die Rede, freilich nie mit der Hinzufügung τῶν οὐρανῶν (9,6; 11,7; vgl. 6,9) ebenso wie von θέλημα τοῦ πατρός (8,4; 9,11).[9] Gleichermaßen ist auch die Abhängigkeit von einer nachmat-

---

[3] Es ist sehr bezeichnend, dass 1,1 mit der futurischen Eschatologie einsetzt: Jesus als κριτής.

[4] Λέγει als Zitateinleitung schon 2,4; 3,2.5; weiters 5,2; 6,1.8; 8,5; 11,2; 13,2.4; 14,2 (vgl. auch 14,1; 15,3). Subjekt von λέγει ist nicht die Schrift (2,4; 3,5 u. ö.), sondern Christus (wie 3,2; 5,2 u. ö.).

[5] Dasselbe gilt, mit Ausnahme von οὐχί am Anfang, auch für Just Apol I 16,9; außer οὐχί stimmt Justin völlig mit Mt überein. Für die Rekonstruktion der Entstehung der Version von 2 Clem bietet er damit nichts. Das Syntagma ὁ ποιῶν τὴν δικαιοσύνην findet sich auch 1 Joh 2,29, zur Verbindung von δικαιοσύνη und ποιεῖν vgl. auch Mt 6,1; Röm 10,5; Tit 3,5.

[6] LINDEMANN, 2 Clem 209.

[7] Vgl. LIGHTFOOT, Fathers I/2 217; KÖSTER, Überlieferung 83; BETZ, Studien 128; MASSAUX, Influence 144; KÖHLER, Rezeption 133.

[8] DONFRIED, Setting 114: „… the verb σωθήσεται … may be a reflection of his own theology".

[9] WARNS, Untersuchungen 380f nimmt an, der Zitatverfasser sei von einem Spruch mit einem doppelten Eingehen in die Himmelsherrschaft ausgegangen und habe zwecks Variation das erste ἐλεύσεται κτλ. durch σωθήσεται ersetzt. 6,9 und 11,7 verrieten noch die Kenntnis des ganzen Spruches. Der Hinweis auf PsHipp ConsummMundi 48 (GCS Hipp I 2, 309), wo im betreffenden Logion ebenfalls σωθήσεται vorkommt, beweist allerdings nicht die vor-clementinische Einfügung dieses Verbs.

thäischen Quelle möglich,[10] ebenso die von dem auch sonst vorauszusetzenden apokryphen Evangelium.[11] Für letztere Annahme könnte die Nähe zum nichtkanonischen Zitat V.5 sprechen. Doch sind beide Zitate in Einzelaspekten[12] auch Mt 7,21–23 miteinander verbunden, so dass sich diese These wieder etwas relativiert.

Wie Mt 7,21 ist der Gegensatz λέγειν und ποιεῖν dominant. Die Differenzen zwischen „Eingehen in das Himmelreich" und „gerettet werden" bzw. „Tun des Willens des himmlischen Vaters" und „Tun der Gerechtigkeit"[13] sind sachlich kaum von Belang. Sollte 2 Clem ein apokryphes Logion zitiert haben, entspräche die vorliegende Terminologie von vornherein seinem Sprachgebrauch, bei Änderung der Mt-Vorlage hätte er sie bewusst gewählt: σῴζειν bezeichnet 4,1; 8,2; 13,1; 14,1f; 15,1; 17,2; 19,1.3 die zukünftige Rettung,[14] ebenso σωτηρία 1,1; 17,5; 19,1. Selbstverständlich ist die δικαιοσύνη eine zu verwirklichende: 6,9; 11,7; 12,1; 13,1; 18,2; 19,2f; vgl. die Verwendung von δίκαιος 2,4; 5,7; 6,9; 11,1; 15,3; 17,7; 20,3f sowie von δικαίως 5,6. Der Gegensatz λέγειν – ποιεῖν hat einen polemischen Ton. Eine speziell antipaulinische Wendung (vgl. das Zitat Joel 3,5 LXX in Röm 10,13)[15] lässt sich kaum erweisen, die dort vertretene Heilswirkung des Bekenntnisses zu Christus wird aber distanziert, sofern es sich um ein bloßes Lippenbekenntnis handelt. Eine konkrete Wendung gegen Leute, die der christlichen Praxis, wie der Vf. sie sich vorstellt, nicht entsprechen, muss vorausgesetzt werden.

V.3 zieht mit ὥστε οὖν die Schlussfolgerung I: ἐν τοῖς ἔργοις αὐτὸν[16] ὁμολογῶμεν.[17] Mit ἔργα ist an ποιῶν τὴν δικαιοσύνην V.2 bzw. an ποιεῖν ἃ λέγει 3,4 angeknüpft, mit ὁμολογεῖν[18] an 3,2–4. Worin dieses Tun besteht, wird

---

[10] OXFORD COMMITTEE, New Testament 131; WREGE, Überlieferungsgeschichte 157 A4 denkt an Überlieferungsvarianten katechetischer Art; GREGORY/TUCKETT, 2 Clem 259: 2 Clem scheine Mt als Teil seiner Tradition vorauszusetzen.

[11] LINDEMANN, 2 Clem 209. Dabei muss die mt Beeinflussung dieses apokryphen Evangeliums berücksichtigt werden.

[12] V.5: οὐκ οἶδα ὑμᾶς ... ἐργάται ἀνομίας; Mt 7,23: οὐδέποτε ἔγνων ὑμᾶς ... ἐργαζόμενοι τὴν ἀνομίαν.

[13] 11,7 ist das Tun der Gerechtigkeit und das Eingehen in die Gottesherrschaft verbunden.

[14] Zur Bezeichnung des vergangenen Heilshandelns: 1,4.7; 2,7; 3,3; 9,2.5; ebenso σωτηρία 1,1.7.

[15] Als Frage: LINDEMANN, 2 Clem 209.

[16] Αὐτόν HS, αὐτῶν A. Letzteres dürfte Hör- oder Schreibfehler sein: Zur Verwechslung von o und ω vgl. oben Kap.1 A31. Für ersteres: GEBHARDT/HARNACK, Epistulae 116; LIGHTFOOT, Fathers I/2 217; FUNK/BIHLMEYER, Väter 156; KNOPF, 2 Clem 158; WENGST, 2 Clem 242; LINDEMANN, 2 Clem 208.

[17] Ὁμολογῶμεν A; GEBHARDT/HARNACK, Epistulae 116; LIGHTFOOT, Fathers I/2 217; FUNK/BIHLMEYER, Väter 156; ὁμολογήσωμεν H; WENGST, 2 Clem 242.

[18] Ὁμολογεῖν wird 4,3 fin. wiederholt und kommt in 2 Clem nur an den erwähnten Stellen vor. Die insgesamt fünffache Nennung in diesem kurzen Textabschnitt hat für diesen prägenden Charakter. Am Übergang von der primär christologischen zur eschatologischen Begründung der Paränese wird den Hörerinnen und Hörern der Predigt der Tatcharakter des Bekenntnisses bzw. der Bekenntnischarakter des Tuns eindrücklich eingeschärft.

in einer formal sorgfältig strukturierten Aufzählung vorgetragen: die gegenseitige Liebe bildet die übergreifende Klammer.[19] Es folgt ein klarer durch μή-μηδέ-μηδέ zusammengefügter Lasterkatalog in Infinitiven, dann ein offenbar antithetisch gereimter dreigliedriger Tugendkatalog in Adjektiven. Die Paränese schließt mit einer weiteren antithetischen Gegenüberstellung, wobei die beiden Infinitive chiastisch angeordnet und durch ὀφείλομεν verstärkt sind. Abgerundet wird das Ganze durch die erneute Rede von ἔργα (wiederum antithetisch angeordnet: οὗτοι-ἐναντίοι) und ὁμολογεῖν.

Grundlegend ist die gegenseitige Liebe: ἑαυτῶν steht für ἀλλήλων (9,6).[20] Das Wortfeld ist nicht sehr häufig in 2 Clem, aber von großem theologischem Gewicht: ἀγαπᾶν beschreibt 4,3 ebenso wie 9,6 die Paränese in umfassender Weise; 6,6 ist es auf τὰ ἀγαθὰ τὰ ἄφθαρτα gerichtet, 13,4 beschreibt es die Feindesliebe. Die ἀγάπη steht neben der πίστις (15,2); zusammen mit δικαιοσύνη (12,1) beschreibt sie die rechte Erwartung des Reiches Gottes; nicht zuletzt deckt sie eine Menge Sünden zu (16,4). Sie ist somit nicht nur paränetische Handlungsmaxime, sondern hat eine soteriologische Funktion.

Die drei genannten Laster sind μοιχᾶσθαι, καταλαλεῖν ἀλλήλων und ζηλοῦν. Alle drei Termini sind in der frühchristlichen Literatur eher selten. Μοιχᾶσθαι: Mt 5,32; 19,9; Mk 10,11f; Herm Mand 4,1 (bis); καταλαλεῖν: Jak 4,11; 1 Petr 2,12; 3,16; 1 Clem 35,8; Herm Mand 2,1f; ζηλοῦν (als Laster): 1 Kor 13,4; Jak 4,2.

Zu μοιχᾶσθαι ist die Wortfamilie μοιχεία (6,4; vgl. Mt 5,27f. 32; Mk 10,19; Did 2,2; Barn 19,4 u. ö.) heranzuziehen, weiters die Wortfamilie πορνεία (1 Kor 5,10f; Gal 5,19; Eph 5,3; Kol 3,5; Did 3,3; 5,1; Herm Vis 1,1,8 u. ö.). In Lasterkatalogen spielt Ehebruch (bzw. im weiteren Sinn Unzucht) eine große Rolle: 1 Kor 6,9; Did 3,3; 5,1; 1 Clem 30,1; Herm Sim 6,5,5 u. ö.

Καταλαλεῖν ἀλλήλων zeigt den starken kirchlichen Binnenbezug der diesbezüglichen Paränese (ebenso Jak 4,11; 1 Clem 35,8; allgemeine Verleumdung: Herm Mand 2,1f; Verleumdung durch Außenstehende: 1 Petr 2,12; 3,16). In Lasterkatalogen taucht die Verleumdung öfters auf (καταλαλιά 2 Kor 12,20; 1 Petr 2,1; 1 Clem 30,1.3; κατάλαλος Röm 1,30; Herm Sim 6,5,5).

Das Verb ζηλοῦν begegnet im Sinne eines Lasters in den Apostolischen Vätern nur an der vorliegenden Stelle (Ign Röm 5,3 in anderer Bedeutung). Die Wortfamilie taucht jedoch öfters auf (ζηλοτυπία Did 5,1; ζηλωτής Did 3,2; 1 Clem 45,1; Pol Phil 6,3; ζῆλος 1 Clem 3,2.4; 4,7.8.9 u. ö.;[21] weiters Ign Trall 4,2; Herm Sim 8,7,4).

Die Zusammenstellung der drei Laster findet sich in ähnlicher Terminologie nur im Zweiwege-Traktat (Did 1–6; Barn 19f).[22] Zwei der drei Glieder treten öfters in

---

[19] Vom „Liebesgebot" zu reden (LINDEMANN, 2 Clem 209), legt zuviel in das wohl innergemeindlich (ἑαυτούς) ausgerichtete ἀγαπᾶν.

[20] BDR § 287; vgl. 1 Kor 6,7; Kol 3,13.16 u. ö.

[21] 1 Clem wird ζῆλος als eine (wenn nicht die) Ursache für die Gemeindeprobleme in Korinth geschildert.

[22] Ehebruch: μοιχεύειν Did 2,2; μοιχεία Barn 20,1; Verleumdung: κακολογεῖν Did 2,3; καταλαλιά Barn 20,2; Eifersucht: ζηλωτής Did 3,2; ζηλοτυπία Did 5,1.

engem Konnex auf: ζῆλος-καταλαλιά (2 Kor 12,20f); μοιχεία-καταλαλιά (1 Clem 30,1) bzw. μοιχός-κατάλαλός (Herm Sim 6,5,5).[23] Die Zusammenstellung der drei Vergehen ist bemerkenswert. Nach einem auf sexuellem Gebiet folgen zwei auf sozialem. Wenn das nicht bloß eine Zufälligkeit ist, könnte man annehmen, dass sie sich dem Vf. von der Situation her aufdrängte.

Den drei Lastern folgen drei Tugenden. Dass die jeweils drei Glieder „je einander entsprechen",[24] will insgesamt nicht recht einleuchten. In hohem Maße trifft das allerdings auf die erste Tugend zu: ἐγκρατής.[25] Das Substantiv ἐγκράτεια kommt noch 15,1 vor: der Vf. ist dort stolz auf seinen Rat zur ἐγκράτεια.[26] Das Gegenüber μοιχᾶσθαι setzt die Existenz von Ehen in der Gemeinde voraus, ein im strengen Sinn enkratitisches Verständnis von ἐγκρατής legt sich damit 4,3 nicht nahe. Eine Übersetzung mit „selbstbeherrscht"[27] trifft aber nur dann zu, wenn die speziell sexuelle Konnotation mitbedacht wird. Wie es scheint, wird Sexualität akzeptiert, aber nur als eheliche. Von daher kann auch 12,5 gut verstanden werden: Ein andersgeschlechtliches Gemeindeglied solle nicht als Sexualwesen betrachtet werden. Ein Verbot von Sexualität in der Ehe ist damit nicht im Blick.[28] Auch die Bewahrung des Fleisches (8,4) ist gut in diesem Sinne zu deuten. Der Überbietungscharakter der positiven Entsprechung des Ehebruchs ist deutlich erkennbar. Nicht nur soll Ehebruch vermieden werden, den Mitchristinnen und -christen soll ohne sexuelle Nebengedanken begegnet werden – faktisch eine Mt 5,28 entsprechende Forderung, die (in diesem Punkt) die radikale Ethik Jesu bewahrt hat.

Der Aspekt der Überbietung ist auch bei der folgenden positiv formulierten Verhaltensweise erkennbar. Nicht bloß Verzicht auf Verleumdung, sondern der barmherzige Umgang mit den anderen ist angezeigt. Inhaltlich ist ἐλεήμων (εἶναι)[29] freilich keine exakte Entsprechung zu καταλαλεῖν.

Erst recht gilt das für die dritte Tugend: ἀγαθὸς (εἶναι). Der Term ist viel zu allgemein, um ein exaktes Gegenüber zu ζηλοῦν sein zu können. Beide Termini stehen aber gelegentlich nahe beisammen: 1 Clem 5,2f beziehen sie sich auf verschiedene Gruppen, Herm Sim 8,7,4 auf dieselbe.[30]

Συμπάσχειν ἀλλήλοις und φιλαργυρεῖν bilden in chiastischer Fortsetzung ein erneutes abschließendes Paar. Nicht Haltungen werden hier kontrastiert, sondern konkrete Verhaltensweisen. Inhaltlich ist der Gegensatz treffender artikuliert als vorher. Συμπάσχειν, ein seltenes Wort in der frühchristlichen Literatur (Röm 8,17; 1 Kor 12,26; Ign Sm 4,2; Ign Pol 6,1; Pol Phil 9,2), wird außer 2 Clem 4,3

---

[23] Vgl. πορνεία – ζῆλος (Gal 5,19f); κοίτη – ζῆλος (Röm 13,13).

[24] KNOPF, 2 Clem 158.

[25] In den Apost. Vätern noch Pol Phil 5,2; Herm Vis 1,2,4.

[26] In den Apost. Vätern noch Barn 2,2; 1 Clem 35,2; Pol Phil 4,2; Herm Vis 2,3,2; 3,8,4 u. ö. Das Verb ἐγκρατεύομαι fehlt 2 Clem. Belege: 1 Clem 30,3; Herm Mand 1,2; 8,1–9.11.12; Herm Sim 5,1,5.

[27] WENGST, 2 Clem 243. Zum Ganzen vgl. oben Einleitung §§ 6.7.

[28] Vgl. LINDEMANN, 2 Clem 210.

[29] In 2 Clem nur hier; vgl. sonst Did 3,8; 1 Clem 60,1; Pol Phil 6,1. Vom ἔλεος bzw. ἐλεεῖν Christi reden 2 Clem 3,1; 16,2 bzw. 1,7.

[30] Vgl. ζηλοῦν und οὐ καλῶς Gal 4,17.

nur Ign Pol 6,1 paränetisch verwendet. Es erhält durch φιλαργυρεῖν[31] auch einen materiellen Akzent.

V.4 bietet Schussfolgerung II: eine weitere antithetische Gegenüberstellung, die das (abgelehnte bzw. geforderte) Verhalten insgesamt beschreibt: καὶ οὐ δεῖ ἡμᾶς φοβεῖσθαι τοὺς ἀνθρώπους μᾶλλον, ἀλλὰ τὸν θεόν.[32] Das Motiv der Menschen- bzw. Gottesfurcht knüpft an Mt 10,28 an.[33] Der dortige Kontext, die Auseinandersetzung mit der Martyriumsbereitschaft, liegt auch 2 Clem 5,2–4 vor, so dass 3,4 gleichzeitig der Vorbereitung des dort angeführten Zitats dient und so eine Brückenfunktion innehat. Die Konstruktion οὐ … μᾶλλον, ἀλλά ist ungewöhnlich. Sie dürfte wohl eine Vermischung von οὐ – ἀλλά und μᾶλλον – ἤ sein.[34] Möglicher Weise wollte 2 Clem den Gegensatz von Gottes- und Menschenfurcht nicht nur durch οὐ – ἀλλά betonen, sondern durch μᾶλλον – (ἤ) noch verstärken.[35]

V.5 bietet als abschließende Begründung ein Herrenwort. Die Einleitung erfolgt durch: διὰ τοῦτο, ταῦτα ἡμῶν[36] πρασσόντων, εἶπεν ὁ κύριος.[37] Διὰ τοῦτο bezieht sich wohl nicht allein auf V.4 zurück,[38] sondern auf V.2–4 insgesamt, wie die Stichworte πράσσειν und ποιεῖν andeuten. Der gen. abs. hat konditionale Bedeutung. Das folgende Herrenwort bekommt damit einen drohenden Charakter: ἐὰν ἦτε μετ᾽ ἐμοῦ συνηγμένοι ἐν τῷ κόλπῳ μου καὶ μὴ ποιῆτε[39] τὰς ἐντολάς μου, ἀποβαλῶ ὑμᾶς καὶ ἐρῶ ὑμῖν· Ὑπάγετε ἀπ᾽ ἐμοῦ, οὐκ οἶδα ὑμᾶς, πόθεν ἐστέ, ἐργάται ἀνομίας.

---

[31] Der Term ist hap. leg. in der frühchristlichen Literatur; φιλαργυρία als Wurzel alles Bösen 1 Tim 6,10; Pol Phil 4,1; vgl. 2 Clem 6,4; Pol Phil 2,2; 4,3; 6,1; φιλάργυρος: Lk 16,14; 2 Tim 3,2; Did 3,5.

[32] Stegemann, Herkunft 86f deutet mit Blick auf den Kontext θεός auf Christus. Doch ist das von der Geprägtheit der Gegenüberstellung Gott-Menschen her nicht anzunehmen, richtig Lindemann, 2 Clem 210.

[33] Warns, Untersuchungen 289f. In der Parallele Lk 12,4f fehlt μᾶλλον. Warns betrachtet μᾶλλον als sicheren Beleg für eine unmittelbare Mt-Kenntnis. In der Übersetzung bleibt μᾶλλον am besten unberücksichtigt, um den beabsichtigten Gegensatz betonen zu können.

[34] Knopf, 2 Clem 159, der die Konstruktion als lässige bezeichnet.

[35] Μᾶλλον-ἤ kann auch den Gegensatz bezeichnen: App Hist 26,1; Plat Apol 29d; Act 5,29; 1 Clem 14,1 u. ö. Durch οὐ-ἀλλά ist jedenfalls sichergestellt, dass es 2 Clem auf einen Gegensatz ankommt.

[36] Ὑμῶν A; Gebhardt/Harnack, Epistulae 116; Lightfoot, Fathers I/2 218; Funk/Bihlmeyer, Väter 158; Knopf, 2 Clem 159; Grant/Graham, 2 Clem 116. Ἡμῶν HS; Wengst, 2 Clem 244; Lindemann, 2 Clem 209. Letzteres ist als lectio difficilior vorzuziehen: im Folgenden erscheint die 2. Pers. Plural.

[37] Ὁ Ἰησοῦς S; Wengst, 2 Clem 244; Lindemann, 2 Clem 209; ὁ κύριος AH; Gebhardt/Harnack, Epistulae 116; Lightfoot, Fathers I/2 218; Funk/Bihlmeyer, Väter 158; Knopf, 2 Clem 159; Grant/Graham, 2 Clem 116. Nach Lindemann, ebd. lasse sich das textkritische Problem „kaum entscheiden". Aufgrund der sonstigen Neigung der Handschrift S zur Titelvermehrung schließt er sich deren Text an. Doch scheint eine einmalige Änderung leichter vorstellbar als eine zweifache.

[38] Lindemann, 2 Clem 209.

[39] Ποιῆτε AS; ποιήσητε H. Ersteres ist vorzuziehen, da es dem ἦτε entspricht; ebenso Gebhardt/Harnack, Epistulae 116; Lightfoot, Fathers I/2 218; Funk/Bihlmeyer, Väter 158; Wengst, 2 Clem 245; Lindemann, 2 Clem 210.

2 Clem 4,5	Judaikon 1424 zu Mt 7,5	Mt 7,23	Lk 13,27
εἶπεν ὁ κύριος·			
ἐὰν ἦτε μετ᾿ ἐμοῦ συνηγμένοι	ἐὰν ἦτε		
ἐν τῷ κόλπῳ μου καὶ μὴ ποιῆτε	ἐν τῷ κόλπῳ μου		
τὰς ἐντολάς μου,	καὶ τὸ θέλημα τοῦ πατρός μου τοῦ ἐν τοῖς οὐρανοῖς μὴ ποιῆτε, ἐκ τοῦ κόλπου μου		
ἀποβαλῶ ὑμᾶς	ἀφορρίζω ὑμᾶς.		
καὶ ἐρῶ ὑμῖν·		καὶ τότε ὁμολογήσω αὐτοῖς ὅτι	καὶ ἐρεῖ λέγων ὑμῖν·
ὑπάγετε ἀπ᾿ ἐμοῦ, οὐκ οἶδα ὑμᾶς, πόθεν ἐστέ,		οὐδέποτε ἔγνων ὑμᾶς·	οὐκ οἶδα ὑμᾶς πόθεν ἐστέ·
ἐργάται ἀνομίας.		ἀποχωρεῖτε ἀπ᾿ ἐμοῦ οἱ ἐργαζόμενοι τὴν ἀνομίαν.	ἀπόστητε ἀπ᾿ ἐμοῦ πάντες ἐργάται ἀδικίας.

Ψ 6,9:   ἀπόστητε ἀπ᾿ ἐμοῦ πάντες οἱ ἐργαζόμενοι τὴν ἀνομίαν
Just Apol I 16,11: καὶ τότε ἐρῶ αὐτοῖς·
             ἀποχωρεῖτε ἀπ᾿ ἐμοῦ, ἐργάται τῆς ἀνομίας.

Das Logion hat nur in der zweiten Hälfte Gemeinsamkeiten mit synoptischen Parallelen, noch dazu eher geringe: Mt 7,23; Lk 13,27; vgl Ψ 6,9. Mt 7,23 liegt ebenfalls ein eschatologisches Drohwort vor, in dem der Richter Jesus vielen, die in seinem Namen prophetisch geredet und Wundertaten vollbracht haben, erklärt, er habe sie nie gekannt, und sie von sich weist. Dem ἀποβάλλειν und εἰδέναι von 2 Clem entspricht ἀποχωρεῖν und γινώσκειν. Wörtlich stimmt nur ἀπ᾿ ἐμοῦ überein, weiters entspricht ἐργαζόμενοι τὴν ἀδικίαν dem ἐργάται ἀνομίας.[40] Lk 13,27 ist die Antwort des Hausherrn für die zu später Stunde draußen Stehenden: οὐκ οἶδα πόθεν ἐστέ. Wörtlich ident ist noch ἀπ᾿ ἐμοῦ und ἐργάται. Eine direkte Abhängigkeit von Lk oder gar Mt ist infolge der geringen Übereinstimmungen und der z.T. anderen Situation auszuschließen. Eine gewisse Nähe besteht zum sog. Ἰουδαϊκόν (eventuell identisch mit Ev Naz 6, so VIELHAUER/ STRECKER in NT Apo ⁶I, 134):[41] ident sind ἐὰν ἦτε … ἐν τῷ κόλπῳ μου,

---

[40] Eine größere Nähe zu Mt weist Justin auf: Apol I 16,9–12; Dial 76,5. Diese Parallelen tragen freilich nichts zur Bestimmung der Herkunft von 2 Clem 4,5 bei, vgl. DONFRIED, Setting 67.

[41] Variante zu Mt 7,5 Cod. N.T. 1424 im Ἰουδαϊκόν (griech. Text: ALAND, Synopse 93). Die Version des Ἰουδαϊκόν „appears to preserve a more ancient and ‚Semitic‘ form of the logion than does 2 Clement" (PETERSEN, Traditions 39 unter Hinweis auf die Ergänzung von μετ᾿ ἐμοῦ συνηγμένοι in

καὶ [...] μὴ ποιῆτε ... ὑμᾶς. Es liegt nur zur ersten Hälfte des Logions eine Parallele vor,[42] zudem ist auch hier die Übereinstimmung zu gering, um eine direkte Abhängigkeit annehmen zu können.

Das Logion kann der die Synoptiker verarbeitenden Tradition entstammen.[43] Dabei muss aber angenommen werden, dass die Weiterbildung der synoptischen Evangelientradition gegen Mitte des zweiten Jh. noch sehr gebräuchlich war. Vielleicht liegt deshalb die Annahme der Abhängigkeit von dem auch sonst benutzten apokryphen Evangelium doch näher.[44] Eine Weiterentwicklung der (insbesondere) synoptischen Tradition liegt auch in diesem Fall vor, wobei unterschiedliche Motive verbunden, erzählerisch ausgeschmückt und neu gedeutet werden.

Das Motiv vom Versammeltwerden an der Brust Jesu erinnert an Joh 13,23 (vgl. Lk 16,22f; Joh 1,18); möglicher Weise schwebt das Bild vom Gastmahl vor.[45] Es drückt die überaus große Nähe zu Jesus aus. Die Metapher steigert so den drohenden Charakter der eschatologischen Paränese in kaum überbietbarer Weise. Selbst engste Verbundenheit mit dem richtenden Jesus nützt nichts, wenn nicht seine Gebote befolgt werden. Den Geboten Jesu ist zu gehorchen (3,4; 6,7), sie sind zu bewahren (8,4), zu verwirklichen (17,1); es ist ein Fortschritt in Bezug auf sie zu machen (17,3); sie dürfen schließlich nicht missbräuchlich verwendet werden (17,6). Sie nicht umzusetzen, bedeutet ἐργάται ἀνομίας (V.5 fin.) zu sein. Es gibt keine Halbheiten (vgl. Mt 12,30par). Ohne entsprechendes Handeln gibt es im Endgericht nur eine Trennung von Jesus (ἀποβαλῶ; ἀπ᾽ ἐμοῦ). Der Grund: οὐκ οἶδα ὑμᾶς. Der Ausdruck des Nicht-Kennens ist in der rabbinischen Tradition als Bannformel bekannt (bMQ 16a u. ö.).[46] Das apokryphe Logion 4,5 hat dieselbe Schärfe des eschatologischen Urteils wie das 4,2 zitierte (das vielleicht aus demselben apokryphen Evangelium stammt). Beide Male wird die Paränese begründet durch eschatologisches Recht und damit ihre Dringlichkeit in unüberbietbarer Weise betont.

---

2 Clem, die Gegenüberstellung von ἐν τῷ κόλπῳ und ἐκ τοῦ κόλπου im Ἰουδαϊκόν sowie auf die christologisch entwickeltere Fassung τὰς ἐντολάς μου in 2 Clem gegenüber dem θέλημα τοῦ πατρός im Ἰουδαϊκόν).

[42] Trotz der Parallelen nur zu Mt/Lk in der zweiten Hälfte des Logions und zum Ἰουδαϊκόν nur in der ersten Hälfte, versteht es 2 Clem als einheitlich, vgl. GREGORY/TUCKETT, 2 Clem 263.

[43] KÖSTER, Überlieferung 94; LOHMANN, Drohung 97. Die größere Nähe zu Lk könnte auf eine Bekanntschaft des Predigers mit einer vom dritten Evangelisten abhängigen Quelle oder Tradition schließen lassen, so GREGORY/TUCKETT, 2 Clem 263 („2. Clement may well be presupposing the finished gospel of Luke; but the form in which the tradition is accessed may not have been Luke's gospel itself").

[44] KNOPF, 2 Clem 159; OXFORD COMMITTEE, New Testament 135; HAGNER, Use 301; WENGST, 2 Clem 222; KÖHLER, Rezeption 144; LINDEMANN, 2 Clem 210; WARNS, Untersuchungen 386f. Offen gelassen: GRANT/GRAHAM, 2 Clem 116. An das Ägypterevangelium denken GEBHARDT/HARNACK, Epistulae 117; LIGHTFOOT, Fathers I/2 218.

[45] Vgl. auch den Konnex mit dem Hirtenmotiv Jes 40,11. Eine ausdrückliche Anspielung an Joh 13,23 ist wegen des Vorhandenseins des Motivs im Ἰουδαϊκόν unwahrscheinlich (richtig GREGORY/TUCKETT, 2 Clem 253).

[46] BILLERBECK I 469.

5,1–7: Die Angst vor dem Tod
und ihre Bewältigung im Tun des Willens Christi

(1) Deshalb, Brüder, lasst uns nach Preisgabe des Gästestatus in dieser Welt den Willen dessen tun, der uns berufen hat, und lasst uns keine Angst haben, aus dieser Welt hinauszugehen.

(2) Es sagte nämlich der Herr: „Ihr werdet wie Schafe inmitten von Wölfen sein". (3) Da antwortete Petrus und sagte zu ihm: „Wenn nun die Wölfe die Schafe zerstreuen?" (4) Jesus sagte zu Petrus: „Die Schafe sollen nach ihrem Tod die Wölfe nicht fürchten. Auch ihr sollt nicht die fürchten, die euch töten, aber sonst nichts antun können, sondern fürchtet den, der die Macht hat, nach eurem Tod Seele und Leib in die Feuerhölle zu werfen."

(5) Und erkennt, Brüder, dass der Aufenthalt dieses Fleisches in dieser Welt unbedeutend und kurz, die Verheißung Christi aber groß und wunderbar ist, nämlich die Ruhe des kommenden Reiches und des ewigen Lebens.

(6) Was also ist zu tun, um sie zu erlangen, wenn nicht gottgefällig und gerecht zu leben und diese irdischen Güter für fremd zu halten und sie nicht zu erstreben? (7) In unserem Streben, sie zu erwerben, verlassen wir den gerechten Weg.

Struktur:

V.1	Paränese: Das richtige Verhalten in der Welt und die Bewältigung der Angst
V.2–4	Begründung I: Zitat
V.5	Begründung II: These: Differenz zwischen dieser Welt und dem kommenden Reich
V.6	Paränese: Voraussetzung zur Teilhabe an den zukünftigen Heilsgütern
V.7	Erläuterung: Charakterisierung des Fehlverhaltens.

V.1 knüpft mit ὅθεν an das Vorhergehende an, markiert durch die Anrede ἀδελφοί aber gleichzeitig einen gewissen Einschnitt. Ὅθεν ist hap.leg. in 2 Clem. Üblicher Weise stellt Vf. mit οὖν (3,1; 4,1; 8,1; 11,1 u. ö.) oder mit ὥστε (7,1; 10,1; 14,1 u. ö.) die Verknüpfung größerer Einheiten her.[1] Der unmittelbare Anknüpfungspunkt ist die Forderung, die Gebote Christi zu erfüllen (4,5).

Die beiden Hauptverben in V.1 sind ποιήσωμεν und μὴ φοβηθῶμεν, die die paränetische Ausrichtung formulieren. Von ποιεῖν τὸ θέλημα redet 2 Clem erstmals an der vorliegenden Stelle. Mit τοῦ καλέσαντος ἡμᾶς ist wohl auf Christus Bezug genommen (vgl.1,8; 2,7). Das Tun des Willens Christi taucht explizit 6,7 auf, ansonsten ist vom Tun des Willens des Vaters (8,4; 9,11 [meines Vaters]; 10,1; 14,1 [unseres Vaters, Gottes]) bzw. des Herrn (= unseres Vaters, Gottes 14,1) die

---

[1] Eine gewichtige sachliche Differenz zwischen ὅθεν, οὖν und ὥστε besteht kaum. Weitere Verknüpfungen: δέ (6,1; 15,1), καί (9,1) und ἀλλά (20,1).

Rede. 2 Clem lässt damit den Basso continuo der Predigt anklingen, das rechte Verhalten, das hier durch die Motive der Fremdlingsschaft in der Welt und das Hinausgehen aus ihr in doppelter Weise in ein umfassendes Welt-Verständnis einbezogen
wird.

Ἐξελθεῖν ἐκ τοῦ κόσμου τούτου, das ohne Furcht geschehen soll, meint
nicht speziell das Martyrium,[2] sondern ist ein „Euphemismus für sterben",[3] vgl.
8,3; 1 Kor 5,10; Act Pl 6,32 u. ö., gleichzeitig auch Ausdruck für Weltdistanz (vgl.
V.4). Von V.2–4 her, wo erfahrene Gewalt thematisiert wird, ist es zwar als eventuell drohende Möglichkeit nicht auszuschließen, im folgenden Kontext des 2 Clem
ist es aber nirgends thematisiert. Eine unmittelbar drohende Gefahr für die Gemeinde des Predigers liegt nicht vor. Eine Polemik gegen die Martyriumsfeindlichkeit bestimmter gnostischer Kreise ist damit nicht erkennbar.[4] Es geht, bevor man
sie verlässt,[5] um das richtige Verhalten in dieser Welt.

Der theologisch wohl interessanteste Aspekt von 5,1 ist der Hinweis auf die
παροικία τοῦ κόσμου τούτου, den Aufenthalt in der Fremde dieser Welt. Der
Term παροικία kommt nur hier in den Apost. Vätern vor, im NT charakterisiert er 1 Petr 1,17, (metaphorisch) das Sein der Christen in der Welt, Act 13,17
(realistisch) das Sein Israels in Ägypten. Der Bezug auf Israels Fremdlingsschaft
bzw. die der atl. Frommen (Abraham: Act 7,6; Hebr 11,9; Moses: Act 7,29)[6]
bildet den Hintergrund des Motivs der Fremdlingsschaft der Kirche bzw. der
Glaubenden in der Welt, das auch durch andere t.t. der Wortfamilie formuliert
wird: πάροικος 1 Petr 2,11; Diogn 5,5; παροικεῖν[7] 1 Clem Inscr; Pol Phil Inscr;

---

[2] KNOPF, 2 Clem 159 versteht die Stelle als Aufmunterung zum Martyrium, sieht aber auch, dass die
Aussage „keineswegs nur auf das Martyrium beschränkt wird" (unter Hinweis auf 5,6; 6,1ff), ebenso
LOHMANN, Drohung 99; dagegen z.R. DONFRIED, Setting 118.

[3] BAUER/ALAND, Wb 556.

[4] Bestimmte gnostische Kreise, u.a. auch Valentinianer, haben das Martyrium abgelehnt (vgl. Iren
Haer 3,18,5; 4,33,9; ClemAl Strom 4,16,3; Tert Scorp 1; Ev Phil 50 NHC II 62,35–63,4 u. ö.), doch gilt das
nicht generell als gnostische Maxime, wie z.B. Basilides zeigt (ClemAl Strom 4,81,1–3), vgl. LÖHR, Basilides 128; weiters KOSCHORKE, Polemik 134–137.

[5] LINDEMANN, 2 Clem 213 kritisiert an DONFRIED, Setting 118 das Eintragen des Zwei-Äonen-Schemas in 6,3, da „ein in der Zukunft liegendes Ziel des ἐξελθεῖν" nicht genannt werde, doch ist das wohl
nur eine Definitionsfrage. Das Ziel ist jedenfalls V.5 im Rahmen dieses Schemas (ἀνάπαυσις τῆς μελ
λούσης βασιλείας καὶ ζωῆς αἰωνίου) deutlich genannt. Insofern ist die Differenz zu Weish Kair
Gen 1,9f („Wer sich damit beschäftigt, diese Welt zu bauen, dem ist die kommende Welt zur Ruine geworden. Denn diese Welt ist ein Ort von Fremdlingen, wie ein Gast, der zum Nachtlager hinübergeht",
Übers. RÜGER, Weisheitsschrift 22.82) gar nicht so groß. LINDEMANNS (ebd.) Kritik an der Ansicht von
BERGER, Weisheitsschrift 114, Weish Kair Gen 1,9f und 2 Clem 5,1 partizipierten „sehr intensiv an einer
gemeinsamen Tradition", ist infolge des großen zeitlichen Abstandes allerdings nicht unberechtigt. Weish
Kair Gen entstand nach RÜGER, 8 infolge der Abhängigkeit von mAv frühestens in der 2. Hälfte des 3. Jh.
n. Chr. Eine „Wirkungsgeschichte" von Weish Kair Gen für 2 Clem (BERGER 70) ist damit natürlich ausgeschlossen. Die ideelle Nähe bleibt davon allerdings unberührt.

[6] Zum atl.-jüd. Hintergrund vgl. SCHMIDT/SCHMIDT, πάροικος 841–848. Eine besondere Rolle
spielt Philon: z.B. Conf Ling 77–80; Cher 120; Ebr 121; Mut Nom 209 u. ö.: „der Fromme (wohnt) als
Fremdling, als Beisasse auf Erden" (847; der zeitgenössische Hintergrund ist insbesondere die kynisch-
stoische Tradition, vgl. Sen MarcConsol 24,5 u. ö.).

[7] Παροικεῖν Lk 24,18: in Jerusalem als Fremder wohnen.

Diogn 6,8; Mart Pol Inscr, παρεπίδημοι 1 Petr 1,1.[8] Die Dialektik der πα-
ροικία-Existenz der Christen in der Welt, wie sie besonders instruktiv Diogn 5,5
formuliert ist, liegt 2 Clem 5,1 zumindest verbaliter nicht vor,[9] denn die christliche Existenz (ποιήσωμεν τὸ θέλημα bzw. μὴ φοβηθῶμεν ἐξελθεῖν) wird
erst nach Aufgabe des παροικία-Status der Welt gegenüber verwirklicht, wie
καταλείψαντες voraussetzt.[10] 2 Clem will vermutlich sagen: wer den Willen
Christi erfüllt, ist nicht einmal mehr Gast in dieser Welt – eine durchaus radikale
Ethik, die Vf. freilich weder als Realität der Gemeinde voraussetzt noch durchhält.

V. 2–4 bieten in einem kleinen Apophthegma eine erste Begründung für die Paränese. Das jetzt als Einheit vorliegende Zitat ist aus zwei ursprünglich selbständi-
gen Herrenworten zusammengesetzt (V.2.4), verbunden durch eine überleitende
Frage des Petrus (V.3).

2 Clem 5,2–4	Mt 10,16.28	Lk 10,3; 12,4f
2 λέγει γὰρ ὁ κύριος·	10,16 ἰδού,	10,3 ἰδού,
ἔσεσθε ὡς ἀρνία ἐν μέσῳ λύκων.	ἐγὼ ἀποστέλλω ὑμᾶς ὡς πρόβατα ἐν μέσῳ λύκων·	ἀποστέλλω ὑμᾶς ὡς ἄρνας ἐν μέσῳ λύκων.
3 ἀποκριθεὶς δὲ ὁ Πέτρος αὐτῷ λέγει· ἐὰν οὖν διασπαράξωσιν οἱ λύκοι τὰ ἀρνία; 4 εἶπεν ὁ Ἰησοῦς τῷ Πέτρῳ· μὴ φοβείσθωσαν τὰ ἀρνία τοὺς λύκους μετὰ τὸ ἀποθανεῖν αὐτά·		
		12,4f. λέγω δὲ ὑμῖν τοῖς φίλοις μου,
καὶ ὑμεῖς μὴ φοβεῖσθε τοὺς ἀποκτέννοντας ὑμᾶς καὶ μηδὲν ὑμῖν δυναμένους ποιεῖν,	10,28 καὶ μὴ φοβεῖσθε ἀπὸ τῶν ἀποκτεννόντων τὸ σῶμα, τὴν δὲ ψυχὴν μὴ δυναμένων ἀποκτεῖναι·	μὴ φοβηθῆτε ἀπὸ τῶν ἀποκτεινόντων τὸ σῶμα καὶ μετὰ ταῦτα μὴ ἐχόντων περισσότερόν τι ποιῆσαι. ὑποδείξω δὲ ὑμῖν τίνα φοβηθῆτε·

---

[8] Hebr 11,13 in Bezug auf die atl. Glaubenden; vgl. auch Jak 1,1: die 12 Stämme in der διασπορά.
Hebr 13,14: Wir haben hier keine μένουσα πόλις, sondern suchen die μέλλουσα.

[9] Vgl. LINDEMANN, 2 Clem 212; Ders., Paul. Theologie 340f.

[10] Vgl. Eph 2,19: Ihr seid nicht mehr ξένοι und πάροικοι, sondern συμπολῖται, hier bezogen auf das
frühere παροικία-Sein der Heidenchristen gegenüber dem Gottesvolk.

ἀλλὰ φοβεῖσθε	φοβεῖσθε δὲ μᾶλλον	φοβήθητε
τὸν μετὰ τὸ ἀποθανεῖν ὑμᾶς		τὸν μετὰ τὸ ἀποκτεῖναι
ἔχοντα ἐξουσίαν	τὸν δυνάμενον	ἔχοντα ἐξουσίαν
ψυχῆς καὶ σώματος	καὶ ψυχὴν καὶ σῶμα	
τοῦ βαλεῖν εἰς γέενναν	ἀπολέσαι ἐν γεέννῃ.	ἐμβαλεῖν εἰς τὴν γέενναν.
πυρός.		

Just Apol I 19,7: μὴ φοβεῖσθε τοὺς ἀναιροῦντας ὑμᾶς
   καὶ μετὰ ταῦτα μὴ δυναμένους τι ποιῆσαι,
   φοβήθητε δὲ τὸν μετὰ τὸ ἀποθανεῖν δυνάμενον
   καὶ ψυχὴν καὶ σῶμα εἰς γένναν ἐμβαλεῖν.
PsClem H 17,5,2 (GCS PsClem I, 231):
   Μὴ φοβηθῆτε ἀπὸ τοῦ ἀποκτέννοντος τὸ σῶμα,
   τῇ δὲ ψυχῇ μὴ δυναμένου τι ποιῆσαι·
   φοβήθητε δὲ τὸν δυνάμενον καὶ σῶμα· καὶ ψυχὴν
   εἰς τὴν γέενναν τοῦ πυρὸς βαλεῖν.

V.2 lautet die Einleitung: λέγει γὰρ ὁ κύριος (ebenso 6,1 und mit der Erweiterung ἐν τῷ εὐαγγελίῳ 8,5). Λέγει verweist auf den Zitatcharakter des Logions. Der Text hat eine größere Nähe zu Lk 10,3 als zu Mt 10,16:[11] Statt ἀρνία liest Lk ἄρνας, Mt πρόβατα. Der Diminutiv-Charakter von ἀρνίον (gegenüber ἀρήν) wird in ntl. Zeit nicht mehr empfunden,[12] die Änderung ist schwerlich absichtlich erfolgt, sondern spiegelt den mündlichen Traditionsprozess. Das dürfte auch für ἔσεσθε (statt ἰδοὺ ἐγὼ ἀποστέλλω ὑμᾶς, vgl. Mt und Lk) gelten. Es bezeichnet das „Ergebnis" der Sendung.[13] Das Bild von den Lämmern (bzw. Schafen) unter Wölfen ist traditionell[14] und hat mehrere Bedeutungswandlungen hinter sich (Äth Hen 89,55; 4 Esr 5,18 in Bezug auf Israel unter den Heiden; Lk 10,3; Mt 10,16 in Bezug auf die Jünger in Israel; 2 Clem 5,2 in Bezug auf die Gemeinde in der Welt).

V.3 bleibt noch im Stil eines Schriftzitates: ἀποκριθεὶς δὲ ὁ Πέτρος αὐτῷ λέγει.[15] Die Gestalt des Petrus wird recht stark herausgestrichen: Er ist nicht nur der Jüngersprecher (wie Mk 8,29par; 10,28par u. ö.), sondern V.4 auch der Adressat der Antwort Jesu. Man wird nicht fehlgehen, hier einen Beleg für eine spezifische Petrustradition zu sehen.[16] Aus dem Vergleich wird eine Metapher: Schafe = Ge-

---

[11] KÖSTER, Überlieferung 96; Ders., Gospels 351; nach KÖHLER, Rezeption 145 halten sich Mt und Lk die Waage.

[12] BAUER/ALAND, Wb 217.

[13] LINDEMANN, 2 Clem 213.

[14] Zur eschatologischen Aufhebung der Gefährdung der Lämmer (Schafe) durch Wölfe vgl. Jes 11,6; 65,25.

[15] Nach WARNS, Untersuchungen 470 soll V.3 den Sprung von Mt 10,16 (5,2) zu Mt 10,26–28 (5,4) decken. Nach JEREMIAS, Jesusworte 42 handelt es sich „bei dem Ganzen um eine nicht besonders geschickte Zusammenfügung zerstreuter Sprüche durch ein erfundenes Zwischenglied".

[16] Zur ntl. und apokryphen Petrustradition vgl. PESCH, Simon-Petrus 135–162; BÖTTRICH, Petrus 235–277; zum gnostischen Petrusbild vgl. BERGER, Offenbarung 261–326.

meindeglieder; Wölfe = deren Gegner im weitesten Sinn: gnostische Gegner, aber eventuell auch Verfolger (falls V.1–4 tatsächlich die Möglichkeit des Martyriums im Blick ist) bzw. die Welt insgesamt als Gefahr für die Glaubenden. Die Sorge des Petrus betrifft das sich notwendiger Weise (ἐὰν οὖν) ergebende Zerrissenwerden der Schafe. Διασπαράσσειν ist hap.leg. in der frühchristlichen Literatur, findet sich aber auch in der griechischen Tradition.[17]

V.4 liegt die Petrus gegebene Antwort Jesu vor. Der Wechsel von κύριος (V.2) zu Ἰησοῦς könnte seine Ursache in der ursprünglichen Selbständigkeit der beiden Logien V. 2.4 haben, worauf auch die Sonderüberlieferung von V. 4b hindeutet (vgl. Herm Mand 12,6,3; Iren Haer 3,18,5; ClemAl ExcTheod 5,3; 14,3 u. ö.).[18] Dasselbe gilt für den Wechsel von λέγει zum Erzähltempus εἶπεν.

V.4a bleibt auf der Ebene der Metapher: die Schafe brauchen nach ihrem Tod die Wölfe nicht mehr zu fürchten. Μετὰ τὸ ἀποθανεῖν αὐτά kann auf das Leben der Christen nach ihrem Tod verweisen. Dann wäre die Aussage allerdings recht banal, so dass man eher für die ursprüngliche Überlieferungsstufe wie für 2 Clem in Aufnahme der Tauftradition (vgl. nur Röm 6,1–11) an das Totsein des alten Menschen denken könnte, ein Gedanke, der in den soteriologischen Aussagen 2 Clem 1f ebenfalls vorliegt und damit trotz der futurisch-eschatologischen Ausrichtung doch auch die präsentisch-eschatologische deutlich akzentuiert.

V.4b leitet der Verfasser (ebenso wie die Vorgänger auf der Traditionsebene) mit καὶ ὑμεῖς[19] wieder zur Ebene des Vergleichs zurück: μὴ φοβεῖσθε τοὺς ἀποκτέννοντας ὑμᾶς καὶ μηδὲν ὑμῖν δυναμένους ποιεῖν, ἀλλὰ φοβεῖσθε τὸν μετὰ τὸ ἀποθανεῖν ὑμᾶς ἔχοντα ἐξουσίαν ψυχῆς καὶ σώματος τοῦ βαλεῖν εἰς γέενναν πυρός.[20] Das Logion stammt aus Q. Die entscheidenden Stichworte kommen Mt 10,28 wie Lk 12,5 vor. Die wörtlichen Übereinstimmungen mit Mt sind: Μὴ φοβεῖσθε … φοβεῖσθε … τόν, mit Lk: … τὸν … ἔχοντα ἐξουσίαν (ἐμ)βαλεῖν εἰς … γέενναν. Dazu kommen einzelne Stichwörter, wenn auch in grammatikalisch anderer Form, nur bei einem der Synoptiker vor: δυναμένους und ψυχῆς καὶ σώματος bei Mt, ποιεῖν und μετὰ τὸ ἀποθανεῖν bei Lk. Das bei Mt und Lk vorkommende σῶμα fehlt. 2 Clem 5,4 zeigt somit eine starke Vermischung von Mt und Lk,[21] eine größere Nähe zu Lk[22] kann nur sehr bedingt behauptet werden. Die zeitlich nächste Parallele zu 2 Clem 5,4b liegt Just Apol I 19,7 vor.[23] Ein literarischer Bezug im Sinne einer gemeinsamen Vorlage ist

---

[17] Vgl. Aisch Pers 195. Übertragen Luc Icar 21: διασπαράττοντές με τῷ λόγῳ.

[18] Eine Variation des Kompilators oder Predigers wäre ebenfalls möglich, unabhängig davon, ob die Zitatenkombination auf ihn zurückgeht oder nicht.

[19] Sachlich ist ein οὕτως zu ergänzen, vgl. das ὡς V.2.

[20] Γέενναν πυρός ΑΗ; γέενναν S. Ersteres dürfte wegen der besseren Bezeugung vorzuziehen sein. Das Q-Logion hat nur γέενναν. Γέενναν πυρός findet sich Mt 5,22; 18,9, ebenso als v.l. in Mk 9,47 (Α C Θ f13 u. ö.).

[21] Metzger, Kanon 75 spricht von einem Mischzitat.

[22] Knopf, 2 Clem 160; Wengst, 2 Clem 223.

[23] Gemeinsam sind: μὴ φοβεῖσθε τοὺς … ὑμᾶς καὶ … μη(δὲν) δυναμένους … τὸν μετὰ τὸ ἀποθανεῖν … εἰς γέενναν.

schwer zu begründen, immerhin könnten einige von den Synoptikern abweichende Übereinstimmungen[24] eine über die gemeinsame Synoptikerabhängigkeit
hinausgehende Verwandtschaft andeuten.[25] 2 Clem 5,4b ist schwerlich direkt auf
die Synoptiker zurückzuführen, insofern V.2–4 eine Einheit bilden[26] und einen im
Kontext nicht weiter behandelten Topos breit thematisieren.[27] Erst recht lässt sich
die Anknüpfung an die vorsynoptische Tradition[28] nicht erweisen, so dass sich am
ehesten die Benützung des auch sonst verwendeten apokryphen Evangeliums
(bzw. der Zitatenkollektion) durch 2 Clem nahe legt,[29] auch wenn die Herleitung
des Apophthegmas aus der freien Tradition nicht völlig auszuschließen ist.[30]

Die ursprünglich im Logion V.4b vorliegende Ermunterung zum geduldigen
Aufsichnehmen des Leidens bis hin zum Martyrium dient in der jetzigen Situation
zur Bewältigung des Lebens in dieser Welt und des (wie und wann immer erfolgenden) Sterbens. Das Martyrium ist V.1 ebenso wenig wie V.5–7 im Zentrum des In-
teresses. Das Zitat V.2–4 akzentuiert somit das Sein in dieser Welt als Leidensweg,
der (zumindest potentiell) zum Martyrium führt, trifft damit aber nicht den Kern
des im Kontext vorherrschenden Weltbezuges. Es dürfte vom Prediger nicht zuletzt
wegen der strengen eschatologischen Motivation der Paränese gewählt worden sein.

V.5 knüpft an V.1 an. Mit γινώσκετε spricht der Prediger die Hörerinnen und Hörer auf ihr zustimmendes Erkennen an. Die erneute Anrede ἀδελφοί (nach V.1) ist
wohl kaum bloß Zufall, sondern soll zu besonderer Aufmerksamkeit führen. Es
geht um eine grundsätzliche Reflexion des Weltbezuges, der grammatikalisch posi-

---

[24] Τοὺς ... ὑμᾶς ... δυναμένους ... μετὰ τὸ ἀποθανεῖν.

[25] KNOPF, 2 Clem 160. LIGHTFOOT, Fathers, I/2 219 redet von zufälligen Übereinstimmungen. Auch
spätere Bezugnahmen auf das Q-Logion (Herm Mand 12,6,3; Iren Haer 3,18,5; ClemAl ExcTheod 14,3;
51,3; PsClem H 17,5,2) sind zu unspezifisch, um eine nähere Verwandtschaft mit 2 Clem oder gar eine Tra-
ditionslinie erkennen zu können.

[26] V. 2–4 ist vermutlich in einem Zug zu einer Einheit verbunden worden. In V.2f eine Einheit anzunehmen, die erst sekundär durch V.4 ergänzt wurde (LINDEMANN, 2 Clem 213), legt sich m.E. nicht
nahe, da V.3 keinen abschließenden Charakter hat, sondern eine Weiterführung geradezu herausfordert.
Die ursprüngliche Selbständigkeit von V.4 spricht ja nicht für eine ursprüngliche Einheit von V.2f.

[27] KÖSTER, Gospels 353. Nach GREGORY/TUCKETT, 2 Clem 266 zeige 5,2–4 Bearbeitung von
Mt/Lk und setze somit die Existenz dieser Evangelien voraus.

[28] WREGE, Überlieferungsgeschichte 162 A3.

[29] LIGHTFOOT, Fathers I/2 219; SCHUBERT, 2 Clem 249; OXFORD COMMITTEE, New Testament
136; KNOPF, 2 Clem 160; KÖSTER, Überlieferung 99; Ders., Gospel Traditions 32; DONFRIED, Setting 70; KÖHLER, Rezeption 146; LINDEMANN, 2 Clem 213; GREGORY/TUCKETT, 2 Clem 266. Eine
Zuordnung zu einem namentlich bekannten apokryphen Evangelium (z.B. Ev Äg: LIGHTFOOT, ebd.;
VÖLTER, Predigt 51f; KNOPF, ebd.; Ev Naz: KÖSTER, ebd.) ist zu spekulativ (richtig LINDEMANN,
ebd.). Interessant ist der Vergleich mit POxy 4009 (Ev Petr). LÜHRMANN, POx 4009 nimmt an „daß der
Zusammenhang, aus dem die Fassung des POx 4009 stammt, die Vorlage gebildet haben kann für die-
jenige von 2. Klem. 5:2–4" (400), schließt jedoch nicht aus, daß beide Texte „auch als Varianten gesehen
werden, ohne daß eine gegenseitige Abhängigkeit angenommen werden muß" (400f). Auf Grund der
Differenzen ist nach LÜHRMANN (401) eine Identifikation des in 2 Clem insgesamt benutzten Evangeliums mit Ev Petr nicht möglich (vgl. auch LÜHRMANN, Petrus 356; KÖSTER, Gospel Traditions 34; als
Möglichkeit: GREGORY/TUCKETT, ebd.).

[30] KÖSTER, Überlieferung 99 (als Alternative zu einer schriftlichen Quelle); WENGST, 2 Clem 223;
LOHMANN, Drohung 98f.

tiv (anders V.4), sachlich aber ebenso negativ formuliert ist: ἡ ἐπιδημία ἐν τῷ
κόσμῳ τούτῳ τῆς σαρκὸς ταύτης[31] μικρά ἐστιν καὶ ὀλιγοχρόνιος. Ἐπιδημία
ist hap.leg. in der frühchristlichen Literatur.[32] Der Term bezeichnet neutral den
Aufenthalt an einem Ort, er bekommt durch den Konnex mit κόσμος οὗτος bzw.
durch die Parallele zu παροικία (V.1) aber einen negativen Aspekt. Der Trost:
Glücklicher Weise ist der Aufenthalt in dieser Welt μικρὰ καὶ ὀλιγοχρόνιος.
Μικρά ist wohl nicht im zeitlichen Sinn zu verstehen als „kurz",[33] sondern der
üblichen Verwendung in 2 Clem (1,1.2; 6,6 u. ö.) entsprechend als „gering, unbedeutend". Das passt auch besser zum folgenden Gegensatzpaar μεγάλη καὶ θαυ-
μαστή,[34] mit dem die ἐπαγγελία τοῦ Χριστοῦ beschrieben wird. Ἐπαγγελία
kommt hier erstmals in 2 Clem vor. 10,3.4 ist dem jetzigen Genuss die μέλλουσα
ἐπαγγελία kontrastiert, die τρυφή bringt, während der jetzige Genuss nur Qual
zur Folge hat. Die ἐπαγγελία θεοῦ, der nicht zu glauben unglückselig macht
(11,1), wird empfangen werden aufgrund des Tuns der Gerechtigkeit (11,7). Der
Zuspruch der Gebetserhörung (Zitat Jes 58,9) ist schließlich 15,4 Zeichen einer großen Verheißung. An letzterer Stelle kommt der präsentische Aspekt der Verheißung zum Ausdruck, ansonsten aber ist sie futurisch-eschatologisch akzentuiert.

Worin die ἐπαγγελία τοῦ Χριστοῦ 5,5 besteht, erläutert der mit dem explikativen καί[35] eingeleitete Schlussteil: ἀνάπαυσις τῆς μελλούσης βασιλείας καὶ
ζωῆς αἰωνίου. Mit ἀνάπαυσις greift Vf. ein höchst bedeutendes Motiv auf, das
auch im Term κατάπαυσις[36] (bzw. den jeweiligen Wortfeldern) artikuliert wird.
2 Clem kommt ἀνάπαυσις noch 6,7 vor,[37] ebenfalls im Sinn des eschatologischen
Heils.[38] Im NT ist nur Mt 11,29 (Zitat Jes 28,12) zu vergleichen. Im Aufsichnehmen
des Joches Christi wird ἀνάπαυσις – offenbar gegenwärtig wie zukünftig – erlangt.[39] Das Motiv der Ruhe „als das Zur-Ruhe-Kommen des müden Volkes im
Lande der Verheißung"[40] spielt im AT eine große Rolle. Die verschiedenen Bedeutungen sind „in LXX lokal diesseitig und innerzeitlich"[41] ausgerichtet, im apokalyptischen und rabbinischen Judentum erfolgte eine eschatologische Ausweitung

---

[31] Σάρξ αὕτη meint analog zur traditionellen Wendung ἐν σαρκί die menschliche Seinsweise hic et
nunc (ebenso 8,2). 9,1f wird dagegen auch die Existenz nach der Auferstehung als sarkische verstanden.

[32] Vgl. Phil Flacc 33; Jos Ant 8,102; ἐπιδημεῖν: Act 2,10; 17,21; Herm Sim 1,9.

[33] Vgl. LINDEMANN, 2 Clem 211: kurz, neben ὀλιγοχρόνιος: von geringer Dauer.

[34] Μικρὰ καὶ ὀλιγοχρόνιος findet sich auch 6,6. LINDEMANN, ebd. übersetzt hier: „gering und von
kurzer Dauer".

[35] Vgl. Joh 1,16; Gal 6,16; BDR § 442,6.

[36] Κατάπαυσις findet sich in den Apostolischen Vätern nur Barn 16,2 (Zitat Jes 66,1), allerdings in an-
derem Sinn, dasselbe gilt für Act 7,49 (Zitat Jes 66,1). In den Kontext von 2 Clem 5,5 gehören freilich die
Belege Hebr 3,11.18; 4,1.3.5.11 (z. T. in Zitaten von Ψ 94,11).

[37] Als v.l. auch 10,3 H anstelle des vorzuziehenden ἀπόλαυσις AS.

[38] In den Apostolischen Vätern kommt ἀνάπαυσις nur noch Herm Sim 6,2,7 vor, allerdings in anderer Bedeutung.

[39] Die weiteren NT-Belege Mt 12,43par; Apk 4,8; 14,11 stehen in einem anderen Kontext. Ein Einfluss
von Mt 11,29 (OXFORD COMMITTEE, New Testament 130) ist wegen der weiten Verbreitung des Motivs
der Ruhe nicht anzunehmen (GREGORY/TUCKETT, 2 Clem 275).

[40] RAD, Ruhe 103.

[41] BRAUN, Hebräer 90.

(ARN 1,1 u.ö.),[42] z.T. ausdrücklich als himmlischer Ruheort verstanden (Syr Bar 51,10; Slav Hen 8,1; Jos As 8,9; 15,7 u.ö.). In Hebr bezeichnet κατάπαυσις „den Ruheort … Gottes".[43]

Das Motiv der eschatologischen Ruhe hat in der Gnosis eine große Bedeutung.[44] Das Verständnis eines zukünftigen Heilsortes bzw. Heilsgeschehens dominiert (ClemAl ExcTheod 63,1; EV NHC I 40,33; 41,13; Act Thom 34; 94; Ev Thom 51 NHC II 42,8; 60 NHC II 43,21 u.ö.), doch der die Gegenwart betreffende Aspekt ist nicht davon zu trennen (Ev Thom 2 POxy 654; 50 NHC II 42,7; Ev Hebr 4b [NT Apo 6I 146f]; Act Joh 78; Od Sal 26,12; 27,4 u.ö.). Der Term ἀνάπαυσις (oder verwandte t.t.) hat nicht per se eine gnostische Konnotation, wie die frühjüdischen und frühchristlichen Belege zeigen. Auch 2 Clem versteht ἀνάπαυσις natürlich nicht gnostisch. Wenn man aber davon ausgeht, dass er insgesamt antignostisch ausgerichtet ist, gilt das natürlich auch für seine Verwendung von ἀνάπαυσις. Allein dass dieser Term ein t.t. der gnostischen Eschatologie ist, legt eine diesbezügliche polemische Ausrichtung des Predigers nahe,[45] die durch die Verbindung von ἀνάπαυσις mit den traditionellen Vorstellungen vom kommenden Reich und ewigen Leben noch gestärkt wird.

V.6 trägt wieder Paränese vor, die das Erlangen (ἐπιτυγχάνειν) der V.5 genannten Heilsgüter zum Ziel hat.[46] Der Anschluss mit οὖν will eine Schlussfolgerung ziehen, die sich freilich nicht aus dem Vorhergehenden ergibt, sondern in der Grundausrichtung des Predigers begründet ist: die Heilsgüter werden durch ποιεῖν erlangt. Der Term wurde zuletzt 5,1 genannt, ist aber durch die ganze Predigt hindurch präsent (3,4; 4.2.5; 6,7; 8,4; 9,11; 10,1; 11,7; 12,6; 13,2; 14,1; 15,1.5; 16,2; 19,1).

Die erste Erläuterung des ποιεῖν besteht darin, das Leben ὁσίως καὶ δικαίως zu führen. Ὅσιος und δίκαιος werden in unterschiedlicher Begrifflichkeit[47] öfters nebeneinander genannt und bezeichnen „das, was vor Gott und Menschen recht und gut ist",[48] 2 Clem liegt die Zusammenstellung auch 6,9 (auf Taten bezogen) und 15,3 (auf Personen bezogen) vor. Die zweite Erläuterung des ποιεῖν wird positiv und negativ formuliert: τὰ κοσμικὰ ταῦτα ὡς ἀλλότρια ἡγεῖσθαι καὶ μὴ ἐπιθυμεῖν αὐτῶν. Das Weltliche soll als ἀλλότριον, als fremd betrachtet werden.[49] Die nächste Parallele ist Herm Sim 1,3: Dem, der sich auf dieser Welt Besitz erwirbt, wird seine Torheit vorgehalten: οὐ νοεῖς, ὅτι ταῦτα πάντα

---

[42] BILLERBECK III 672.

[43] BRAUN, Hebräer 91.

[44] Vgl. VIELHAUER, Ἀνάπαυσις 217–227; MÉNARD, Repos 71–78; HOFIUS, Katapausis passim.

[45] Das gilt dann auch für das V.5 einleitende καὶ γινώσκετε.

[46] WARNS, Untersuchungen 74 A3037 möchte in V.6 einen Reim erkennen: αὐτῶν – ἀναστρέφεσθαι – ἡγεῖσθαι – αὐτῶν. In einem Prosatext ist das doch wohl nur Zufall.

[47] Ὁσίως und δικαίως 1 Thess 2,10; ὁσιότης und δικαιοσύνη Lk 1,75; Eph 4, 24; 1 Clem 48,4; ὅσιος und δίκαιος 1 Clem 14,1.

[48] HAUCK, ὅσιος 491; vgl. schon LIGHTFOOT, Fathers I/2 220; SCHUBERT, 2 Clem 249 u.a. Dass diese Fortführung nicht gut zur Martyriumsthese V.1–4 passt, bemerkt auch KNOPF, 2 Clem 160.

[49] In der Stoa ist ἀλλότριον „der terminologische Gegenbegriff zu ,zugehörig' (οἰκεῖον)", POHLENZ, Stoa I 136.

ἀλλότριά εἰσι καὶ ὑπ' ἐξουσίαν ἑτέρου εἰσίν; 1,11: πονηρὸν γάρ ἐστιν ἀλλοτρίων ἐπιθυμεῖν. 2 Clem 5 wie Herm Sim 1 wird der abgelehnten Verhaltensweise die empfohlene gegenübergestellt: dem ὁσίως καὶ δικαίως entsprechen Herm Sim 1,7 die ἔργα und ἐντολαί Gottes. Den sachlichen Kontext bildet die Ethik der Weltentsagung, wie sie z. R. in der Nachfolgetradition (vgl. nur Mt 8,21f par; Mk 8,34–38par; 10,17–31par) oder in der grundsätzlichen Aussage 1 Kor 7,29–31 zum Ausdruck kommt. Die Wendungen ταῦτα bzw. ταῦτα πάντα lassen 2 Clem wie Herm „in die Nähe einer rigoristisch-asketischen Ethik"[50] geraten.

V.7 erläutert abschließend durch Charakterisierung des Fehlverhaltens. In unserem Streben, die irdischen Güter zu erwerben, verlassen wir den gerechten Weg. Das Motiv der ὁδὸς δικαία[51] wiederholt 2 Clem 7,3 in der Fassung ὁδὸς εὐθεῖα. Ob dahinter das weit verbreitete Zwei-Wege-Motiv[52] steht, ist unsicher. Immerhin ist nicht von zwei Wegen die Rede, auch Tugend- und Lasterkataloge finden sich nicht im Kontext,[53] andererseits ist wohl eine assoziative Verbindung bei den Zuhörenden vorauszusetzen. Ἀποπίπτειν mit Genitiv ist in übertragener Bedeutung (z. B. Polyb Hist 9,9; 16,1 u. ö.) hap.leg. in der frühchristlichen Literatur.

6,1–9: Das dem zukünftigen Äon entsprechende Leben als Voraussetzung des Heils

(1) Es sagt aber der Herr: „Kein Sklave kann zwei Herren dienen." Wenn wir Gott und dem Mammon dienen wollen, ist uns das nicht zuträglich. (2) Denn was nützt es, wenn jemand die ganze Welt gewinnt, an der Seele aber Schaden nimmt? (3) Dieser und der zukünftige Äon sind zwei Feinde. (4) Dieser lehrt Ehebruch, Schändung, Geldgier und Betrug, jener aber kehrt sich von diesen Dingen ab.

(5) Wir können folglich nicht Freunde beider sein, vielmehr ist es notwendig, dass wir, nachdem wir uns von diesem abgekehrt haben, jenem entsprechend leben. (6) Wir wissen, dass es besser ist, das hier Befindliche zu hassen, weil es gering, kurzlebig und vergänglich ist, jene Dinge aber zu lieben, die guten und unvergänglichen. (7) Wenn wir den Willen Christi tun, werden wir Ruhe finden, wenn aber nicht, wird uns nichts vor der ewigen Strafe retten, falls wir seinen Geboten ungehorsam sind. (8) Es sagt aber auch die Schrift bei Ezechiel: „Wenn Noah, Hiob und Daniel auferstehen, werden sie ihre Kinder

---

[50] LINDEMANN, 2 Clem 214, allerdings nur mit Blick auf 2 Clem.

[51] Vgl. Ψ 1,6: ὁδὸς δικαίων.

[52] Es ist weit verbreitet und findet sich von der griechischen bis zur islamischen und buddhistischen Tradition, vgl. NIEDERWIMMER, Didache 83–88. Einige Beispiele: Griech: Xen Mem 2,1,21–34; Plut Demosth 26,7; atl.-jüd: Ψ 1,1–6; Prov 2,13; Äth Hen 94,1–4; 1QS 3,18–4,8; mAb 2,9; frühchristlich: Did 1,1–6,2; Barn 19,1–20,2.

[53] WENGST, 2 Clem 245 A38 meint, „möglicherweise" einen solchen Einfluss zu erkennen, und verweist auf die Aufzählungen 4,3; 6,4. Doch ist 4,3 der Kontext das Tat-Bekenntnis, 6,4 die Differenz der beiden Äonen. Betont gegen einen Bezug zum Zwei-Wege-Motiv: LINDEMANN, 2 Clem 214.

in der Gefangenschaft nicht retten." (9) Wenn aber sogar diese Gerechten mit ihren gerechten Taten ihre Kinder nicht retten können, mit welcher Zuversicht werden wir, wenn wir die Taufe nicht rein und unbefleckt bewahren, in das Reich Gottes kommen? Oder wer wird unser Anwalt sein, wenn wir nicht als solche erfunden werden, die gottgefällige und gerechte Taten getan haben?

Struktur:

V.1	These: Zitat:	Unmöglichkeit des Dienstes für zwei Herren
	Begründung I:	These: Schädlichkeit des doppelten Dienstes
V.2	Begründung II:	Zitat: Gewinn der Welt–Verlust der Seele
V.3	Begründung III:	These: Feindschaft der beiden Äonen
V.4	Erläuterung:	Lasterkatalog und gegenteiliges Verhalten
V.5	Paränese:	Abkehr von diesem, Zuwendung zu jenem Äon
V.6	Begründung I:	Bedeutungslosigkeit, Kürze und Vergänglichkeit dieses und Unvergänglichkeit des zukünftigen Äons
V.7	Begründung IIa:	Ruhe bei Erfüllung des Willens Christi
	b:	Strafe bei Ungehorsam gegenüber den Geboten
V.8	Erläuterung: Zitat:	Keine Rettung durch Verdienste der Väter
V.9	Schlussfolgerung:	Wichtigkeit des eigenen Tuns

Kap. 6 setzt die Thematik von Kap. 5 fort: Es geht (in z. T. anderer Ausrichtung und Terminologie) um den Gegensatz der beiden Äonen und um das richtige Verhalten. Eine Reihe von Aussagen ist parallel: die Geringfügigkeit und Kürze dieses Äons, die Ruhe als eschatologisches Heilsgut, das Tun des Willens Christi, die Motivation der Paränese durch die Angst vor dem Verfehlen des zukünftigen Heils.[1]

V.1 leitet mit λέγει δὲ[2] ὁ κύριος ein neues Zitat ein.

2 Clem 6,1	Mt 6,24	Lk 16,13
λέγει δὲ ὁ κύριος·		
οὐδεὶς οἰκέτης δύναται	οὐδεὶς δύναται	οὐδεὶς οἰκέτης δύναται
δυσὶ κυρίοις δουλεύειν.	δυσὶ κυρίοις δουλεύειν·	δυσὶ κυρίοις δουλεύειν·
	ἢ γὰρ τὸν ἕνα μισήσει	ἢ γὰρ τὸν ἕνα μισήσει
	καὶ τὸν ἕτερον ἀγαπήσει,	καὶ τὸν ἕτερον ἀγαπήσει,
	ἢ ἑνὸς ἀνθέξεται	ἢ ἑνὸς ἀνθέξεται
	καὶ τοῦ ἑτέρου	καὶ τοῦ ἑτέρου
	καταφρονήσει.	καταφρονήσει.
ἐὰν ἡμεῖς θέλωμεν	οὐ δύνασθε	οὐ δύνασθε
καὶ θεῷ δουλεύειν	θεῷ δουλεύειν	θεῷ δουλεύειν
καὶ μαμωνᾷ,	καὶ μαμωνᾷ.	καὶ μαμωνᾷ.
ἀσύμφορον ἡμῖν ἐστιν.		

Ev Thom 47 NHC II, 41,14–17 (GCS. NF 8,172):

> Es ist unmöglich, dass ein Knecht zwei Herren dient.
> Sonst wird er den einen ehren und den anderen wird er schmähen.

---

[1] Insofern scheint es mir sinnvoller, die beiden Kapitel doch als Einheiten für sich zu nehmen.

[2] Δέ ist gegenüber καὶ γάρ S vorzuziehen, ebenso das Fehlen von ἡμῶν in AH gegenüber S.

Die Kombination von λέγειν und κύριος kommt auch 5,2; 8,5 in Bezug auf ein Herrenwort, 13,2 in Bezug auf ein atl. Zitat vor. Das V.1 vorliegende Zitat οὐδεὶς οἰκέτης δύναται δυσὶ κυρίοις δουλεύειν ist wörtlich ident mit Lk 16,13a und entspricht Ev Thom 47a NHC II 41,14–17. In der Parallele Mt 6,24a fehlt das οἰκέτης. V.1b (ἐὰν ἡμεῖς θέλωμεν καὶ θεῷ δουλεύειν καὶ μαμωνᾷ, ἀσύμφορον ἡμῖν ἐστιν) steht dagegen Mt 6,24c wie Lk 16,13c gleich nahe (beide lesen: οὐ δύνασθε θεῷ δουλεύειν καὶ μαμωνᾷ). Eine Herkunft von Lk[3] ist möglich, aber nicht stringent beweisbar, der Text könnte wegen seiner Einprägsamkeit ebenso gut aus der mündlichen Tradition, einer Zitatenkollektion oder aus dem 8,5 vorausgesetzten apokryphen Evangelium stammen: 8,5 und 6,1 stehen Lk 16,10–12.13 nebeneinander, könnten das also auch im apokryphen Evangelium getan haben.[4] Der Gegensatz zwischen rechter Gottesverehrung und Weltbezug, die dem Logion seit jeher anhaftete, wird von 2 Clem im Rahmen der Zwei-Äonen-Vorstellung (vgl. 5,1.5; 6,3–6) besonders akzentuiert und als Begründung I für die im Zitat formulierte These V.1a paränetisch fruchtbar gemacht: ἐὰν θέλωμεν statt des stärker thetischen οὐ δύνασθε.[5] Μαμωνᾶς ist hap.leg. in den Apost. Vätern, im NT nur Lk 16,9.11; 16,13par Mt 6,24. Kontext ist die Warnung vor Habsucht 2 Clem 6,4; vgl. 4,3. Gottesdienst und Mammonsdienst vertragen sich nicht: ἀσύμφορον ἡμῖν ἐστιν. Ἀσύμφορος ist wiederum hap.leg. in 2 Clem (daneben Herm Mand 4,3,6; 5,1,4; 5,2,2 u. ö.; der Term fehlt im NT). Gemeint ist offenbar die Unverträglichkeit mit der Ausrichtung auf die eschatologische Rettung.

V.2 folgt als Begründung II für die Eingangsthese (V.1a) ein neuerliches Zitat: τί γὰρ τὸ ὄφελος ἐάν τις τὸν κόσμον ὅλον[6] κερδήσῃ, τὴν δὲ ψυχὴν ζημιωθῇ;[7]

2 Clem 6,2	Mt 16,26	Mk 8,36	Lk 9,25
τί γὰρ τὸ ὄφελος,	τί γὰρ ὠφεληθήσεται ἄνθρωπος,	τί γὰρ ὠφελεῖ ἄνθρωπον	τί γὰρ ὠφελεῖται ἄνθρωπος
ἐάν τις	ἐὰν		
τὸν κόσμον ὅλον κερδήσῃ,	τὸν κόσμον ὅλον κερδήσῃ,	κερδῆσαι τὸν κόσμον ὅλον καὶ	κερδήσας τὸν κόσμον ὅλον
τὴν δὲ ψυχὴν	τὴν δὲ ψυχὴν αὐτοῦ		ἑαυτὸν δὲ ἀπολέσας
ζημιωθῇ;	ζημιωθῇ;	ζημιωθῆναι τὴν ψυχὴν αὐτοῦ;	ἢ ζημιωθείς;

---

[3] KÖSTER, Überlieferung 75; Ders., Gospels 350; KÖHLER, Rezeption 142. Eine Ableitung von Q scheidet nach KÖSTER, ebd. z.R. aus. Nach GREGORY/TUCKETT, 2 Clem 267 sei es unsicher, aus der etwas größeren Nähe zu Lk sehr viel abzuleiten.

[4] Vgl. WARNS, Untersuchungen 358.

[5] Οὐ δύνασθε hat nicht bloß imperativische (LINDEMANN, 2 Clem 215), sondern zugleich indikativische Bedeutung.

[6] Ὅλον fehlt im Gegensatz zu AS in H. Nach WARNS, Untersuchungen 397f ist die H-Version als lectio difficilior und wegen der Parallelen bei ClemAl Strom 6,112,3 und Inter NHC XI 9,34 vorzuziehen. Die (direkte oder indirekte) Abhängigkeit von der synoptischen Tradition sowie die doppelte Bezeugung dürften aber doch für die Ursprünglichkeit von ὅλον sprechen.

[7] Statt ζημιωθῇ setzt S ἀπολέσῃ voraus, ebenso lesen das Just Apol I 15,12; ClemAl Strom 6,112,3.

Nach dem Zitat V.1a und dem Zitatanklang V.1b ist das Fehlen einer Einleitung verständlich.[8] Das Zitat entspricht fast wörtlich Mt 16,26: Statt τὸ ὄφελος liest Mt ὠφεληθήσεται ἄνθρωπος, entsprechend fehlt bei Mt τίς, zudem hat er zusätzlich αὐτοῦ nach ψυχήν. Mk 8,36 und Lk 9,25 ist nur τί γὰρ … τὸν κόσμον ὅλον ident, bei Mk zusätzlich τὴν ψυχήν. Eine direkte Abhängigkeit von Mk und Lk ist also auch hier unwahrscheinlich, so dass man eine Abhängigkeit von Mt annehmen kann[9] oder eine von dem auch sonst zitierten apokryphen Evangelium. Da es sich um einen kurzen, einprägsamen Text handelt, ist auch eine Abhängigkeit von mündlicher Tradition nicht prinzipiell auszuschließen, selbst wenn man diese These infolge der immer größer werdenden Bedeutung schriftlicher Traditionen als nicht gerade wahrscheinlich einstufen kann.

Das als rhetorische Frage formulierte Zitat schärft in überaus eindringlicher Weise die Wichtigkeit der Ausrichtung auf den kommenden Äon ein: Welchen dauerhaften Wert könnte die vergängliche Welt schon haben? Nicht eine einzige Seele könnte sie aufwiegen. Es geht nicht um die Vorläufigkeit und damit um die Sinnlosigkeit des Besitzes angesichts des irdischen Todes,[10] sondern angesichts des Verfehlens des zukünftigen Lebens.

V.3 formuliert als Begründung III für die Eingangsthese (V.1a) eine weitere These: ἔστιν δὲ οὗτος ὁ αἰὼν καὶ ὁ μέλλων δύο ἐχθροί. Die Vorstellung von den beiden Äonen stammt aus der Apokalyptik, findet sich aber weniger in direkter Gegenüberstellung (Slav Hen 42,3; Syr Bar 51,8f; Weish Kair Gen 3,4–6; T Pea 4,18 u. ö.) als in der Rede von dieser/diesem bzw. jener/jenem Welt/Äon (bzw. ähnlichen Formulierungen).[11] Entsprechend ist das Begriffsfeld auch im frühen Christentum in unterschiedlicher Diktion breit abgedeckt: αἰὼν οὗτος – αἰὼν ἐκεῖνος (Lk 20,34f), καιρὸς οὗτος – αἰὼν ὁ ἐρχόμενος (Mk 10,30par); οὗτος ὁ αἰών – ὁ μέλλων (Mt 12,32; Eph 1,21); vgl. auch αἰὼν τοῦ κόσμου τούτου – αἰῶνες ἐρχόμενοι (Eph 2,2 in Komb. mit 2,7). Weiters ist zu vergleichen die Rede vom αἰὼν οὗτος (Lk 16,8; Röm 12,2; 1 Kor 1,20; 2,6; Ign Eph 19,1; Ign Magn 1,2; Herm Vis 1,1,8), vom νῦν αἰών (1 Tim 6,17; 2 Tim 4,10; Pol Phil 5,2

WARNS, Untersuchungen 398f möchte deshalb ἀπολέσῃ vorziehen, das auch als härtere Lesart „dem rauhen Ton, den man auch in den anderen apokryphen Zitaten (z.B. in 4,2; 4,5; 5,4 init.; 13,4) vernimmt", besser entspreche (398). Statt „Rückanpassung des Spruches 6,2 an die Grundlage Mt" (398) scheint aber doch auf Grund der doppelten Bezeugung in AH ζημιωθῇ vorzuziehen zu sein. Zudem passt ζημιοῦσθαι in Bezug auf ψυχή in eschatologischem Kontext (Lohn – Strafe) besser als ἀπολλύναι.

   [8] Eine Zitateinleitung fehlt auch 2,1; 11,6; 16,3. Von 2,1 abgesehen dürfte jeweils die enge Einbindung in den Kontext der Grund sein.

   [9] Mit unterschiedlicher Gewissheit: MASSAUX, Influence 145; KÖSTER, Überlieferung 73; MORGAN, Influence 83; DONFRIED, Setting 83; KÖHLER, Rezeption 135; GREGORY/TUCKETT, 2 Clem 268 („directly or indirectly"). Einen Mt- oder Mk-Einfluss lassen offen: LIGHTFOOT, Fathers I/2 221; SCHUBERT, 2 Clem 249.

   [10] Vgl. LUZ, Mt II 493: „Man kann Unmengen von Geld verdienen und dann plötzlich tot sein."

   [11] Vgl. zusammenfassend BILLERBECK IV 799–976; BOUSSET/GRESSMANN, Religion 243–249; SCHREINER, Apokalyptik 112–116; VIELHAUER/STRECKER, in: NT Apo ⁶II 498f.

u. ö.), vom νῦν καιρός (Röm 3,26; 8,18 u. ö.), vom κόσμος οὗτος (1 Kor 3,19; 5,10 u. ö.), vom μέλλων αἰών (Hebr 6,5), vom αἰὼν ὁ ἐρχόμενος (Herm Sim 4,2,8) oder vom ἐκεῖνος αἰών (Herm Sim 4,4). In den Apostolischen Vätern findet sich die direkte Gegenüberstellung der beiden Äonen nur an der vorliegenden Stelle,[12] wobei in einzigartiger Weise beide als ἐχθροί bezeichnet werden. Damit wird der räumlich-zeitliche Gegensatz der beiden Äonen historisiert und moralisiert. Die motivliche Nähe zu Jak 4,4 (ἡ φιλία τοῦ κόσμου ἔχθρα τοῦ θεοῦ ἐστιν) ist unverkennbar.[13]

V.4 erläutert den Gegensatz der beiden Äonen (V.3) und damit die Unmöglichkeit des Dienstes an beiden (V.1) durch das von ihnen jeweils propagierte[14] Verhalten. In Bezug auf „diesen" Äon wird ein viergliedriger Lasterkatalog vorgetragen: μοιχεία, φθορά, φιλαργυρία, und ἀπάτη. Ehebruch wird auch in dem dreigliedrigen Katalog 4,3 zuerst genannt. Sexuelle Vergehen stehen in der frühchristlichen Paränese in Abgrenzung von heidnischen Verhaltensweisen an prominenter Stelle. Im Zwei-Wege-Traktat Did 2–6/Barn 19f wird er im Rahmen des Lebensweges (als abgelehntes Tun) und des Todesweges genannt (Did 2,2; 3,3; Barn 19,4 bzw. Did 5,1; Barn 20,1), auch sonst spielt die Warnung vor ihm eine große Rolle: Barn 10,7; 1 Clem 30,1; 35,8; Herm Mand 4,1,4.5.9; 8,3; Sim 6,5,5 u. ö. Für das NT vgl. nur: Mt 5,27; Mk 7,22par; 8,38par (diese Generation als ehebrecherische und sündigende); Röm 2,22; Jak 2,11; 4,4; 2 Petr 2,14 u. ö.[15] Φθορά dürfte von μοιχεία her zu verstehen sein (ebenso wie die beiden folgenden Laster φιλαργυρία und ἀπάτη zusammengehören) und hätte dann nicht die allgemeine Bedeutung von Vergänglichkeit, Vernichtung o.dgl.,[16] sondern spezifisch sexuelle Vergehen wie Vergewaltigung[17] oder Abtreibung (Did 2,2; Barn 19,5) im Blick. Φιλαργυρία greift das φιλαργυρεῖν von 4,3[18] auf (vgl. noch 1 Tim 6,10; Pol Phil 2,2; 4,1.3; 6,1; das Adj. φιλάργυρος Lk 16,14; 2 Tim 3,2; Did 3,5) und stellt neben die sexuellen Vergehen die ökonomischen als die, die die Zugewandtheit zu diesem Äon besonders gut artikulieren. Vom Kontext her könnte dementsprechend bei ἀπάτη auch an „materiellen (Geld-) Betrug"[19] gedacht sein (vgl. Mk 4,19par),[20] obwohl

---

[12] Vgl. aber die Gegenüberstellung von αὕτη πόλις und ἰδία πόλις/πόλις σου (Herm Sim 1,1,4 u. ö.).

[13] LOHMANN, Drohung 101; vgl. WENGST, 2 Clem 271 A47; LINDEMANN, 2 Clem 215 wendet sich z.R. gegen die These von DONFRIED, Setting 71, durch V.3 sei Kap. 6 insgesamt als „clearly gnostizising" erwiesen. Ähnlich ist nach WARNS, Untersuchungen 256 A7189 die Definition der beiden Äonen nur durch die Frontstellung gegen die Valentinianer verständlich. Gleichwohl bekommt der Vers bei Annahme einer insgesamt vorliegenden antignostischen Ausrichtung ein besonderes Profil.

[14] Λέγειν = hier lehren, propagieren. BAUER/ALAND, Wb 953 (vielleicht etwas zu scharf): „befehlen, anordnen in mehr oder weniger nachdrücklicher Weise."

[15] Zum Stellenwert von μοιχεία (bzw. πορνεία) in ntl. Lasterkatalogen vgl. WIBBING, Tugend– und Lasterkataloge 86–108.

[16] So in den Apost. Vätern: Barn 5,1 H; Ign Röm 7,3.

[17] LINDEMANN, 2 Clem 215 mit Hinweis auf Phil DetPotIns 102; vgl. Jos Ant 17,309. Διαφθορά = Ehebruch Jos Ant 2,55.

[18] 4,3 ist μοιχᾶσθαι das erst-, φιλαργυρεῖν das letztgenannte Laster.

[19] LINDEMANN, 2 Clem 215. Eph 4,22 (αἱ ἐπιθυμίαι τῆς ἀπάτης) beweist freilich nichts.

[20] Hier ist allerdings τοῦ πλούτου ergänzt.

der Term ganz überwiegend im allgemeinen Sinn verwendet wird (Kol 2,8: neben φιλοσοφία, 2 Thess 2,10: neben ἀδικία, Hebr 3,13: neben ἁμαρτία; vgl. Herm Mand 11,12: ἐν ἑτέραις πολλαῖς ἀπάταις; bei Herm häufig neben τρυφή: Sim 6,2,1.4; 6,4,4; 6,5,3; vgl. 2 Petr 2,13), so dass sich ein allgemeines Verständnis „Betrug" mindestens ebenso nahe legt.

Den genannten vier Lastern stehen (anders als 4,3) keine Tugenden gegenüber; es wird nur allgemein gesagt, der künftige Äon kehre sich von solchen Verhaltensweisen ab.[21] Ἀποτάσσεσθαι findet sich noch im unmittelbaren Kontext 6,5 (τούτῳ, d.h. den genannten Lastern absagen) sowie 16,2 (den ἡδυπάθειαι absagen). Eine Weltverneinung per se liegt nicht vor, es geht nur um eine Distanz zu abzulehnenden Verhaltensweisen (ähnlich Herm Mand 6,2,9: τῷ ἀγγέλῳ τῆς πονηρίας absagen). Die Radikalität der Weltentsagung in der Nachfolgetradition (Lk 9,61; 14,33; vgl. Ign Philad 11,1)[22] wird nicht erreicht, hier liegt gleichsam eine Verkirchlichung derselben vor.[23]

V.5 zieht unter Aufnahme des Motivs der Feindschaft der beiden Äonen (V.3)[24] den paränetischen Schluss, Christen könnten nicht Freunde beider sein, vielmehr müssten sie sich von diesem abkehren (ἀποτάσσεσθαι, vgl. V.4) und jenem entsprechend leben. Die V.1–4 in den thetischen Aussagen enthaltene Paränese wird jetzt explizit gemacht. Insofern bekommt dieser Vers im Kontext einen hohen Stellenwert (bes. V.7–9), das durch das δεῖ (vgl. 1,1; 2,5; 4,4 u.ö.) zusätzlich zum Ausdruck gebracht wird. Χρᾶσθαι[25] mit Dativ (vgl. App BellCiv 4,102, 427f; Jos Bell 3,341; Just Apol I 14,2 u.ö.) meint etwas, das in Gebrauch genommen, benutzt wird: ἐκείνῳ d.h. von jenem Äon, konkret von Verhaltensweisen, die diesem kommenden Äon entsprechen. Welche das sind, wird V.6 wenigstens angedeutet.

V.6 gibt eine erste Begründung der eben vorgetragenen Paränese. Dabei ist der Plural οἰόμεθα nicht näher motiviert, 14,2 und 15,1 wird der Singular verwendet. Der Komparativ βελτίον hat superlativische Bedeutung: aufgrund des absoluten Gegensatzes der beiden Äonen geht es nicht um die Alternative besser-schlechter, sondern um „das allein Gute".[26] Die alternativen Verhaltensweisen sind dementsprechend τὰ ἐνθάδε μισεῖν und ἐκεῖνα ἀγαπᾶν. Hier könnte ein Reflex der

---

[21] Man muss wohl verstehen: Um am zukünftigen Äon teilzuhaben, muss man den Lastern absagen.

[22] Spätere Belege für ἀποτάσσεσθαι: Act Paul 5: τῷ κόσμῳ τούτῳ, ClemAl Protr 10,101: τῇ συνηθείᾳ; ClemAl ExcTheod 77: ταῖς πονηρίαις ἀρχαῖς; weiteres bei GEBHARDT/HARNACK, Epistulae 119.

[23] Zur gnostischen Weltverneinung vgl. RUDOLPH, Gnosis 68–78.

[24] Gegenüber V.1 (δουλεύειν) ist die Differenz in der Motivik auffällig.

[25] Χρᾶσθαι A, χρῆσθαι H; ein Bedeutungsunterschied liegt nicht vor. Χρᾶσθαι: Hdt Hist 1,187; 3,99 u.ö.; χρῆσθαι: Plat Resp 1,333b; Xen Anab 2,1,14 u.ö.

[26] LINDEMANN, 2 Clem 216 mit Bezug auf BDR § 244,3. Nach LOHMANN, Drohung 102 sei die Zwei-Äonen-Vorstellung ganz anders gestaltet als in der apokalyptischen Tradition: Es handle sich nicht um ein kosmisches Nacheinander, sondern um einen anthropologischen Entscheidungsdualismus. Ist das ein Gegensatz?

Fortsetzung des V.1 zitierten Logions (vgl. Mt 6,24par) vorliegen: Die geforderten Verhaltensweisen des μισεῖν und des ἀγαπᾶν gehen über V.1 hinaus. Τὰ ἐνθάδε besteht in Aufnahme von 5,5 in μικρὰ καὶ ὀλιγοχρόνια, ergänzt durch φθαρτά.[27] Hier wird keine Aussage über die moralische Entfremdung des gegenwärtigen Äons gemacht, nur über dessen Endlichkeit. Die Aussage ist implizit bedenklich, insofern ein rein ontologisches Urteil über den gegenwärtigen Äon Anlass für dessen moraltheologische Disqualifikation ist – der Autor gerät hier in bedenkliche Nähe zum intentionaliter stets distanzierten Gnostizismus. Das den zukünftigen Äon Betreffende wird als ἀγαθὰ καὶ ἄφθαρτα qualifiziert. Eine exakte Gegen-überstellung zu dem bei ἐνθάδε Genannten liegt nur im ἄφθαρτα vor, auf das Vf. in Kap. 5–7 insgesamt die Paränese in hohem Maße gründet.

V.7 bietet in antithetischem Parallelismus eine zweite Begründung für die paräne-tische Forderung der Zuwendung zum kommenden Äon. Die positive Seite: ποιοῦντες[28] τὸ θέλημα τοῦ Χριστοῦ εὑρήσομεν ἀνάπαυσιν.[29] Zum ποιεῖν des θέλημα Christi (bzw. zu den parallelen Wendungen) vgl. zu 5,1. Das durch die-ses Verhalten zu erlangende Heilsgut ist ἀνάπαυσις, dazu 5,5. Das Syntagma εὑρίσκειν ἀνάπαυσιν findet sich als Beschreibung gegenwärtigen Heilseins Mt 11,29 (Zitat Jer 6,16;[30] vgl. Sir 6,28; 51,27). Die mit Mt gemeinsame Sprache ist auffällig, dass daraus eine Abhängigkeit gefolgert werden kann,[31] ist eher unwahr-scheinlich. Zum Konnex Tun des Willens – eschatologisches Heil vgl. 1 Joh 2,17 (μένειν) oder Pol Phil 2,2 (ἐγείρεσθαι).

Die negative Seite: εἰ δὲ μήγε, οὐδὲν ἡμᾶς ῥύσεται ἐκ τῆς αἰωνίου κολ-άσεως, ἐὰν παρακούσωμεν τῶν ἐντολῶν αὐτοῦ.[32] Der doppelte Bedingungs-satz mit εἰ und ἐάν ist pleonastisch, V.9 wiederholt diese Konstruktion (vgl. auch Joh 13,17). Es handelt sich nicht um eine platte Wiederholung, sondern um eine Explika-tion.[33] Εἰ μήγε verneint das V.7a Gesagte (das Tun des Willens Christi), ἐὰν ver-deutlicht in positiver Formulierung: Es geht um den Ungehorsam gegenüber seinen (= Christi) Geboten. Ἐντολαί findet sich in Kombination mit παρακούειν schon 3,4 (in Kombination mit ποιεῖν 4,5; mit φυλάσσειν 8,4; mit ἔχειν 17,1; mit προκόπ-τειν 17,3; mit παραλογίζεσθαι 17,6). Ungehorsam gegenüber den Geboten Christi hat αἰώνιος κόλασις zur Folge. Das Syntagma findet sich in frühchristlicher Lite-

---

[27] Reflexionen über das Verhältnis von φθαρτός – ἄφθαρτος wie 1 Kor 15,53f liegen nicht vor; zur Differenz φθαρτός – ἄφθαρτος vgl. auch 1 Kor 9,25; 1 Petr 1,23.

[28] A ergänzt γάρ.

[29] S setzt zusätzlich ἐκεῖ voraus.

[30] Jer 6,16 liest allerdings ἁγνισμός statt ἀνάπαυσις. Mt 12,43par steht das Syntagma für das vergeb-liche Suchen eines ausgetriebenen Dämons nach einem Ruheplatz.

[31] Nach KÖHLER, Rezeption 137: „möglich". Etwas bestimmter MASSAUX, Influence 148: „L'auteur de la IIe. Clementis connaît l'évangile de Mt.". Nach KÖSTER, Überlieferung 106 handelt es sich bloß um „Beeinflussung beider (scil. 2 Clem 6,7 und Mt 11,29, W.P.) durch die spätjüdische Erbauungsspra-che".

[32] S ergänzt: und wenn wir an sie (scil. die Gebote) denken.

[33] KNOPF, 2 Clem 161: „εἰ setzt … die Bedingung als wirklich und vorhanden, ἐάν lässt das Tun von den Umständen abhängen".

ratur nur noch Mt 25,46,[34] dort als Gegensatz zu ζωὴ αἰώνιος. 17,7 variiert: κολάζονται δειναῖς βασάνοις πυρὶ ἀσβέστῳ. Die Verwandtschaft mit mt Diktion ist
wiederum auffällig. Wie bei εὑρίσκειν ἀνάπαυσιν (vgl. auch schon 5,5) liegt aber
kaum literarische Abhängigkeit vor.[35] Ῥύεσθαι (parallel: σῴζειν 4,1) als t.t. für das
eschatologische Heil findet sich hier erstmals in 2 Clem (weiters V.8f; 16,4).

V.8 erläutert[36] die These, dass bei Ungehorsam nichts vor der ewigen Strafe retten
kann, durch ein Zitat aus Ez 14,14–20.

2 Clem 6,8	Ez 14,14–20
λέγει δὲ καὶ ἡ γραφὴ ἐν τῷ Ἰεζεκιήλ, ὅτι	
ἐὰν ἀναστῇ	14 ἐὰν ὦσιν …
Νῶε καὶ Ἰὼβ καὶ Δανιήλ,	Νῶε καὶ Δανιὴλ καὶ Ἰώβ … (+V. 20),
οὐ ῥύσονται τὰ τέκνα αὐτῶν	18 οὐ μὴ ῥύσωνται υἱοὺς οὐδὲ θυγατέρας,
ἐν τῇ αἰχμαλωσίᾳ.	
	αὐτοὶ μόνοι σωθήσονται.
	weiters:
	16 εἰ υἱοὶ ἢ θυγατέρες σωθήσονται,
	ἀλλ᾽ ἢ αὐτοὶ μόνοι σωθήσονται,
	ἡ δὲ γῆ ἔσται εἰς ὄλεθρον·
	20 ἐὰν υἱοὶ ἢ θυγατέρες ὑπολειφθῶσιν
	αὐτοὶ ἐν τῇ δικαιοσύνῃ αὐτῶν
	ῥύσονται τὰς ψυχὰς αὐτῶν.

Es liegt eine ausführliche Einleitung vor: λέγει δὲ[37] καὶ ἡ γραφὴ ἐν τῷ Ἰεζεκιήλ.
Mit γραφή werden auch Mt 9,13par (2,4), Jer 7,11 (14,1) und Gen 1,27 (14,2) eingeleitet. Eine genaue Abgrenzung des mit γραφή bezeichneten Schriftencorpus ist
nicht erkennbar, jedenfalls fallen Tora, Propheten und die Sammlung der Jesuslogien darunter. Neben V.8 wird nur noch 3,5 (dort Jes 29,13) die zitierte Schrift
genannt. Ein Grund für die Rede von der γραφή bei gleichzeitiger Nennung der
betreffenden Schrift (ein Unikum in 2 Clem) ist nicht recht erkennbar. Vermutlich
wollte der Verfasser gerade diesem Zitat ein besonderes Gewicht verleihen.

Das Zitat lautet: ἐὰν ἀναστῇ[38] Νῶε καὶ Ἰὼβ καὶ Δανιήλ, οὐ ῥύσονται
τὰ τέκνα αὐτῶν ἐν τῇ αἰχμαλωσίᾳ. Es enthält Einzelwendungen aus Ez
14,14.16.18.20 (eventuell auch aus Jer 15,1 und Ps Sal 2,6):[39] Die drei Genannten fin-

---

[34] Daneben noch als Variante in Mart Pol 2,3, weiters Just Apol I 8,4; 12,1; 18,2 u. ö. Κόλασις zur Bezeichnung des eschatologischen Unheils auch 1 Clem 11,1; Diogn 9,2. Die Vorstellung der ewigen Strafe
ist apokalyptisches Gemeingut: vgl. schon Dan 12,2; dazu BILLERBECK IV 1059f.

[35] OXFORD COMMITTEE, New Testament 130; GREGORY/TUCKETT, 2 Clem 276.

[36] Der erläuternde Charakter des Zitats kommt darin zum Ausdruck, dass es ohne größeren Schaden
aus dem Text herausgenommen werden könnte.

[37] Δέ AH, S setzt γάρ voraus.

[38] S setzt ἀναστῶσιν voraus.

[39] WARNS, Untersuchungen 517–529: Aus Jer 15,1 sei ἀναστῇ entlehnt: Auch wenn Moses und
Samuel vor Gott hintreten würden (στῇ), würde sich Gott dem Volk nicht zuwenden – derselbe Gedanke wie bei Ez, dass das Eintreten einzelner Gerechter das Volk nicht retten könne. Ἀναστῇ ist freilich

den sich Ez 14,14.20 in der Reihenfolge Νῶε – Δανιήλ – Ἰώβ. Wörtlich findet sich auch ῥύσονται (V.20; οὐ μὴ ῥύσωνται V.18). Schließlich ist τέκνα sinngemäße Wiedergabe von υἱοὶ ἢ (bzw. οὐδὲ) θυγατέρες (V.16.18.20). Das Ez-Zitat findet sich in der vorliegenden Form sonst nirgends in der frühchristlichen Literatur, ist aber auch Just Dial 44,2; 45,3; 140,3 geläufig; statt von Ἰώβ ist allerdings von Ἰακώβ die Rede, auch ist die Reihenfolge unterschiedlich (44,2; 140,3: Νῶε – Ἰακώβ – Δανιήλ; 45,3: Νῶε – Δανιήλ – Ἰακώβ). Übereinstimmend ist wieder der Hinweis auf Söhne und Töchter sowie (als Pointe) die Betonung der eigenen Verantwortung für das zukünftige Heil, ein im zeitgenössischen Juden- und Judenchristentum wichtiges Motiv (mAb 4,13; Jak 2,21 u. ö.).

Die Herkunft des Zitats ist unklar. Ein Testimonienbuch[40] ist möglich. Dass die Reihenfolge Noah – Hiob – Daniel sich auch bei späteren Kirchenschriftstellern findet (Orig HomEz 4,6; ApostConst 2,14,4; Lib Grad 21,14 u. ö.) sagt noch nicht viel für 2 Clem. Auch die genaue Quellenangabe (wie 3,5 beim Jes-Zitat) beweist noch nicht, dass beide aus demselben Testimonienbuch stammen, ebenso wenig die Zitierung von Jes 66,24 (in 7,6) nach Ez 14,14–20, die auch Just Dial 44,2f; 140,3 vorliegt. Die Differenzen zwischen 2 Clem und Just würden freilich verschiedene Rezensionen eines solchen Testimonienbuches voraussetzen bzw. ein unterschiedliches Eingreifen in die Tradition. Eine eigenständige Formulierung des Zitates „aus der Erinnerung"[41] bleibt somit ebenso möglich.

Das Zitat führt die Paränese nicht inhaltlich weiter, sondern erläutert sie durch ein eindrückliches Beispiel und verstärkt somit die Argumentationskraft. Dabei zeigt es in der theologischen Ausrichtung die Veränderung gegenüber dem historischen Kontext bei Ez: Die geänderte Reihenfolge der drei Gewährsmänner entspricht der Abfolge im Kanon[42] und zeigt den neuen Kontext der Tradenten bzw. des Predigers: sie sind nicht mehr nichtisraelitische Zeugen für Israel, sondern biblische Zeugen der je individuellen Verantwortung des Einzelnen für sein eschatologisches Geschick.

V.9 zeigt im Rahmen eines a maiore ad minus-Schlusses die Folgerung, die ganz auf die Eigenverantwortung für das zukünftige Sein abzielt: Wenn schon οἱ τοιοῦτοι δίκαιοι[43] durch ihre δικαιοσύναι ihre Kinder nicht retten konnten, mit welcher Zuversicht werden wir ins βασίλειον Gottes kommen, ἐὰν μὴ τηρήσωμεν

---

auch ohne Bezug zu Jer nahe liegend, da die drei Genannten für ihr Eintreten für ihre Kinder erst „auftreten" oder „auferstehen" müssten. Unsicher ist auch ein Bezug auf Ps Sal 2,6 in der Wendung ἐν τῇ αἰχμαλωσίᾳ. Die Stelle redet angesichts der Eroberung Jerusalems durch Pompejus von Söhnen und Töchtern ἐν αἰχμαλωσίᾳ πονηρᾷ. Zwar ist αἰχμαλωσία vom Ez-Zitat her nicht nahegelegt, so dass eine Anspielung auf Ps Sal gut möglich ist, doch ist andererseits der Bezug so locker, dass 2 Clem 6,8 auch ohne diesen Hintergrund denkbar ist.

[40] WARNS, Untersuchungen 521f.

[41] WENGST, 2 Clem 218.

[42] LINDEMANN, 2 Clem 216.

[43] S setzt οὗτοι voraus. Die Version von AH könnte Verdeutlichung sein, hat aber den Vorteil der Doppelbezeugung. In der Aufeinanderfolge von δίκαιοι, δύνανται und δικαιοσύναις liegt eine Alliteration vor.

τὸ βάπτισμα[44] ἁγνὸν καὶ ἀμίαντον bzw. wer wird unser παράκλητος sein, ἐὰν μὴ εὑρεθῶμεν ἔργα ἔχοντες ὅσια καὶ δίκαια? Δικαιοσύναι für gerechte Taten findet sich (außer als v.l. in Barn 1,6) nirgends in der frühchristlichen Literatur, es entspricht aber atl. Diktion (Dtn 9,6; Ez 3,20; 33,13; Dan 9,18 u. ö.).[45] Implizit sind die Christen (ἡμεῖς) durch die Gegenüberstellung zu den δίκαιοι nicht als solche bezeichnet (anders Röm 5,19). Βασίλειον (= Königspalast, Lk 7,25 weiters Test Jud 17,6.22f; Sib 3,159; Just Apol I 32,2 u. ö.) hat ebenso wie 17,5 die Bedeutung von βασιλεία.[46] Παράκλητος meint den Anwalt bei Gericht (Did 5,2; Barn 20,2 im peiorativem Sinn πλουσίων παράκλητον), im Gegensatz zu 1 Joh 2,1 ist es aber nicht Christus, sondern das eigene rechte Tun. Dementsprechend liegt auch kein Bezug zur joh. Parakletvorstellung (Joh 14,16 u. ö.) vor.[47]

Das rechte Tun (als Voraussetzung für das zukünftige Heil) wird in zwei parallelen ἐάν-Sätzen formuliert. Zum einen geht es um das τηρεῖν τὸ βάπτισμα ἁγνὸν καὶ ἀμίαντον. In der Taufe ist den Christen durch das Erlösungshandeln Christi eine neue Existenz ermöglicht worden (vgl. 1,1–3,1). Diese gilt es nun zu bewahren, ähnlich wie Act Paul 6 voraussetzt: μακάριοι οἱ τὸ βάπτισμα τηρήσαντες (vgl. Herm Sim 8,6,3: τὴν σφραγῖδα τηρεῖν). Ἁγνός und ἀμίαντος sind ursprünglich kultische t.t. (ἁγνός: 2 Makk 13,8; ἀμίαντος: Sap Sal 3,13) und werden wie 1 Clem 29,1 (vgl. ἁγνός: 2 Kor 7,11; Phil 4,8; 1 Clem 1,3 u. ö.; ἀμίαντος: Jak 1,27; 1 Petr 1,4; Herm Mand 2,7 u. ö.) im ethischen Sinne verstanden (vgl. das Motiv der Reinhaltung der σάρξ 8,4.6; 14,3). Zum anderen wird es im zukünftigen Gericht keinen anderen Anwalt geben als die eigenen ἔργα ὅσια καὶ δίκαια. Die Verbindung ὅσιος und δίκαιος (vgl. auch 15,3) ist traditionell: Plat Leg 2,663; Gorg 507b; Polyb Hist 22,10,8 (τὰ πρὸς τοὺς ἀνθρώπους δίκαια καὶ τὰ πρὸς τοὺς θεοὺς ὅσια); TestGad 5,4; Jos Ant 8,245; Tit 1,8; Apk 16,5; 1 Clem 14,1; 45,3; Just Dial 96,3 u. ö.[48] Während 1 Joh 2,1 das Defizit an gottgewollter Lebensgestaltung durch den Parakleten Christus aufgewogen wird, sind die Adressatinnen und Adressaten hier ganz auf ihr eigenes Tun zurückgeworfen. Christus tritt nach 3,2 nur für die ein, die sich zu ihm bekannt haben. Der Gedanke des Gerichts nach den Werken (vgl. Mt 25,31–46; Röm 2,5f; Jak 2,24 u. ö.) wird ohne jeden Abstrich vertreten. Nur eine ausreichende Zahl der geforderten Werke lässt im Gericht bestehen. Eine Polemik

---

[44] Das mangelnde Interesse an theologischer Spekulation zeigt sich sehr schön am Thema Taufe. WRIGHT, Fathers 127: „2. Clement's interest in baptism is restricted to keeping it ‚pure and undefiled' (6.9)".

[45] WARNS, Untersuchungen 525–529 bezeichnet deshalb 2 Clem 6,8f als einen testimonialen Mischtext.

[46] Nach LIGHTFOOT, Fathers I/2 222 müsste an die Teilnahme an einem Fest im Königspalast gedacht sein, was aber unwahrscheinlich sei. Nach WARNS, Untersuchungen 266 greift 2 Clem eine Redeweise der Valentinianer auf (das Pleroma als βασίλειον Tert AdvVal 32,1; ClemAl Strom 7,57,5 ist allerdings von αὐλή die Rede). Die Parallele ist immerhin auffällig.

[47] Ein Bezug auf die Benutzung von παράκλητος durch Valentinianer (Iren Haer 1,1,3: der erste Äon der Zwölfheit; 1,4,4: der die Gnosis bringende Soter), wie ihn WARNS, Untersuchungen 265 annimmt, scheint doch zu weit hergeholt zu sein.

[48] Vgl. BAUER/ALAND, Wb 1185.

gegen die Vernachlässigung des paränetisch Geforderten ist gut denkbar; eine Vernachlässigung, die gut auf gnostischer Basis denkbar ist, ohne dass eventuelle bzw. wahrscheinliche Gegner näher in den Blick kämen.[49]

7,1–6: Der Wettkampf der Unvergänglichkeit[1]

(1a) **Deshalb nun, Brüder, lasst uns kämpfen im Wissen, dass der Wettkampf unsere gegenwärtige Aufgabe ist und**
    (1b) **dass zu den vergänglichen Wettkämpfen viele hinfahren, aber nicht alle bekränzt werden, sondern nur diejenigen, die sich abgemüht und korrekt gekämpft haben.**
    (2) **Wir wollen folglich so kämpfen, dass wir alle bekränzt werden.** (3) **Deshalb wollen wir den geraden Weg laufen, den Wettkampf, der unvergänglich ist. In großer Zahl wollen wir zu ihm hinfahren und den Kampf führen, damit wir alle bekränzt werden. Selbst wenn wir nicht alle bekränzt werden, wollen wir doch möglichst nahe an den Kranz herankommen.**
    (4) **Wir müssen aber wissen: Wer an einem vergänglichen Wettkampf teilnimmt, wird bei Regelverletzung nach der Auspeitschung weggebracht und aus dem Stadion geworfen.**
    (5) **Was meint ihr? Was wird der erleiden, der die Regeln des unvergänglichen Wettkampfs verletzt?** (6) **Von denen, die das Siegel nicht bewahren, heißt es: Ihr Wurm wird nicht sterben und ihr Feuer nicht verlöschen, und sie werden eine Schauspiel sein für alle Welt.**

Struktur:

V.1a	Paränese: Der Wettkampf als christliche Aufgabe		
V.1b–3	Positive Begründung		
1b	Realebene: Siegerehrung bei Wettkämpfen		
2f	Metaphorische Ebene		
	2	Paränese: Kampf, um bekränzt zu werden	
	3	Führung des Wettkampfes, um dem Ziel wenigstens nahe zu kommen	
V.4–6	Negative Begründung		
4	Realebene: Bestrafung nach Regelverletzung		
5f	Metaphorische Ebene		
	5	Rhetorische Frage: Bestrafung nach Regelverletzung	
	6	Zitat als Begründung	

---

[49] Nach WARNS, Untersuchungen 525–529 polemisiert 2 Clem gegen Valentinianer, die von Röm 3,24–31 her die Bedeutung der guten Werke leugnen. Dieser Bezug zu Paulus lässt sich auf Grund des Fehlens der spezifisch paulinischen Terminologie (ἔργα im Konnex mit δικαιοσύνη θεοῦ und Derivate) nicht verifizieren, vgl. LINDEMANN, Paulus 270f; Ders., 2 Clem 217.
[1] Zum Ganzen vgl. PRATSCHER, Wettkampfmetaphorik 47–59.

V.1a expliziert mit ὥστε οὖν ἀδελφοί[2] die Notwendigkeit gottgefälliger und gerechter Werke (6,8) im Rahmen der Wettkampfmetaphorik (außer 7,1–6 auch 20,2).

Die Wettkampfmetaphorik kommt 2 Clem in einer Reihe von Termini zum Ausdruck: ἀγών (7,1.3–5), ἀγωνίζεσθαι (7,1bis. 2f), στέφανος (7,3), στεφανοῦσθαι (7,2.3 bis), θεῖν (7,3), φθείρειν (7,5), ἀθλεῖσθαι (20,2) und γυμνάζεσθαι (20,2). Dazu kommen weitere Termini, die nur auf der Realebene gebraucht werden und nicht spezifische Termini des Wettkampfgeschehens sind: καταπλεῖν (7,1), κοπιᾶν (7,1), μαστιγοῦσθαι (7,4) und ἔξω βάλλεσθαι τοῦ σταδίου (7,4).

2 Clem greift in der Verwendung der Wettkampfmetaphorik ein weit verbreitetes Motiv auf, das sich im griechisch-heidnischen wie im atl.-jüdischen und frühchristlichen Bereich[3] findet. Im griechischen Traditionsbereich findet es sich in der Philosophie (Plat Gorg 526de; Arist NikEth 1,8, 1099a u. ö.) und in der Literatur (Aristoph Nub 1002–1023). Einen großen Stellenwert nimmt es in der kynisch-stoischen Diatribe ein (DioChrys Orat 28,534f; Epict Diss 3,22,57; Diog Laert 6,70; Luc Anach 22; Sen Ep 78,16 u. ö.).[4] Wenigstens ansatzweise findet es sich auch in den Mysterienreligionen und in der Gnosis (Apul Met 11,24; Corp Herm 1,10,19; 12,12 u. ö.). Dementsprechend weit ist auch die Verbreitung im hell.-jüd. Traditionsbereich,[5] wobei besonders Philon hervorzuheben ist (LegAll 3,14; VitMos 1,48; Abr 48; MutNom 106 u. ö.), aber auch sonst in biblischer (Jer 23,10; Pred 9,11; Prov 1,16; Sir 4,28; Sap Sal 4,1 u. ö.) wie nachbiblischer Tradition (4 Makk 11,20f; 15,29; Jos Ant 8,208; Ap 2,217f u. ö.).

Natürlich ist das Motiv auch in der ntl. und sonstigen frühchristlichen Literatur häufig belegt. Getrennt nach den prägenden Stichwörtern sind es folgende Belege: ἀγών 1 Tim 6,12; 2 Tim 4,7; Hebr 12,1; 1 Clem 2,4; 7,1; ἀγωνίζεσθαι Lk 13,24; 1 Kor 9,25; 1 Tim 6,12; 1 Clem 35,4; Barn 4,11; στέφανος 1 Kor 9,25; 2 Tim 4,8; Jak 1,12; 1 Petr 5,4; Apk 2,10; 3,11; Herm Sim 8,2; στεφανοῦσθαι 2 Tim 2,5; Herm

---

[2] Die Apostrophe ἀδελφοί verweist wieder auf die Dringlichkeit des geforderten Tuns. A (Gebhardt/Harnack, Epistulae 120; Lightfoot, Fathers I/2 223; Funk/Bihlmeyer, Väter 160; Knopf, 2 Clem 163) ergänzt μου im Unterschied zu HS (Wengst, 2 Clem 247; Lindemann, 2 Clem 217). Doppelüberlieferung und lectio brevior sprechen gegen das μου.

[3] Einen guten Überblick bieten die Artikel: Reisch, Agones 836–866; Stauffer, ἀγών 134–136; Reinmuth, Agon(es) 135–139; Decker, Sportfeste 847–855, detaillierter: Pfitzner, Paul 16–75; Ellsworth, Agon passim. Über die Zahl der Wettkämpfe vgl. nur die Notiz von Decker 849f: „Über das ganze Land zog sich ein dichtes Netz von S. (S = Sportfesten, W.P.), die in regelmäßigen Abständen bis in die kleinsten Polisgemeinschaften durchgeführt wurden … Ihre Gesamtzahl ist bis h. unklar, ältere Schätzungen sprechen von 150 …, jüngere von 266 A. (Agonen, W.P.) …; neuere hingegen rechnen allein für die röm. Kaiserzeit bereits mit mehr als 500 A. nur im griech. Osten des Röm. Reiches."

[4] Vgl. nur Pfitzner, Paul 28: „The Cynic argues for the priority of ἄσκησις ψυχική over ἄσκησις σωματική. Purely physical exercise must first be transferred to the spiritual plane, or mental plane, before it has any moral value."

[5] Im paläst.-jüd. Bereich ist die Wettkampfmetaphorik nur gelegentlich bezeugt. BBer 28b sagt der Tannait Nehunja ben Haqana: „… ich mühe mich ab, und jene mühen sich ab: ich mühe mich ab und erhalte Belohnung, jene mühen sich ab und erhalten keine Belohnung; ich laufe, und jene laufen: ich laufe zum Leben der zukünftigen Welt, jene laufen zur Grube des Verderbens." (Übers. Goldschmidt, Talmud I 124), vgl. Billerbeck IV, 1, 401–405; Pfitzner, Paul 73–75.

Sim 8,2–4. Die Metaphorik ist in der frühchristlichen Literatur auch noch durch weitere, im 2 Clem nicht vorkommende Termini belegt: ἀθλητής 1 Clem 5,1; Ign Pol 1,3; 2,3; 3,1; τρέχειν Röm 9,16; Gal 2,2; 5,7; Phil 2,16; 2 Thess 3,1, Pol Phil 9,2; βραβεῖον Phil 3,14; 1 Clem 5,5.

Wegen der großen Verbreitung des Wettkampfmotivs ist eine Abhängigkeit des 2 Clem von einer bestimmten Vorlage eher unwahrscheinlich. Aufgrund der 1 Kor 9 und 2 Clem 7 vorliegenden Gegenüberstellung von vergänglichem und unvergänglichem Wettkampf (φθαρτός – ἄφθαρτος ἀγών) wurde gelegentlich eine diesbezügliche Abhängigkeit vermutet,[6] doch ist eine direkte literarische Berührung von hier aus „wenig wahrscheinlich".[7] Dafür spricht nicht nur die Allgemeingültigkeit der Metaphorik, es gibt auch gewisse Differenzen in der Terminologie.[8]

Der ἀγών des christlichen Lebens ist „in die Hand" zu nehmen, wie die Angesprochenen wissen (εἰδότες). Ἐν χερσίν meint etwas, „was man unter den Händen hat, womit man gerade beschäftigt ist".[9] Im Unterschied zum Kohortativ ἀγωνισώμεθα ist die Wendung ἐν χερσὶν ὁ ἀγών eine Feststellung, die zwar auf den Imperativ hindrängt, aber zunächst den Indikativ des tatsächlich geübten Lebenskampfes zum Ausdruck bringt.

V.1b–3 folgt die positive Begründung der Aufforderung zum Wettkampf. V.1b setzt mit ὅτι das ὅτι von V.1a nur grammatikalisch fort, sachlich beginnt jedoch ein neuer Abschnitt: die Argumentation durch Verweis auf die Realebene: Zu den sportlichen Wettkämpfen kommen viele Athleten angereist, aber nicht alle erhalten den Siegeskranz, sondern nur die, die viel trainiert und korrekt gekämpft haben.

Καταπλεῖν meint „zu Schiffe von der hohen See an die Küste fahren, anlanden, einlaufen"[10] (vgl. Hom Od 9,142; Xen Hell 5,1,28; in frühchristlicher Literatur nur Lk 8,26; 2 Clem 7,1.3). Das Stichwort wurde häufig als Argument für die Herkunft des 2 Clem aus Korinth benutzt: Es setze eine Schiffsreise zu den isthmischen Spielen voraus.[11] Es kann freilich die Argumentation für Korinth nicht tragen (auch wenn es bei einer von anderen Erwägungen her erfolgten Entscheidung für die Hauptstadt Achaias sehr gut verständlich wäre): Zu allen anderen großen Spielen konnte man natürlich auch (gegebenenfalls zum Teil) mit dem Schiff anreisen. Wie

---

[6] KNOPF, 2 Clem 163; JEFFORD/HARDER/AMEZAGA, Fathers 128.

[7] LINDEMANN, Paulus 265; etwas offener Ders., 2 Clem 218: „nicht sicher." Gegen eine solche Abhängigkeit votieren STEGEMANN, Herkunft 130. 187A438; WENGST, 2 Clem 271A50; DONFRIED, Setting 84; GREGORY/TUCKETT, 2 Clem 283.

[8] LINDEMANN, Paulus 265 verweist auf die unterschiedliche Zuordnung von ἄφθαρτος (1 Kor 9,25 zu στέφανος, 2 Clem 7,3 zu ἀγών); auch beziehe sich Paulus auf das ganze Leben; nicht zuletzt habe 2 Clem eine stärker moralistische Tendenz und der eschatologische Aspekt fehle. Das ist nur z.T. nachvollziehbar, wie überhaupt die Argumentation mit der unterschiedlichen Terminologie nur bedingt überzeugt.

[9] BAUER/ALAND, Wb 1756 mit Verweis auf Hdt Hist 1,35; App BellCiv 5,81,342 u.ö.

[10] PAPE, Handwörterbuch I 1370.

[11] Z.B. LIGHTFOOT, Fathers I/2 197; FUNK, Klemensbrief 269; in neuerer Zeit DONFRIED, Setting 2–6.

wenig καταπλεῖν für die Frage nach Ort der Entstehung der Predigt austrägt, zeigt WARNS,[12] der es ganz anders deutet, nämlich im Sinne einer Reise den Nil hinunter zu den Spielen in Alexandrien und so für eine Entstehung des 2 Clem in Ägypten verwendet. Κοπιᾶν hat im profanen Gebrauch den negativen Klang von „ermüden, matt, auch satt und überdrüssig werden",[13] es ist kein t.t. der Wettkampfsprache. Das Syntagma πολλὰ κοπιᾶν findet sich in frühchristlicher Tradition auch im Sinne eines eifrigen Dienstes für die Gemeinde (Röm 16,6.12) sowie in soteriologischer Hinsicht (Herm Sim 5,6). Καλῶς ἀγωνίζεσθαι[14] könnte man am Besten mit „korrekt", „regelkonform" oder „fair"[15] kämpfen übersetzen.

Die Aussagen über die sportlichen Wettkämpfe V.1b sind von der metaphorischen Ebene her zu verstehen: Die Rede von den φθαρτοὶ ἀγῶνες ist nur vom ἀγὼν ὁ ἄφθαρτος (V.2) her sinnvoll. Auch erhält keineswegs jeder, der fleißig trainiert und korrekt kämpft, einen Siegeskranz, sondern normaler Weise nur der Sieger; jedenfalls gilt das für die bekannten panhellenischen Spiele in Olympia, Delphi, Korinth und Nemea, die zu den sog. Kranzagonen, den ἀγῶνες στεφανῖται gehörten.[16] Bei den sog. Wertagonen, den ἀγῶνες θεματικοί, hingegen werden z.T. auch weitere Plätze mit Preisen bedacht.[17] So setzte z.B. Achill beim Wagenrennen zu Ehren des gefallenen Patroklos fünf Preise aus (Hom Il 23,262–270) oder Herodes ließ bei den von ihm gestifteten penteterischen Spielen zu Ehren des Kaisers auch den Zweiten und Dritten einen Preis zuerkennen (Jos Bell 1,415; auch Phil Agr 120f setzt Wettkämpfe mit jeweils mehr als einem Preis voraus).

V.2 nimmt mit der wortgetreuen Wiederholung von ἀγωνισώμεθα (V.1a) die Paränese wieder auf. Während dort aber die Wettkampfmetapher nur allgemein die „auf der Hand" liegende Aufgabe beschreibt, geht es jetzt um die genaue Bezeichnung des Zieles: ἵνα πάντες στεφανωθῶμεν. 6,9 ist dieses Ziel mit dem Hineinkommen in das Reich Gottes bezeichnet worden. Στέφανος ist, wie die vorhin genannten Belege zeigen,[18] Metapher für das eschatologische Heil. In Überbietung der Realebene V.1b ist nur das πάντες von zentraler Bedeutung: Während bei den

---

[12] WARNS, Untersuchungen 103–105 (ebd. über berühmte Spiele in Ägypten). Gegen Benützung von 7,1 als Argument für die Ortsbestimmung vgl. schon KNOPF, 2 Clem 219; weiters WENGST, 2 Clem 225A90; LINDEMANN, 2 Clem 219.

[13] PAPE, Handwörterbuch I 1482.

[14] Κοπιᾶν in Kombination mit ἀγωνίζεσθαι auch Kol 1,29; 1 Tim 4,10.

[15] Letzteres LINDEMANN, 2 Clem 218.

[16] In Olympia wurden für den Kranz Zweige vom Ölbaum verwendet, in Delphi vom Lorbeer, in Nemea von der Sellerie, in Korinth in älterer Zeit ebenfalls von der Sellerie, seit dem 4. Jh.v.Chr. von der Fichte (REISCH, Agones 848).

[17] „Sehr häufig waren in diesen A. (scil. Agonen, W.P.) auch noch für zweitbeste, manchmal auch für drittbeste u.s.w. Leistungen Preise ausgesetzt (CIG 2758. CIA II 965), so dass gelegentlich wohl jeder Teilnehmer seine Entlohnung empfieng." (REISCH, Agones 847).

[18] Nach KNOPF, 2 Clem 164 verbindet sich „für die Christen natürlich" die Metapher des Siegeskranzes mit der des himmlischen Strahlenkranzes (vgl. Apk 2,10; 4,4). Metaphorische (Kranz als Metapher für das zukünftige Heil) und wörtliche Bedeutung (wörtliches Bekränztwerden im Eschaton) fließen in der konkreten Zukunftserwartung wohl häufig ineinander, ohne dass das auch für 2 Clem 7,2 notwendigerweise vorauszusetzen ist.

sportlichen Wettkämpfen nicht alle den Siegeskranz erhalten können, soll das beim Lebenskampf der Adressatinnen und Adressaten selbstverständlich der Fall sein. Die Paränese zielt ja auf generellen Erfolg. „Noch weniger als in V.1 liegt dem Prediger an der Stimmigkeit des Bildes, sondern nur an der Aussage, dass Anstrengung belohnt wird."[19]

V.3 führt die Paränese fort, wobei die bisherige Terminologie z.T. beibehalten, z.T. ergänzt wird. Der ἀγών wird nun als ἄφθαρτος bezeichnet (im Gegenüber zu den φθαρτοὶ ἀγῶνες V.1): Er ist nicht mit dem Makel der Vergänglichkeit behaftet. Weiters wird (wie in V.2) der Kohortativ ἀγωνισώμεθα mit der Erwartung ἵνα[20] ... στεφανωθῶμεν verbunden. Der Tun-Ergehen-Zusammenhang ist wieder einmal in ganz offenherziger Weise betont: Am gegenwärtigen Tun hängt das zukünftige Ergehen.

Mit dem Wettkampfmotiv unmittelbar, wenn auch nicht notwendiger Weise verbunden ist das des Laufens[21] auf der ὁδὸς ἡ εὐθεῖα.[22] Die Rede von der ὁδὸς εὐθεῖα ist geläufige paränetische Tradition (Hos 14,10; Ψ 106,7; Prov 2,13; 20,11; Act 13,10; 2 Petr 2,15 u.ö.) und drückt die richtige, gottgefällige Lebensführung aus. Implizit setzt der „gerade" Weg auch den „krummen" voraus, m.a.W. die Vorstellung der beiden Wege, auch wenn im Konnex dieser Vorstellung die Gegensatzpaare breit-schmal (Mt 7,13f u.ö.), Tod-Leben (Did 1,1 u.ö.) o.dgl. zu finden sind. Eine terminologische Wiederaufnahme liegt auch beim Kohortativ καταπλεύσωμεν vor. Der Term ist in metaphorischer Bedeutung sonst nicht belegt[23] und nur durch die Verwendung im Rahmen der Wettkampfmetaphorik bedingt. Hier hat er einen gewissen Reiz und ist sofort verständlich.

V.3b bringt eine charakteristische Einschränkung. Während V.3a (wenigstens intentionaliter) darauf zielt, dass alle auf dem geraden Weg den unvergänglichen Wettkampf erfolgreich absolvieren (ἵνα καὶ στεφανωθῶμεν), ist das V.3b nicht der Fall: καὶ εἰ μὴ δυνάμεθα πάντες στεφανωθῆναι, κἂν ἐγγὺς τοῦ στεφάνου γενώμεθα. Auf der Realebene wäre der Satz sofort einsichtig: Es ginge um eine möglichst gute Platzierung. Auf der vorliegenden metaphorischen Ebene dagegen entspricht V.3b zwar nicht dem Wunsch von V.3a, dass alle Gemeindeglieder das zukünftige Leben erlangen werden, wohl aber kommt das Realitätsbewusstsein des Verfassers zum Ausdruck – und insofern ist der Satz auf der metaphori-

---

[19] LINDEMANN, 2 Clem 219.

[20] Dass V.2 πάντες einfügt, V.3 dagegen nicht, stellt keine Differenz dar. Auch V.3a setzt intentionaliter das πάντες voraus, im Blick auf V.3b unterbleibt es aber. Von dieser Fortsetzung her dürfte auch das πολλοί V.3a verständlich sein. Es inkludiert offenbar eine Differenz zu πάντες, die Differenz zwischen Intention und Faktizität. M.a.W.: Das Realitätschristentum ist bereits weit vom eschatologischen Überschreiten der Grenzen der Realität entfernt (Röm 5,12–21 haben πάντες und πολλοί dieselbe Bedeutung, allerdings wegen des hebräischen Äquivalents רַבִּים).

[21] S redet vom Laufen, setzt also θέω voraus. AH lesen unbestimmt θῶμεν, was auch von τίθημι hergeleitet werden könnte. Θέω mit Akk Hdt Hist 8,74: δρόμον θεῖν; vgl. τρέχειν τὸν ἀγῶνα Hebr 12,1.

[22] Von der ὁδὸς εὐθεῖα ist auch am Schluss des Zwei-Wege-Abschnittes in ApostConst 7,19 die Rede.

[23] LIDDELL/SCOTT, Lexicon 906; vgl. LOHMANN, Drohung 105.

schen Ebene verständlich: Vom Tun-Ergehen-Zusammenhang her erwartet 2 Clem einen jenseitigen Ausgleich für das diesseitige Tun. Es soll möglichst so gestaltet sein, dass der Siegeskranz des ewigen Lebens winkt. Wo das Tun dem aber nicht völlig entspricht, sieht er gleichwohl nicht zukünftiges Unheil vor sich, sondern offenbar eine verminderte Form von zukünftigem Heil. Dem Siegeskranz nahe zu sein, heißt eben nicht, ihn völlig zu verfehlen. Dem Tun entspricht das Ausmaß der künftigen Belohnung, dem Versagen das der zukünftigen Strafe. Dem Kranz nahe kommen, könnte in diesem Kontext heißen: nach möglichst großem Lohn zu trachten und Strafen möglichst gering zu halten.

Der positiven Begründung der Paränese durch den Hinweis auf den Siegeskranz (V.1–3) folgt V.4–6 die negative durch den Hinweis auf die Strafen.

V.4 schärft zunächst ein: εἰδέναι ἡμᾶς δεῖ: Wir müssen wissen! oder: Wir dürfen nicht vergessen! Diese Einleitung stellt die Ernsthaftigkeit des Themas heraus und hat angesichts des folgenden Textes einen drohenden Charakter. Der Vers führt die Wettkampfmetaphorik auf der Realebene weiter: ὁ τὸν φθαρτὸν ἀγῶνα ἀγωνιζόμενος, ἐὰν εὑρεθῇ φθείρων,[24] μαστιγωθεὶς αἴρεται καὶ ἔξω βάλλεται τοῦ σταδίου. Ἀγῶνα φθείρειν ist „t.t. der Verletzung der Kampfregeln"[25] bei einem Wettkampf. Der Gegensatz, das korrekte Verhalten, ist das νομίμως ἀθλεῖν (Epict Diss 3,10,8; 2 Tim 2,5). Regelverletzungen konnten in vielfältiger Weise begangen werden: Sie reichen vom verspäteten Erscheinen zum Wettkampf über Bestechung der Gegner bis hin zu diversen Vergehen gegen die Kampfregeln. Geahndet wurden sie von den Leitern der Spiele u.a. durch Geldstrafen, körperliche Züchtigungen oder Aberkennung des Siegeskranzes.[26] Die Sanktionen wurden von Ordnern durchgeführt: Ῥαβδοῦχοι (Thuc Hist 5,50; Plat Prot 338a), μαστιγονόμοι (Pollux Onom 3,145.153), μαστιγοφόροι (Thuc Hist 4,47; Luc Hermot 40) o.dgl. V.4 nennt als Strafen: μαστιγοῦσθαι, weiters αἴρεσθαι, das man vielleicht am besten mit „disqualifizieren", „aus der Wertung nehmen", „vom Kampfplatz entfernen" übersetzten könnte. Als letzte und wohl größte Strafe wird ἔξω βάλλεσθαι τοῦ σταδίου genannt, vgl. Luc Ind 9: … τοὺς ἀθλοθέτας δὲ ἀγανακτήσαντας ἐπὶ τῇ τόλμῃ μαστιγώσαντας αὐτὸν ἐκβαλεῖν τοῦ θεάτρου; Ps DionysHal ArsRhet 7,6 (Usener/Radermacher VI, 292): μάστιγες … καὶ τὸ ἐκβάλλεσθαι … ἐκ τῶν σταδίων καὶ ἀγώνων; Epiph Pan 61,7,3 (GCS Epiph II 387,18f): παραφθείρας γὰρ ἀγῶνα ἀθλητὴς μαστιχθεὶς ἐκβάλλεται τοῦ ἀγῶνος.[27] Das Motiv des Hinausgeworfenwerdens erinnert zudem an Mt 22,13.[28] Die Überschneidung der Wettkampfmetaphorik und der apokalyptischen Vorstellungswelt ist hier augenscheinlich.

---

[24] Φθαρτόν – φθείρω ist eine figura etymologica.

[25] BAUER/ALAND, Wb 1709 mit Verweis auf SIG ⁴III 1076,3.

[26] REISCH, Agones 849.851.

[27] Die Epiph-Stelle könnte von 2 Clem abhängig sein, so WARNS, Untersuchungen 291f.

[28] WARNS, Untersuchungen 291 sieht in 7,4 eine „Mt-Reminiszenz". „Erst vor diesem Hintergrund gewinnt αἴρεται rechten Sinn." (292).

V.5 kehrt wieder zur metaphorischen Ebene zurück. Τί δοκεῖτε ist Diatribestil (1 Clem 43,6; vgl. Mt 18,12; 22,42 u. ö.: τί ὑμῖν δοκεῖ; Mt 17,25; 22,17: τί σοι δοκεῖ;). Es setzt schon im Vorhinein das Einverständnis der Hörerinnen und Hörer bei der folgenden rhetorischen Frage nach den Strafen für Regelverletzung beim Wettkampf der Unvergänglichkeit voraus: ὁ τὸν τῆς ἀφθαρσίας ἀγῶνα φθείρας[29] τί παθεῖται.[30] Die Genitivverbindung ὁ τῆς ἀφθαρσίας ἀγών variiert das ἀγὼν ἄφθαρτος (V.3), deutet aber darüber hinaus an, „daß der ἀγών auf die Unvergänglichkeit zielt".[31] Die rhetorische Frage hat zudem die Funktion eines Schlusses a minore ad maius: Wenn schon bei sportlichen Wettkämpfen Regelverletzungen streng bestraft werden, um wie viel mehr wird das bei einem Wettkampf gelten, dessen Ziel die Unvergänglichkeit ist?[32]

V.6 setzt fort durch Neuformulierung des Vergehens und durch Nennung der Strafe. Das Vergehen wird zunächst (V.6a) als Nichtbewahren des Siegels bezeichnet. Es entspricht dem Nichtbefolgen des Willens Gottes (8,4 u. ö.) bzw. Christi (6,7 u. ö.) oder der Gebote des Herrn (3,4 u. ö.). Damit wird eine weitere Metapher aufgenommen, die sich nicht aus der bisherigen Metaphorik ergibt. Zumeist wird die Taufe als Siegel angesehen,[33] z. T. auch der Geist.[34] Die Antwort hängt offenbar von der Bewertung der Parallelen in 2 Clem ab. Kurz vorher (6,9) ist von τηρεῖν τὸ βάπτισμα die Rede, von daher könnte auch die parallele Wendung τηρεῖν τὴν σφραγῖδα 7,6 die Taufe meinen. Auch ist im unmittelbar folgenden Kontext 8,1 von μετανοεῖν die Rede, das mit der Taufe zusammengehört. Die Verwendung des Terms σφραγίς für die Beschneidung (Röm 4,11; Barn 9,6) oder für die Gemeinde (1 Kor 9,2) könnte ebenfalls für ein möglichst weites Verständnis sprechen. Siegel ist hier etwas Handgreifliches. Andererseits steht 8,6 τηρεῖν τὴν σάρκα[35] neben τὴν σφραγῖδα – als Gegenüber zu σάρξ würde πνεῦμα nahe liegen. Nun hängen seit frühchristlicher Tradition Taufe und Geist untrennbar zusammen, auch wenn die Zuordnung erst gefunden werden musste (vgl. Act 2,38; 8,15f). Vielleicht geht also eine strenge Alternative Taufe oder Geist an der historischen Realität vorbei und man könnte das Siegel im engeren Sinn als „Taufgeist", im weiteren als „Geisttaufe" interpretieren. Der Bezug zur Taufe setzte sich jedenfalls seit der Mitte des 2. Jh. immer mehr durch (Herm Sim 8,2,3f; 8,6,3;

---

[29] Φθείρας A, φθείρων HS.

[30] Παθεῖται A, πείσεται H; παθεῖται ist Parallelbildung zu πείσεται vgl. BDR § 74,8.

[31] LINDEMANN, 2 Clem 220.

[32] LOHMANN, Drohung 106.

[33] GEBHARDT/HARNACK, Epistulae 121; LIGHTFOOT, Fathers I/2 226; KNOPF, 2 Clem 164; DONFRIED, Setting 125; JEFFORD/HARDER/AMEZAGA, Fathers 125; WRIGHT, Fathers 127. Vgl. LINDEMANN, 2 Clem 221: „wahrscheinlich wird man den Schluß ziehen dürfen, daß Siegel und Taufe zwar vielleicht nicht identisch sind, wohl aber unmittelbar zusammengehören: Die christliche Existenz ist seit der Taufe und aufgrund der Taufe durch ein ‚Siegel' ausgezeichnet …". Plastisch KNOPF, Zeitalter 287: „Man wird in der Annahme nicht fehlgehen, dass II Clem sich in ganz realer Weise vorstellt, bei der Taufe werde dem Täufling ein unsichtbares, glänzendes Zeichen als Siegel, wohl auf die Stirne, aufgedrückt."

[34] FITZER, σφραγίς 952; WENGST, 2 Clem 272A56; REBELL, Apokryphen 219.

[35] Vgl. 9,3: φυλάσσειν τὴν σάρκα.

9,16,3–7; Mart Paul 5.7; Apokr Joh NHC II 31,23–25; vgl. Ev Phil 67e NHC II 67,27f u. ö.). Die Forderung der Bewahrung des Siegels bedeutet, dass es nicht auf magische Weise schützt,[36] sondern im täglichen Leben bewährt werden muss.

Neben der Begründung der Strafe durch den Vergleich mit der Realebene (V.4f) steht V.6b eine durch ein Zitat: ὁ σκώληξ αὐτῶν οὐ τελευτήσει καὶ τὸ πῦρ αὐτῶν[37] οὐ σβεσθήσεται καὶ ἔσονται εἰς ὅρασιν πάσῃ σαρκί.

2 Clem 7,6=17,5	Jes 66,24	Mk 9,48
… φησίν, …		
ὁ σκώληξ αὐτῶν	ὁ γὰρ σκώληξ αὐτῶν	ὅπου ὁ σκώληξ αὐτῶν
οὐ τελευτήσει	οὐ τελευτήσει	οὐ τελευτᾷ
καὶ τὸ πῦρ αὐτῶν	καὶ τὸ πῦρ αὐτῶν	καὶ τὸ πῦρ
οὐ σβεσθήσεται	οὐ σβεσθήσεται	οὐ σβέννυται.
καὶ ἔσονται εἰς ὅρασιν	καὶ ἔσονται εἰς ὅρασιν	
πάσῃ σαρκί.	πάσῃ σαρκί.	

Das Zitat stammt aus Jes 66,24b und wird 17,5 nochmals angeführt, es spielt somit für die strafenorientierte Eschatologie des 2 Clem eine große Rolle. Eine förmliche Einleitung mit φησίν liegt nur 7,6 vor.[38] Das Zitat entspricht, abgesehen von der Auslassung von γάρ am Anfang,[39] wörtlich dem LXX-Zitat. Es findet sich auch Mk 9,48 (ὁ σκώληξ αὐτῶν οὐ τελευτᾷ, καὶ τὸ πῦρ οὐ σβέννυται), bei Mt und Lk fehlt es. 2 Clem kennt das Zitat offenbar über den zitierten Umfang hinaus, wie das ὄψονται (17,6 bzw. Jes 66,24b) zeigt. Ob es aus einer Jesajahandschrift oder einer Testimoniensammlung[40] stammt, lässt sich kaum entscheiden. Immerhin dürfte der Verfasser eine solche Sammlung gekannt haben, wie seine Version von Jes 29,13 in 3,5 zeigt.[41] Anderseits stammen von neun atl. Zitaten sechs aus Jesaja (daneben finden sich nur noch Gen 1,27 in 14,2; Jer 7,11 in 14,1 und Ez 14,14–20 als Sammelzitat in 6,8), so dass sich der Besitz einer Handschrift dieses Propheten (zumindest zusätzlich zu einer Testimoniensammlung) doch recht nahelegen würde.

---

[36] Zum religionsgeschichtlichen Verständnis vgl. Fitzer, σφραγίς 942f.

[37] Αὐτῶν AS, in H fehlt es (gefolgt von Wengst, 2 Clem 247 und Lindemann, 2 Clem 218). Die lectio brevior könnte für H sprechen, anderseits müsste αὐτῶν unabhängig voneinander in A und S dem LXX-Text entsprechend nachgetragen worden sein. Aufgrund der hohen Übereinstimmung von 7,6 mit dem LXX-Text ist αὐτῶν vielleicht doch als ursprünglich anzunehmen.

[38] Gründe für die Auslassung in 17,5 könnten in der abermaligen Zitierung und insbesondere in der Zitierung von Jes 66,18 in 17,4 liegen.

[39] Möglicherweise fehlt γάρ, weil es V.6a schon steht. 17,5 könnte dann analog formuliert sein.

[40] Für letzteres: Warns, Untersuchungen 506. Eine Abhängigkeit von Mk 9,48 ist auszuschließen, richtig Gregory/Tuckett, 2 Clem 274.

[41] Vgl. zu 3,5. Die Version dürfte infolge der Differenzen zur LXX- und Mt-Version (15,8) bei gleichzeitiger relativer Nähe zu der in 1 Clem 15,2 überlieferten Fassung am ehesten aus einer Testimoniensammlung stammen. Eine Herleitung aus einem apokryphen Evangelium ist wegen des hohen Alters von 1 Clem nicht angezeigt. Die Stelle ist auch in der sonstigen frühchristlichen Literatur bekannt (Just Apol I 52,8; Dial 140,3 u. ö.); zu den rabbinischen Belegen vgl. Billerbeck I 20.

Das Zitat formuliert die Strafe für die Regelverletzung im Wettkampf, d.h. für das Nichtbewahren des Geisttaufsiegels. In den apokalyptischen Ausführungen Jes 66,15–24 ist vom nicht sterbenden Wurm und vom nicht verlöschenden Feuer die Rede, die die von Jahwe Abgefallenen quälen[42] werden (V.24b). 17,6 redet von der ἡμέρα κρίσεως. Der Verfasser denkt die Strafen somit wie Jes 66,24b als ewige[43] und versteht sie wörtlich,[44] auch wenn vermutlich die Trennung von einem metaphorischen Verständnis nicht exakt vorzunehmen sein wird.[45]

8,1–9,6: Rechtzeitige Buße und sarkische Existenz

(8,1) Solange wir also auf der Erde sind, lasst uns Buße tun! (2) Denn wir sind Ton in der Hand des Handwerkers. Denn wie der Töpfer, wenn er ein Gefäß herstellt und es unter seinen Händen verbogen oder zerbrochen ist, es erneut formt, wenn er es aber in den Feuerofen geschoben hat, ihm nicht mehr hilft, so wollen auch wir, solange wir auf dieser Welt sind, das Böse, das wir im Fleisch begangen haben, aus ganzem Herzen bereuen, damit wir vom Herrn gerettet werden, solange wir noch Zeit zur Buße haben. (3) Wenn wir nämlich aus der Welt hinausgegangen sind, können wir dort nicht mehr (die Sünden) bekennen oder Buße tun.
(4) Folglich, Brüder, wenn wir den Willen des Vaters tun, das Fleisch rein halten und die Gebote des Herrn beachten, werden wir das ewige Leben erhalten. (5) Der Herr sagt nämlich im Evangelium: wenn ihr das Kleine nicht bewahrt habt, wer wird euch das Große geben? Denn ich sage euch: Wer im Geringsten treu ist, ist auch im Großen treu. (6) Folglich meint er also dieses: Bewahrt das Fleisch rein und das Siegel unbefleckt, damit ihr das ewige Leben bekommt. (9,1) Und keiner von euch sage: dieses Fleisch wird nicht gerichtet und aufersteht nicht. (2) Erkennt: Worin seid ihr gerettet worden, worin seid ihr wieder zum Sehen gekommen, wenn nicht als solche, die sich in diesem Fleisch befinden? (3) Es ist also notwendig, dass wir das Fleisch als einen Tempel Gottes behüten. (4) Denn ebenso wie ihr im Fleisch berufen worden seid, werdet ihr auch im Fleisch hinkommen. (5) Einer, Christus, der Herr, der uns gerettet hat, der zuerst Geist war, ist Fleisch geworden und hat uns auf diese Weise berufen. Folglich werden auch wir in diesem Fleisch den Lohn empfangen. (6) Lieben wir also einander, damit wir alle in das Reich Gottes kommen.

---

[42] WESTERMANN, Jesaja 340: „Hier erst, ganz am Rande des Alten Testaments … ist die Vernichtung als Gottes Gericht nicht mehr einmaliger Akt, sondern ewiger Zustand: die ewige Verdammnis … Sie ist bestimmt für … alle Feinde Gottes".

[43] Nach LINDEMANN, 2 Clem 220 gilt das nur für 7,6, nicht aber für 17,5. Die Differenzierung ist m.E. nicht nachvollziehbar.

[44] Insbesondere am Feuer als einem eschatologischen Strafmittel wird das deutlich, vgl. nur Mk 9,43par; Mt 5,22; 18,9; 2 Petr 3,7 u.ö.

[45] Vgl. die Rede von der Feuertaufe Mt 3,11par.

Struktur:

8,1–3   Paränese: rechtzeitige Buße
  V.1   Paränese
  V.2a   Begründung: Tonmetaphorik
  V.2b.3 Paränetische Anwendung
8,4–6   Paränese unter besonderer Berücksichtigung der sarkischen Existenz
  V.4   Paränetische Schlussfolgerung, u. a. durch Bezug auf Fleisch
  V.5f   Begründung: Schriftbeleg und paränetische Auslegung, u. a. durch Bezug auf Fleisch

9,1–6   These und Paränese: Bedeutung des Fleisches im Blick auf Zukunft und Vergangenheit
  V.1   Zukunft
  V.2   Vergangenheit
  V.4   Vergangenheit und Zukunft (soteriologisch)
  V.5   Vergangenheit und Zukunft (christologisch und soteriologisch)
  V.6   Paränetische Zusammenfassung[1]

Der Aufforderung zur rechtzeitigen Buße 8,1–3 folgt 8,4–9,6 eine Paränese bzw. theologische Argumentation unter besonderer Berücksichtigung der sarkischen Existenz. 9,7–10,5 entsprechen dem bei gleichzeitiger Weiterführung: 9,7–11 fordern wieder zur rechtzeitigen Buße auf, 10,1–5 bringen eine Paränese mit besonderer Berücksichtigung der Differenz zwischen dem diesseitsbezogenen Genuss und der jenseitsbezogenen Verheißung.

V.1 taucht zum ersten Mal das Stichwort μετανοεῖν auf (weiters 8,2f; 9,8; 13,1; 15,1; 16,1; 17,1; 19,1; dazu tritt μετάνοια 8,2; 16,4). Die Aufforderung zum μετανοεῖν ist nach der vorhergehenden Taufparänese (Bewahrung des Siegels 7,6) ungewöhnlich. Zwar sind unter den Hörerinnen und Hörern auch Katechumenen und Gäste anzunehmen, aber primär sicher Christinnen und Christen, wie die 1. Pers. Pl., die Anrede ἀδελφοί (V.4) oder die Verbindung der Anrede ἀδελφοί mit der Aufforderung zur Buße zeigen.[2] Ein direkter Bezug auf Katechumenen

---

[1] Die Abgrenzung scheint nach 9,6 vorzunehmen zu sein (anders LINDEMANN, 2 Clem 227, der mit 9,6 den neuen Abschnitt beginnen lässt). Für die gewählte Abgrenzung spricht m. E. die Parallelität von 8,1–3 und 9,7–11 bzw. 8,4–9,6 und 10,1–7. Die beiden ersteren Texte leiten dazu an, Buße zu tun, solange dazu Zeit ist, die beiden letzteren setzen mit ὥστε fort und ziehen (ebenfalls stark paränetisch orientiert) Folgerungen. Zusätzlich steht 9,6 parallel zu 9,4f (besonders auffällig: ἔρχομαι V.4.6). Dagegen vermag ich die von LINDEMANN, ebd. behauptete Parallelität von 9,6 zu 7,1 und 8,1 nicht zu erkennen. Die vorhin angestellten Überlegungen sprechen auch gegen die These von BAASLAND (Rhetorik 110), 9,5–11 würden eine Einheit bilden.

[2] DONFRIED, Setting 130f; WENGST, 2 Clem 272A58; LINDEMANN, 2 Clem 221. Nach KNOPF, 2 Clem 165 beziehe sich der Prediger „auf alle Menschen und nicht auf die Christen", dies ist so nicht zu halten. Er gesteht immerhin zu, dass die Bußmahnung von 13,1 ab an alle Christen gerichtet ist. Doch auch 9,8 sind diese schon durch die Verbindung mit ἀντιμισθία (9,7) eindeutig gemeint.

liegt beim Wortfeld in 2 Clem nicht vor.[3] Der Vf. meint die Getauften und fordert von ihnen μετάνοια. Das in der Jesustradition bzw. der Missionspredigt vorliegende Verständnis der μετάνοια als der erstmaligen Hinwendung zur eschatologischen Verkündigung (Mk 1,15par; Mt 11,20; Lk 5,32; Act 2,38; 3,19 u. ö.) wird vom Prediger auf die Christen bezogen. Er steht damit zwar auch in einer langen Tradition (vgl. nur 2 Kor 7,9f; 2 Tim 2,25; Apk 2,5.16.21; Did 15,3; 1 Clem 57,1; 62,2; Herm Vis 5,7; Just Dial 141,3 u. ö.),[4] die Fokussierung auf die Christenbuße ist aber doch sehr auffällig.[5] Dabei ist nicht nur die Ethisierung des Bußverständnisses charakteristisch, sondern das immer stärker werdende Bewusstsein der moralischen Defizienz der Christen. 2 Clem setzt bei alledem nicht wie Herm Vis 2,2,5 u. ö. eine nur einmalige Bußmöglichkeit voraus, er könnte sich sonst nicht in die Schar der Sünder einreihen (18,2).[6]

Eine ernste Warnung, die Bußmöglichkeit nicht auf die leichte Schulter zu nehmen, liegt in dem ὡς … ἐσμὲν ἐπὶ γῆς. Nicht die bald erwartete Parusie begrenzt die Möglichkeit, sondern der physische Tod. Das Motiv der rechtzeitigen Buße taucht auch 8,2f; 9,8; 16,1 auf, der Prediger lässt damit eine große Angst erkennen, seine Adressaten könnten unversehens diese Frist versäumt haben. Worin die Buße besteht, wird aber vorerst noch nicht deutlich.[7]

V.2 verweist zunächst als Begründung auf die Arbeit eines Töpfers (V.2a). Anfangs geschieht das in metaphorischer Rede: Πηλὸς γάρ ἐσμεν εἰς τὴν χεῖρα τοῦ τεχνίτου.[8] Es folgt ein Vergleich, dessen Bildhälfte lautet: ὃν τρόπον γὰρ ὁ κεραμεύς, ἐὰν ποιῇ σκεῦος καὶ ἐν ταῖς χερσὶν αὐτοῦ διαστραφῇ ἢ συντριβῇ, πάλιν αὐτὸ ἀναπλάσσει, ἐὰν δὲ προφθάσῃ εἰς τὴν κάμινον τοῦ πυρὸς αὐτὸ βαλεῖν, οὐκέτι βοηθεῖ αὐτῷ. Das Töpfermotiv hat schon im AT Parallelen: Jes 29,16; 45,9; Jer 18,3–6; Hi 10,9 u. ö. Zu Jer 18 gibt es teils wörtliche Übereinstimmungen (πηλός, ὁ κεραμεύς, καὶ ἐν ταῖς χερσὶν αὐτοῦ; πάλιν αὐτό), teils nur geringfügige Differenzen (ἐσμεν εἰς τὴν χεῖρα; ποιῇ). Eine direkte Bezugnahme darauf[9] ist möglich, wenn auch nicht sicher, da die Töpferthematik (in mehr oder minder expliziter Anwendung auf der Sachebene) häufig belegt ist (Plat Theait 147ac; Epict Diss 4,11,27; Sir 33,13; Test Naph 2,2–5; bBer 32a;

---

[3] Prinzipiell wird der Vf. das natürlich auch nicht ausschließen.

[4] Ein wichtiger indirekter Beleg ist auch Hebr 6,1.

[5] Μετάνοια als Erst-Umkehr ist nur insofern im Blick, als in den Versammlungen auch Nichtgetaufte vorausgesetzt werden können. Insofern gilt das Urteil von KNOPF, 2 Clem 165: „II Clem. verknüpft also zwei Mahnungen miteinander, die altchristliche Taufparänese und den kirchlichen Bußruf." Eine Beschränkung auf die Christen liegt 8,1 nicht vor (gegen WENGST, 2 Clem 272A58). Zur Frage der weiteren Geschichte der Buße im 2. Jh. vgl. POSCHMANN, Paenitentia 134–260.

[6] Zum immer stärker entwickelten Sündenbewusstsein vgl. 1 Joh 1,8–10; 2,1f; Did 8,2f; 1 Clem 60,1f; Pol Phil 6,1f u. ö.; vgl. DASSMANN, Sündenvergebung 146–153.

[7] Vgl. schon HARNACK, Brief 347.

[8] Nach LOHMANN, Drohung 107 könnte dieser Satz wegen des hier und im folgenden Vergleich auftauchenden γάρ eine Glosse sein. Das wird schwerlich ein ausreichendes Argument sein.

[9] WARNS, Untersuchungen 513.

Röm 9,21;[10] Athenag Suppl 15,2f; Theoph Autol 2,26; Ev Phil 51 NHC II 63,5–11; UW NHC II 103,22 u. ö.). 2 Clem wendet das Töpfermotiv zunächst in einer Metapher auf die Gemeinde an: πηλός ἐσμεν,[11] wohl um eine stärkere Identifikation mit dem Gesagten zu erreichen. Zu welchem Zweck das Motiv verwendet wird, zeigt sich erst im folgenden Vergleich: Die Zeit zur Buße ist begrenzt. Im Bild: Eine neuerliche Bearbeitung eines missglückten Tongefäßes ist nur möglich, solange der Ton noch in Bearbeitung (ἐν ταῖς χερσὶν αὐτοῦ) ist, nach dem Brennen ist es zu spät: Καὶ ἐν ταῖς χερσὶν αὐτοῦ (A)[12] ist gegenüber ταῖς χερσὶν αὐτοῦ καὶ (HS)[13] vorzuziehen, da der Verweis auf das Zerbrechen unter den Händen sinnvoller ist als auf die Anfertigung mit den Händen. Κάμινον τοῦ πυρός ist plerophore Redeweise und deutet, ebenso wie βάλλειν, auf das eschatologische Feuergericht (vgl. 7,6; Mt 3,11par).[14] Ebenfalls schon mit Blick auf die Sachhälfte ist das βοηθεῖ[15] formuliert: es bedeutet nun einmal nicht „ausbessern", sondern „zu Hilfe kommen", „helfen",[16] was nur in der Sachhälfte einen Sinn ergibt.

V.2b formuliert diese Sachhälfte: οὕτως καὶ ἡμεῖς, ἕως ἐσμὲν ἐν τούτῳ τῷ κόσμῳ, ἐν τῇ σαρκὶ ἃ ἐπράξαμεν πονηρὰ μετανοήσωμεν ἐξ ὅλης τῆς καρδίας, ἵνα σωθῶμεν ὑπὸ τοῦ κυρίου, ἕως ἔχομεν καιρόν. Diese Anwendung zeigt schon durch die Vergleichseinleitung οὕτως καὶ ἡμεῖς, dass es nicht wie üblich um eine Aussage über die Souveränität Gottes geht, sondern um die Verantwortung der Adressaten. Die Bußmotivation V.1 wird aufgegriffen und zur Zentralaussage gemacht. Das ἐν τῇ σαρκί getane Böse soll ἐξ ὅλης τῆς καρδίας (vgl. Dtn 6,5; Mk 12,30par) bereut werden, damit die Rettung durch den κύριος möglich ist. Der Bezug auf den Kyrios hält fest, dass die endzeitliche Rettung trotz aller Betonung der Wichtigkeit des eigenen Tuns geschenkt ist. Im Unterschied zu 15,1 ist nicht das handelnde Ich Subjekt des σωθῆναι, sondern der Kyrios. Ἐν τῇ σαρκί ist, um die Verdoppelung zu ἐν τούτῳ τῷ κόσμῳ zu vermeiden, zu ἃ ἐπράξαμεν zu ziehen.[17] Σάρξ hat hier gleichwohl die neutrale Bedeutung des Seins in der Welt, eine asketische Akzentuierung liegt ebenso wenig wie 8,4–9,5 vor.[18] Die Dringlichkeit der Buße formuliert das doppelte ἕως. Der zweite ἕως-Satz (ἕως ἔχομεν καιρόν) drückt bei der Ergänzung μετανοίας (AS) dasselbe aus wie der erste. In der H-Version ist der Sache nach wohl σωτηρίας zu er-

---

[10] Eine Abhängigkeit von Paulus liegt 2 Clem 8,2 nicht vor. Text und Anwendung sind unterschiedlich, LINDEMANN, Paulus 221f; GREGORY/TUCKETT, 2 Clem 280.

[11] Εἰς τὴν χεῖρα = ἐν τῇ χειρί, BDR § 205,6.

[12] So seit GEBHARDT/HARNACK, Epistulae 122; zuletzt LINDEMANN, 2 Clem 221.

[13] So WENGST, 2 Clem 249.

[14] Zum Motiv des Hineinwerfens in den Feuerofen vgl. Dan 3,6.11.20; Mt 13,42.50. Die Betonung des Feuerofens passt übrigens nur zur Sach-, nicht zur Bildhälfte, da missratene Gefäße gerade nicht in den Brennofen geschoben werden. KNOPF, 2 Clem 165 sieht in der Wortverbindung nicht zu Unrecht eine „leise Allegorisierung".

[15] Βοηθεῖ HS, βοηθήσει A; ersteres ist mit Blick auf ἀναπλάσσει wohl vorzuziehen, zudem verstärkt letzteres den eschatologischen Aspekt noch.

[16] BAUER/ALAND, Wb 288.

[17] KNOPF, 2 Clem 165; WENGST, 2 Clem 249; LINDEMANN, 2 Clem 221.

[18] LINDEMANN, 2 Clem 222.

gänzen: solange wir Zeit zur Rettung haben. Dabei wäre der Satz keine platte Verdoppelung des ersten ἕως-Satzes bzw. des ὡς-Satzes von V.1. Implizit ist freilich in der Zeit der Rettung die Zeit der Buße mitgesetzt, da erstere nicht ohne letztere erfolgt. Unklar bleibt, wann sich 2 Clem die Rettung vollzogen vorstellt. Eine Spannung zur Rettung im zukünftigen Gericht besteht wohl nicht: Die im zukünftigen Gericht vollzogene Rettung entscheidet sich schon jetzt.

V.3 begründet, sprachlich variierend, aber sachlich gleichbedeutend, die Paränese von V.2b: μετὰ γὰρ τὸ ἐξελθεῖν ἡμᾶς ἐκ τοῦ κόσμου[19] οὐκέτι δυνάμεθα ἐκεῖ ἐξομολογήσασθαι ἢ[20] μετανοεῖν ἔτι. Die entscheidende Grenze ist (wie schon V.2b voraussetzt) der Tod: Ἐξέρχεσθαι ἐκ τοῦ κόσμου hat hier eine andere Bedeutung als 1 Kor 5,10, wo es (wie καταλείπειν 2 Clem 5,1) die innere Distanz zur Welt bezeichnet. Nach dem Tod ist im Jenseits (ἐκεῖ) weder Bekenntnis noch Buße möglich. Ἐξομολογεῖσθαι meint wohl das öffentliche Sündenbekenntnis[21] (παραπτώματα: Did 4,14; 1 Clem 51,3; ἁμαρτίαι: Mk 1,5; Jak 5,16; Barn 19,12; Herm Vis 1,1; in der Simplex-Form wird es 3,4 im positiven Sinn verwendet: Christus bekennen). Worin die Differenz von ἐξομολογεῖσθαι und μετανοεῖν besteht, wird nicht gesagt,[22] möglicher Weise ist ersteres ein Teilaspekt oder eine Form des letzteren. Im Unterschied zu Herm Vis 3,7,5f gibt es für 2 Clem keine Bußmöglichkeit nach dem Tod.[23] Er betont so die Verantwortlichkeit für das Verhalten angesichts des Todes, der die letzte Frist für die Buße darstellt. Nicht eine nahe Parusie, sondern die Möglichkeit eines unvermuteten Todes ist letzter Ansporn für das rechte Tun.

Auf die Mahnung zur rechtzeitigen Buße 8,1–3 folgt in 8,4–9,6 eine Kombination von Paränese und theologischer Argumentation mit besonderer Bezugnahme auf die Gegenwart und Zukunft der σάρξ.

V.4 zielt mit ὥστε, ἀδελφοί die Schlussfolgerung aus der V.1–3 formulierten Notwendigkeit der rechtzeitigen Buße. Ὥστε markiert zumeist einen Einschnitt, der sich zwar aus dem Vorhergehenden ergibt, aber doch eine neue Einheit einleitet (7,1; 10,1; 14,1; 16,1; 19,1; weniger ausgeprägt: 4,3; 7,3; 11,5). Für die Apostrophe ἀδελφοί gilt ähnliches (1,1; 5,1; 7,1; 10,1; 13,1 u. ö. bzw. 4,3; 5,5; 9,11 u. ö.). Die Be-

---

[19] Κόσμου AH; σαρκός S. Eijk, Résurrection 65 stellt in der Interpretation des Hinausgehens aus der Welt die Parusie neben den individuellen Tod. Beides ist nicht zu trennen, letzteres steht aber im Vordergrund.

[20] Ἤ AH; τὰς ἁμαρτίας καὶ οὐκ S.

[21] Knopf, 2 Clem 165 mit Blick auf Did 14,1: „gemeint ist wohl schon das öffentliche Bekenntnis, das einmal vor der Taufe und dann ständig von den Gläubigen im Gemeindegottesdienst abgelegt wird".

[22] Nach Goldhahn-Müller, Grenze 325 sind beide „geradezu identisch" (vgl. Hoh, Buße 37).

[23] Herm Vis 3,7,5f sieht eine verringerte Heilsmöglichkeit für die mit der Metapher der fortgeworfenen Steine gemeinten Ungetauften vor, die nach dem Tod Buße tun. Auch für derzeitige Christen gibt es nach Herm (Vis 2,2,5; Mand 4,3,4.6) noch eine einmalige Bußmöglichkeit (anders Hebr 6,1–6: keine 2. Buße; Herm Mand 4,3,3: keine 2. Buße für künftige Christen); zur Bußvorstellung des Hirten vgl. Brox, Hirt 476–485.

schreibung des rechten Verhaltens erfolgt (ohne genauere Systematik) in dreifacher Weise: Tun des Willens des Vaters; Reinhalten des Fleisches; Beachtung der Gebote des Herrn. Vom ποιεῖν τὸ θέλημα τοῦ πατρός reden auch 9,11; 10,1; 14,1 (vgl. Mt 7,21; 21,31). Zwischen Gott und Christus wird dabei diesbezüglich nicht unterschieden, wie die Rede vom Tun des Willens Christi zeigt (5,1; 6,7).[24]

Die an dritter Stelle stehende Bezeichnung des geforderten Verhaltens ist: τὰς ἐντολὰς τοῦ κυρίου φυλάσσειν (vgl. Barn 4,11; Herm Mand 2,7; 4,2,4; 4,4,4 u. ö.). Von ἐντολαί ist nur in Bezug auf Christus die Rede (3,4; 4,5; 6,7; 17,1.3.6). Eine sachliche Differenz zur erstgenannten Bestimmung liegt nicht vor. Der Wille wird in den Geboten konkret. Aus dem Rahmen fällt die zweite Bestimmung des rechten Verhaltens: τὴν σάρκα ἁγνὴν τηρεῖν. Möglicher Weise liegt hier geprägte Sprache vor (Ign Philad 7,2). Act Paul 5 verwendet diese Begrifflichkeit in enkratitischem Sinne μακάριοι οἱ ἁγνὴν τὴν σάρκα τηρήσαντες ... μακάριοι οἱ ἐγκρατεῖς ... μακάριοι οἱ ἔχοντες γυναῖκας ὡς μὴ ἔχοντες. Von daher wird mitunter auch 2 Clem in diesem Sinne gedeutet.[25] Doch tragen die genannten Stellen 6,9; 7,6; 12,5; 14,3; 15,1; 16,2 die Beweislast nicht. Die Taufe rein und unbefleckt bewahren (6,9), das Siegel bewahren (7,6), beim Anblick einer Christin nicht an sie als Frau denken (12,5), die Kirche im Fleisch bewahren (14,3), einen Rat zur Enthaltsamkeit geben (15,1) bzw. den Begierden absagen (16,2) sind jeweils kein Beleg für generelle Sexualaskese – sie wären nur so zu deuten, falls eine stringente Argumentation von anderswoher möglich wäre.[26] Das Verbot der μοιχεία (4,3) setzt dagegen eheliche Sexualität als unproblematisch voraus. Ἐγκράτεια ist also im weiteren Sinn zu verstehen und meint wohl „eine dem Willen Gottes und den Geboten Christi entsprechende sittliche Reinheit, die die Christen bewahren sollen."[27]

Die Folge des rechten Verhaltens ist die ζωὴ αἰώνιος (vgl. 5,5; 8,6; 20,5: ἐπουράνιος ζωή). Auch ohne nähere Bestimmung meint ζωή stets das zukünftige, ewige Leben: 14,5; 17,3; 19,1. Der zukünftige Aspekt wird durch das Futur λημψόμεθα verstärkt. Λαμβάνειν drückt bei aller Folgerichtigkeit des Empfangens auf Grund des rechten Tuns doch die Herkunft des Lebens von Gott bzw. Christus aus (8,2: ἵνα σωθῶμεν ὑπὸ τοῦ κυρίου; vgl. 13,1; 14,1f; 15,1; 17,2; 19,1.3).[28.29]

---

[24] Vgl. schon die Nebeneinanderstellung von Gott und Christus 1,1.

[25] SCHUBERT, 2 Clem 250; KNOPF, 2 Clem 165; LINDESKOG, Schöpfer 639; REBELL, Apokryphen 219.

[26] EIJK, Résurrection 86: „,σάρκα τηρεῖν ἁγνὴν' résume ... l'ensemble des obligations morales que le chrétien a prises sur lui au baptême."

[27] LINDEMANN, 2 Clem 223 mit Hinweis auf Herm Sim 5,7,1–4; ebenso GRANT/GRAHAM, Fathers 119.127; WENGST, 2 Clem 272fA63; LOHMANN, Drohung 108A48.

[28] In den ersten Kapiteln bezeichnet σῴζειν die vergangene Rettung aus dem Heidentum: 1,4.7; 2,5.7; 3,3 u. ö.

[29] Die Aussage von LINDEMANN, 2 Clem 223, λημψόμεθα markiere „die Verheißung ..., nicht aber einen Anspruch, den die Christen geltend machen könnten", hält den letztlichen Geschenkcharakter des ewigen Lebens z.R. fest. An der Prägnanz paulinischer Aussagen wird man 2 Clem freilich nicht messen dürfen.

V.5 begründet die Zusage von V.4 mit einem Zitat.

2 Clem 8,5	Lk 16,10–12
λέγει γὰρ ὁ κύριος	
ἐν τῷ εὐαγγελίῳ·	
εἰ τὸ μικρὸν οὐκ ἐτηρήσατε,	
τὸ μέγα τίς ὑμῖν δώσει;	
λέγω γὰρ ὑμῖν, ὅτι	
ὁ πιστὸς ἐν ἐλαχίστῳ	10 ὁ πιστὸς ἐν ἐλαχίστῳ
καὶ ἐν πολλῷ πιστός ἐστιν.	καὶ ἐν πολλῷ πιστός ἐστιν,
	καὶ ὁ ἐν ἐλαχίστῳ ἄδικος
	καὶ ἐν πολλῷ ἄδικός ἐστιν.
	11 εἰ οὖν ἐν τῷ ἀδίκῳ μαμωνᾷ
	πιστοὶ οὐκ ἐγένεσθε,
	τὸ ἀληθινὸν τίς ὑμῖν πιστεύσει;
	12 καὶ εἰ ἐν τῷ ἀλλοτρίῳ
	πιστοὶ οὐκ ἐγένεσθε,
	τὸ ὑμέτερον τίς ὑμῖν δώσει;

Iren Haer 2,34,3 (SC 294,358):
> Et ideo dominus dicebat ingratis existentibus in eum:
> ‚Si in modico fideles non fuistis,
> quod magnum est quis dabit vobis?‘

Hil EpLib 1 (PL 10,733B): Si in modico fideles non fuistis,
                            quod majus est quis dabit vobis?

Die erste Hälfte des Zitats lautet: εἰ τὸ μικρὸν οὐκ ἐτηρήσατε, τὸ μέγα τίς ὑμῖν δώσει. Struktur und Zielrichtung entsprechen Lk 16,11: εἰ … ἐν τῷ ἀδίκῳ μαμωνᾷ πιστοὶ οὐκ ἐγένεσθε, τὸ ἀληθινὸν τίς ὑμῖν πιστεύσει. Die Begrifflichkeit ist allerdings so unterschiedlich, dass ein literarischer Zusammenhang auszuschließen ist. Viel näher liegt das Logion Iren Haer 2,34,3 (SC 294,358): Si in modico fideles non fuistis, quod magnum est quis dabit vobis?[30] Abgesehen von der Differenz zu Irenäus am Satzbeginn ist auch der Kontext ein anderer als 2 Clem. Während es in diesem um die Verwirklichung des Gotteswillens mit dem Zweck des Empfangs des ewigen Lebens geht, zielt Irenäus auf die in modica temporali vita geübte Undankbarkeit gegen den Schöpfer, der deshalb auch in Ewigkeit die longitudo dierum nicht schenken werde. Ein genauerer Bezug zu 2 Clem 8,5 ist auch hier nicht auszumachen.

Das zweite zitierte Jesuslogion lautet: ὁ πιστὸς ἐν ἐλαχίστῳ καὶ ἐν πολλῷ πιστός ἐστιν. Es ist wörtlich mit Lk 16,10a ident.[31] 2 Clem bietet dabei kein Dop-

---

[30] Nur leicht variiert Hilar EpLib 1 (PL 10,753B): maius statt magnum. Eine ähnliche Formulierung bietet auch Hipp Ref 10,33,7 (GCS 26,290): … ἵνα ἐπὶ τῷ μικρῷ πιστὸς εὑρεθεὶς καὶ τὸ μέγα πιστευθῆναι δυνηθῇς, allerdings ohne Hinweis auf ein Jesuslogion.

[31] Die Parallelen aus der Parabel von den anvertrauten Pfunden sind nur entfernt verwandt. Mt 25,21.23: ἐπὶ ὀλίγα ἦς πιστός, ἐπὶ πολλῶν σε καταστήσω; Lk 19,17: ἐν ἐλαχίστῳ πιστὸς ἐγένου, ἴσθι ἐξουσίαν ἔχων ἐπάνω δέκα πόλεων.

pelzitat, denn er versteht die Einleitung des zweiten Zitates als Teil des Gesamt-zitates: λέγω γὰρ ὑμῖν ὅτι[32] ist nicht Interpretationsformel, sondern verbindet beide Teile zu einem Ganzen.[33]

Die Herkunft des Logions ist nicht mit letzter Sicherheit festzulegen. Einerseits denkt man an mündliche Tradition.[34] Dagegen dürfte jedoch mit hoher Wahr-scheinlichkeit die Einleitungswendung λέγει γὰρ ὁ κύριος ἐν τῷ εὐαγγελίῳ sprechen. Λέγει deutet auf eine schriftliche Fassung (vgl. 3,5; 6,8 in Bezug auf ein Jesaja- bzw. Ezechielzitat), worauf auch die Einleitung des Zitats von Mk 2,17parr durch καὶ ἑτέρα δὲ γραφὴ λέγει (2,4) hinweist.[35] Auffällig ist auch die völlig text-gleiche Version von ὁ πιστὸς ἐν ἐλαχίστῳ καὶ ἐν πολλῷ πιστός ἐστιν in 8,5 und Lk 16,10 sowie die von οὐδεὶς οἰκέτης δύναται δυσὶ κυρίοις δουλεύειν in 6,1 und Lk 16,13, woraus auf eine schriftliche Vorlage zu schließen wäre, die allerdings nicht direkt Lk sein wird.[36] Eine direkte Abhängigkeit von Lk scheidet auf Grund der Differenzen aus. Es bleibt die Annahme einer apokryphen Schrift als wahr-scheinlichste Lösung, die auch seit langem mit höherem oder geringerem Grad an Sicherheit angenommen wird.[37]

Die inhaltliche Verbindung des Zitates mit dem Kontext ist klar, wenn auch in der Logik ein wenig schief. Dem τὸ μέγα (bzw. dem τὸ πολύ) entspricht V.4 die ζωὴ αἰώνιος. Dem τὸ μικρόν (bzw. dem τὸ ἐλάχιστον) entspricht dagegen das Tun des Willens des Vaters/das Reinhalten des Fleisches/das Halten der Gebote des Herrn (bzw. das Treu-Sein).[38] D.h. das paränetisch gewünschte Verhalten wird als das μικρόν dem ewigen Leben als dem μέγα kontrastiert, obwohl hier ein Kontrast gar nicht angebracht ist. Dazu kommt, dass schon in dem als Einheit übernommenen Logion eine Spannung zwischen beiden Einzellogien besteht: dem erwünschten Verhalten in der Protasis folgt in der Apodosis das eine Mal der Empfang des Großen, das andere Mal das Treusein im Großen. Hier zeigt sich, wie so oft, dass eine stringente, einheitliche Argumentation jedenfalls nicht die Stärke des Verfassers ist. Die Beibringung von Zitaten macht mitunter mehr den Eindruck einer Verzierung als einer durchdachten theologischen Argumentation.

---

[32] Die Wendung ist gut synoptisch, vgl. Mt 3,9;5,20; Lk 3,8; 10,24 u. ö.

[33] WARNS, Untersuchungen 355.

[34] KNOPF, 2 Clem 166 redet von „dem bekannten alten Sprachgebrauch: das Evangelium ist eines. Das Wort selber stammt aus einer apokryphen Überlieferung"; ebenso DONFRIED, Setting 72, nach dem εὐαγγέλιον in 8,5 „the oral message of salvation" repräsentiere und von apokrypher Tradition abhänge. Weiters AUNE, Tradition 257A143.

[35] Doch variieren λέγει und εἶπεν in der Einleitung von Jesuslogien (λέγει: 3,2; 4,2; 5,2; 6,1; 13,4; εἶπεν: 4,5; 9,11; 12,2).

[36] WARNS, Untersuchungen 358–364 leitet aus der Aufeinanderfolge in Lk 16,10.13 ab, dass 2 Clem 8,5; 6,1 in dieser Reihenfolge in der benützten apokryphen Evangelienschrift standen.

[37] GEBHARDT/HARNACK, Epistulae 123: „procul dubio ex evang. apocr."; weiters SCHUBERT, 2 Clem 250; KÖSTER, Überlieferung 11.65; Ders., Einführung 672; FRANK, Ekklesiologie 96; WENGST, 2 Clem 220f; KÖHLER, Rezeption 130; WARNS, Untersuchungen 358; LINDEMANN, 2 Clem 224; GRE-GORY, Reception 137; GREGORY/TUCKETT, 2 Clem 269.

[38] LINDEMANN, 2 Clem 224 verschiebt diese Alternative, wenn er sagt, dass „τὸ μικρόν das irdische, τὸ μέγα das jenseitige, ewige Leben" meine.

V.6 interpretiert das V.5 angeführte Zitat, eingeleitet durch ἄρα οὖν τοῦτο λέγει. Die kürzere Formel τοῦτο λέγει (= das bedeutet, vgl. Barn 5,4; 11,8 u. ö.) findet sich 2,2.5; 12,5; 17,4 jeweils als Interpretation eines Zitates. Eine vollständige Parallele zur Formel V.6 liegt 14,3 vor, dort allerdings als Interpretation der Interpretation eines Zitates.[39] Das Zitat V.5 wird in Anknüpfung an vorhergehende Formulierungen ausgelegt: τηρήσατε[40] τὴν σάρκα ἁγνήν nimmt das τὴν σάρκα ἁγνὴν τηρήσαντες (8,4) in identer Begrifflichkeit auf, καὶ τὴν σφραγῖδα ἄσπιλον (scil τηρήσατε) das τηρησάντων τὴν σφραγῖδα (7,6).[41] Vom ἄσπιλον τηρεῖν reden auch 1 Tim 6,14; Jak 1,27. Ἄσπιλος ist hap. leg. in 2 Clem, der Term findet sich in der frühchristlichen Literatur zumeist im ethischen Sinn (1 Tim 6,14; Jak 1,27; 2 Petr 3,14; Herm Vis 4,3,5; Sim 5,6,7; im christologischen Sinn 1 Petr 1,19).

Das Bewahren von σάρξ und σφραγίς geschieht, ἵνα τὴν αἰώνιον[42] ζωὴν ἀπολάβητε.[43] Von der ζωὴ αἰώνιος als zukünftigem Sein ist schon 5,5 und 8,4 die Rede gewesen (vgl. ζωὴ ἐπουράνιος: 20,5; ζωή: 14,5; 17,3; 19,1). Das ἵνα drückt keine Automatik der Rettung aus, keinen „Rechtsanspruch",[44] wie schon 8,2 formuliert hatte: ἵνα σωθῶμεν ὑπὸ τοῦ κυρίου. Das ist dementsprechend auch dort vorauszusetzen, wo nur einfach von ἵνα σωθῶμεν (14,1; 19,3) oder von ὅπως σωθῶμεν (17,2) gesprochen wird. Das verlangte Tun rettet nicht, ist aber die Voraussetzung dafür. Es hat damit gleichsam eine sekundäre soteriologische Funktion und ist von der primären der Rettung durch den Kyrios strikt zu trennen. Man wird das für die gesamte Predigt annehmen müssen, auch wenn dem Verfasser das nötige Fingerspitzengefühl in den diesbezüglichen Einzelformulierungen offenbar zu fehlen scheint (ähnlich wie z. B. Jak 2,14–26).

WARNS[45] nimmt hinter 8,6 und 14,3 eine eucharistische Formel an (ἀδελφοί, τηρήσατε τὴν σάρκα ἵνα τὴν ζωὴν ἀπολάβητε), die das enkratitische Ideal des

---

[39] In der Verwendung der Interpretationsformel für die Interpretation eines Zitates bzw. einer eigenen Interpretation zeigt sich, wie nahe 2 Clem die Geltung seiner Schriftinterpretation an die Schrift selbst heranrückt.

[40] Mit dem Aorist τηρήσατε betont 2 Clem den ingressiven Aspekt: nicht nur das dauernde diesbezügliche Verhalten ist betont (dazu hätte er den Imp. Präs. verwenden können), sondern speziell der Beginn, vgl. Jak 4,7; 5,7 (BDR § 337,1.2).

[41] Zur Frage der Deutung vgl. schon dort.

[42] Αἰώνιος AH, es fehlt bei S. Der S-Version folgen WENGST, 2 Clem 248; WARNS, Untersuchungen 189; LINDEMANN, 2 Clem 224; schon LIGHTFOOT, Fathers I/2 228 hatte diese Version als „probably correct" bezeichnet, im Text aber doch αἰώνιος in [ ] stehen lassen (ebd.). S bietet die kürzere Lesart und hat damit manches für sich, die doppelte Bezeugung in AH dürfte aber doch höher zu gewichten sein.

[43] Ἀπολάβητε HS, ἀπολάβωμεν A. Letztere Version ist wegen des Wechsels von der 2. in die 1. Pers. Plural die schwierigere (zudem ist ein solcher Übergang auch Röm 7,4; 8,15 u. ö. bezeugt, vgl. LIGHTFOOT, Fathers I/2 228; für die A-Version in neuerer Zeit auch WARNS, Untersuchungen 187). Andererseits könnte die A-Lesart auch durch Angleichung an 8,2 (σωθῶμεν) entstanden sein (LINDEMANN, 2 Clem 224; ebenso WENGST, 2 Clem 248). Auf Grund der doppelten Bezeugung dürfte ἀπολάβητε vorzuziehen sein.

[44] Richtig LINDEMANN, 2 Clem 224.

[45] WARNS, Untersuchungen 185–203

Predigers in Bezug auf seine Hörerinnen und Hörer dokumentiere. Er sähe sie zwar „gern als Enkratitenschar", belasse es aber bei der Freiwilligkeit.[46] Doch ist die Wendung τηρεῖν τὴν σάρκα (ἁγνήν) auch in einem weiteren Sinne verstehbar (Herm Sim 5,7,1),[47] sodass man hier sehr zurückhaltend urteilen muss, selbst wenn man eine gewisse Tendenz nicht grundsätzlich ausschließen muss – eine Tendenz, die 2 Clem freilich nicht als Taufvoraussetzung betrachtete.

9,1–6 setzen die am Stichwort σάρξ orientierten Ausführungen fort. V.1–5[48] findet es sich siebenmal (V.1.2.3.4bis. 5bis), in paränetischer Ausrichtung steht es nur V.3 (φυλάσσειν τὴν σάρκα), ansonsten wird es in Rahmen der theologischen Argumentation genannt.

V.1 klingt wie der Beginn einer Apologie der Hoffnung auf die Auferstehung des Fleisches: καὶ μὴ λεγέτω τις ὑμῶν, ὅτι αὕτη ἡ σάρξ οὐ κρίνεται οὐδὲ[49] ἀνίσταται. Probleme mit der Auferstehung des Fleisches „sind in der Heidenkirche so alt wie diese selber",[50] vgl. nur 1 Kor 15,12–34; 2 Tim 2,18; Pol Phil 7,1; 1 Clem 23–27; Herm Sim 5,7,2; Iren Haer 1,23,5; 2,31,2; Act Paul 14; Tert Carn 19 u. ö. Freilich geht es 2 Clem im Unterschied zu 1 Kor 15 nicht um eine allgemeine Auseinandersetzung mit einer spiritualisierenden Deutung der Auferstehung, sondern nur um einen Einzelaspekt, nämlich „die Rolle des Fleisches bei der Aneignung des Heils"[51] und insofern um die Verantwortlichkeit für das Leben ἐν ταύτῃ τῇ σαρκί. Es geht auch nicht um eine detaillierte Bezugnahme auf die Geschehnisse des apokalyptischen Dramas: Es ist nur von Gericht und Auferstehung die Rede. Falls man in deren Reihenfolge nicht bloß eine Nachlässigkeit des Predigers sehen will, könnte man οὐ κρίνεται οὐδὲ ἀνίσταται mit „ … wird nicht gerichtet, ja aufersteht nicht einmal" wiedergeben.[52] Im Blick auf den rechten Umgang mit der σάρξ (V.3; vgl. vorher 8,4.6) werden die Hörerinnen und Hörer ermahnt, sich keine falschen Vorstellungen über die eschatologische Bedeutung der σάρξ zu machen: Der rechte Umgang mit ihr ist nötig, weil sie kein bloß diesseitiges Phänomen ist, sondern auch das Leben nach dem Tod charakterisiert.

Σάρξ bezeichnet 2 Clem 5,5 ganz ohne negative Wertung[53] das Sein in dieser Welt. Eine Beschränkung darauf liegt aber explizit nicht vor. In ähnlicher Weise entspricht 8,2 das Sein im Fleisch zeitlich dem Sein in der Welt. Das erweckt den Eindruck, als ob 2 Clem das zukünftige Sein nach dem Tod nicht als sarkisches ver-

---

[46] WARNS, Untersuchungen 191 im Anschluss an MÜLLER, Ehelosigkeit 14–17.

[47] Vgl. POSCHMANN, Paenitentia 127A2; das sieht auch WARNS, Untersuchungen 191 A6069.

[48] 9,1–5 ist auch in einem anonymen syrischen Fragment überliefert (LIGHTFOOT, Fathers I/1 184–186), zudem findet sich der christologische Satz V.5 εἰς Χριστὸς … ἐκάλεσεν in einem syrischen Fragment des Timotheus von Alexandrien hinter der Zitation von 1,1f (LIGHTFOOT, Fathers I/1 181f).

[49] Οὐδέ A, οὔτε H. Beide werden „in den Hss. häufig … vertauscht", BAUER/ALAND, Wb 1205.

[50] KNOPF, 2 Clem 166.

[51] LOHMANN, Drohung 109 gegen DONFRIED, Setting 133–146.

[52] „Auferstehung" ist schwerlich mit „Heil" identisch, wie LINDEMANN, 2 Clem 225 meint. „… Gericht oder Auferstehung (=Heil) ἐν σαρκί …".

[53] Ursprung des Bösen ist vielmehr die ψυχή (16,2).

stünde, „aber durch Kap. 9 wird eben dieser Eindruck korrigiert, denn hier bezeichnet σάρξ die Identität des Menschen über seinen Tod hinaus".[54] Der Mensch
als ganzer ist σάρξ. Ebenso wie 9,1 bestätigen das auch 9,5 und 14,5. 9,5 betont den
Empfang des Lohnes ἐν ταύτῃ τῇ σαρκί. 14,5 konkretisiert etwas: ἡ σάρξ αὕτη
vermag Leben und Unvergänglichkeit zu erhalten, wenn sich das πνεῦμα fest mit
ihm verbindet.[55] An allen drei genannten Stellen ist σάρξ mit αὕτη verbunden.
Hier wird wohl eine Polemik gegen eine Abwertung der konkreten irdischen Vor-
findlichkeit des Menschen enthalten sein.[56] 2 Clem steht somit in einer Tradition,
die auch 1 Clem 23–27; Ign Sm 3,1f; 7,1; Herm Sim 5,7,1f; Just Apol I 19–21;
Dial 80,4; Tat Orat 6; Theoph Autol 1,7f; Iren Haer 1,23,3f; 1,31,2; 5,1–18 u. ö.
vorliegt und an der Tradition von der Auferstehung des Fleisches gegen anders lau-
tende Vorstellungen festhält.

V.2 setzt die V.1 auf die Zukunft gerichtete theologische Argumentation mit dem
σάρξ-Begriff durch den Blick auf die Vergangenheit fort. Auch jetzt geschieht das
wieder in paränetischer Zielrichtung. Γνῶτε (vgl. γινώσκετε 5,5; 16,3)[57] verweist
als argumentum ad hominem auf das Urteilsvermögen der Adressatinnen und
Adressaten. In zwei rhetorischen Fragen werden sie im Diatribe-Stil auf ihre
Christwerdung hin angesprochen: ἐν τίνι ἐσώθητε, ἐν τίνι ἀνεβλέψατε. Σῴζειν
wird auch 1,4.7; 2,7; 3,3; 9,5 in Bezug auf das in der Taufe geschenkte Heil verstanden; ἀναβλέπειν verweist zurück auf 1,4.6. Ἐν τίνι ist nicht christologisch,
sondern anthropologisch orientiert, wie das εἰ μὴ ἐν τῇ σαρκὶ ταύτῃ ὄντες zeigt.
2 Clem geht es um die Wertschätzung der σάρξ. Während er aber V.1 mit einer
gewichtigen theologischen Aussage argumentierte, tut er es V.2 letztlich mit einer
Banalität. Seine Argumentation ist hier in seinen Augen offenbar selbst evident.

V.3 setzt als Konsequenz (οὖν) der auf das theologische Erkennen gerichteten Paränese V.1f sofort wieder die auf das ethisch qualifizierte Handeln gerichtete fort.
Es ergibt sich notwendiger Weise (δεῖ)[58] aus der zukünftigen wie vergangenen sarkischen Existenz der Hörerinnen und Hörer. Konkret geht es um das φυλάσσειν
τὴν σάρκα (vgl. Herm Sim 5,7,1). Eng verwandte Parallelen in 2 Clem sind τὴν
σάρκα … τηρεῖν (8,4.6; 14,3) bzw. τὰς ἐντολὰς … φυλάσσειν (8,4).[59] Diese Pa-

---

[54] LINDEMANN, 2 Clem 225. 1 Kor 15,50 schließt Paulus die Vorstellung einer Auferstehung der σάρξ
aus. 2 Clem 9,1 vertritt eine gegensätzliche Position. Allerdings geht es dem Prediger nicht um Polemik
gegen Paulus. Beide betonen die Zukünftigkeit der Auferstehung. Nur sieht, wie es scheint, 2 Clem das
anthropologische Kontinuum nicht wie Paulus im σῶμα gegeben, sondern in der σάρξ. EIJK, Résurrection 86: „σάρξ a pris la place du σῶμα paulinien, mais le sens est le nême".

[55] Die Basis der Argumentation scheint hier die Vorstellung zu sein, dass die ursprüngliche Substanz
erhalten bleibt, auch wenn Qualitäten hinzugefügt werden (vgl. Plat Tim 50bc).

[56] WARNS, Untersuchungen 250–252A7172 denkt an valentinianische Gegner, die eine zukünftige
Auferstehung des Fleisches im Sinne des beim Tod auffahrenden Geistes-Ichs vertreten, das in einer be-
stimmten Weise konstituiert sei (vgl. Ev Phil 23 NHC II 56,26–57,19; Tert Haer 4,5; dazu RUDOLPH,
Gnosis 210f).

[57] Vgl. ἔγνωμεν 3,1bis; ψυχὴ γινώσκουσα 17,1; γινώσκομεν 19,2.

[58] Vgl. 1,1bis; 2,5; 4,4; 6,5; 7,4; 17,1.

[59] Vgl. τηρεῖν τὸ βαπτίσμα (6,9) bzw. τὴν σφραγῖδα (7,6).

ränese wird jedoch noch genauer theologisch präzisiert und begründet: Die σάρξ soll bewahrt werden ὡς ναὸν θεοῦ. Die spiritualisierende Rede vom ναὸς θεοῦ ist im frühen Christentum geläufig.[60] Sie findet sich zuerst bei Paulus: 1 Kor 3,16f ist die Gemeinde als Ganze ναὸς (τοῦ) θεοῦ, in dem das πνεῦμα τοῦ θεοῦ wohnt; 1 Kor 6,19 ist dagegen das σῶμα der einzelnen Gemeindeglieder ναὸς τοῦ ἐν ὑμῖν ἁγίου πνεύματος, d.h. das einzelne Gemeindeglied. Ersteres gilt auch für Eph 2,21, wonach die Gemeinde zu einem ναὸς ἅγιος ἐν κυρίῳ zusammenwächst, ebenso für den nachpaulinischen Text 2 Kor 6,16, wonach die Gemeinde ναὸς θεοῦ ζῶντος ist.[61] Den futurisch-eschatologischen Aspekt im Rahmen des Gemeindebezuges akzentuiert Apk 3,12: Wer treu bleibt, wird zu einer Säule im Tempel Gottes gemacht werden. Beide Varianten finden sich auch bei den Apostolischen Vätern: die gemeindebezogene Ign Eph 9,1, die auf das Individuum bezogene Ign Eph 15,3; Ign Philad 7,2; Barn 6,15.[62] Eine besondere Nähe zu 2 Clem 9,3 hat Ign Philad 7,2: Ignatius fordert hier τὴν σάρκα ὑμῶν ὡς ναὸν θεοῦ τηρεῖτε.

2 Clem partizipiert an dieser Tradition. Er macht explizit „keine Identitätsaussage"[63] wie 1 Kor 3,16f (ναὸς θεοῦ ἐστε). Gleichwohl scheint er aber eine Metapher vor Augen zu haben: Bei einem Vergleich („wie") wäre ναὸς θεοῦ viel leichter durch irgendetwas Kostbares austauschbar als bei einem metaphorischen Verständnis („als"), das an die traditionelle Metaphorik anknüpft. Dabei ist es bei der Einprägsamkeit der Metaphorik durchaus nicht nötig, einen direkten Paulus-Einfluss anzunehmen.[64]

V.4 argumentiert wieder: ὃν τρόπον γὰρ ἐν τῇ σαρκὶ ἐκλήθητε, καὶ ἐν τῇ σαρκὶ ἐλεύσεσθε.[65] Γάρ zeigt, dass der Prediger V.4 als Begründung für die Paränese V.3 versteht. V.3 ist seinerseits Folge (οὖν) aus V.2. V.4 schließt somit an V.2 an, erweitert aber den dort allein vorliegenden Bezug auf die Vergangenheit durch den Blick auch auf die Zukunft. Καλεῖν knüpft zudem an 1,2.8; 2,7 an; gegenüber diesen Stellen ist jetzt das σάρξ-Motiv neu.[66] Ὃν τρόπον (vgl. 8,2; 12,4;

---

[60] Die Metaphorik hat eine Vorgeschichte im griechisch-hellenistischen wie im hellenistisch-jüdischen Bereich (Epict Diss 1,14,14f; 2,8,11f; Phil Somn 1,149; Sobr 62f; Cher 98 u.ö.) vgl. WEISS, 1 Kor 166A1; MERKLEIN, 1 Kor, 270–272.

[61] Auffällig ist dabei, dass die ναός-Metaphorik mit θεός, κύριος und πνεῦμα verbunden ist, sie hat gleichsam „trinitätstheologische" Breite: Tempel Gottes bzw. Tempel in Christus ist die Gemeinde, sofern das πνεῦμα in ihr wohnt.

[62] Barn 4,11 ist unklar: falls es das vorangehende πνευματικοί nur wiederholt, ist es individuell zu verstehen, ansonsten ekklesiologisch; bei PROSTMEIER, Barnabasbrief 223 ist nur letzteres im Blick.

[63] LINDEMANN, 2 Clem 226.

[64] WARNS, Untersuchungen 230–235 denkt an die valentinianischen Gegner des 2 Clem als die Vermittler des Paulustextes; das δεῖ ist jedenfalls nach dem mehrheitlichen Gebrauch (1,1; 4,4 u.ö.) kein Indiz für die Zitathaftigkeit (m.R. LINDEMANN, 2 Clem 226); vgl. die zurückhaltende Beurteilung der Herkunft des Motivs bei OXFORD COMMITTEE, New Testament 126: „… we cannot assert a necessary dependence upon any particular passage", ähnlich GREGORY/TUCKETT, 2 Clem 284.

[65] Ἐλεύσεσθε AH, ἦλθεν S. Die S-Version versteht V.4b im Sinne einer christologischen Aussage und passt gut zu V.5. Von V.1f her legt sich allerdings ἐλεύσεσθε nahe, zudem ist diese Lesart besser bezeugt.

[66] Die kreisende, wiederholende und doch immer wieder auch neue Aspekte einbringende Darstellungsweise des Autors ist so deutlich erkennbar.

Mt 23,37par; Act 1,11; 7,27 u. ö.) bezeichnet die Analogie zweier miteinander verbundener Handlungen und sieht darin die Evidenz der zukünftigen fleischlichen
Existenz. Umstritten ist, worauf sich ἐλεύσεσθε bezieht: Gericht[67] oder Reich
Gottes.[68] Ersteres wird im Kontext V.1 (vgl. V.5) angesprochen, letzteres V.6 (vgl.
6,9: εἰσέρχομαι). Da der Term ἔρχομαι 9,6 ebenfalls auftaucht,[69] dürfte der Prediger eher an das Reich Gottes gedacht haben. Ein Gegensatz sollte allerdings nicht
konstruiert werden.

V.5 setzt die mit dem Konnex Vergangenheit – Zukunft operierende Argumentation bezüglich der zukünftigen Bedeutung der σάρξ fort: εἰς Χριστὸς ὁ κύριος ὁ
σώσας ἡμᾶς, ὢν μὲν τὸ πρῶτον πνεῦμα, ἐγένετο σὰρξ καὶ οὕτως ἡμᾶς
ἐκάλεσεν· οὕτως καὶ ἡμεῖς ἐν ταύτῃ τῇ σαρκὶ ἀποληψόμεθα τὸν μισθόν.
Ein umstrittenes textkritisches Problem verbirgt sich in dem εἰς. Es wird von allen
drei Handschriften (AHS) vertreten, ebenso setzt es das Florilegium Edessenum
voraus (vgl. Einleitung § 1). Es ist aber so unerwartet,[70] dass eine Reihe von Exegeten die in den syrischen Excerpta Patrum (vgl. Einleitung § 1) vorausgesetzte Lesart
εἰ vorzieht.[71] Der Satz scheint tatsächlich mit εἰ[72] glatter zu sein: Wenn Christus …
Fleisch wurde und uns so berief, so werden auch wir … Da aber εἰς ebenfalls einen
guten Sinn ergibt, ist diese Lesart vorzuziehen, weniger aus Gründen der lectio difficilior als aus Gründen der weit besseren Bezeugung.[73]
    Die Qualifizierung Christi als εἰς steht auf dem Hintergrund des Bekenntnisses
zum einen Gott und findet sich in der frühchristlichen Tradition öfters: 1 Kor 8,6;
Eph 4,5; 1 Tim 2,5; 1 Clem 46,6; Ign Magn 7,2.[74] Veranlasst dürfte diese Kennzeichnung durch die folgende Differenzierung in πνεῦμα und σάρξ sein: ὢν μὲν τὸ
πρῶτον πνεῦμα, ἐγέντο σάρξ, vgl. Ign Eph 7,2. Πρῶτον bezieht sich auf die
πνεῦμα-Existenz des präexistenten Christus, die zeitlich und sachlich einer in
der Inkarnation vorliegenden sarkischen Existenz vorausgeht. Anders als Kap. 14
(vgl. 2 Kor 3,17) wird auf die gegenwärtig wieder gegebene πνεῦμα-Existenz
Christi nicht Bezug genommen. Es erfolgt auch keine Reflexion auf den Bezug von
πνεῦμα und σάρξ im Inkarnierten.

---

[67] LIGHTFOOT, Fathers I/2 230; KNOPF, 2 Clem 166.
[68] GEBHARDT/HARNACK, Epistulae 124; LINDEMANN, 2 Clem 226.
[69] Vgl. auch 12,6; doch ist 16,3 ἔρχεσθαι auch mit κρίσις verbunden, allerdings geht es an diesen Stellen um das Kommen von Gericht oder Reich Gottes.
[70] LIGHTFOOT, Fathers I/2 230: „εἰς is quite out of place here".
[71] GEBHARDT/HARNACK, Epistulae 124; LIGHTFOOT, Fathers I/2 230; FUNK/BIHLMEYER, Väter
162; KNOPF, 2 Clem 167; WARNS, Untersuchungen 246.
[72] LINDEMANN, 2 Clem 226 meint, es sei „syntaktisch sehr ungewöhnlich, daß ein mit εἰ eingeleiteter
Nebensatz im Hauptsatz mit καὶ οὕτως fortgesetzt wird". Doch gehört καὶ οὕτως noch zum εἰ-Satz,
der Hauptsatz beginnt erst mit οὕτως καί …
[73] Im Anschluss an eine (allerdings nicht in den Text übernommene) Überlegung von LIGHTFOOT
(Fathers I/2 230) liest EHRMAN, Traditions 16: εἰ ι͞ϲ χ͞ο … Er betont z.R. dass sich sowohl εἰς wie εἰ
daraus gut erklären lassen. Aus Gründen der Textbezeugung scheint aber doch εἰς vorzuziehen zu sein,
wenn auch unter Kautelen (vgl. auch Ders., Fathers 178 A14).
[74] Vgl. Ign Eph 7,2: εἰς ἰατρός.

In der Inkarnationsaussage dürfte wenigstens implizit Polemik gegen eine doketische Christologie vorliegen. Ἐγένετο σάρξ klingt wie eine Anspielung an Joh 1,14; Codex H versteht den Text jedenfalls so, wenn er hier statt von πνεῦμα von λόγος spricht. Da jedoch eine genauere Anknüpfung an Joh 1 fehlt, wird man mit Sicherheit nicht mehr als traditionelle Sprache annehmen können.[75] Es ist jedoch nicht ausgeschlossen, dass 2 Clem direkt valentinianische Gegner attackiert: Immerhin verwendet er auch den Term κύριος, den die Valentinianer nach Iren Haer 1,1,3 Jesus nicht zubilligen wollten; auch könnte die Rede von αὕτη ἡ σάρξ (V.5b. vgl. schon V.1.2; 14,5) gegen die valentinianische Identifikation von σάρξ und πνεῦμα-Ich (Ev Phil 23 NHC II 56,26–57,19 u. ö., dazu oben zu V.1) gerichtet sein.[76] Σώσας bezieht sich auf das vergangene Heilshandeln Christi (vgl. V.2, ebenso 1,4.7; 2,7; 3,3), das auch in dem ἐκάλεσεν wieder aufgenommen wird (vgl. schon 1,2.8; 2,4.7 u. ö.) und das in dem ἀπολημψόμεθα τὸν μισθόν sein zukünftiges Pendant hat. Der Prediger bezieht sich somit christologisch und soteriologisch auf jeweils zwei Phasen: christologisch auf Präexistenz und Inkarnation, soteriologisch auf vergangenes und zukünftiges Heilshandeln. Die Zielrichtung der Argumentation in V.5 hängt am σάρξ-Begriff: Das vergangene und das zukünftige Heilshandeln erfolgt in der σάρξ. Das zweite Mal wird das der Fall sein, weil es das erste Mal auch schon so war.

V.6 schließt[77] den Abschnitt 8,4–9,6, indem es nicht nur das zukünftige Heil (im Anschluss an V.4f) anspricht, sondern auch mit der Aufforderung zum Tun zur Paränese von 8,4 zurückkehrt: ἀγαπῶμεν οὖν ἀλλήλους, ὅπως ἔλθωμεν πάντες εἰς τὴν βασιλείαν τοῦ θεοῦ. Mit der Aufforderung zur gegenseitigen Liebe nimmt der Prediger ein Grundmotiv frühchristlicher Paränese auf (vgl. Joh 13,34f; 15,12; Röm 13,8; 1 Thess 4,9; 1 Petr 1,22; 1 Joh 3,11; 2 Joh 5; Ign Trall 13,2 u. ö.). 2 Clem taucht das Motiv erstmals 4,3 auf; 13,4 wird dann (in Aufnahme von Lk 6,27.32.35) die Feindesliebe im missionstheologischen Kontext betont. Quantitativ steht es hinter den Forderungen des Befolgens des Willens bzw. der Gebote Gottes und Christi zurück; es hat aber zusammenfassenden Charakter, wenn es auch nicht in der Intensität wie in der johanneischen Tradition das paränetische Grundmuster kennzeichnet.

Der Finalsatz ὅπως zielt auf die Teilhabe aller Adressatinnen und Adressaten am Reich Gottes. Βασιλεία ist auch 5,5; 11,7; 12,1.2.6 Heilsgut. Die Errettung aller ist auch 7,2f; 17,3 das Ziel. Eine spezifisch polemische Note ist in dem πάντες von diesen Parallelen her schwerlich im Blick.[78]

---

[75] LINDEMANN, 2 Clem 227. GREGORY/TUCKETT, 2 Clem 253: es liege eine klare Reminiszenz an joh. Sprache vor, ein literarischer Bezug sei aber unsicher.

[76] Vgl. WARNS, Untersuchungen 246–252.

[77] WARNS, Untersuchungen 363 redet in Bezug auf V.6 von einem „Schlußstrich".

[78] WARNS, Untersuchungen 258–262 nimmt an, hinter 9,6 stünde Joh 3,5, denn das dort vorkommende Stichwort πνεῦμα liege auch 9,5 vor. Gegenüber einer Eingrenzung derer, die in das Reich Gottes eingehen, auf die Gnostiker betone 2 Clem, dass alle Getauften hier gemeint seien. Eine Polemik ist freilich nicht erkennbar, sowenig eine solche prinzipiell ausgeschlossen werden muss.

9,7–10,5: Rechtzeitige Buße und die eschatologischen Folgen

(9,7) Solange wir Zeit haben, geheilt zu werden, wollen wir uns selbst dem Gott zuwenden, der uns gesund macht, indem wir ihm eine Gegenleistung erbringen:

(8) Welche? Buße aus reinem Herzen.

(9) Denn er weiß alles im Voraus und kennt das, was in unserem Herzen ist.

(10) Spenden wir ihm also Lob, nicht mit dem Mund allein, sondern mit dem Herzen, damit er uns als Söhne annimmt.

(11) Denn der Herr hat auch gesagt: Meine Brüder sind diejenigen, die den Willen meines Vaters tun.

(10,1) Folglich, meine Brüder, lasst uns den Willen des Vaters, der uns berufen hat, tun, damit wir leben, und lasst uns mehr der Tugend nachjagen; die Bosheit aber als die Vorläuferin unserer Sünden lasst uns hinter uns lassen, und lasst uns die Gottlosigkeit fliehen, damit uns nicht etwa das Böse in Beschlag nimmt.

(2) Denn wenn wir eifrig bestrebt sind, Gutes zu tun, wird uns Friede nachjagen.

(3) Aus dem folgenden Grund nämlich ist es nicht möglich, dass er zu einem Menschen kommt: Diejenigen führen zur Furcht vor Menschen, die lieber den hiesigen Genuss vorziehen als die künftige Verheißung. (4) Denn sie wissen nicht, welche Folter der hiesige Genuss bewirkt und welche Wonne die zukünftige Verheißung nach sich zieht. (5) Und wenn sie nur das täten, wäre es erträglich: Nun aber verharren sie darin, die unschuldigen Seelen falsch zu lehren, nicht wissend, dass sie eine doppelte Verurteilung erhalten werden, sie und ihre Hörer.

Struktur:

9,7	Paränese: Zuwendung zu Gott solange Zeit, Erbringung einer Gegenleistung
V.8	Erläuterung der Gegenleistung: Buße aus reinem Herzen
V.9	Begründung: Wissen Gottes
V.10	Fortsetzung der Erläuterung: Gotteslob mit Mund und Herz
V.11	Begründung: Zitat
10,1	Schlussfolgerung: Tun des Willens des Vaters im Gegenüber von Tugend und Schlechtigkeit
V.2	Begründung: Tun-Ergehen-Konnex
V.3–5	Erläuterung des Konnexes mit Blick auf Gegner

9,7–10,5 entsprechen 8,1–9,6: Der Aufforderung zur rechtzeitigen Buße folgt eine Paränese mit besonderer Betonung der Differenz zwischen jetzigem Genuss und zukünftiger Verheißung.

V.7 greift 8,1 (solange wir auf der Erde sind) variierend auf: ὡς ἔχομεν καιρὸν τοῦ ἰαθῆναι.[1] Die Wendung findet sich fast wörtlich Gal 6,10 (ὡς καιρὸν ἔχομεν) und Ign Sm 9,1 (ὡς ἔτι καιρὸν ἔχομεν). Καιρός meint nicht den Zeitpunkt der eschatologischen Wende (Mk 1,15; Lk 21,8; Apk 1,3 u. ö.), sondern wie 8,1 die individuell noch zur Verfügung stehende „geeignete, rechte, günstige" Zeit.[2] Die Metaphern ἰαθῆναι und θεραπεύων θεός rekurrieren auf das traditionelle Verständnis der Sünde als Krankheit, die Gott heilt (Dtn 30,3 LXX; Jer 3,22; Ψ 40,5; Jak 5,16; Diogn 9,6; Herm Vis 1,1,9 u. ö.). Auf Jesus (bzw. die Jünger) wird das Motiv in den Heilungserzählungen vielfach angewandt (Lk 5,17; 6,19; 9,2; Joh 4,47; Act 9,34 u. ö.), die Metapher ἰατρός für Christus findet sich erstmals Ign Eph 7,2.[3] Die Heilung ist nur möglich, wenn die Hörerinnen und Hörer sich dem heilenden Gott vertrauensvoll zuwenden: ἐπιδιδόναι meint „hingeben, preisgeben".[4] Theologisch ist diese Aussage höchst interessant. Sie ist fern jeder Leistungsmoral bzw. Werkgerechtigkeit. Schon im parallelen Abschnitt 8,1–3 erfolgt die eschatologische Rettung durch den Kyrios, freilich unter der Voraussetzung rechtzeitiger Buße. 9,7 besteht diese „Leistung" nur in der Zuwendung zum heilenden Gott. Das Heil liegt explizit extra me. Dem Indikativ der göttlichen Heilszuwendung folgt der Imperativ, der allerdings in einer für 2 Clem charakteristischen Weise formuliert ist: ἀντιμισθίαν αὐτῷ διδόντες (vgl. schon 1,3.5; weiters 11,6; 15,2).[5] Dem Arzt wird eine Gegenleistung geboten, ein „Honorar".[6] Dadurch ist freilich der Aspekt des Kommerziellen, des Austausches von Leistungen schon wieder prägend. Das ist umso auffälliger, wenn die Konstruktion beachtet wird; ἐπιδῶμεν θεῷ, ἀντιμισθίαν διδόντες. Das Partizip erläutert das Hauptverb: die Zuwendung besteht geradezu in der Erstattung von Lohn. Auch tritt der präsentisch-eschatologische Charakter des christlichen Seins ganz in den Hintergrund, wenn es als erst zu therapierendes beschrieben wird.

Mit einer rhetorischen Frage (ποίαν;) erläutert **V.8**, worin die Gegenleistung besteht, und formuliert als Antwort: τὸ μετανοῆσαι ἐξ εἰλικρινοῦς καρδίας. Das dem rettenden Gott gezahlte „Honorar" ist die Buße. Das Motiv der Buße taucht erstmals 8,1–3 auf – ein weiterer Beleg für die Parallelität von 8,1–3 und 9,7–11. Die Buße soll ἐξ εἰλικρινοῦς καρδίας erfolgen; εἰλικρινής in Verbindung mit καρδία kommt in der frühchristlichen Literatur nur hier vor (zusammen mit

---

[1] Vgl. auch die doppelte Fassung in 16,1: καιρὸν ἔχοντες und ἕως ἔτι ἔχομεν τὸν πατέρα δεχόμενον ἡμᾶς – wiederum ein Beleg für seine didaktische Vorliebe für Redundanz.

[2] Bauer/Aland, Wb 801.

[3] Vgl. schon das Logion Mk 2,17parr. Ἰατρός ist hap.leg. in den Apost. Vätern, vgl. Paulsen, Briefe 33f. Auf Jesus wird ἰατρός in späterer Zeit ClemAl DivSalv 29; Orig Cels 2,67 u. ö. angewandt, auf Gott Diogn 9,6. Zum religiösen Konnex von ἰάομαι in der hellenistischen und biblischen Tradition vgl. Oepke, ἰάομαι 196–215.

[4] Bauer/Aland, Wb 592 mit Verweis auf Plut Mor 319d; Jos Bell 6,56; Act 27,15; 1 Clem 14,2 u. a.

[5] Vgl. 3,3 mit dem Term μισθός.

[6] Herzog, Arzthonorar 724f; einen Überblick über die Medizin in der klassischen Antike bietet Nutton, Medizin 1107–1117.

διάνοια 2 Petr 3,1; prädikativ Phil 1,10; 1 Clem 2,5). Die ganz und gar aufrichtige Buße ist die 2 Clem charakterisierende „Form des Existenzvollzuges".[7]

V.9 begründet (γάρ) die Notwendigkeit der ganz und gar aufrichtigen, d.h. aus reinem, ungetrübtem Herzen kommenden Buße, durch eine diesbezügliche Bestimmung des Seins und Handelns Gottes. Gott ist προγνώστης τῶν πάντων. Der Term προγνώστης ist hap.leg. im NT und bei den Apost. Vätern; das Verb προγινώσκειν kommt in Bezug auf Gott Röm 8,29; 11,2; 1 Petr 1,20 vor, hier jeweils in einem nahe an „vorsehen", „vorher ersehen/erwählen" heranreichenden bzw. dies direkt ausdrückenden Sinn. Das Moment des Voraussehens liegt am deutlichsten Herm Mand 4,3,4 vor: Da Gott die Schwachheit der Christinnen und Christen vorhersah, hat er eine (einzige) Bußmöglichkeit eröffnet. Gottes Vorherwissen setzt auch Herm Sim 7,5 voraus, wonach die Adressatinnen und Adressaten die kommende Bedrängnis vorher kennen sollten. Das Motiv des göttlichen Vorherwissens ist traditionelles Glaubensgut Israels (vgl. Sap Sal 8,8; 18,6; Jdt 9,6 sowie das Phänomen der Prophetie überhaupt) und ist im 2. Jh. im großkirchlichen Bereich besonders bei den Apologeten verbreitet (vgl. nur Just Apol I 44,11; Dial 16,3; 23,2; 92,2; Theoph Autol 2,15 u.ö.),[8] darüberhinaus auch in sonstiger orthodoxer (Silv NHC VII 116,1–5) wie heterodoxer Tradition (Gnostiker Justin bei Hipp Ref 10,15).

Sachlich eng verbunden mit dem Motiv des Vorherwissens ist das der Kenntnis des Herzens: εἰδὼς ἡμῶν τὰ ἐν καρδίᾳ.[9] Dass Gott die Herzen kennt und nicht am Oberflächlichen hängen bleibt, ist Israel wie der frühen Kirche selbstverständlich (Dtn 8,2; 1 Sam 9,19; 16,7; Ψ 25,2; 138,23; Lk 16,15; Röm 8,27; 1 Kor 4,5; 1 Clem 21,9 u.ö.).[10] Gott ist καρδιογνώστης (Act 1,24; 15,8; Herm Mand 4,3,4). Eine Ausrichtung gegen das valentinianische Theologumenon von der Blindheit des Demiurgen gegenüber dem πνεῦμα (Iren Haer 1,5,4.6)[11] muss nicht angenommen werden. Zwar würde die These vom Vorherwissen bzw. der Herzenskenntnis Gottes gut in einen antivalentinianischen Kontext passen. Sie ist aber so geläufig, dass sie auch ohne einen solchen Konnex voll verständlich ist. Das Bemühen um möglichst große Integrität der glaubenden Existenz ist mehr als ausreichend.

V.10 greift nach der Digression von V.9 über das Wissen Gottes wieder das Thema von V.8 auf. Das dort formulierte Thema der Buße aus reinem Herzen wird jetzt variierend weitergeführt (οὖν). Die Terminologie entspricht 1,5: δῶμεν οὖν αὐτῷ

---

[7] LINDEMANN, 2 Clem 228.

[8] Im polemisch-ironischen Sinn Tat Orat 19,9, Apollon sei nur scheinbar ein προγνώστης gewesen.

[9] Τὰ ἐν καρδίᾳ A, τὰ ἐγκαρδία H. Letzteres fehlt in LXX wie im NT und bei den Apost. Vätern. Es entspricht somit nicht dem üblichen Sprachgebrauch und ist wohl, obwohl lectio difficilior, sekundär, vgl. LIGHTFOOT, Fathers I/2 231; KNOPF, 2 Clem 167.

[10] WARNS, Untersuchungen 555f meint, V.9 liege „ein Zitat oder ein zitathaftes Theologumenon" vor: προγνώστης passe nicht in den Kontext und sei ein hap.leg. in 2 Clem, zudem sei ἡμῶν vor τὰ ἐν καρδίᾳ ungewöhnlich. Durch γάρ (V.9) und οὖν (V.10) sei es in den Kontext eingebunden (zu οὖν vgl. 7,6/8,1; 11,6/11,7; 14,3; 15,4/15,5). Dass zitathaftes Material verwendet wird, ist unbestreitbar. Ein ausdrückliches Zitat müsste aber deutlichere Gemeinsamkeiten mit einer Vorlage aufweisen. Das Nebeneinander der Rede von Zitat „oder" zitathaftem Material ist bezeichnend.

[11] WARNS, Untersuchungen 370.

αἶνον.[12] Die Ganzheitlichkeit des erwünschten Verhaltens wird mit dem Gegen-satzpaar στόμα – καρδία betont: μὴ ἀπὸ στόματος μόνον, ἀλλὰ καὶ ἀπὸ καρδίας, vgl. Dtn 30,14; Ψ 61,5 (zitiert in 1 Clem 15,3); Röm 10,9f. In der Gegen-überstellung χείλη – καρδία/διάνοια hat der Prediger schon 3,4 diese Ganzheit-lichkeit christlicher Existenz angesprochen, vgl. Jes 29,13 (zitiert in Mk 7,6par). Da-bei geht es in der Nebeneinanderstellung von στόμα/χείλη und καρδία nicht um eine Abwertung des verbalen Bekenntnisses, nur ist es eben unzureichend, wenn es nicht durch das gesamte Verhalten gedeckt ist, sodass faktisch auf letzterem der ent-scheidende Ton liegt. Bekenntnis ist in letzter Konsequenz immer Tat-Bekenntnis.

Der futurisch-eschatologische Aspekt des Heils liegt in dem abschließenden ἵνα[13] ἡμᾶς προσδέξηται ὡς υἱούς vor. Die Sohnschaft ist hier zukünftiges Heils-gut, anders als 1,4, wo die Verleihung der Sohnschaft schon den Anfang des Christ-seins markierte. 2 Clem kennt also die präsentisch-eschatologische Akzentuierung des Sohnes-Titels (vgl. 1 Thess 5,5; Röm 8,14; Gal 3,26; Eph 2,2; Hebr 12,5; Barn 4,9 u. ö.), sie tritt aber angesichts der noch ausständigen eschatologischen Erfüllung in den Hintergrund.

V.11 schließt den Abschnitt mit einem begründenden Jesuslogion ab.

2 Clem 9,11	Mt 12,50	Mk 3,35	Lk 8,21
καὶ γὰρ εἶπεν ὁ κύριος·	εἶπεν· …	λέγει· …	ὁ δὲ ἀποκριθεὶς εἶπεν πρὸς αὐτούς· μήτηρ μου καὶ
ἀδελφοί μου οὗτοί εἰσιν οἱ ποιοῦντες τὸ θέλημα τοῦ πατρός μου.	ὅστις γὰρ ἂν ποιήσῃ τὸ θέλημα τοῦ πατρός μου τοῦ ἐν οὐρανοῖς, αὐτός μου ἀδελφὸς καὶ ἀδελφὴ καὶ μήτηρ ἐστίν.	ὃς γὰρ ἂν ποιήσῃ τὸ θέλημα τοῦ θεοῦ, οὗτος ἀδελφός μου καὶ ἀδελφὴ καὶ μήτηρ ἐστίν.	ἀδελφοί μου οὗτοί εἰσιν οἱ τὸν λόγον τοῦ θεοῦ ἀκούοντες καὶ ποιοῦντες.

Ev Eb 5 Epiph Pan 30,14,5 (GCS 25,351):
    οὗτοί εἰσιν οἱ ἀδελφοί μου καὶ ἡ μήτηρ καὶ ἀδελφαὶ
    οἱ ποιοῦντες τὰ θελήματα τοῦ πατρός μου.
Ev Thom 99 NHC II 49,23–25 (GCS.NF 8,179):
    Er sprach zu ihnen: ,Die hier, die den Willen meines Vaters tun,
    diese sind meine Brüder und meine Mutter'.
ClemAl EclProph 20,3 (GCS ClemAl III 142):
    ,ἀδελφοί μου γάρ', φησὶν ὁ κύριος, ,καὶ συγκληρονόμοι
    οἱ ποιοῦντες τὸ θέλημα τοῦ πατρός μου'.

---

[12] Αἶνον HS, αἰώνιον A. HS ist vorzuziehen. LIGHTFOOT, Fathers I/2 231 und WARNS, Untersu-chungen 82A3080 u. ö. lesen αἶνον αἰώνιον, ein Mischtext aus HS und A. Das ist durchaus möglich. Dann wäre in HS das Adjektiv durch Haplographie ausgefallen. Von der Parallele 1,5 her ist aber wohl ursprünglich nur αἶνον gestanden.

[13] S setzt hier zusätzlich καί voraus, das sachgemäß auch in AH mitgesetzt ist.

Die Einleitungsformel καὶ γὰρ εἶπεν ὁ κύριος verwendet wie 4,5; 5,4[14] und 12,2 εἶπεν gegenüber λέγει 2,4; 3,2; 4,2; 5,2; 6,1; 8,5; 13,2. Ein Bedeutungsunterschied in der Gewichtigkeit des Zitats liegt nicht vor, auch kein Indiz für die Bestimmung der Herkunft.[15] Das Zitat ἀδελφοί μου οὗτοί εἰσιν οἱ ποιοῦντες τὸ θέλημα τοῦ πατρός μου rekurriert auf das die Begegnung Jesu mit seinen Verwandten (Mk 3,31–35parr) abschließende Logion. Die Gemeinsamkeiten sind freilich nur gering: mit Mt 12,50: τὸ θέλημα τοῦ πατρός μου; mit Lk 8,21: οὗτοί εἰσιν οἱ … ποιοῦντες. In der Struktur entspricht es somit Lk, in Bezug auf die für 2 Clem wichtige Rede vom Willen Gottes/Christi (5,1; 6,7; 8,4; 10,1; 14,1bis) dagegen Mt. Eine besondere Nähe hat die Version des 2 Clem zu denen der zeitgenössischen großkirchlichen wie heterodoxen Tradition.[16] Ev Eb 5 Epiph Pan 30,14,5 ist fast wörtlich ident: οὗτοί εἰσιν οἱ ἀδελφοί μου … οἱ ποιοῦντες τὰ θελήματα τοῦ πατρός μου.[17] Nahe ist auch der Text bei ClemAl EclProph 20,3 (GCS ClemAl 3,142): ἀδελφοί μου … οἱ ποιοῦντες τὸ θέλημα τοῦ πατρός μου. Dasselbe trifft auch für Ev Thom 99 NHC II 49,23–25[18] zu: Diejenigen, die den Willen meines Vaters tun, die sind meine Brüder … sowie für Inter NHC XI 9,31–33: Meine Brüder … sind die, die den Willen meines Vaters tun.

Die Herkunft des Logions ist so umstritten, wie es bei den meisten anderen Zitaten auch der Fall ist. Als Möglichkeiten werden (mit unterschiedlicher Skepsis) genannt: Abhängigkeit von Mt und Lk,[19] freies Zitat nach den Synoptikern,[20] Herrenwortsammlung[21] oder ein apokryphes Evangelium.[22] Letzteres ist vielleicht am wahrscheinlichsten, doch kann selbst bei Annahme der Benutzung eines apokryphen Evangeliums ein einzelnes Zitat auch ganz woanders herkommen. Der Sinn des Logions ist jedenfalls klar: Es begründet die V. 10 angesprochene Sohnschaft und interpretiert das Motiv des Herzens im Sinne der aktiven Erfüllung des Gotteswillens. Jede bloße Innerlichkeit ist ausgeschlossen. Die Differenz zu V. 10 stört

---

[14] Hier innerhalb des Gesamtzitates 5,2–4.

[15] Auch bei den atl. bzw. frühjüdischen Zitaten variieren λέγει (3,5; 6,8; 11,2; 13,2; 14,2; weiters λεγούσης 14,1; λέγοντα 15,3) und εἶπεν (4,5; 17,4). 7,6 wird φησίν verwendet.

[16] Vgl. die Zusammenstellung bei WARNS, Untersuchungen 367–378.

[17] Kontext ist die Leugnung des Menschseins Jesu, wie Epiphanius sagt, offenbar auf Grund des genannten Logions.

[18] Vgl. SCHRAGE, Verhältnis 185–189.

[19] MASSAUX, Influence 146f; METZGER, Kanon 75; GREGORY, Reception 148 (als Möglichkeit neben einer nachsynoptischen Harmonie).

[20] SCHUBERT, 2 Clem 251; KÖHLER, Rezeption 138; AUNE, Tradition 244A12; LINDEMANN, 2 Clem 229 hält es (im Anschluss an KÖHLER, ebd.) für möglich, dass 2 Clem den Wortlaut des Logions dem Kontext entsprechend veränderte: Der Ausdruck ποιεῖν τὸ θέλημα τοῦ πατρός sei stärker als das ntl. τὸν λόγον τοῦ θεοῦ ἀκούειν καὶ ποιεῖν und der Hinweis auf die Mutter sei aus Kontextgründen entfallen. Letzteres ist einleuchtend, ersteres kaum.

[21] KÖSTER, Überlieferung 79.III; WARNS, Untersuchungen 371–378. Nach GREGORY/TUCKETT, 2 Clem 270 ist 9,11 abhängig von „a separate source that had already harmonized the different versions of the saying in the synoptics into its form here".

[22] SCHUBERT, 2 Clem 251; OXFORD COMMITTEE, New Testament 134; KNOPF, 2 Clem 167. KÖSTER, Überlieferung 79 denkt speziell an Ev Naz.

den Prediger offenbar nicht: Dort ist das Sohnsein ein zukünftiges, V. 11 dagegen ist das Brudersein – und damit implizit das Sohnsein – ein gegenwärtiges. An eine Differenz zwischen gegenwärtigem Bruder- und zukünftigem Sohnsein denkt er wohl nicht.

10,1 knüpft mit ὥστε an das Vorhergehende an,[23] die Schlussfolgerung ist aber gegenüber 9,7–11 sachlich nichts Neues, sondern – ebenso wie die Apostrophe ἀδελφοί μου[24] – nur eine Verstärkung. Die vier bedeutungtragenden Kohortative sind ποιήσωμεν, διώξωμεν, καταλείψωμεν und φύγωμεν. Zunächst geht es um das Tun des Willens des Vaters. Vom ποιεῖν τὸ θέλημα τοῦ πατρός redete der Verfasser schon 8,4 und 9,11, weiters noch 14,1. Analog geht es 5,1 und 6,7 um das Tun des Willens Christi. Die Nähe zwischen Gott und Christus liegt auch in der Bestimmung τοῦ καλέσαντος ἡμᾶς vor. Die Berufung durch Gott wird hier und 16,1 von Gott, 1,2.8; 2,4.7; 5,1; 9,5 von Christus ausgesagt (vgl. oben zu 1,8). Dass hier speziell an die Taufe gedacht ist,[25] ist nicht unmöglich, aber eher unwahrscheinlich. Bei der wenig differenzierenden Redeweise des Predigers ist eher allgemein an die Berufung zu denken.[26] Das Tun des Willens des Vaters zielt auf das zukünftige Leben: ἵνα ζήσωμεν. Dieses Syntagma ist nicht von τοῦ καλέσαντος ἡμᾶς abhängig, sondern von ποιήσωμεν. So sehr die Berufung durch Gott letztlich auf das ewige Leben zielt, ist im Gesamtkontext der paränetischen Predigt das entsprechende Verhalten die Voraussetzung des zukünftigen Lebens[27] (vgl. unmittelbar vorher in 9,10f).

Die zweite Forderung ist διώξωμεν μᾶλλον τὴν ἀρετήν. Die Verwendung des in der griechischen Tradition wichtigen Terms ἀρετή[28] ist auffällig. Ἀρετή findet sich im NT nur Phil 4,8; 2 Petr 1,5; bei den Apost. Vätern nur noch bei Hermas (Mand 1,2; 6,2,3; 12,3,1; Sim 6,1,4; 8,10,3). Eine nähere Reflexion auf den ἀρετή-Begriff fehlt. Διώκειν im übertragenen Sinn ist in der frühchristlichen Tradition geläufig (Röm 9,30f; 12,13; 1 Kor 14,1; 1 Tim 6,11; Hebr 12,14; 1 Petr 3,11; Barn 20,2; 1 Clem 22,5 u.ö.).

---

[23] Eine Anknüpfung speziell an 9,11 (KNOPF, 2 Clem 168) liegt nur in Bezug auf das Motiv vom Tun des Willens des Vaters vor. Der Aspekt der zukünftigen Rettung, der 10,1 zentral ist, wurde 9,7–11 insgesamt behandelt.

[24] Ἀδελφοί μου: 7,1; 10,1; 11,5; ansonsten nur ἀδελφοί: 1,1; 4,3; 5,1.5; 8,4; 13,1; 14,1.3; 16,1 (bzw. ἀδελφοὶ καὶ ἀδελφαί 19,1; 20,2). Ein Bedeutungsunterschied, etwa in der Gewichtung des jeweils Ausgeführten, ist nicht erkennbar, vgl. nur 10,1 und 14,1, wo jeweils vom Tun des Willens des Vaters die Rede ist. 10,1 fehlt das μου in H, im Unterschied zu A und S, wobei S noch καὶ ἀδελφαί hinzufügt.

[25] DONFRIED, Setting 147.

[26] Vgl. auch die Skepsis bei LINDEMANN, 2 Clem 230.

[27] Vgl. schon LIGHTFOOT, Fathers I/2, 232; KNOPF, 2 Clem 168. LINDEMANN, 2 Clem 230 weist z.R. darauf hin, dass das Motiv der Berufung die Vorordnung des Indikativs vor dem Imperativ bezeichnet.

[28] Z.B.: Hom Od 13,45; Hes Op 313; Plat Krit 110e; Xen Anab 1,4,8 u.ö. Auch in der jüdisch-hellenistischen Literatur findet sich der Term häufig: Sap Sal 8,7; 2 Makk 10,28; 4 Makk 7,22; Phil SpecLeg 1,209; Jos Ant 18,117 u.ö., vgl. BAUERNFEIND, ἀρετή 457–461.

Μᾶλλον – δέ bezeichnet hier keine Steigerung, sondern eine Alternative, wie die Gegenüberstellung ἀρετή – κακία[29] zeigt.[30] Der Gegensatz beider Grund-Verhaltensweisen ist traditionell (Xen Mem 1,2,28; Cic Tusc 4,15; App BellCiv 4,129, 544). Dem Streben nach der Tugend steht das Verlassen (καταλείψωμεν) des Lasters gegenüber. Διώκειν und καταλείπειν bilden somit ein antithetisches Begriffspaar. Bemerkenswert ist die nähere Bestimmung von κακία: Sie ist die προοδοιπόρος τῶν ἁμαρτιῶν ἡμῶν. Κακία und ἁμαρτίαι stehen in einer Beziehung, ähnlich wie Jak 1,15 die ἐπιθυμία die ἁμαρτία gebiert. Wie wenig dabei aber ein striktes Zuordnungsverhältnis postuliert werden kann, zeigt Röm 7,8, wonach die ἁμαρτία (veranlasst durch die ἐντολή) jegliche ἐπιθυμία bewirkt. Offenbar betrachtet 2 Clem die κακία als Voraussetzung der Einzel-sünden. Das Substantiv προοδοιπόρος fehlt in der LXX und kommt in der frühchristlichen Literatur nur hier vor, das Verb προοδοιπορέω (= „voranreisen, euphemist. für vorher sterben")[31] findet sich öfters: Luc Hermot 27; DiogLaert 7,176; Jos Ant 3,2; 1 Clem 44,5 u. ö.

Das κακίαν καταλείψωμεν wird in dem φύγωμεν τὴν ἀσέβειαν aufgegriffen, die negative Hälfte des Begriffspaares διώκειν – καταλείπειν wird somit nochmals betont herausgestellt. Ἀσέβεια ist das Kardinallaster, die falsche Gottes-verehrung (vgl. Röm 1,18; 11,26; 2 Tim 2,16; Tit 2,12; Jud 15 u. ö.). Aus ihr folgt alles Übrige: μὴ ἡμᾶς καταλάβῃ[32] κακά, vgl. Röm 1,18: ἀσέβεια – ἀδικία. Die Folge ἀσέβεια – κακά wiederholt somit die von κακία und ἁμαρτίαι. Beide Male folgt aus einer singularisch bezeichneten Verhaltensweise eine pluralisch bezeichnete. Die Terminologie ist freilich nicht stringent gewählt: κακία und κακά gehören immerhin demselben Wortstamm an. Oder hat 2 Clem eine Reihenfolge ἀσέβεια – κακά/κακία – ἁμαρτίαι vor Augen? Dann wäre aus der vorhin genannten Pa-rallelität eine Reihenfolge geworden – eine Reihenfolge, die freilich nicht explizit formuliert ist.

V.2 liefert die Begründung für die Paränese von V.1 durch das Aufzeigen der Fol-gen: ἐὰν γὰρ σπουδάσωμεν ἀγαθοποιεῖν, διώξεται ἡμᾶς εἰρήνη. Ἀγαθο-ποιεῖν ist ähnlich allgemein gehalten wie die vorhergehenden Bestimmungen: Tun des Willens des Vaters, Verfolgen der Tugend, Verlassen des Bösen, Hintersichlas-sen der Gottlosigkeit. Es ist ein t.t. der späteren ntl. Zeit (erstmals Lk 6,9.33 u. ö., weiters 1 Petr 2,15.20 u. ö., 3 Joh 11; bei den Apost. Vätern nur noch Herm Vis 3,5,4; 3,9,5; Sim 9,18,1f).[33] Die Kombination mit σπουδάζειν ist einzigartig in der

---

[29] Κακία = im sittlichen Sinn „d. Schlechtigkeit, d. Verdorbenheit, d. Laster", Bauer/Aland, Wb 805.

[30] Vgl. BDR § 246,2. Donfried, Setting 148 betrachtet insgesamt Kap 10 als Interpretation des Be-griffspaars ἀρετή und κακία.

[31] Bauer/Aland, Wb 1419.

[32] Καταλαμβάνειν = hier „packen, ereilen, überfallen", Bauer/Aland, Wb 839; vgl. Gen 19,19; Num 32,23; Mk 9,18; 1 Thess 5,4; Barn 4,1 u. ö.

[33] Ἀγαθοποιΐα 1 Petr 4,19; 1 Clem 2,2.7; 33,1; 34,2; ἀγαθοποίησις Herm Mand 8,10; Sim 5,3,4; ἀγαθοποιός 1 Petr 2,14; ἀγαθοεργεῖν 1 Tim 6,18.

frühchristlichen Literatur; einen Nachklang zum Syntagma formuliert der Prediger selbst 18,2: σπουδάζω τὴν δικαιοσύνην διώκειν. Es geht ihm um die rechtzeitige Umsetzung der Paränese. Nicht nur der Gesamtkontext der Predigt spricht dafür, sondern auch die Rede vom eschatologischen Heilsgut εἰρήνη[34] (vgl. V.1: ζήσωμεν).

VIf liegt eine auffällige terminologische Nähe zu Ψ 33,15 vor: ἔκκλινον ἀπὸ κακοῦ καὶ ποίησον ἀγαθόν, ζήτησον εἰρήνην καὶ δίωξον αὐτήν. Der Psalm spielt in der frühchristlichen Paränese eine wichtige Rolle: 1 Petr 3,10–12 werden V.13–17 und 1 Clem 22,1–7 V.12–18 fast wörtlich zitiert. Auch Orig Cels 6,54 bietet Ψ 33,11–15 als Beleg dafür, dass Gott das Tun des Guten will. Allerdings ist εἰρήνη V.2 nicht Objekt, sondern Subjekt. Dass hier eine explizite Ausrichtung gegen eine valentinianische Verwendung von Ψ 33 vorliegt,[35] ist nicht unmöglich, bleibt aber ganz unsicher. Einen höheren Wahrscheinlichkeitsgrad hat dagegen die Annahme, Ψ 33 habe 2 Clem im Rahmen einer Zitatenkollektion vorgelegen (vgl. die Nähe zum Zitat 11,2–4 auch 1 Clem 22f).[36]

Eine ausgesprochene Crux liegt **V.3** vor. V.3a scheint keinen Sinn zu ergeben, sodass eine Reihe von Konjekturen vorgeschlagen wurden:[37] GEBHARDT/ HARNACK[38] postulieren ein folgendes εἰρήνην. Dadurch wird aber ἄνθρωπον zum Subjekt, während es nach dem Duktus von V.2 als Objekt zu erwarten wäre. LIGHTFOOT meint, diese Interpretation folge zwar den griechischen Handschriften, sei aber „hardly … correct".[39] Er erwägt deshalb eine weitere Konjektur: εἰρηνεύειν ἄνθρωπον,[40] entscheidet sich aber für εὐημερεῖν ἄνθρωπον („still better").[41] Nach WARNS[42] sei das Akkusativobjekt ἀνάπαυσιν zu ergänzen: auch 6,7 sei vom Finden der Ruhe die Rede gewesen und zudem lese H in 10,3.4 jeweils ἀνάπαυσις statt ἀπόλαυσις. Die Polemik gegen die valentinianische Rede vom Finden der ἀνάπαυσις durch Gnosis könnte so belegt werden. Doch bleibt dabei wie bei den vorher genannten Konjekturen deren hoher hypothetischer Charakter. Sollte der Text ohne Annahme einer Konjektur verständlich gemacht werden können, wäre eine solche Lösung vorzuziehen.[43]

Der Ansatzpunkt dafür liegt in V.2. Von daher dürfte tatsächlich an eine Ergänzung von εἰρήνη zu denken sein, allerdings nur dem Sinn nach (nicht explizit!)

---

[34] In 2 Clem nur hier.

[35] Nach WARNS, Untersuchungen 482f polemisiere 2 Clem gegen eine valentinianische Anwendung von Ψ 33,15a auf die Psychiker und 15b auf die Pneumatiker (vgl. ClemAl Strom 4,109).

[36] WARNS, Untersuchungen 483f.

[37] Für die ältere Forschung vgl. LIGHTFOOT, Fathers I/2 232.

[38] GEBHARDT/HARNACK, Epistulae 125; GOODSPEED, Fathers 89.

[39] LIGHTFOOT, Fathers I/2 232.

[40] Erwogen, aber verworfen auch von KNOPF, 2 Clem 168 (ebenso wie εἰρηνεῖν).

[41] LIGHTFOOT, Fathers I/2 232.

[42] WARNS, Untersuchungen 594–599.

[43] Vgl. die große Zurückhaltung gegenüber Konjekturen in der neueren ntl. Textkritik. ALAND/ ALAND, Text 284 wenden sich scharf gegen Konjekturen „an Stellen, wo die Textüberlieferung keine Brüche aufweist".

und nicht als Objekt, sondern als Subjekt. Diese Lösung findet sich schon bei
SCHUBERT,[44] weiters bei KNOPF, der meint, man fasse „am besten ein zu ergän-
zendes αὐτήν (sc. εἰρήνην) als Subjekt, ἄνθρωπον als Objekt".[45] So wie nach
V.2 der Friede „uns folgt", wenn wir Gutes tun, so „findet" er einen Menschen
nicht, wenn der (V.3b) folgende Grund (διὰ ταύτην … τὴν αἰτίαν) gegeben ist:
die Bevorzugung[46] des diesseitigen Genusses[47] vor der zukunftsgerichteten Verheißung[48] und die damit gegebene Einflößung[49] von menschlicher Furcht. Der
Anschluss von οἵτινες an ἄνθρωπον bleibt freilich hart, ist aber möglich.[50] Der
Prediger polemisiert gegen Leute, die die futurisch-eschatologische Ausrichtung
vermissen lassen – jedenfalls eine Ausrichtung von der Art, wie er selbst sie versteht. Die Furcht vor den Menschen, die er ihnen ankreidet, könnte ebenso auf deren Ablehnung des Martyriums[51] gedeutet werden wie der Vorwurf der Bevorzugung des jetzigen Genusses vor der zukunftsgerichteten Verheißung. Der Vorwurf
würde also lauten: Wegen eines Defizites an futurischer Eschatologie hingen sie am
diesseitigen Leben und das führte zur Furcht vor Menschen – eine Furcht, die in
einer (wie immer gearteten) Verfolgungssituation einen gut verständlichen Sitz im
Leben hätte. Die letzte Konsequenz daraus: Der Friede, der die Folge rechten
Tuns ist (V.2), wird diese Leute nicht erreichen.

V.4 führt die Gegenüberstellung von ἐνθάδε ἀπόλαυσις[52] und μέλλουσα ἐπαγγελία weiter, wobei der Blick auf das Zustandekommen wie auf die Folgen der
damit angesprochenen konträren Verhaltensweisen fällt. Was ersteres betrifft, so
bescheinigt der Prediger seinen Gegnern Unkenntnis, entschuldigt sie damit aber
nicht (vgl. 1 Tim 1,13; 2 Petr 2,12); auch ist vom Versuch, sie aufzurütteln und
argumentativ zu gewinnen (vgl. Röm 6,3; 7,1) nichts zu spüren, wie insbesondere
V.5 zeigt. Vielmehr klagt er sie an und stellt ihnen explizit die eschatologische Folge
ihres Tuns vor Augen: Der gegenwärtige Genuss wird βάσανος zur Folge haben,

---

[44] SCHUBERT, 2 Clem 251.
[45] KNOPF, 2 Clem 168; HEMMER, Pères II 151; QUÉRÉ, Pères 165; WENGST, 2 Clem 273A83 und LIN-
DEMANN, 2 Clem 231 übernehmen z.R. diese Interpretation als die gegenüber den Konjekturen einfa-
chere und deshalb vorzuziehende.
[46] Προῃρημένοι A, προαιρούμεθα H, S setzt προαιρούμενοι voraus. Die durch A und S bezeugte
Partizipialkonstruktion ist vorzuziehen.
[47] Ἀπόλαυσις AS, ἀνάπαυσις H; erstere Lesart ist vorzuziehen.
[48] Eine ähnliche Gegenüberstellung findet sich 6,6: ἐνθάδε – ἐκεῖνα. Die Rede von der μέλλουσα
ἐπαγγελία findet sich in der frühchristlichen Tradition nur V.3f; vgl. 1 Tim 4,8: ἐπαγγελίαν … ζωῆς
τῆς νῦν καὶ τῆς μελλούσης.
[49] Παράγειν = „einführen, einziehen lassen", BAUER/ALAND, Wb 1241. WARNS, Untersuchungen
599f sieht bei der intransitiven Übersetzung „vorüberkommen an" eine Polemik gegen Gnostiker bestätigt, die angesichts von Verfolgungen Furchtlosigkeit vor Demiurgen und vor Dämonen propagierten
(Ev Thom III NHC II 34,16–25; Iren Haer 1,13,6; 25,5 u. ö.), damit aber nur ihre Martyriumsscheu motivierten.
[50] Vgl. KÜHNER/GERTH II/1 § 359,3c.
[51] Für die Annahme einer Martyriumssituation z.B: KNOPF, 2 Clem 168; LOHMANN, Drohung III;
WENGST, 2 Clem 273A83; LINDEMANN, 2 Clem 231.
[52] Ἀπόλαυσις AS, ἀνάπαυσις H; letzteres ist ebenso wie in V.3 sekundär.

das Vertrauen in die zukunftsorientierte Verheißung dagegen τρυφή.[53] Im Endgericht werden für die beiden Verhaltensweisen die entsprechenden Folgen festgesetzt. Βάσανος meint 17,7 (wie 1 Makk 9,56; Mt 4,24; 1 Clem 6,1 u. ö.) irdische Qualen, 10,4 jedoch (wie Sap Sal 3,1; 4 Makk 13,15; Lk 16,23.28 u. ö.) die Qualen des eschatologischen Strafortes. Τρυφή ist hap.leg. in 2 Clem und meint den Genuss und die Wonne des eschatologischen Seins (im positiven Sinn auch Diogn 12,1: Die, die Gott in rechter Weise lieben, sind ein Paradies der Wonne; Herm Sim 6,5,7 redet von der Schwelgerei im Tun des Guten, im Neuen Testament wird der Term nur negativ verwendet: Lk 7,25: Luxus; Prunk; 2 Petr 2,13: Schwelgerei; vgl. Herm Mand 8,3; Sim 6,4,4; Act Paul 2,19 u. ö.).[54] Mit der Gegenüberstellung von βάσανος und τρυφή als Folgen des jeweiligen Verhaltens und der Betonung des zeitlichen Hintereinanders von ἐνθάδε und μέλλουσα stellt sich der Prediger (wie schon 1,1 u. ö.) ganz in den Verstehenshorizont der Apokalyptik[55] (sowenig das 10,4 direkt formuliert ist – der Vers wäre, für sich genommen, auch nicht-apokalyptisch deutbar).

V.5 setzt, wie es scheint, voraus, dass der Prediger kaum mit einer Einsicht der Gegner rechnet, sondern sie schon abgeschrieben hat. Würde ihr Verhalten nur sie selbst betreffen, könnte man das noch hinnehmen: καὶ εἰ μὲν αὐτοὶ μόνοι ταῦτα ἔπρασσον, ἀνεκτὸν ἦν. Ἀνεκτὸν ἦν entspricht ἀνεκτὸν ἂν ἦν. Das ἄν bei einer irrealen Konstruktion fällt in der Koine z. T. aus (vgl. 20,4; Joh 15,22.24; POxy III 530,17–19).[56] Der Satz ist ironisch, er gewinnt von V.5b her geradezu „eine sarkastische Note: wenn die Obergnostiker (αὐτοὶ μόνοι) ihr Unwesen für sich allein trieben, könnte man es ertragen – … da sie am Ende zur Hölle fahren."[57]

Νῦν δὲ ἐπιμένουσιν κακοδιδασκαλοῦντες dürfte voraussetzen, dass die Gegner trotz anderslautender Belehrungen bei ihrem falschen Tun geblieben sind, m.a.W. die Versuche des Presbyters bzw. der Vertreter der „Orthodoxie" sind erfolglos geblieben – jedenfalls bisher. Κακοδιδασκαλεῖν ist hap.leg. in der frühchristlichen Literatur und auch sonst sehr selten,[58] von der Wortfamilie sind noch κακοδιδασκαλία (Ign Philad 2,1)[59] und κακὴ διδασκαλία (Ign Eph 16,2; Epiph Pan 40,1) bezeugt. Parallelbegriff ist ἑτεροδιδασκαλεῖν (1 Tim 1,3; 6,3; Ign Pol 3,1; vgl. ἑτεροδιδάσκαλος Eus HE 3,32.8). Gemeint ist Irrlehre, für die (bzw. für deren Repräsentanten) in der urchristlichen Tradition meist Komposita mit ψευδ- verwendet werden: ψευδοδιδασκαλία (Pol Phil 7,2); ψευδοδιδάσκαλοι (2 Petr 2,1); ψευδαπόστολοι (2 Kor 11,13) und bei weitem am häufigsten ψευδο-

---

[53] Οἵαν τρυφήν AH, ἡλίκην ἀπόλαυσιν S; letzteres ist sekundär.

[54] In der jüdischen Tradition findet sich der positive wie der negative Gebrauch (neg.: Phil SpecLeg 2,240; pos.: Phil Cher 12).

[55] Zu Lohn und Strafe in der Apokalyptik vgl. Volz, Eschatologie 256–419; Bousset/Gressmann, Religion 275–280; Schreiner, Apokalyptik 159–164.

[56] Vgl. BDR § 360A2. Ἀνεκτός = „erträglich": Bauer/Aland, Wb 127.

[57] Warns, Untersuchungen 88A3104; vgl. schon Völter, Väter 18.

[58] Vgl. noch SextEmp Math 2,42.

[59] Als Gegenbegriff ist καλοδιδάσκαλος (Tit 2,3) bezeugt.

προφήτης (Mt 7,15; Mk 13,22par; Lk 6,26; Act 13,6; 2 Petr 2,1; 1 Joh 4,1; Apk 16,13 u. ö.; Did 11,5.6.8–10; 16,3; Herm Mand 11,1.2.4.7).

Welcher Art diese Irrlehre ist, lässt sich aus der vorliegenden Stelle nicht eruieren. Wie auch sonst zumeist, bietet der Prediger keine theologisch präzisen Informationen bzw. Argumentationen; er stellt nur allgemein fest: Die Gegner verbreiten eine verderbliche Lehre (vgl. V.5fin.) unter den ἀναίτιοι ψυχαί. Gemeint sind „schlichte Gläubige und Katechumenen".[60]

Wie V.4 wirft ihnen der Prediger Unwissenheit vor: οὐκ εἰδότες. Während aber dort das attackierte theologische System der Gegner wenigstens noch andeutungsweise durchschimmert, bezieht er sich jetzt explizit nur auf die eschatologischen Folgen ihres Tuns. Das Unwissen besteht darin, ὅτι δισσὴν ἕξουσιν τὴν κρίσιν, αὐτοί τε καὶ οἱ ἀκούοντες αὐτῶν. Bei δισσὴ κρίσις bestehen zwei Interpretationsmöglichkeiten. Analog zu Ign Eph 16,2 (Wer den Glauben an Gott ἐν κακῇ διδασκαλίᾳ zugrunderichtet, εἰς τὸ πῦρ τὸ ἄσβεστον χωρήσει, ὁμοίως καὶ ὁ ἀκούων αὐτοῦ) ist die Strafe eine doppelte, weil es die Lehrer wie die Hörer trifft. Analog von ApostConst 5,6,5 (Wenn wir aber etwas am Bekenntnis preisgeben und dann die Religion verleugnen, … berauben wir uns nicht allein selbst der ewigen Herrlichkeit, sondern werden sogleich auch anderen zur Ursache ihres Verderbens und erleiden διπλοτέραν τὴν κρίσιν, weil wir durch unsere Verleugnung die Lehre, die einst von uns als Wahrheit gerühmt wurde, dem Verdacht des Irrtums ausgeliefert haben)[61] ist es eine doppelt so große weil doppelt begründete Strafe (Verleugnung und Auslieferung der Lehre an den Verdacht des Irrtums). Die doppelte Strafe erleiden hier aber nur die Verführer, auch wenn die Hörer nicht dem Verderben entgehen.[62] Eine Entscheidung für eine der beiden Möglichkeiten ist schwer möglich.[63] Für die erste Möglichkeit könnte der Schluss sprechen: αὐτοί τε καὶ οἱ ἀκούοντες αὐτῶν. Eine Differenzierung zwischen Lehrern und Hörern in Bezug auf das Strafausmaß fehlt hier nämlich. Stimmt diese Interpretation tatsächlich, dann wäre das eine sehr ernste Warnung an die Hörerinnen und Hörer: Sie erleiden dieselbe Strafe wie ihre Verführer.

---

[60] KNOPF, 2 Clem 169. Dass diese schlichten Christen den Gegnern „nichts entgegenzusetzen wissen, sondern auf sie ‚hören'" (LINDEMANN, 2 Clem 231), steht zwar so nicht da, wird aber in den meisten Fällen zutreffen.

[61] Übersetzung nach WENGST, 2 Clem 274 A85.

[62] LINDEMANN, 2 Clem 232 redet in Bezug auf ApostConst 5,6,5 vom doppelten Gericht, „das beide je für sich ‚empfangen'".

[63] LINDEMANN, ebd. lässt die Frage offen, WENGST, 2 Clem 274 A85 differenziert nicht zwischen den beiden Interpretationsmöglichkeiten.

11,1–7: Die Gewissheit der Verheißungen und die Zweifler

(1) Lasst uns daher mit reinem Herzen Gott dienen und wir werden gerecht sein. Wenn wir aber nicht dienen, weil wir der Verheißung Gottes nicht vertrauen, werden wir unglückselig sein.
(2) Es sagt nämlich auch das prophetische Wort: „Unglückselig sind die Zweifler, die im Herzen gespalten sind und sagen: ‚Das haben wir seit alters immer wieder gehört, sogar seit der Zeit unserer Väter; wir aber haben, Tag um Tag wartend, nichts davon gesehen.' (3) Unverständige, vergleicht euch mit einem Baum! Nehmt einen Weinstock! Zuerst verliert er die Blätter, dann kommt ein Trieb, danach die unreife Frucht, dann die reife Traube. (4) So erlebte auch mein Volk Unruhen und Drangsale, danach wird es das Gute erhalten."
(5) Folglich, meine Brüder, lasst uns nicht zweifeln, sondern als Hoffende durchhalten, damit wir auch den Lohn erhalten. (6) Denn treu ist der, der versprochen hat, jedem nach seinen Werken Gegenleistungen zu erbringen. (7) Wenn wir also die Gerechtigkeit vor Gott üben, werden wir in sein Reich hineinkommen und wir werden an den Verheißungen teilhaben, die kein Ohr gehört und kein Auge gesehen und in keines Menschen Herz gedrungen sind.

Struktur:

V.1	Paränese: Verhalten und eschatologische Folgen (V.1a positiv, V.1b negativ)
V.2–4	Begründung von V.1b durch einen Vergleich mit Betonung der Gewissheit der zukünftigen Ereignisse
V.5–7	Anwendung auf die Hörerinnen und Hörer:
	V.5 Paränese: Ermunterung zum Durchhalten
	V.6f Begründung: Belohnung des rechten Verhaltens (V.6 positiv und negativ, V.7 nur positiv)

V.1 formuliert den Tun-Ergehen-Zusammenhang positiv und negativ. Der Prediger knüpft damit, wie οὖν zeigt, an das Vorhergehende, insbesondere die These 10,1, an.[1] Strukturell noch ähnlicher wird er 14,1 fortfahren.[2] Die eschatologische Begründung der Paränese spielt offenbar eine große Rolle für ihn.[3] Der Inhalt der Paränese: δουλεύειν τῷ θεῷ. Diese Kombination erscheint auch 6,1; 17,7; 18,1 und ist ganz traditionelle Bezeichnung des gewünschten Verhaltens (Lk 16,13parQ; 1 Thess 1,9; Pol Phil 2,1, Herm Sim 4,2 u. ö.). Καθαρὰ καρδία ist ein häufig gebrauchtes Syntagma (1 Tim 1,5; 2 Tim 2,22; 1 Petr 1,22; Barn 15,1.6;

---

[1] 9,6 ist der Konnex nur positiv formuliert.

[2] Der Tun-Ergehen-Konnex wird 11,1–5 und 14,1 jeweils positiv und negativ formuliert, die positiven und negativen Folgen werden stets mit ἐσόμεθα bezeichnet, der negative Konnex beide Male mit ἐάν begonnen, mit einem Zitat begründet und durch ὥστε fortgesetzt, womit wieder die positive Anfangsformulierung erreicht ist; vgl. die kolometrische Textwiedergabe bei WARNS, Untersuchungen 376.

[3] Vgl. PRATSCHER, Paränese 86–93.

1 Clem 18,10; Herm Vis 3,9,8 u. ö.). Besonders nahe am vorliegenden Text ist Hermas, der das Syntagma mit δουλεύειν (Sim 5,1,5; 6,3,6) ebenso verbindet wie mit λειτουργεῖν (Sim 7,6). Eine Parallelform ist εἰλικρινὴς καρδία (9,8). Gemeint ist jeweils die Integrität der Person in der Zuwendung zu Gott (vgl. Lk 8,15: καρδία καλὴ καὶ ἀγαθή), der Gegensatz ist die πονηρὰ καρδία (Hebr 3,12). Die verheißene Folge dieses Verhaltens ist das Gerecht-Sein. Das Futur ἐσόμεθα ist vom Gesamtkontext (vgl. nur 10,1f; 11,5) her eschatologisch zu verstehen.[4]

Der folgende ἐάν-Satz formuliert den Tun-Ergehen-Konnex negativ. Δουλεύειν (scil θεῷ) taucht wieder auf. Die Verweigerung des Dienstes hat ihre Ursache[5] im Unglauben gegenüber der Verheißung Gottes. Die Folge ist das Unglückselig-Sein. Ταλαίπωρος bezeichnet das eschatologische Verworfensein aufgrund des verfehlten Verhaltens (V.2; vgl. Apk 3,17; 1 Clem 23,3; Herm Sim 1,3).[6] Das Stichwort ist als Gegensatz zu δίκαιος ungewöhnlich und dürfte durch das folgende Zitat motiviert sein.[7]

V.2–4 bringt als Begründung ein Zitat, das in Struktur und Text weitgehend mit 1 Clem 23,3f übereinstimmt.[8]

2 Clem 11,2–4	1 Clem 23,3f
2 λέγει γὰρ καὶ ὁ προφητικὸς λόγος·	3 ἡ γραφὴ αὕτη, ὅπου λέγει·
ταλαίπωροί εἰσιν οἱ δίψυχοι,	ταλαίπωροί εἰσιν οἱ δίψυχοι,
οἱ διστάζοντες τῇ καρδίᾳ,	οἱ διστάζοντες τῇ ψυχῇ,
οἱ λέγοντες·	οἱ λέγοντες·
ταῦτα πάλαι ἠκούσαμεν	ταῦτα ἠκούσαμεν
καὶ ἐπὶ τῶν πατέρων ἡμῶν,	καὶ ἐπὶ τῶν πατέρων ἡμῶν,
ἡμεῖς δὲ ἡμέραν ἐξ ἡμέρας	
προσδεχόμενοι	
	καὶ ἰδού, γεγηράκαμεν, καὶ
οὐδὲν τούτων ἑωράκαμεν.	οὐδὲν ἡμῖν τούτων συνβέβηκεν.
3 ἀνόητοι,	4 ὦ ἀνόητοι,
συμβάλετε ἑαυτοὺς ξύλῳ·	συμβάλετε ἑαυτοὺς ξύλῳ·
λάβετε ἄμπελον·	λάβετε ἄμπελον·
πρῶτον μὲν φυλλοροεῖ,	πρῶτον μὲν φυλλοροεῖ,
εἶτα βλαστὸς γίνεται,	εἶτα βλαστὸς γίνεται,

---

[4] Nach WENGST, 2 Clem 253A86 geht δίκαιος in die Bedeutung „gerechtfertigt" über (mit Bezug auf den V.6 implizierten Gerichtsgedanken); vgl. LINDEMANN, 2 Clem 232. Auf einem anderen Blatt steht, dass das geforderte Verhalten Ausdruck der moralischen Gerechtigkeit ist.

[5] Διὰ τό HS, διὰ τοῦ A. Für ersteres: GEBHARDT/HARNACK, Epistulae 126; FUNK/BIHLMEYER, Väter 164; KNOPF, 2 Clem 169; WENGST, 2 Clem 252; LINDEMANN, 2 Clem 232. Für letzteres: LIGHTFOOT, Fathers I/2 235. Ersteres scheint besser bezeugt zu sein. Eine gravierende sachliche Differenz besteht nicht. Bei ersterer Lösung ist der Unglaube die Voraussetzung des Nichtdienens, bei letzterer dessen Ausdruck.

[6] Das verfehlte Verhalten, allerdings vor- bzw. außerchristlich, liegt auch Röm 7,24; Barn 16,1 vor. Die Aussichtslosigkeit des Bestehens vor Gott ist stets gegeben.

[7] LINDEMANN, 2 Clem 233.

[8] Vgl. auch die Synopsen bei DONFRIED, Setting 52 und WARNS, Untersuchungen 533.

μετὰ ταῦτα ὄμφαξ,
εἶτα σταφυλὴ παρεστηκυῖα·
4 οὕτως καὶ ὁ λαός μου
ἀκαταστασίας καὶ θλίψεις ἔσχεν·
ἔπειτα ἀπολήψεται τὰ ἀγαθά.

εἶτα φύλλον, εἶτα ἄνθος,
καὶ μετὰ ταῦτα ὄμφαξ,
εἶτα σταφυλὴ παρεστηκυῖα.

ὁρᾶτε, ὅτι ἐν καιρῷ ὀλίγῳ
εἰς πέπειρον καταντᾷ
ὁ καρπὸς τοῦ ξύλου.

Folgende Differenzen sind zu notieren: Zu V.2: καρδίᾳ – 1 Clem: ψυχῇ; πάλαι fehlt in 1 Clem; ἡμεῖς δὲ ἡμέραν ἐξ ἡμέρας προσδεχόμενοι – 1 Clem: καὶ ἰδού, γεγηράκαμεν καί; ἡμῖν fehlt in 2 Clem; ἑωράκαμεν – 1 Clem: συμβέβηκεν; zu V.3: ὦ fehlt in 2 Clem; εἶτα φύλλον, εἶτα ἄνθος καί fehlt in 2 Clem; statt V.4 liest 1 Clem: ὁρᾶτε, ὅτι ἐν καιρῷ ὀλίγῳ εἰς πέπειρον καταντᾷ ὁ καρπὸς τοῦ ξύλου. Der Abschluss des Zitates in V.4 ist auffällig und dürfte als sekundärer Zuwachs zu deuten sein. Da jedoch das Motiv der Unruhen und Bedrängnisse im Kontext nicht thematisiert wird und zudem V.5 mit ὥστε die Schlussfolgerung zieht und die direkte Anrede ἀδελφοί μου vorliegt, dürfte der Vers jedenfalls nicht vom Prediger stammen.[9] Die Herkunft des Zitates muss unklar bleiben. 1 Clem kommt wegen der doch beträchtlichen Differenzen nicht in Frage und auch die These, die Herm Vis 2,3,4 erwähnte apokryphe Schrift „Eldad und Modad" (vgl. Num 11,26f) könnte die gesuchte Quelle sein,[10] muss als ganz und gar spekulativ beurteilt werden. Dasselbe gilt erst recht von anderen Schriften.[11] Auch die Frage, ob 2 Clem aus einer verloren gegangenen jüdischen Schrift,[12] aus einer Zitatenkollektion[13] oder aus dem auch sonst benutzten apokryphen Evangelium zitiert, muss offen bleiben.

Der Verfasser nennt in der Einleitung das Zitat (und damit implizit die zitierte Schrift) einen προφητικὸς λόγος. In 2 Petr 1,19 bezeichnet das Syntagma die bei der Verklärung gehörte Himmelsstimme. Wegen der Verbindung mit der christologisch begründeten Zeugenschaft dürfte es nicht auf die Verklärungssituation einzugrenzen sein, sondern „die Gesamtheit der γραφή"[14] meinen. Dazu passt gut, dass die Parallele 1 Clem 23,3f von γραφή spricht. Just Dial 56,6 meint προφητικὸς λόγος den in der Engelsprophetie (Gen 18,10) sprechenden göttlichen Logos. Das Syntagma oszilliert mithin zwischen den Bedeutungen Schrift, Ein-

---

[9] Für ein Wachstum der Tradition sprechen jedenfalls die Differenzen zu 1 Clem.

[10] LIGHTFOOT, Fathers I/2 235A12; vgl. schon 80fA2 zu 1 Clem 23,3f; SEITZ, Afterthoughts 333f; JAUBERT, 1 Clem 141A4; GOODSPEED, Fathers 83; KNOCH, Eigenart 116; ÖFFNER, 2 Clem 63; FREND, Rise 146. Dagegen z.R. BEYSCHLAG, Clemens Romanus 174A4; MARTIN, in: Charlesworth, Pseudepigrapha II 464; LINDEMANNN, 2 Clem 233.

[11] Z.B. die Himmelfahrt des Moses (HILGENFELD, Epistulae 29) oder Pseudo-Ezechiel (RESCH, Agrapha 326) vgl. HAGNER, Use 87f; WARNS, Untersuchungen 532.

[12] JAUBERT, 1 Clem 141A4: „Sans doute une apocalypse juive non conservée"; WENGST, 2 Clem 222.

[13] WARNS, Untersuchungen 530.

[14] PAULSEN, 2 Petr 120.

zelzitat und dahinterstehendem göttlichem Logos als dem Garanten der Richtigkeit. Der autoritative Charakter des Zitats steht somit auch vom Verständnis des Syntagmas her fest, nicht nur von der Zitation als solcher. Da die zitierte Schrift unbekannt ist, kann auch der ursprüngliche Kontext des Zitates nicht festgestellt werden. Soviel ist deutlich: Es geht um das bisherige Ausbleiben einer göttlichen Verheißung und die Bewältigung der daraus resultierenden Resignation mit Hilfe eines Vergleiches aus der Natur. Für die christliche Situation ist ebenso deutlich, dass es um die Frage der Parusieverzögerung geht. Zweifel an ihr sollen beseitigt werden.

V.2 Der prophetische λόγος beginnt mit einem Weheruf.[15] Ταλαίπωροί εἰσιν οἱ δίψυχοι, οἱ διστάζοντες τῇ καρδίᾳ οἱ λέγοντες. Δίψυχος kommt im NT nur Jak 1,8; 4,8 vor im Sinne von „zwei Seelen habend, unentschlossen, zweifelnd".[16] Bei den Apostolischen Vätern liegt es noch 1 Clem 11,2 und häufig bei Hermas vor (Vis 3,4,3; 4,2,6 u. ö.). Auch διψυχεῖν und διψυχία fehlen im NT im Unterschied zur späteren Literatur (διψυχεῖν: Did 4,4; Barn 19,5; 1 Clem 23,2 und oft bei Hermas: Vis 2,2,7; 3,2,2 u. ö.; διψυχία: oft bei Hermas: Vis 2,2,4; 3,7,1 u. ö.). Δίψυχος wird erläutert durch διστάζειν τῇ καρδίᾳ. Διστάζειν fehlt in LXX und liegt auch im NT nur bei Matthäus vor (14,31; 28,17). Es drückt dort das mangelnde Zutrauen zur Macht Jesu bzw. zu seiner Auferweckung aus. Bei den Apostolischen Vätern liegt es dagegen öfters vor im Sinne von „zögern" (Did 4,7; Barn 19,11 u. ö.) oder des Zweifels an Gottes Macht (1 Clem 11,2; Herm Mand 9,5 u. ö.). Besonders nahe an der vorliegenden Stelle sind Herm Mand 9,5 mit der Verbindung von δίψυχος, διστάζειν und καρδία bzw. 1 Clem 11,2 mit der von δίψυχος und διστάζειν (und natürlich das Parallelzitat 1 Clem 23,3 mit δίψυχος, διστάζειν und ψυχή)[17]. Wie es scheint, ist in der Spätzeit des NT eine gewisse Unsicherheit in Fragen des Glaubens und Lebens gegeben.

Die Kritik der δίψυχοι: Das hätten sie seit langem immer wieder[18] gehört, aber noch nicht realisiert gesehen. Ταῦτα bezieht sich auf ἐπαγγελία τοῦ θεοῦ (V.1; vgl. 5,5; 10,3f; 15,4, hier stets im Singular; 11,7 im Plural). Es geht um das zukünftige Sein. 5,5 spricht konkretisierend von der ἀνάπαυσις, 11,7 von den zukünftigen Heilsgütern. 11,2 bezieht sich offenbar allgemein auf die Parusie und die damit verbundenen Ereignisse. Πάλαι setzt eine längst vergangene Zeit[19] voraus. Καί erläutert epexegetisch: ἐπὶ τῶν πατέρων ἡμῶν. Die Verheißung existiert seit den Anfängen des Christentums – so jedenfalls in der christlichen Verwendung des προφητικὸς λόγος; bei einer allfälligen vorchristlichen Herkunft müsste man bis

---

[15] LINDEMANN, 2 Clem 233: „eine Art ‚negativer Makarismus'".

[16] BAUER/ALAND, Wb 403.

[17] Vom Zweifel im Herzen redet auch Apk El 24,3f.

[18] Ἠκούομεν HS, ἠκούσαμεν A. Das Imperfekt betont den durativen Charakter der Kritik, der Aorist die Anfangszeit. Aufgrund der doppelten Bezeugung dürfte ersteres vorzuziehen sein (ebenso WENGST, 2 Clem 252; LINDEMANN, 2 Clem 232). Auch der Aspekt des Wartens Tag für Tag dürfte dafür sprechen. Eine sachliche Differenz besteht allerdings nicht.

[19] BAUER/ALAND, Wb 1225: „von alters, vor Zeiten, ehedem".

zur Entstehungszeit zurückgehen. Seit dieser Zeit gibt es das Warten ἡμέραν
ἐξ ἡμέρας (vgl. Eurip Rhes 445f; Heniochus in CAF II 434; Gen 39,10; Num 30,15;
Ψ 95,2; 2 Petr 2,8)[20] mit niederschmetterndem Erfolg: οὐδὲν τούτων ἑωράκαμεν.[21] Die sachliche Parallele dazu liegt 2 Petr 3,3f vor: In den letzten Tagen treten
Spötter auf,[22] die sagen: „Wo ist die Verheißung (ἐπαγγελία) seiner Parusie? Seit-
dem die Väter entschlafen sind, bleibt alles so, wie es seit dem Anfang der Schöpfung war." Die seit den Tagen der Väter (πατέρες) nicht realisierte Verheißung
wird hier eindeutig auf die Parusie bezogen, die 2 Clem 11 zwar nicht terminologisch, aber sachlich im Kontext (vgl. bes. 9,1; 12,1) thematisiert wird. Von daher
dürfte ἐπαγγελία (V.1) auf die Parusie, ἐπαγγελίαι (V.7) auf die dabei zu erwar-
tenden Heilsgüter zu beziehen sein.

Das Problem der Parusieverzögerung gehört in den größeren Kontext des Zweifels am Eintreten der Verheißungen Gottes, wie er schon bei späteren Propheten und
in manchen Psalmen artikuliert wird: Um Rettung des Einzelnen oder des Volkes
geht es z.B. Ψ 78,10; 113,10 u.ö., wenn Spötter oder Heiden nach der Anwesenheit
Gottes fragen. Ez 12,21–28 sieht sich mit der gängigen Redensart konfrontiert:
„Die Tage ziehen sich hin, mit allen Visionen ist es nichts." Hab 2,3 hält die Frist der
Offenbarung vor Augen, die zum Ende dränge und nicht trüge: „Wenn sie verzieht,
so warte drauf! Denn sie kommt gewiß und bleibt nicht aus." Letztere Stelle hat
in Qumran eine wichtige Wirkungsgeschichte: 1 QpHab 7,7f. 13: „Seine Deutung
ist, daß die letzte Zeit sich in die Länge zieht und zwar mehr als alles, was die
Propheten gesagt haben … alle Zeiten Gottes treffen ein nach ihrer Ordnung".[23] Die
Auseinandersetzung mit dem Problem der Verzögerung des Eintreffens von Verhei-
ßenem spielt überhaupt im frühen Judentum (Sir 35,22; Syr Bar 48,39; b San 97b
u.ö.) wie Urchristentum (Hebr 10,35–39; 2 Petr 3,8f u.ö.) eine bedeutende Rolle.[24]

Die Gewissheit der Parusie dürfte in der präsentisch orientierten Eschatologie
mancher frühchristlicher Kreise von Anfang an zum Problem geworden sein. So
dürften schon die Gegner des Paulus 1 Kor 15,12 die futurisch konzipierte apokalyptische Auferstehungshoffnung abgelehnt haben[25] – und damit natürlich auch
die Parusieerwartung. Gleiches wird auch auf die 2 Tim 2,18 zurückgewiesenen
Gegner zutreffen. Ein ideengeschichtlicher Konnex zwischen diesen frühen Leug-
nern der Parusie und den in 2 Clem distanzierten Gegnern ist anzunehmen, ein direkter Konnex lässt sich jedoch nicht verifizieren.[26]

---

[20] KNOPF, 2 Clem 169: „die Phrase ist gut griechisch".

[21] Ὁρᾶν ist t.t. für das Erleben der Parusie Mk 13,26parr; 14,62par; Mt 5,8; 1 Joh 3,2; Did 16,8; Barn 7,9
u.ö. Für Christophanien vgl. 1 Kor 9,1; 15,5–8 u.ö.; vgl. MICHAELIS, ὁράω 366–368.

[22] D.h. Irrlehrer, ebenso wie 2 Clem.

[23] Text nach MAIER, Qumran-Essener I,161.

[24] Zur Wirkungsgeschichte von Hab 2,3 vgl. STROBEL, Untersuchungen, passim.

[25] Vgl. SCHRAGE, 1 Kor I 114A524.

[26] Individualeschatologische Vorstellungen (wie das Motiv vom Vorausgehen in die himmlischen
Wohnungen Joh 14,2f oder die σὺν Χριστῷ-Aussagen 1 Thess 4,17; Phil 1,23 u.ö.) setzen keinen apokalyptischen Verstehensrahmen voraus, sind aber damit verbindbar.

V.3 setzt mit einem argumentum ad hominem fort: ἀνόητοι (vgl. Lk 24,45; Gal 3,1; Herm Mand 10,2,1) will durch Hinweis auf die Unsinnigkeit des an den Tag gelegten Verhaltens aufrütteln. Die Beweisführung[27] erfolgt durch einen Hinweis auf das natürliche Wachstum.[28] Ξύλον bezeichnet hier den Baum (vgl. Gen 1,29; Jes 14,8; Apk 22,2; Herm Sim 2,3 u. ö.), spezifiziert als Weinstock (ἄμπελος). Der Vergleich zielt auf den sukzessiven Wandel. Da der Verfasser offenbar den gesamten Jahresablauf einbeziehen will und am Ende sinnvoller Weise die reife Frucht (= der Herbst) stehen soll, beginnt er mit dem Winter: φυλλοροεῖν = das Laub verlieren;[29] die nächste Stufe ist das Austreiben (βλαστὸς γίνεσθαι), dann die unreife Frucht (ὄμφαξ), schließlich die reife Traube (σταφυλὴ παρεστηκυῖα).[30] Die Pointe liegt in der Gewissheit des Werdens. Mit gleichsam naturgesetzlicher Notwendigkeit werden die zukünftigen Ereignisse eintreten (vgl. Mk 4,26–29).[31]

V.4 zieht mit οὕτως die Schlussfolgerung. ῾Ο λαός μου bezieht sich ursprünglich auf das jüdische Volk (falls die Schrift tatsächlich jüdischen Ursprungs ist). In LXX wird „das Wort zur spezifischen Bezeichnung eines bestimmten Volkes, nämlich Israels" und dient „zur Hervorhebung seiner religiösen Sonder- und Vorzugsstellung".[32] 2 Clem meint mit dem Term offenbar die Kirche, wie aus der Auslegung von Jes 54,1 in 2,1–3 hervorgeht. Dort ist parallel von ἡ ἐκκλησία ἡμῶν (2,1) bzw. von ὁ λαὸς ἡμῶν (2,3) die Rede. Auch die Differenzierung zwischen einem früheren negativen und einem späteren positiven Zustand liegt 2,1–3 und 11,4 vor.[33] Ἀκαταστασία und θλῖψις werden zur apokalyptischen Beschreibung der bedrängten Gegenwart verwendet (Lk 21,9; Herm Sim 6,3,4 bzw. Dan 12,1; Mk 13,19.24parr; Herm Vis 2,2,7). Den Bedrängnissen der Gegenwart steht das eschatologische Heil gegenüber, hier allgemein formuliert als τὰ ἀγαθά. Im eschatologischen Kontext steht ἀγαθά auch 6,6 (neben ἄφθαρτα) und 15,5 (zukünftiges Anteilhaben an den ἀγαθά). Die Sicherheit des Erlangens der Heilsgüter ist vom Vergleich V.3 her begründet.

Deshalb auch die Schlussfolgerung **V.5**: ὥστε, ἀδελφοί[34] soll die Aufmerksamkeit auf die folgende Alternative zwischen Zweifel und Bestehen in der Hoffnung lenken: μὴ διψυχῶμεν[35] ἀλλὰ ἐλπίσαντες ὑπομείνωμεν. Die Hoffnung ist 1,2

---

[27] LOHMANN, Drohung 114: „Es ist … keine Widerlegung in dem Sinne, daß der Vorwurf der Zweifler aufgenommen und argumentativ widerlegt würde. ‚Argumentation' liegt gleichwohl vor. Sie ist zwar nicht eschatologisch–offenbarungstheologisch, wohl aber schöpfungstheologisch."

[28] Der Vergleich ist etwas merkwürdig eingeleitet: συμβάλετε ἑαυτοὺς ξύλῳ. Doch nicht sich selbst sollen sie mit einem Baum vergleichen, sondern die ausstehenden Ereignisse.

[29] Φυλλοροεῖν nur hier und in der Parallelstelle 1 Clem 23,4 in der frühchristlichen Literatur.

[30] 1 Clem 23,4 bietet zwei weitere Stadien: φύλλον (Blatt) und ἄνθος (Blüte). Das scheint sekundär aufgefüllt zu sein, eventuell schon auf der Stufe der Tradition.

[31] 1 Clem 23,5 zielt auf die Plötzlichkeit der Erfüllung des göttlichen Willens.

[32] STRATHMANN, λαός 32. Vgl. Ex 3,10: τὸν λαόν μου τοὺς υἱοὺς Ἰσραήλ.

[33] Freilich zeitverschoben: Kap 2: Vergangenheit – Gegenwart; Kap 11: Vergangenheit – Zukunft.

[34] Zu ἀδελφοί vgl. schon oben zu 1,1.

[35] 1 Clem 23,2 ist das Motiv des Zweifels dem Zitat vorausgestellt.

durch das richtige Verständnis von Christus begründet. Nicht Unsicherheit, sondern feste, einen letzten Halt gebende Hoffnung ist in der Zugehörigkeit zu Christus die adäquate Haltung. Ὑπομένειν bezeichnet 17,7 das geduldige Aushalten
von Qualen (ähnlich christologisch 1,2), 11,5 ist mehr der zeitliche Aspekt im
Zentrum. Nicht eine ungeduldige Naherwartung sucht der Prediger zu vermitteln,
sondern eine „hoffende, ausharrende Stetserwartung".[36] An dieser hoffenden
Grundhaltung hängt der zukünftige Lohn: ἵνα καὶ τὸν μισθὸν[37] κομισώμεθα.[38]
Das Heil kommt nicht automatisch zustande, wie der Vergleich mit dem Weinstock suggerieren könnte, sondern hängt am rechten Verhalten: hier (noch!) nicht
das Tun des Willens Christi o.dgl., sondern die vertrauensvolle Hinwendung zum
verheißenden Gott.

V.6 begründet V.5 (geduldiges Ausharren wird belohnt werden) mit dem Motiv
der Treue Gottes: πιστὸς γάρ ἐστιν ὁ ἐπαγγειλάμενος. Mit Ausnahme des
ἐστιν stimmt die Wendung wörtlich mit Hebr 10,23 überein, eine literarische
Beziehung[39] ist gleichwohl eher nicht anzunehmen, da geprägte Sprache vorliegt,[40]
wie auf Gott/Christus bezogene Beglaubigungsformeln zeigen: πιστὸς … ὁ ἅγιος
Ἰσραήλ (Jes 49,7); πιστὸς ὁ θεός (1 Kor 1,9; 10,13; vgl. Dtn 7,9), πιστὸς
ὁ καλῶν … (1 Thess 5,24), πιστὸς … (ὁ) κύριος (Ψ 144,13; 2 Thess 3,3), πιστὸς ὁ
πατήρ … (Ign Trall 13,3) oder πιστὸς ἐστιν καὶ δίκαιος … (1 Joh 1,9). Sachlich
ident ist die Formel mit 1 Clem 27,1: Gott als ὁ πιστὸς ἐν ταῖς ἐπαγγελίαις.

Die Formel stellt bei 2 Clem freilich keinen Hinweis auf die souveräne, bedin-
gungslose Treue Gottes dar. Vielmehr wird in der Fortsetzung von V.6 die Eingebundenheit in einen göttlich-menschlichen Beziehungskonnex deutlich: τὰς
ἀντιμισθίας ἀποδιδόναι ἑκάστῳ τῶν ἔργων αὐτοῦ. Die Treue besteht in der
Zusage, auf jeden Fall Gegenleistungen für das je Getane zu erhalten. Das ist ein
exakter Ausdruck des traditionellen Motivs der Vergeltung im Guten und im
Schlechten (vgl. Ψ 61,13b; mAb 3,15; Mt 16,27; Röm 2,6; 2 Tim 4,14; Apk 22,12;
1 Clem 34,3 u. ö.). Dass dieser Satz Hoffnung wecken und nicht eine Drohung sein
soll,[41] gilt nur für die treuen Anhänger des Predigers, kaum für seine Gegner. Die
Begründung der Paränese durch den Blick auf die unheilvolle Zukunft spielt min-

---

[36] LOHMANN, Drohung 116.

[37] Vgl. oben zu 1,5.

[38] Μισθός in Kombination mit κομίζεσθαι nur noch 2 Petr 2,13 (v.l.); vgl. Ign Pol 6,2: τὰ ὀψώνια
bzw. τὰ ἄκκεπτα κομίζεσθαι. Barn 4,12: καθὼς ἐποίησεν κομεῖται.

[39] Vgl. KNOPF, 2 Clem 170; O' HAGAN, Re-Creation 79; dagegen z.R. WENGST, 2 Clem 274A90;
LOHMANN, Drohung 115; LINDEMANN, 2 Clem 234. Vorsichtig GREGORY/TUCKETT, 2 Clem 290:
„… it seems better to consider this parallel only as a possible rather than as a probable instance of direct
dependence on Hebrews".

[40] WENGST, 2 Clem 274A90 mit dem Hinweis der verschiedenen grammatikalischen Einbindungen
(Partizip: 1 Thess 5,24; Relativsatz: 1 Kor 1,9 u. ö.; Infinitiv: Ign Trall 13,3): „Die Wendung hat liturgischen Klang." Die Annahme, 2 Clem 11,6 und Hebr 10,23 gingen unabhängig voneinander auf ein
unbekanntes Logion zurück (WARNS, Untersuchungen 402), ist bei der nicht ungewöhnlichen Formel
unnötig.

[41] LINDEMANN, 2 Clem 234.

destens eine so große Rolle wie der auf die heilvolle (vgl. nur die Betonung des Ge-
richtsmotivs 1,1; 10,1–4 und die in diesem Konnex überdeutlich artikulierte
Angst 18,2).[42]

V.7 setzt die V.6 begonnene Begründung der Gültigkeit der Verheißungen fort,[43]
wobei der Tun-Ergehen-Zusammenhang nun in der positiven Version geboten
wird: das Tun besteht im ποιεῖν τὴν δικαιοσύνην, einer bereits 4,2 (im Zitat aus
Mt 7,21) gebotenen Wendung (19,3 in der Form πράσσειν τὴν δικαιοσύνην). Die
Verwirklichung der Gerechtigkeit (vgl. auch 6,9; 12,1; 13,1; 18,2) muss ἐναντίον
τοῦ θεοῦ geschehen: Es muss eine Gerechtigkeit sein, die vor Gott Bestand hat.[44]
Der Prediger will damit wohl die Qualität dieses Tuns noch einmal extra heraus-
streichen. Nicht eine vor Menschen geltende Gerechtigkeit ist gemeint, sondern
eine, die letztliche Gültigkeit und Dignität hat. Nur insofern gilt die Folge des
εἰσήκειν[45] εἰς τὴν βασιλείαν αὐτοῦ (scil. τοῦ θεοῦ) bzw. des λαμβάνεσθαι
τὰς ἐπαγγελίας. Sinngemäß zur ersteren Wendung heißt es 6,9: εἰσέρχεσθαι
εἰς τὸ βασίλειον τοῦ θεοῦ (gebunden an das Reinhalten der Taufe) und 9,6:
ἔρχεσθαι εἰς τὴν βασιλείαν τοῦ θεοῦ (gebunden an die gegenseitige Liebe). Von
den ἐπαγγελίαι redet 2 Clem nur hier, sonst steht stets der Singular.[46]

Mit einem Zitat werden die Verheißungen näher gekennzeichnet:

2 Clem 11,7	1 Kor 2,9	1 Clem 34,8
ἃς οὖς[47] οὐκ ἤκουσεν	ἃ ὀφθαλμὸς οὐκ εἶδεν	ὀφθαλμὸς οὐκ εἶδεν
οὐδὲ ὀφθαλμὸς εἶδεν	καὶ οὖς οὐκ ἤκουσεν	καὶ οὖς οὐκ ἤκουσεν
οὐδὲ ἐπὶ καρδίαν	καὶ ἐπὶ καρδίαν	καὶ ἐπὶ καρδίαν
ἀνθρώπου ἀνέβη.	ἀνθρώπου οὐκ ἀνέβη,	ἀνθρώπου οὐκ ἀνέβη,
	ἃ ἡτοίμασεν ὁ θεὸς	ὅσα ἡτοίμασεν κύριος
	τοῖς ἀγαπῶσιν αὐτόν.[48]	τοῖς ὑπομένουσιν αὐτόν.

Die Version von 1 Clem ist 1 Kor so nahe, dass man ein wörtliches Zitat daraus annehmen kann,[49] zudem leitet es der Verfasser durch die Zitationsformel λέγει γὰρ
ein – im Unterschied zu 2 Clem, der das Zitat ohne Einleitung einflicht, woraus

---

[42] Vgl. PRATSCHER, Paränese 91–93.

[43] Das οὖν bezeichnet hier weniger eine Folge als eine Zusammenfassung, vgl. KNOPF, 2 Clem 170.

[44] Ἐναντίον = hier: „in den Augen, nach dem Urteil" (BAUER/ALAND, Wb 527), vgl. Gen 10,9;
Lk 1,6; 24,19 u. ö.

[45] Εἰσήκειν ist hap.leg. in der frühchristlichen Literatur; bezeugt seit Aisch Agam 1181.

[46] Der Plural auch 1 Clem 10,2; 27,1; Herm Vis 2,2,6 u. ö.

[47] Der Ausfall von οὖς in A (gegenüber H) dürfte auf ein Homoioarkton zurückzuführen sein.

[48] Der Schlusssatz des Zitats von 1 Clem und 1 Kor findet sich 2 Clem in einem anderen Kontext:
ἃ ἡτοίμασεν ὁ κύριος τοῖς ἐκλεκτοῖς αὐτοῦ (14,5). In der altchristlichen Literatur findet sich das Zitat
in unterschiedlichen Versionen und z. T. als Jesuslogion: Mart Pol 2,3; Mart Petr 10; Act Petr 39; PsTitus
Brief Init. (NTApo ⁶II 52); PsClem EpVirg I 9,4; ClemAl Paed 3,86,2 u. ö. (vgl. WARNS, Untersuchungen 547f).

[49] HAGNER, Use 207; LINDEMANN, Paulus 187f; Ders., 2 Clem 234.

man schließen könnte, dass dieser es bereits als ein geflügeltes Wort vorfand.[50] Dass 2 Clem das Zitat aus 1 Clem hat, ist zwar unter der Voraussetzung der Kenntnis des ersten Briefes nicht unmöglich,[51] wegen der Differenzen aber doch unwahrscheinlich. Eine Herkunft von Paulus ist in dem Maße unwahrscheinlich, als 2 Clem insgesamt keine direkte Kenntnis von Paulus zu haben scheint.[52]

Die Herkunft des Zitates (auch des paulinischen) ist unklar. Nach Orig Mt 27,9 stammt es aus der Elia-Apokalypse.[53] Der älteste nichtchristliche Beleg ist Ps Phil Lib Ant Bibl 26,13.[54] Biblische Anklänge bestehen zu Jes 64,3 (οὐκ ἠκούσαμεν οὐδὲ οἱ ὀφθαλμοὶ ἡμῶν εἶδον θεόν ... ἃ ποιήσεις τοῖς ὑπομένουσιν ἔλεον); Jes 65,16 (οὐκ ἀναβήσεται ... ἐπὶ τὴν καρδίαν); Jer 3,16 (οὐκ ἀναβήσεται ἐπὶ καρδίαν), Ψ 30,20 (τοῖς φοβουμένοις σε, ἐξειργάσω τοῖς ἐλπίζουσιν ἐπὶ σε). Derlei Gedanken sind (in unterschiedlicher Weise) sowohl in Qumran (1 QS 11,5–7) bekannt wie in der rabbinischen Literatur (vgl. b San 99a; b Ber 34b)[55] und in der Gnosis (vgl. Ev Thom 17 NHC II 36,5–9; Prec Pl NHC I A 26–29; Manich Turfan-Fragment M 789 bei NT Apo [6]I 322; Mand Liturg 45 p 77,4f).[56]

Das Zitat (wo immer es herkommt) steht nicht in einem explizit polemischen Kontext. Gleichwohl wäre eine implizite Polemik sehr gut verständlich. Zur These, 2 Clem bekämpfe valentinianische Gnostiker,[57] würde es gut passen, wird es doch auch im gnostischen Bereich breit rezipiert. Die im Kontext gegebene Betonung des konkreten Tuns ist gegen jede Verinnerlichung des Gottesverhältnisses gerichtet: Nicht in einer pneumatischen Verbundenheit mit der himmlischen Welt liegt das eschatologische Heil, sondern im rechten Tun. V.6f knüpfen ganz deutlich an V.1 an und binden so das Zitat 2–4 und seine eschatologische Interpretation V.5–7 in die Gesamtstoßrichtung seiner Predigt ein.

---

[50] Billerbeck III 328; Lohmann, Drohung 115f redet von „einer apokalyptischen Wandertradition". Freilich bietet 2 Clem auch 2,1; 17,5 ein Zitat ohne Einleitung. An eine von 1 Clem unabhängig voneinander zitierte apokryphe Schrift denkt Harnack, Chronologie 442–446.

[51] Lindemann, 2 Clem 234: „lässt sich kaum sagen"; etwas bestimmter Ders., Paulus 266: „offenbar". Dagegen Warns, Untersuchungen 548. Eine Kenntnis des 1 Clem durch 2 Clem lässt sich von dieser Stelle her jedenfalls nicht begründen.

[52] Vgl. Lindemann, Paulus 264–272. Zur paulinischen Wirkungsgeschichte im 2. Jh. vgl. Ders., Paulus im 2. Jh. 39–67.

[53] „et Apostolus scripturas quasdam secretorum profert, sicut dicit alicubi: ‚quod oculus non vidit, nec auris audivit‘: in nullo enim regulari libro hoc positum invenitur, nisi in secretis Eliae prophetae" (Lommatzsch V 29, dazu Conzelmann, 1 Kor 88A70). In der inzwischen bekannten Eliaapokalypse (JSHRZ V/3, 193–288 Schrage) fehlt ein vergleichbarer Text. Ein Anklang liegt Asc Jes 11,34 vor. Zum Vorkommen des Motivs in Apokalypsen vgl. Berger, Diskussion 271–283.

[54] Koch, Schrift 38 nimmt hinter Paulus und Ps Philon „ein frei umlaufendes Wanderlogion" an und verweist dafür auf den logienartigen Charakter wie auf die weite Verbreitung in jüdischen, christlichen und gnostischen Kreisen.

[55] Vgl. Billerbeck III 328f.

[56] Vgl. Prigent, Ce que l'oeil 416–429; Conzelmann, 1 Kor 88f.

[57] Warns, Untersuchungen 545–549 u. ö.

12,1–6: Das Verhalten angesichts des kommenden Reiches Gottes

(1) **Lasst uns also jederzeit das Reich Gottes erwarten in Liebe und Gerechtigkeit, denn wir kennen den Tag der Erscheinung Gottes nicht.**

(2) **Als nämlich der Herr selbst von jemandem gefragt wurde, wann sein Reich kommen werde, sagte er: „Wenn die zwei eins sein werden, und das Äußere wie das Innere, und das Männliche mit dem Weiblichen, weder männlich noch weiblich".**

(3) **„Die Zwei" aber sind „eins", wenn wir zueinander die Wahrheit sagen. Es soll nämlich in zwei Leibern ohne Verstellung eine Seele sein. (4) Und „das Äußere wie das Innere" meint folgendes: „das Innere" meint die Seele, „das Äußere" meint den Leib. Auf welche Weise nun dein Leib sich zeigt, so soll auch deine Seele offenbar sein in den guten Werken. (5) „Und das Männliche mit dem Weiblichen, weder männlich noch weiblich" meint folgendes: Ein Bruder soll, wenn er eine Schwester sieht, nichts Weibliches an ihr im Blick haben, und auch sie soll an ihm nichts Männliches im Blick haben.**

(6) **Wenn ihr das tut, sagt er, wird das Reich meines Vaters kommen.**

Struktur:

V.1	Paränese: Ständige Bereitschaft für das Kommen des Reiches Gottes
V. 2–5	Begründung
V.2	Zitat
V.3–5	Paränetische Auslegung des Zitats
V.6	Paränetische Schlussfolgerung

V.1 setzt die eschatologische Paränese mit der Ermunterung zum Warten auf die βασιλεία τοῦ θεοῦ fort. Von der βασιλεία reden auch die folgenden Verse, wobei die Terminologie variiert: V2: αὐτοῦ ἡ βασιλεία (= Reich Christi),[1] V.6: βασιλεία τοῦ πατρός μου.[2] Hintergrund ist die schon 1,1 betonte engste Verbindung von Gott und Christus. Das Kompositum ἐκδέχεσθαι betont die Nähe der Parusie hier stärker als der Epilogist 20,3. Entscheidend ist das Syntagma καθ᾽ ὥραν. Wörtlich übersetzt heißt es „stündlich".[3] Damit würde 2 Clem eine dringliche Naherwartung vertreten, was auch in dem ἤδη - ἔρχεσθαι des Gerichtstages (16,3) vorzuliegen scheint. Doch die Fortsetzung 12,2–6 zeigt, dass das nur „Stroh-

---

[1] Das Syntagma wird in der Einleitung eines Herrenwortes gebraucht; analog dazu ist 17,4 mit ἐπιφάνεια αὐτοῦ auch Christus gemeint. Zum Motiv des Reiches Christi vgl. Mt 13,41; 16,28; 20,21; Lk 1,33; 22,30; Joh 18,36; Kol 1,13; Eph 5,5; 2 Tim 4,1.18; Hebr 1,8; 2 Petr 1,11; Barn 4,13; 1 Clem 50,3 u. ö. WARNS, Untersuchungen 437 denkt von 12,6 her an die βασιλεία τοῦ θεοῦ.
[2] Die Verbindung von βασιλεία und θεός liegt auch 2 Clem 9,6; 11,7 vor. Von dieser dominanten Kombination her dürfte das auch für 5,5 gelten (Ruhe des kommenden Reiches), auch wenn dort im Kontext von Christus die Rede ist (5,5) bzw. Herrenworte zitiert werden (4,5; 5,2.4; 6,1f).
[3] SCHUBERT, 2 Clem 251.

feuer" ist.[4] Eindeutig gegen Naherwartung richtet sich der Epilogist 20,3, wenn er sich gegen die rasche Frucht des Gerechtseins ausspricht. Doch auch die Interpretation des Zitates 12,2 in 12,3–5 zeigt deutlich, dass erst das geforderte Verhalten praktiziert werden muss. So wird das Syntagma am besten mit „jederzeit", „immer"[5] wiederzugeben sein. Es liegt mithin nicht eine ausgesprochene Naherwartung, wohl aber eine „Stetserwartung"[6] vor. Die Erwartung (12,1) bzw. das Kommen (12,2.6; vgl. 5,5) des Reiches steht dabei unausgeglichen neben dem Eingehen in das Reich (9,6; 11,7), mithin das dynamische Element neben dem statischen.[7]

Das Reich Gottes soll ἐν ἀγάπῃ καὶ δικαιοσύνῃ erwartet werden. Ἀγάπη findet sich noch 15,2 (in Kombination mit πίστις) und 16,4 (als Parallele zu ἐλεημοσύνη). Formelhaft dient es als Inbegriff verantwortlichen Tuns. Dasselbe gilt für δικαιοσύνη, das nicht abstrakte Gerechtigkeit meint, sondern das rechte Tun (vgl. 4,2; 6,9; 11,7 u. ö.). Beides steht offenbar als Hendiadyoin nebeneinander.

Die Begründung für die wachsame Erwartung des Reiches Gottes ist das Unwissen über den Tag der ἐπιφάνεια τοῦ θεοῦ.[8] Von ἐπιφάνεια redet auch 17,4, nach einem Zitat aus Jes 66,18 und vor dem Bezug auf die Parusie Jesu 17,5. Dasselbe Schillern liegt auch 12,1 vor, denn nach der scheinbar eindeutigen Bezugnahme auf Gott (V.1) folgt die Rede von Christi Reich mit Zitaten eines Herrenwortes (V.2).[9] Im NT wird ἐπιφάνεια 2 Thess 2,8; 1 Tim 6,14; 2 Tim 1,10 expressis verbis mit Christus verbunden, sachlich wohl auch 2 Tim 4,1.8; Tit 2,13. Der Term wird nur 2 Tim 1,10 (eindeutig) für seine vergangene Epiphanie verwendet.[10]

Die im Motiv der Unkenntnis des Tages der Parusie vorausgesetzte Frage nach dem Wann wird **V.2** in einer Chrie beantwortet: ἐπερωτηθείς[11] γὰρ αὐτὸς ὁ κύριος ὑπό τινος, πότε ἥξει αὐτοῦ ἡ βασιλεία, εἶπεν· Ὅταν ἔσται τὰ δύο ἕν, καὶ τὸ ἔξω ὡς τὸ[12] ἔσω, καὶ τὸ ἄρσεν μετὰ τῆς θηλείας, οὔτε ἄρσεν οὔτε θῆλυ.

---

[4] WARNS, Untersuchungen 538; vgl. WENGST, 2 Clem 253A93. Anders LINDEMANN, 2 Clem 235, nach dem 2 Clem hier „offenbar ... eine zeitliche Naherwartung" vertritt (mit Bezug auf 16,3). Anders als 2 Clem scheint Ign Eph 11,1; Barn 21,3 die Nähe konkreter vorgestellt zu sein.

[5] BAUER/ALAND, Wb 1788 als Parallele zu πᾶσαν ὥραν und nach der Bedeutung „Stunde um Stunde". Das Syntagma kann nur vom Kontext her sachgemäß verstanden werden.

[6] LOHMANN, Drohung 116.

[7] Ähnlich in der synoptischen Tradition: Mk 1,15parr; Lk 11,20par u. ö. (Kommen) bzw. Mk 10,25parr; Mt 21,31 u. ö. (Eingehen).

[8] Zur Sache vgl. Mk 13,35par; Mt 25,1–13; Lk 12,35–46par.

[9] An Gott denken: KNOPF, 2 Clem 178; LINDEMANN, 2 Clem 235.

[10] Zur hellenistischen Vorgeschichte; vgl. LÜHRMANN, Epiphaneia 187–196. Der älteste religiöse Beleg ist eine Inschrift auf Kos aus dem Jahr 278 v. Chr. (SIG 4I 398,17).

[11] Ἐπερωτηθείς A, ἐρωτηθείς H. Ersteres ist aufgrund der Bedeutung dieser Handschrift eher vorzuziehen. Ein großer Bedeutungsunterschied liegt nicht vor.

[12] Τό ... τό A, τά ... τά H. Vgl. die vorige Anm. Der Wechsel gegenüber dem vorhergehenden τὰ δύο ... spricht ebenfalls für A.

2 Clem 12,2.6	Ev Äg (ClemAl Strom 3,92,2 GCS ClemAl II 238)	Ev Thom 22 NHC II 37,23–35 (GCS NF 8,168)
2 ἐπερωτηθεὶς γὰρ αὐτὸς ὁ κύριος ὑπό τινος, πότε ἥξει αὐτοῦ ἡ βασιλεία, εἶπεν·	πυνθανομένης τῆς Σαλώμης, πότε γνωσθήσεται τὰ περὶ ὧν ἤρετο, ἔφη ὁ κύριος· ὅταν τὸ τῆς αἰσχύνης ἔνδυμα πατήσητε	Sie sprachen zu ihm: „Werden wir denn als Kleine in das Königreich eingehen?" Jesus sprach zu ihnen:
ὅταν ἔσται τὰ δύο ἕν,	καὶ ὅταν γένηται τὰ δύο ἕν,	„Wenn ihr die zwei zu einem macht und wenn ihr das Innere wie das Äußere macht
καὶ τὸ ἔξω ὡς τὸ ἔσω,		u. das Äußere wie das Innere u. das Obere wie das Untere, –
καὶ τὸ ἄρσεν μετὰ τῆς θηλείας	καὶ τὸ ἄρρεν μετὰ τῆς θηλείας,	u. zw. damit ihr das Männliche u. das Weibliche zu einem einzigen macht,
οὔτε ἄρσεν οὔτε θῆλυ,	οὔτε ἄρρεν οὔτε θῆλυ.	auf daß d. Männl. nicht männl. u. d. Weibl. nicht weibl. sein wird – wenn ihr Augen macht anstelle eines Auges u. eine Hand anstelle einer Hand u. einen Fuß anstelle eines Fußes, eine Gestalt anstelle einer Gestalt, dann
6 ἐλεύσεται ἡ βασιλεία τοῦ πατρός μου.		werdet ihr eingehen in [das Königreich]."

Dazu gibt es zwei Parallelen. Die eine findet sich bei ClemAl Strom 3,92,2 und stammt in der Überlieferung Cassians aus dem Ägypterevangelium: ὁ Κασσιανός φησι· πυνθανομένης τῆς Σαλώμης πότε γνωσθήσεται τὰ περὶ ὧν ἤρετο, ἔφη ὁ κύριος· ὅταν τὸ τῆς αἰσχύνης ἔνδυμα πατήσητε[13] καὶ ὅταν γένηται τὰ δύο ἓν καὶ τὸ ἄρρεν μετὰ τῆς θηλείας οὔτε ἄρρεν οὔτε θῆλυ.[14] Anschließend hält ClemAl (93,1) fest, das Logion finde sich nicht in den kanonischen Evangelien, sondern im Ägypterevangelium. Die andere Version finden wir Ev Thom 22 NHC

---

[13] Das Motiv der Scham fehlt Ev Thom 22 NHC II 37,20–35, findet sich aber Ev Thom 37 NHC II 39,27–29 („Wenn ihr euch entkleidet, ohne daß ihr euch geschämt habt …", Übers. SCHRÖTER/ BETHGE in: Nag Hammadi Deutsch 1,170; griech in POxy 655: ὅταν ἐνδύσησθε καὶ μὴ αἰσχυνθῆτε).

[14] „Als Salome fragte, wann man das, was sie erfragt hatte, erkennen werde, sprach der Herr: ‚Wenn ihr das Gewand der Scham mit Füßen treten werdet und wenn die zwei eins werden und das Männliche mit dem Weiblichen und weder männlich noch weiblich (sein wird)'." (Übers. SCHNEEMELCHER, in: NTApo ⁶I, 175f).

II 37,20–35.[15] „Jesus sah kleine (Kinder), die gestillt wurden. Er sprach zu seinen Jüngern: ‚Diese Kleinen, die gestillt werden, gleichen denen, die in das Königreich eingehen‘. Sie sprachen zu ihm: ‚Werden wir denn als Kleine in das Königreich eingehen?‘. Jesus sprach zu ihnen: ‚Wenn ihr die zwei zu einem macht und wenn ihr das Innere wie das Äußere macht und das Äußere wie das Innere und das Obere wie das Untere, – und zwar damit ihr das Männliche und das Weibliche zu einem einzigen macht, auf daß das Männliche nicht männlich und das Weibliche nicht weiblich sein wird – wenn ihr Augen macht anstelle eines Auges und eine Hand anstelle einer Hand und einen Fuß anstelle eines Fußes, eine Gestalt anstelle einer Gestalt, dann werdet ihr eingehen in [das Königreich].“[16]

So deutlich ein traditionsgeschichtlicher Konnex zwischen den verschiedenen Versionen vorliegt, so wenig kann eine literarische Beziehung aufgewiesen werden. Die Frage, wann das Reich Christi komme, erinnert an Lk 17,20,[17] wo die Pharisäer nach dem Zeitpunkt des Kommens des Reiches Gottes fragen und auf das schon gegenwärtige Reich verwiesen werden. Mehr Gemeinsamkeiten gibt es nicht. So wenig daraus eine Kenntnis des Lk gefolgert werden kann, so wenig besteht im Detail ein Konnex.[18]

Ein enger Zusammenhang besteht zur Version des Ev Äg. Dessen Wortlaut ὅταν … τὰ δύο ἓν καὶ τὸ ἄρρεν μετὰ τῆς θηλείας οὔτε ἄρρεν οὔτε θῆλυ ist fast ident mit der Version von 2 Clem. Ein (im weitesten Sinn) literarischer Konnex ist nahe liegend. Eine direkte Abhängigkeit von Ev Äg[19] verbietet sich allerdings. Zu groß sind die Differenzen: Fragesteller: 2 Clem: jemand; Ev Äg: Salome; Fragegegenstand: 2 Clem: Reich; Ev Äg: das Erfragte; Fehlen des Motivs des Tretens des Gewandes der Scham in 2 Clem; Fehlen des Paares Außen – Innen in Ev Äg.

---

[15] Übers. SCHRÖTER/BETHGE, in: Nag Hammadi Deutsch 1,168.

[16] Weiters: Mart Petr 9 (Lipsius/Bonnet I 94,12–15): ὁ κύριος ἐν μυστηρίῳ λέγει· Ἐὰν μὴ ποιήσητε τὰ δεξιὰ ὡς τὰ ἀριστερὰ καὶ τὰ ἀριστερὰ ὡς τὰ δεξιὰ καὶ τὰ ἄνω ὡς τὰ κάτω καὶ τὰ ὀπίσω ὡς τὰ ἔμπροσθεν, οὐ μὴ ἐπιγνῶτε τὴν βασιλείαν (var. οὐ μὴ εἰσέλθητε εἰς τὴν βασιλείαν οὐρανῶν). Act Phil 140 (Lipsius/Bonnet II, 2,74,27–29; 75,20): … Ἐὰν μὴ στρέψητε τὰ κάτω εἰς τὰ ἄνω καὶ τὰ ἄνω εἰς τὰ κάτω, καὶ τὰ δεξιὰ εἰς τὰ ἀριστερὰ καὶ τὰ ἀριστερὰ εἰς τὰ δεξιά, οὐ μὴ εἰσέλθητε εἰς τὴν βασιλείαν τοῦ θεοῦ. Diese beiden Belege sind zwar nicht traditions-, wohl aber wirkungsgeschichtlich von Interesse, indem sie die weitere Verwendung des Logions dokumentieren. Eine Kenntnis zumindest der hinter dem Logion 12,2 stehenden Tradition dürften auch die Valentinianer haben: ClemAl ExcTheod 21,3 (GCS ClemAl ³III 113): τὰ θηλυκὰ δὲ ἀπανδρωθέντα ἑνοῦται τοῖς Ἀγγέλοις καὶ εἰς Πλήρωμα χωρεῖ. Im Brautgemachsakrament vollzieht sich die Vereinigung des Pneumafunkens mit seinem himmlischen Gegenüber und damit der Eingang ins Pleroma. (Vgl. Exc Theod 63,1–65,2; Iren Haer 1,7,1).

[17] Nach BAARDA, 2 Clem 440 beruhe die Quelle von 2 Clem 12,2 letztlich auf Lk 17,20.

[18] Die präsentisch-eschatologische Grundstimmung Lk 17,20 und 2 Clem 12,2 fällt dagegen auf, sie ist jedoch beide Male ganz unterschiedlich expliziert.

[19] So die in der älteren Literatur übliche Annahme: SCHWEGLER, Zeitalter I 451; HILGENFELD, Epistulae 79; GEBHARDT/HARNACK, Epistulae 129; LIGHTFOOT, Fathers I/2 238; OXFORD COMMITTEE, New Testament 136; KNOPF, 2 Clem 170; WINDISCH, Christentum 132f; Ders., Julius Cassianus 260. In neuerer Zeit: STREETER, Church 247; MÜLLER, Ehelosigkeit 72; GOODSPEED, Fathers 83; RICHARDSON, Fathers 187; GRANT, Gnosticism 123 („apparently“); ΜΠΟΝΗΣ, Συμπόσιον 32; GREGORY/TUCKETT, 2 Clem 272f (als Möglichkeit); WARNS, Untersuchungen 457.465bis möchte es offen lassen.

Wir haben offenbar voneinander unabhängige Fassungen desselben frei umlaufen-
den Logions vor uns.[20] Die Version von 2 Clem hat eine deutlich weniger ausgeprägte enkratitische Ausrichtung und dürfte somit die ältere sein.[21]

Ähnliches gilt für den Bezug zur Version Ev Thom 22 NHC II 37,20–35. Auch
hier ist der Fragesteller namentlich unbekannt und geht es um das Reich Gottes.
Auch liegen die Gegensätze Zwei – Eins, Äußeres – Inneres und Männliches –
Weibliches vor. Allerdings sind die Differenzen trotz der größeren Gemeinsamkei-
ten[22] als bei 2 Clem und Ev Äg wiederum beträchtlich: die Fragesteller sind die
Jünger, es geht nicht um das Kommen des, sondern um das Eingehen in das Reich
Gottes; die Gegenüberstellung Äußeres – Inneres wird zusätzlich in umgekehrter
Reihenfolge geboten; hinzugefügt wird das Gegensatzpaar Oberes – Unteres und
die letzte Gegenüberstellung wird erweitert. Auch werden Ev Thom die Jünger
zum Handeln aufgefordert (2. Pers. Pl.), während 2 Clem in 3. Pers. Sg. von einem
Geschehen berichtet (das freilich ein entsprechendes Handeln impliziert). Auch
von Ev Thom 22 NHC II 37, 20–35 ist 2 Clem 12,2 nicht abhängig. Beide Texte sind
miteinander näher verwandt als mit dem in Ev Äg, aber gleichwohl unabhängige
Versionen einer ursprünglichen Chrie,[23] wobei die 2 Clem-Version die ältere zu
sein scheint.

Insgesamt wäre somit eine hinter allen drei Versionen stehende Chrie anzunehmen, die im Wortlaut am besten in 2 Clem 12,2.6a bewahrt wurde.[24] Wie weit die
Traditionsgeschichte zurückreicht, bleibt ganz unklar. Eine Rückführung auf das
auch sonst benutzte apokryphe Evangelium[25] ist möglich, aber nicht stringent beweisbar. Ob sogar ein authentisches Jesuslogion im Hintergrund zu vermuten ist,[26]
muss angesichts der Ungesichertheit der ursprünglichen Fassung letztlich offen
bleiben.[27]

---

[20] KÖSTER, Überlieferung 104; Ders., Gospels 359f; BAARDA, 2 Clem 543f.547; KÖHLER, Rezeption
143A2; GREGORY/TUCKETT, 2 Clem 272. Dabei bleibt im Einzelfall jedoch unklar, ob die Version von
Ev Äg erst durch Cassian hergestellt wurde oder ihm schon vorgelegen ist, z.B. der Hinweis auf das Er-
fragte oder die Rede von πότε γνωσθήσεται, vgl. BAARDA 541. Das heißt aber, dass die ursprüngliche
Version des Ev Äg unbekannt ist, so dass die traditionsgeschichtlichen Verbindungen erst recht unsicher
bleiben. Dazu kommt noch, dass Clemens von Alexandrien Ev Äg möglicherweise gar nicht aus erster
Hand gekannt hat, worauf Ausdrücke wie λέγουσι, οἶμαι oder φασί (Strom 3,63,1f) hinweisen könnten
(LIGHTFOOT, Fathers I /2 237).

[21] KÖSTER, Gospels 359; BAARDA, 2 Clem 544.

[22] PETERSEN, Traditions 37 notiert als Gemeinsamkeiten: 1. Am Beginn steht ein Logion über das
Reich Gottes. 2. Das Motiv des Tretens auf das Gewand der Scham fehlt. 3. Der Beginn der Jesusrede ist
ident. 4. Beide Texte bieten den Gegensatz außen – innen.

[23] Vgl. GRANT/FREEDMAN, Worte 137; DERRETT, Scripture 684.

[24] BAARDA, 2 Clem 547; DONFRIED, Setting 76f; KÖHLER, Rezeption 143A2; CALLAN, Saying 60.

[25] WARNS, Untersuchungen 428–431.

[26] So offenbar RESCH, Agrapha 253f. Mit Gewissheit zuletzt: CALLAN, Saying 46. Er schließt das aus
der dreifachen Überlieferung in verschiedenen Gruppen (46.52). Doch genügt dieses formale Argument
kaum, wenn berücksichtigt wird, dass alle drei Zeugen aus dem 2. Jh. stammen.

[27] BAARDA, 2 Clem 552. Eine Entstehung erst im gnostischen Kontext kann jedenfalls nicht aus der
gnostischen Verwendung erschlossen werden (ebd. 553).

Entsprechend ist auch die ursprüngliche Bedeutung nicht zu erkennen. Als Jesuslogion (wie immer es genau gelautet haben könnte) wäre es wohl nur futurisch-eschatologisch im Sinne von Mk 12,25par als Aufhebung der sexuellen Differenziertheit der Menschen im Eschaton verständlich, eine gegenwartsbezogene enkratitische Position wäre nicht anzunehmen.[28] Bei einer nachösterlichen Entstehung (bzw. Weiterbildung) wäre diese Tendenz aber vielleicht schon von Anfang an möglich. Das neue Sein als Aufhebung der sexuellen Differenz wäre dann die Zielrichtung des Logions und damit die Verwirklichung der ursprünglichen männlich–weiblichen Einheit (vgl. Gal 3,28; Act Thom 51 u. ö.). Diese „enkratitische Grundstimmung"[29] konnte in der Gnosis leicht aufgenommen und entfaltet werden (vgl. Apoph Meg bei Hipp Ref 6,18).[30]

V.3–5 interpretieren das Zitat, freilich nicht in theologisch-spekulativer, sondern in moralischer Hinsicht – ganz der paränetischen Grundausrichtung des Predigers entsprechend. Das Zitat wird wie in 2,1–3 Schritt für Schritt ausgelegt. Die dort gebotene Einleitung ὁ (δὲ) εἶπεν fehlt allerdings, auch die Interpretationsformel τοῦτο λέγει findet sich nur beim zweiten und dritten Teil. Der Prediger variiert offenbar.[31]

V.3 wird das erste Gegensatzpaar τὰ δύο – ἕν ohne Einleitungs- und Interpretationsformel in die Auslegung eingebaut: τὰ δύο δὲ[32] ἕν ἐστιν, ὅταν λαλῶμεν αὐτοῖς[33] ἀλήθειαν. καὶ ἐν δυσὶ σώμασιν ἀνυποκρίτως εἴη μία ψυχή. Die Auslegung ist zweigeteilt. Zunächst wird das Einssein der Zwei in der gegenseitigen Wahrhaftigkeit erfüllt gesehen. Dabei wird das Futur ἔσται des Zitats mit dem ἐστιν in die Gegenwart hereingeholt. Αὐτοῖς ist im Sinne von ἀλλήλοις zu verstehen (BDR § 287).[34] Die Gegenseitigkeit zielt auf den innergemeindlichen Bereich.[35] Die Wahrheit zu sagen und nicht zu lügen ist frühchristliche Maxime (Röm 9,1; 2 Kor 7,14; Eph 4,25; 1 Tim 2,7; Ign Eph 6,2; Herm Mand 3,5 u. ö.). Es geht um die

---

[28] CALLAN, Saying 60f sieht die ursprüngliche Bedeutung des Gegensatzpaares Zwei – Eins als generellen Ruf Jesu nach Einheit, die des Gegensatzpaars Außen – Innen als Ruf nach moralischer Integrität (inklusive Kritik an der rituellen Reinheit), die des Gegensatzpaars Männlich – Weiblich als Ruf nach dem Überschreiten sozialer Rollen (inklusive der Kritik an der Scheidungsgesetzgebung).

[29] LINDEMANN, 2 Clem 236; vgl. besonders BAARDA, 2 Clem 555f, der im Material des Lukas (20,34–36) schon den Enkratismus des 2. Jh. (den Lk freilich nicht rezipiert habe) vorgeprägt sah (556).

[30] Zum Motiv Außen – Innen vgl. Ex An NHC II 131,16–34; Bronté NHC VI 20,18–26; Test Ver NHC IX 68,14–17; Act Thom 147; Lib Grad 10,3 u. ö., vgl. WARNS, Untersuchungen 435; ebd. 448–451 zum enkratitischen Sinn des Motivs bei den Valentinianern vgl. ClemAl Exc Theod 21,3 (GCS ClemAl ²III 113): τὰ θηλυκὰ δὲ ἀπανδρωθέντα ἑνοῦται τοῖς Ἀγγέλοις καὶ εἰς Πλήρωμα χωρεῖ.

[31] Auch 2,1–3 findet sich τοῦτο λέγει nur beim zweiten Teil (ebenso wie beim nachfolgenden Zitat 2,4f), beim ersten Teil folgt die Anwendung durch ἡμᾶς εἶπεν, beim dritten Teil fehlt sie.

[32] Δύο δέ A, δὲ δύο H; letzteres erscheint gewählter und deshalb sekundär.

[33] Αὐτοῖς A, ἑαυτοῖς H; ersteres scheint aufgrund der Qualität von A vorzuziehen zu sein. Eine sachliche Differenz besteht nicht.

[34] Vgl. nur GEBHARDT/HARNACK, Epistulae 129; LIGHTFOOT, Fathers I/2 238; KNOPF, 2 Clem 170; LINDEMANN, 2 Clem 236.

[35] Das Verhalten gegenüber Außenstehenden wird nicht in den Blick genommen, die Wahrhaftigkeit im Verhalten wird aber gewiss nicht beschränkt.

Integrität und Glaubwürdigkeit der ganzen Person. Die Differenzen zwischen Ich und Du sind überwunden, wenn jeder dem anderen in ganzer Offenheit gegenübertritt, so dass vorbehaltlose Annahme und Geborgenheit entsteht – ein Motivzusammenhang, der z.B. auch in der Rede von der ungeheuchelten Liebe (2 Kor 6,6; 1 Petr 1,22 u. ö.), in der Leibmetaphorik (Röm 12,4f; 1 Kor 12,12f u. ö.) oder in der Charakterisierung der Urgemeinde (Act 2,44–46; 4,24) vorliegt.

V.3b variiert das Vorherige. Syntaktisch wird man auf Grund des Optativs (εἴη) nach ἄν + Konjunktiv (λαλῶμεν) am Besten mit καί einen neuen Satz beginnen.[36] Die Einfügung eines εἰ nach καί[37] würde zwar ebenfalls eine gute Lösung darstellen, trägt aber den Makel einer Konjektur. Das καί dürfte dann eine neue Formulierung der Einheit einleiten. Auch nimmt ἀνυποκρίτως[38] das Motiv der Wahrhaftigkeit auf und bindet so die beiden Aussagen des Verses zusammen: Das Reden der Wahrheit zeigt, dass die Zwei zu Einem werden; m.a.W, es wird in zwei Leibern ungeheuchelt eine Seele wohnen.[39]

V.4 interpretiert das zweite Gegensatzpaar des Zitats. Im Unterschied zum ersten wiederholt der Prediger hier zunächst den Wortlaut καὶ τὸ ἔξω ὡς τὸ ἔσω. Die von S im Unterschied zu AH gegebene Vorordnung von ἔσω vor ἔξω[40] greift die folgende Auslegung auf und ist deshalb als lectio facilior sekundär, zumal sie auch schlechter bezeugt ist. Die Interpretationsformel τοῦτο λέγει ist geläufig (2,2.5; 8,5; im Folgenden noch 12,5; 17,4). Die Auslegung bezieht ἔσω auf ψυχή, ἔξω auf σῶμα.[41] In chiastischer Weise folgt auf das ἔξω – ἔσω des Zitats nun die Reihenfolge ἔσω – ἔξω. Die anthropologische Deutung von ἔσω – ἔξω auf Seele und Leib (bzw. eine analoge Terminologie) ist nahe liegend (vgl. nur Epikt Ench 29; Mt 23,25–28; ClemAl DivSalv 15; Act Phil 140; Lib Grad 10,3 u. ö.).[42]

Die moralische Auslegung wird erst V.4b erreicht: ὃν τρόπον οὖν σου τὸ σῶμα φαίνεται, οὕτως καὶ ἡ ψυχή σου δῆλος ἔστω ἐν τοῖς καλοῖς ἔργοις. Mit der Reihenfolge σου σῶμα – ψυχή σου liegt ein weiterer Chiasmus vor; der Prediger will offenbar sein literarisches Geschick zeigen. Die Zielrichtung (unter Voraussetzung einer dichotomischen Anthropologie) geht auf die Beschreibung

---

[36] LINDEMANN 2 Clem 234.236.

[37] WENGST, 2 Clem 274A97 nach einem Vorschlag von H. Krämer. WARNS, Untersuchungen 12 macht dagegen den zitathaften Charakter von V.3b geltend.

[38] Als Adv. ist es hap.leg. in der frühchristlichen Literatur, das Adj. findet sich Röm 12,9; 2 Kor 6,6 im Konnex mit ἀγάπη, 1 Tim 1,5; 2 Tim 1,5 mit πίστις, Jak 3,17 mit σοφία und 1 Petr 1,22 mit φιλαδελφία. Außer 2 Tim 1,5 ist stets ein moralischer Konnex gegeben.

[39] Damit greift der Prediger einen alten philosophischen Topos auf, vgl. PlatSymp 191d; Cic Offic 1,15.55f; Ovid Met 3,473 u. ö.

[40] Übernommen von WENGST 2 Clem 254 (im Unterschied zur Übersetzung S. 255, die, wie LINDEMANN, 2 Clem 236 z.R. meint, nur irrtümlich erfolgte); LINDEMANN, ebd.; auf die logische Schwierigkeit verweisen auch KNOPF, 2 Clem 171 und LOHMANN, Drohung 119f; BAARDA, 2 Clem 535. Die genaue wörtliche Wiedergabe des Zitats erfolgt freilich auch beim dritten Teil des Zitats (V.5).

[41] H vertauscht in der Auslegung ἔσω und ἔξω, so dass die unsinnige Zuordnung von ἔξω und ψυχή sowie ἔσω und σῶμα entsteht.

[42] WARNS, Untersuchungen 571f sieht deshalb V.4 als zitathaft an.

der ψυχή. Wie der Leib sichtbar ist (eine Selbstverständlichkeit), so soll auch die ψυχή erkennbar sein. Die Verwendung der maskulinen Form δῆλος (statt δήλη, so H) ist einzigartig (vgl. Eur Med 1197). Eine antignostische Ausrichtung ist gut möglich,[43] aber vielleicht ist es wieder bloß Stilübung. Jedenfalls ist δῆλος ἔστω eine vom Prediger geliebte Variante (hier zu φαίνεται).

Die Einheit von Außen und Innen ist erreicht, wenn auch die Seele erkennbar ist; sie ist es ἐν καλοῖς ἔργοις. Das Syntagma καλὰ ἔργα kommt 2 Clem nur hier vor (vgl. Mt 26,10; 1 Tim 5,10.25; Herm Sim 5,2,7), der Prediger nimmt sein grundlegendes Thema des richtigen Tuns auf. Dabei versucht er, durch das zweimalige σου die Dringlichkeit besonders zu betonen.

V.5 folgt nach der wörtlichen Wiederholung des dritten Gegensatzpaares des Zitates die Deutung wieder wie V.4 nach der Interpretationsformel τοῦτο[44] λέγει· ἵνα ἀδελφὸς ἰδὼν ἀδελφὴν οὐδὲν φρονῇ[45] περὶ αὐτῆς θηλυκόν, μηδὲ[46] φρονῇ τι περὶ αὐτοῦ ἀρσενικόν. Auch hier liegt mit οὐδὲν φρονῇ – φρονῇ τι wieder ein Chiasmus vor. Inhaltlich stellt die Interpretation des Predigers eine Crux dar. Vertritt er analog zu Herm Vis 1 „vollkommene geschlechtliche Enthaltsamkeit"[47] oder stellt er sich nur gegen „das sexuelle Verlangen außerhalb der Ehe"?[48] Der sich radikal darbietende Wortlaut (es ist schlicht von Enthaltsamkeit von Bruder und Schwester die Rede, ein Bezug auf eine vorausgesetzte eheliche Sexualität fehlt völlig) könnte für die erstere Möglichkeit sprechen. Weiters ist V.6 (wiederum sehr radikal) vom Kommen des Reiches des Vaters die Rede, das der Fall ist, „wenn ihr

---

[43] Warns, Untersuchungen 579f denkt an die Vermännlichung der ψυχαί im gnostischen Erkenntnisprozess (unter Hinweis auf ClemAl Exc Theod 21,3; 68 u.ö.).

[44] Mit τοῦτο bricht der Text von A ab.

[45] H φρονεῖ, Βρυεννιος, Ἐπιστολαί 131 konjizierte φρονῇ, übernommen von Funk/Bihlmeyer, Väter 164; Wengst, 2 Clem 254. [ἵνα mit Ind. (statt Konj.) auch Ign Eph 4,2 (ἵνα ... ἄδετε und ἵνα ... μετέχετε; ebenda aber auch ἵνα ... ἀκούσῃ καὶ ἐπιγινώσκῃ). Vgl. BDR § 369,6: „Der Ind. Präs. nach ἵνα – nur als vl – ist im NT als Schreibfehler zu beurteilen" (unter Hinweis auf Joh 5,20; Gal 6,12; Tit 2,4). Das von Βρυεννιος stehen gelassene οὐδέν passt dabei allerdings noch immer nicht. Der Konnex mit θηλυκόν macht es auch kaum erträglicher (gegen Warns, Untersuchungen 581, der die sprachliche Schwierigkeit auf zitathaftes Material zurückführt). Es liegt auf jeden Fall eine Nachlässigkeit vor, sei es des Autors oder eines Kopisten. Immerhin heißt es im letzten Teil des Satzes wieder μηδὲ φρονῇ.

[46] S setzt nach μηδέ voraus: ἀδελφὴ ἀδελφὸν ἰδοῦσα. Dieser Langtext ist (gegen Warns, Untersuchungen 9A1023) schwerlich vorzuziehen.

[47] Knopf, Zeitalter 413; Ders., 2 Clem 171; Windisch, Christentum 132; Müller, Ehelosigkeit 73; Strobel, Untersuchungen 126; Stegemann, Herkunft 127; Lindemann, 2 Clem 236. Die Argumentation von 8,4.6; 14; 15,1 her (Knopf, 2 Clem 171) erklärt nur eine Unbekannte durch eine andere; auch dass „die vollkommene geschlechtliche Enthaltsamkeit ... auch Did 6,2f als Ideal der Vollkommenheit hingestellt wird" (Knopf, 2 Clem 171) ist nicht überzeugend; vgl. dazu auch Niederwimmer, Didache 155: Mit dem dort gegebenen Motiv des ὅλος ὁ ζυγὸς τοῦ κυρίου ist nicht rigorose Sexualaskese gemeint, sondern „das Gesetz Christi ..., wie es der Didachist in der sectio christiana sive evangelica am Anfang enthüllt hat."

[48] Wengst, 2 Clem 231; vgl. schon Gebhardt/Harnack, Epistulae 129; Baarda, 2 Clem 536f; Lohmann, Drohung 120.

das tut".[49] V.6 blickt auf die vorherige Zitatauslegung insgesamt zurück. Die unge-
heuchelte Wahrhaftigkeit im Reden (V.3) und Handeln (V.4) ist ebenso die Voraussetzung des Kommens des Reiches wie das entsprechende sexuelle Verhalten (V.5).
Das Verständnis des letzteren im Sinne eines enkratitischen Verhaltens würde also
die Ernsthaftigkeit und Radikalität des gesamten Lebensvollzuges als Voraussetzung des Kommens des Reiches sehr gut zum Ausdruck bringen. Der Prediger
würde dann in der Interpretation des Zitats V.2 tatsächlich eine radikale Ethik
formulieren: generell in den beiden ersten Interpretationsschritten und spezifisch
sexualethisch im dritten. Er hätte damit die im Zitat mythisch chiffrierte Radikalität des Neuseins in einem erstaunlichen Sinne ethisch umgesetzt.

Gegen diese Deutung spricht freilich, dass 2 Clem sonst nirgends völlige sexuelle
Abstinenz verlangt. Er untersagt lediglich sexuelles Fehlverhalten: 4,3 wird Chris-
tus (u.a.) im Verzicht auf Ehebruch bekannt; 6,3f ist der jetzige Äon (u.a.) durch
Ehebruch gekennzeichnet.[50] Damit ist aber nicht nur die Existenz von Ehen in der
Gemeinde vorausgesetzt, sondern auch die Akzeptanz ehelicher Sexualität.[51] Dieses propagierte Sexualverhalten dokumentiert die Realität. Dazu kommt noch als
weiteres, ähnlich wichtiges Argument: 2 Clem vertritt insgesamt eine realistische
Ethik. Der Prediger ist sich der moralischen Unzulänglichkeit höchst bewusst:
Angesichts dieser möchte er der Gerechtigkeit wenigstens nahe kommen (18,2),
genauso wie er empfiehlt, dem metaphorischen Siegeskranz möglichst nahe zu
kommen (7,3).[52]

V.6 zieht die Schlussfolgerung: ταῦτα ὑμῶν ποιούντων, φησίν, ἐλεύσεται ἡ
βασιλεία τοῦ πατρός μου.[53] Es ist umstritten, ob der Hauptsatz dieses Verses
zum Zitat gehört[54] oder eigene Formulierung des Predigers ist.[55] Das πατρός μου[54]
(in Differenz zur vorhergehenden 2. Pers. Pl.) passt besser bei Annahme eines
Zitatfragments.[56] Letzte Sicherheit ist allerdings nicht erreichbar.[57] Eine sachliche

---

[49] LINDEMANN, 2 Clem 236. Ebd. 237 meint LINDEMANN, von V.6 her ein Argument für die enkratitische Deutung von V.5 zu gewinnen.

[50] LOHMANN, Drohung 120; vgl auch SALZMANN, Lehren 226A 351.

[51] MÜLLER, Ehelosigkeit 73 folgert aus 12,5 und aus der Forderung, das Fleisch bzw. das Siegel (= die
Taufe) rein zu bewahren (8,4 u.ö.), der Prediger verlange von allen Getauften den Sexualverzicht, aller-
dings als freiwilligen. Doch ist diese Differenzierung nicht angedeutet. Zur Frage der Ehelosigkeit aller
Getauften in der Alten Kirche vgl. MÜLLER, Ehelosigkeit passim.

[52] Zur enkratitischen Ausrichtung des Zitats in seinen verschiedenen Versionen bzw. Entwicklungs-
stufen vgl. oben zu V.2. Von einer Degnostisierung (DONFRIED, Setting 153; WARNS, Untersuchungen
452) könnte nur dann m.R. gesprochen werden, wenn die 2 Clem vorliegende Fassung ursprünglich
zweifelsfrei gnostischen Charakter gehabt hätte.

[53] Das Syntagma βασιλεία τοῦ πατρός μου kommt als Jesuswort auch Mt 26,29 vor.

[54] Mit BAARDA, 2 Clem 549; WARNS, Untersuchungen 458 und LOHMANN, Drohung 121. DON-
FRIED, Setting 75 rechnet den gesamten V.6 zum Zitat.

[55] LIGHTFOOT, Fathers I/2 240; SCHUBERT, 2 Clem 252; KNOPF, 2 Clem 171 (als Möglichkeit; in
der Übersetzung bietet er den Text als Zitat); KÖSTER, Überlieferung 103; KÖHLER; Rezeption 139;
WENGST, 2Clem 274 A99.

[56] BAARDA, 2 Clem 549 im Anschluss an RESCH, Agrapha 94.

[57] LINDEMANN, 2 Clem 237 lässt deshalb die Frage offen.

Differenz ist ohnehin nicht erkennbar, da dieser Schluss von V.2 her auf jeden Fall intendiert ist.

Ein Problem ist auch die Frage, ob das Kommen der βασιλεία durch das V.2–5 genannte Handeln hervorgerufen wird oder ob dieses Kommen ausschließlich in der Verfügung Gottes bleibt. Die Entscheidung für ersteres[58] reißt wohl beides unnötigerweise auseinander. Weder der Prediger noch ähnliche Aussagen der jüdischen Tradition wollen Gottes Freiheit einschränken, wohl aber die Bedeutung des vorher genannten Verhaltens in besonders eindrücklicher Weise formulieren: Das Handeln hat quasi „weltbewegende" Bedeutung.

In eschatologischer Hinsicht ist V.6 sehr interessant. Wenn das Kommen des Reiches Folge des rechten Verhaltens ist, das (zumindest partiell) schon gelebt wird, setzt der Verfasser faktisch eine teilweise Präsenz des Reiches voraus, d.h. er vertritt hier (implizit) auch (!) eine präsentische Eschatologie.[59] Freilich: Er sagt das nicht explizit, wie überhaupt die präsentische Eschatologie bei ihm keinen eigenen Stellenwert besitzt. Im rechten Verhalten ist sie zwar implizit mitgesetzt, aber das wird in keiner Weise theologisch fruchtbar gemacht. Eine Spannung zwischen präsentischer und futurischer Eschatologie wird nicht erkennbar. Explizit steht (ganz in apokalyptischer Tradition) der Tag der Epiphanie erst bevor (V.1)[60] und von der βασιλεία gilt in zeitlicher Hinsicht ein ἥξει (V.2) bzw. ἐλεύσεται (V.6). Nicht eine Spannung wird erkennbar, sondern ein lineares Hintereinander der beiden Äonen. Nicht das schon geschehende Hereinbrechen einer anderen Dimension wird thematisiert, sondern deren endgültiger Anbruch in der Zukunft.[61]

13,1–4: Buße und Außenstehende

(1) **Folglich, Brüder, lasst uns endlich Buße tun, lasst uns nüchtern werden zum Guten! Denn wir sind voll großer Unvernunft und Bosheit. Lasst uns wegwischen von uns die früheren Sünden und nach aufrichtiger Umkehr gerettet werden. Und lasst uns nicht Menschen zu gefallen suchen noch lasst uns nur einander gefallen, sondern auch den außenstehenden Menschen in Bezug auf die Gerechtigkeit, damit nicht der Name um unsretwegen gelästert wird.**

(2) **Denn der Herr spricht: „Überall wird unter allen Heiden mein Name um eurethalben gelästert", und wiederum: „Wehe, durch den mein Name gelästert wird." Worin wird er gelästert? Indem wir nicht tun, was wir sagen.**

---

[58] KNOPF, 2 Clem 171: Das Ende „wird abhängig gemacht von dem Verhalten des Menschen, nicht von dem Willen Gottes" unter allgemeinem Hinweis auf jüdische Parallelen (vgl. z.B. Sir 36,10; Äth Hen 47,1; 97,3.5; b Sanh 97b u.ö., dazu BOUSSET/GRESSMANN, Religion 248f); dagegen z.R. LINDEMANN, 2 Clem 237 unter Hinweis auf die Unkenntnis der Parusie (V.1) und auf den Verheißungscharakter der Aussage.

[59] Das geschieht ganz in frühchristlicher Tradition.

[60] Nur für die expliziten Aussagen gilt: „Toutes les réalités eschatologiques sont encore objet d' espérance" (EIJK, Résurrection 63).

[61] Vgl. PRATSCHER, Parusieerwartung 197–210.

(3) Denn die Heiden, die aus unserem Mund die Worte Gottes hören, bewundern sie als gut und großartig. Wenn sie dann sehen, dass unsere Werke den Worten, die wir sagen, nicht entsprechen, wenden sie sich deshalb der Blasphemie zu und sagen, sie seien nur irgendeine Fabel und Betrug. (4) Denn wenn sie von uns hören, dass Gott spricht: „Ihr habt keinen Dank, wenn ihr die liebt, die euch lieben, aber ihr habt Dank, wenn ihr die Feinde liebt und die, die euch hassen“: Wenn sie das hören, bewundern sie das Übermaß an Güte. Wenn sie aber sehen, dass wir nicht nur die, die (uns) hassen, nicht lieben, sondern auch die nicht, die (uns) lieben, lachen sie uns aus und der Name wird gelästert.

Struktur:
V.1 Paränese
V.2 Begründung: Zitat
V.3 Erläuterung I
V.4 Erläuterung II

V.1 zieht der Prediger mit ἀδελφοὶ οὖν[1] die Schlussfolgerung aus dem Vorherigen. Insbesondere nach dem 12,1 Gesagten sei es Zeit, ἤδη[2] ποτὲ μετανοήσωμεν. Der Ruf zur Buße bekommt angesichts der begrenzten Lebensspanne (8,1–3) ebenso seine Dringlichkeit wie angesichts der Unkenntnis des Zeitpunktes der Parusie (12,1). Deshalb die Forderung des Wachens. Νήφειν im übertragenen Sinn ist häufig belegt (griech: Epicharm 13 [250], Diels/Kranz ¹¹I 201; Plat Leg 11, 918d; jüd: Phil Post Cain 175; Somn 2,292; christlich: 1 Thess 5,6.8; 2 Tim 4,5; 1 Petr 1,13; 4,7; 5,8; Ign Pol 2,3; Pol Phil 7,2; gnost: Corp Herm 1,27; 7,1). Das Wachen soll ἐπὶ τὸ ἀγαθόν geschehen: damit ist ganz generell das Leitprinzip des Handelns formuliert; V.2 redet parallel dazu vom Tun des Willens des Herrn, V.3f geht es um die Übereinstimmung von Reden und Handeln, konkret um die Feindesliebe.

Die Notwendigkeit zur Wachsamkeit ist begründet durch μεστοὶ γάρ ἐσμεν πολλῆς ἀνοίας καὶ πονηρίας.[3] Ἄνοια und πονηρία sind hap.leg. in 2 Clem, ersteres kommt in der frühchristlichen Literatur nur noch Lk 6,11 und 2 Tim 3,9 vor, letzteres ist häufig belegt (Mk 7,22; Mt 22,18; 1 Kor 5,8; Barn 4,12 u. ö.); μεστός erscheint in negativ moralischer Hinsicht oft: Mt 23,28 mit ὑπόκρισις und ἀνομία, Röm 1,29 mit φθόνος, φόνος und ἔρις, 2 Petr 2,14 mit μοιχαλίς u. ö.

---

[1] Οὖν nach dem Vokativ ἀδελφοί ist singulär (vgl. 4,3: ὥστε οὖν ἀδελφοί), nach Knopf, 2 Clem 172 könnte es Verschreibung aus μου sein, nach Warns, Untersuchungen 312 A7348 steht der „Verdruß des Predigers“ dahinter. Die direkte Anrede ἀδελφοί kommt in einer Predigt verständlicherweise oft vor: 1,1; 4,3; 5,1.5; 7,1 u. ö. (insgesamt 15-mal).

[2] Vgl. 2,7: ἤδη ἀπολλυμένους; 16,3: ἔρχεται ἤδη ἡ ἡμέρα τῆς κρίσεως; das Syntagma ἤδη ποτέ auch Röm 1,10; Phil 4,10.

[3] Vgl. den Konnex von πράσσειν πονηρά und μετανοεῖν 8,2, den von μεστός und πονηρά Did 5,1 (bzw. μεστός und κατάρα Barn 20,1).

Ein realer Konflikt[4] im Hintergrund ist möglich, gleichwohl trägt die allgemeine Terminologie den Charakter des Topischen.

Im Folgenden wird die geforderte Buße und Nüchternheit in zweifacher Weise expliziert (Leitverba: ἐξαλείφειν und γίνεσθαι/θέλειν). Zunächst geht es um das Ablegen der πρότερα ἁμαρτήματα. Ἐξαλείφειν ἁμαρτήματα[5] steht Act 3,19 recht nahe (ἐξαλείφειν τὰς ἁμαρτίας, auch hier im Kontext μετανοεῖν), vgl. Kol 2,14. Da Christen angesprochen werden, die die sündige, heidnische Existenz schon hinter sich haben (Kap 1), sollen die nach der Taufe begangenen Sünden vermieden werden (vgl. Herm Vis 2,2,4; Mand 12,6,2; Sim 8,11,3 u. ö.). Das Zurücklassen der Sünden wird in dem μετανοήσαντες wieder aufgegriffen, das durch ἐκ ψυχῆς[6] näher bestimmt wird. Das Ergebnis dieser ganzheitlichen Umkehr ist die endzeitliche Rettung.

Die zweite Konkretisierung der Buße erfolgt in negativer und positiver Weise. Negativ: μὴ γινώμεθα ἀνθρωπάρεσκοι μηδὲ θέλωμεν μόνον ἑαυτοῖς ἀρέσκειν.[7] Ἀνθρωπάρεσκος ist relativ selten bezeugt: Ψ 52,6; PsSal 4,8.10; Kol 3,22; Eph 6,6; Theoph Autol 3,14, ApostConst 2,21[8] (vgl. ἀνθρωπαρεσκεῖν: Ign Röm 2,1; ἀνθρώποις ἀρέσκειν: Gal 1,10; 1 Thess 2,4; ἀνθρωπαρέσκεια ApostConst 4,1). Ἑαυτοῖς ist vom folgenden Gegensatz τοῖς ἔξω her als ἀλλήλοις zu verstehen (vgl. 12,3).[9] Abgelehnt wird damit ein an menschliche Maßstäbe angepasstes Verhalten,[10] sei es im mitmenschlichen Bereich insgesamt oder im innergemeindlichen. Der positive Gegensatz dazu: ἀλλὰ καὶ τοῖς ἔξω ἀνθρώποις ἐπὶ τῇ δικαιοσύνῃ.[11] Der Maßstab rechten Verhaltens ist die δικαιοσύνη, ein für die Paränese des Predigers entscheidender Term (4,2; 6,9; 11,7; 12,1; 18,2; 19,2f). Es geht somit um das richtige ἀρέσκειν, nicht nur innergemeindlich, sondern auch (καί!) den Außenstehenden gegenüber: οἱ ἔξω meint alle nicht zur Gemeinde Gehörenden (Mk 4,11; 1 Kor 5,12f; Kol 4,5; 1 Thess 4,12; vgl. οἱ ἔξωθεν 1 Tim 3,7).[12] Die Verwirklichung der δικαιοσύνη richtet sich im vorliegenden Vers sogar primär an die Außenstehenden, wie die Fortsetzung zeigt: ἵνα τὸ ὄνομα[13] δι᾽ ἡμᾶς[14] μὴ βλασφημῆται.[15] Es geht um die Lästerung des Namens, so ohne

---

[4] DONFRIED, Setting 159 A1: „… it is not unlikely that our author has his opponents directly in mind throughout this whole chapter."

[5] Vgl. Jes 43,25 ἐξαλείφειν τὰς ἀνομίας.

[6] Ἐκ ψυχῆς auch Kol 3,23; Eph 6,6; Barn 3,5; 19,6; vgl. ἐξ ὅλης τῆς ψυχῆς Mk 12,30.

[7] Ἀνθρωπάρεσκοι – ἀρέσκειν ist eine figura etymologica.

[8] In der profanen Literatur ist der Term nicht bezeugt.

[9] So schon GEBHARDT/HARNACK, Epistulae 130.

[10] FOERSTER, ἀρέσκω 456: ἀνθρωπάρεσκος bezeichne „den, dessen letzte Norm das … Bestreben ist, einem (übergeordneten) Menschen zu gefallen." Zum paränetischen Motiv der Rücksicht auf die Außenstehenden vgl. UNNIK, Rücksicht 211–234.

[11] Vgl. den expliziten Gegensatz: Menschen gefallen bzw. Gott gefallen 1 Thess 2,4; Ign Röm 2,1.

[12] Vgl. Jos Ant 15,36; οἱ ἐκτός: Sir Prol 5.

[13] S setzt zusätzlich τοῦ κυρίου voraus.

[14] Ἡμᾶς S, ὑμᾶς H. Ersteres ist wegen des Kontextes vorzuziehen.

[15] Vgl. die Parallelen, die von einer guten Lebensführung unter Heiden (1 Petr 3,12) bzw. Heiden und Juden (1 Kor 10,32f) reden.

Näherbestimmung auch Jak 2,7; Tert Idol 14 u. ö. Von diesen Parallelen sowie vom folgenden κύριος-Zitat[16] V.2 her dürfte an den Namen Jesu gedacht sein,[17] vgl. Jak 2,7; 1 Clem 47,7. In Parallelen ist vom Namen Gottes die Rede (Röm 2,24; Apk 16,9.21; Ign Trall 8,2; Pol Phil 10,3 u. ö.), vom Namen Gottes und der Lehre (1 Tim 6,1), vom Namen und Zelt Gottes (Apk 13,6), vom Wort Gottes (Tit 2,5), vom Kyrios (Ign Sm 5,2; Herm Vis 2,2,2 u. ö.), vom Gesetz des Kyrios (Herm Sim 8,6,2), vom Heiligen Geist (Mk 3,28parr), von der Gemeinde Gottes (Ign Trall 8,2), vom Guten (Röm 14,16), vom Weg der Wahrheit (2 Petr 2,2) oder von Engelmächten (2 Petr 2,10; Jud 8). Eine genauere Bestimmung dessen, wodurch der Name nach der Meinung des Predigers gelästert wird, liegt nicht vor. Vom Stichwort δικαιοσύνη her ist allgemein an ein verkehrtes Handeln zu denken, vom folgenden Kontext her an die Differenz zwischen Reden und Tun. Eine antignostische Ausrichtung[18] mag impliziert sein, ist aber nicht direkt zu erkennen.

Die Begründung des richtigen Verhaltens den Außenstehenden gegenüber bietet **V.2** in einem Doppelzitat.

2 Clem 13,2	Jes 52,5	Röm 2,24
λέγει γὰρ ὁ κύριος·	τάδε λέγει κύριος·	
διὰ παντὸς	δι᾿ ὑμᾶς διὰ παντὸς	
τὸ ὄνομά μου	τὸ ὄνομά μου	τὸ γὰρ ὄνομα τοῦ θεοῦ
βλασφημεῖται	βλασφημεῖται	δι᾿ ὑμᾶς βλασφημεῖται
ἐν πᾶσιν τοῖς ἔθνεσιν,		ἐν τοῖς ἔθνεσιν,
	ἐν τοῖς ἔθνεσιν	καθὼς γέγραπται.

καὶ πάλιν·
οὐαὶ δι᾿ ὃν
βλασφημεῖται
τὸ ὄνομά μου.

1 Tim 6,1:	ἵνα μὴ τὸ ὄνομα τοῦ θεοῦ … βλασφημῆται.
Apk 16,9:	οἱ ἄνθρωποι … ἐβλασφήμησαν τὸ ὄνομα τοῦ θεοῦ …
Vgl. 2 Petr 2,2:	δι᾿ οὓς ἡ ὁδὸς τῆς ἀληθείας βλασφημηθήσεται·

Das erste wird mit λέγει γὰρ[19] ὁ κύριος eingeleitet. 5,2 und 8,5 wird mit dieser Formel ein Herrenwort eingeleitet, d.h. mit κύριος ist dort jeweils Jesus gemeint. Analoges dürfte auch hier gelten. Der Auferstandene kann so als Sprecher eines atl. Zitats fungieren (Jes 52,5): Gott und Christus werden in bestimmter Hinsicht austauschbar. Die Einleitungsformel könnte durch die des Jesaja angeregt sein: τάδε λέγει κύριος. Das Zitat lautete vermutlich: διὰ παντὸς τὸ ὄνομά μου

---

[16] V.2 folgt zwar ein Jesaja-Zitat, das aber offenbar Jesus als Sprecher hat.

[17] KNOPF, 2 Clem 172. Ebenso WENGST, 2 Clem 275 A104 (der aber auch an Gott als Möglichkeit denkt); ÖFFNER, 2 Clem 123 A602; nur an Gott denkt SCHUBERT, 2 Clem 252.

[18] DONFRIED, Setting 156f denkt an die Namensspekulation EV NHC I 38,7–41,19.

[19] Καί nach γὰρ (so S) dürfte sekundär sein (gegen WENGST, 2 Clem 254).

βλασφημεῖται δι᾿ ὑμᾶς[20] ἐν πᾶσιν[21] τοῖς ἔθνεσιν. Mit Ausnahme des verstärkenden πᾶσιν ist der Wortlaut mit Jes 52,5 identisch. Die Wendung ἐν πᾶσιν τοῖς ἔθνεσιν ist geläufig (Dtn 4,27; Jer 51,8 LXX; Ψ 81,8; Tob 3,4 u. ö.). Die Vorlage des Predigers könnte deshalb ein Mischzitat sein,[22] doch dürfte das πᾶσιν eher vom Prediger als Verstärkung (die allerdings keine Änderung bedeutet) hinzugefügt worden sein. In den Zitaten von Jes 52,5 in Röm 2,24 und Just Dial 17,2 fehlt das πᾶσιν nämlich auch. Wegen der sprachlichen Nähe könnte das Zitat direkt aus einer Jesajahandschrift stammen, doch muss auch mit der Herkunft aus einer Testimoniensammlung gerechnet werden. Selbst die Herkunft aus dem wahrscheinlich benutzten apokryphen Evangelium (vgl. zu 8,5) ist nicht auszuschließen.[23] Die Forderung des rechten Verhaltens zur Vermeidung von Lästerungen durch Heiden ist in der atl.-jüdischen Tradition ebenso verbreitet (Ez 36,20–23; Test Naph 8,6; CD 12,6f; Mekh Ex 15,2 [44b], SLev 19,12 [349a] u. ö.)[24] wie in der frühchristlichen, wobei ganz unterschiedliche Kontexte vorliegen: in den Jesaja-Zitaten Röm 2,24 und Just Dial 17,2 ist es die Auseinandersetzung mit Juden,[25] in den Anspielungen daran sind es die Sklavenparänese (1 Tim 6,1), die Auseinandersetzung mit dem Libertinismus von Gegnern (2 Petr 2,2) oder apokalyptische Endzeitereignisse (Apk 16,9).

Mit καὶ πάλιν wird ein weiteres Zitat angekündigt, jedenfalls bei S: οὐαὶ δι᾿ ὃν βλασφημεῖται τὸ ὄνομά μου. H liest statt πάλιν· Οὐαὶ δι᾿ ὅν nur καὶ διό, d. h. das Folgende ist (selbst wenn man ein eigenes Zitat annimmt)[26] nur eine Wiederholung einzelner Wörter des Jesaja-Zitats. Deshalb wird fast allgemein die S-Version vorgezogen.[27] Folgt man V.2 fin. ebenfalls der S-Version (ἡμᾶς ἃ λέγομεν) gegenüber H (ὑμᾶς ἃ βούλομαι), so endet das Zitat mit τὸ ὄνομά μου, während bei H der gesamte V.2 dazugehört. Die Parallelen sprechen für S, so Ign Trall 8,2: οὐαὶ … δι᾿ οὖ … τὸ ὄνομά μου … βλασφημεῖται bzw. Pol Phil 10,3: Vae autem,

---

[20] Δι᾿ ὑμᾶς fehlt (im Unterschied zu S) in H. Es könnte vom Prediger weggelassen worden sein, weil es in V.1 schon vorkommt. Eine Auslassung „aus pastoralem Takt und mit Blick auf das seelsorgerliche Ziel, die Gegner in Liebe zur Umkehr zu gewinnen (13,1; 13,4; 15,2b)" (WARNS, Untersuchungen 507), legt sich nicht nahe, da in der Fortführung von V.2 die Schuldverflochtenheit der Adressatinnen/ Adressaten vorausgesetzt wird. Doch ist eher mit der Möglichkeit zu rechnen, dass δι᾿ ὑμᾶς erst von H weggelassen wurde (vgl. WENGST, 2 Clem 254; LINDEMANN, 2 Clem 237f unter Hinweis auf „den offenkundigen Fehler bei der Einleitung des zweiten Zitats" in H, ebd. 238.).

[21] Πᾶσιν fehlt (im Unterschied zu H) in S. Diese Auslassung könnte Angleichung an den LXX-Wortlaut sein.

[22] Als Möglichkeit: WARNS, Untersuchungen 508; πᾶσιν stamme schon aus der Vorlage von 2 Clem (ebd. 507).

[23] Eine Abhängigkeit von Röm 2,24 ist auszuschließen, LINDEMANN, Paulus 238; GREGORY/ TUCKETT, 2 Clem 281.

[24] BILLERBECK I 414; III 118. Kehrseite der Lästerung ist bei entsprechend tugendhaftem Handeln das Lob Gottes durch die Heiden.

[25] Vgl. weiters Tert Marc 3,23; 4,14; Cypr Ep 13,3, vgl. UNNIK, Rücksicht 224f A16.

[26] GEBHARDT/HARNACK, Epistulae 130; WARNS, Untersuchungen 350–352.

[27] Anders nur GEBHARDT/HARNACK, Epistulae 130, die allerdings den Rest von V.2 zu dem mit διό neu beginnenden Zitat zählen, letzteres auch UNNIK, Rücksicht 224 und WARNS, Untersuchungen 351f.

per quem nomen Domini blasphematur.[28] V.2b partizipierte dann an einem nahe mit Jes 52,5 verwandten, vielleicht auch davon abhängigen Wehespruch aus apokrypher Tradition.[29] Man könnte annehmen, dass das bekannte Jesaja-Zitat im Laufe der Zeit zu einem Wehespruch umgeformt wurde, obwohl dazu vom hebräischen wie griechischen Text her kein unmittelbarer Anlass bestand. Für die S-Version spricht auch, dass der Schluss ἐν τίνι βλασφημεῖται; ἐν τῷ μὴ ποιεῖν ἡμᾶς ἃ λέγομεν genau die Argumentationslinie des Predigers darstellt, der ihn deshalb eher selbst formuliert als in einem Zitat mit Wehespruchcharakter schon vorgefunden hat. Inhaltlich geht es dem Prediger um die Differenz zwischen Reden und Handeln, die im V.3f weiter ausgeführt wird.[30] Deshalb die Lästerungen durch die Außenstehenden.[31]

Die Differenz zwischen Reden und Handeln wird **V.3** in einem ersten Durchgang erläutert. Auf der Seite des Redens sieht alles wunderbar aus: τὰ ἔθνη γὰρ ἀκούοντα ἐκ τοῦ στόματος ἡμῶν[32] τὰ λόγια τοῦ θεοῦ ὡς καλὰ καὶ μεγάλα ταῦτα[33] θαυμάζει. Die οἱ ἔξω von V.1 werden jetzt als Heiden näher bestimmt. Der Prediger steht nicht in Auseinandersetzung mit dem Judentum, wie schon Kap. 2 zeigte. Das Syntagma τὰ λόγια τοῦ θεοῦ bezeichnet in der frühchristlichen Literatur meist atl. Worte (Röm 3,2; Hebr 5,12; 1 Petr 4,11; 1 Clem 53,1 u. ö.),[34] aber auch die dementsprechende Rede in der Gemeinde (1 Petr 4,11). Sie haben erziehende Funktion (1 Clem 62,3; vgl. Orig Cels 5,29 [GCS Orig II 31]: τὰ τῆς τοῦ θεοῦ σοφίας λόγια). Analog ist die Terminologie τὰ λόγια τοῦ κυρίου = Christi (Pol Phil 7,1; Pap bei Eus HE 3,39,16; Iren Haer 1 Praef 1; ClemAl DivSalv 3,1). Dass hier schon das mit λέγει ὁ θεός eingeleitete Jesuslogion V.4 im Blick ist,[35] ist eine unnötige Einschränkung, auch an die heiligen Schriften[36] muss nicht speziell gedacht sein, wie der weitere Gebrauch zeigt. Die λόγια τοῦ θεοῦ lösen Bewunderung aus: θαυμάζειν (vgl. Mt 22,22par; Lk 4,22; Act 4,13). Die Heiden bewundern die λόγια τοῦ θεοῦ als καλὰ καὶ μεγάλα. Diese Kombination findet sich auch 1 Clem 21,8 (Furcht vor Gott) und Herm Mand 12,3,4 (zusammen mit ἔνδοξος in Bezug auf die Gebote des Engels). Die Interpretation wird V.4 liefern, aber auch an alle übrigen Herrenwortzitate wird zu denken sein.

Das Problem entsteht erst, wenn das Handeln dem Reden nicht entspricht: ἔπειτα[37] καταμαθόντα τὰ ἔργα ἡμῶν ὅτι οὐκ ἔστιν ἄξια τῶν ῥημάτων ὧν

---

[28] Weiters Didask Apost 3 (= Const Apost 1,10,1); Const Apost 3,5,6, vgl. Unnik, Rücksicht 225f.

[29] Öffner, 2 Clem 123 A603 nimmt eine jüdische prophetisch-apokalyptische Schrift an. In der Struktur besteht eine Parallele zu Mk 14,21 parr; Mt 18,17 par.

[30] Ein weiteres Argument für den Vorzug der S-Version.

[31] Das auf Außenstehende bedachte Reden thematisiert schon 1 Kor 14,23–25.

[32] Ἡμῶν S, ὑμῶν H; dem Kontext entsprechend ist ersteres vorzuziehen.

[33] Ταῦτα fehlt in H; die S-Version ist vorzuziehen, da die transitive Bedeutung von θαυμάζειν besser passt als die intransitive.

[34] Hemmer, Pères II 157 versteht das Syntagma als „les saintes Écritures". Die Differenz mündlich – schriftlich reflektiert der Prediger aber nicht.

[35] Knopf, 2 Clem 172.

[36] Lightfoot, Fathers I/2 242; Wengst, 2 Clem 275 A107.

[37] S setzt zusätzlich das adversative δέ voraus. Der kürzere H-Text ist vorzuziehen.

λέγομεν, ἔνθεν εἰς βλασφημίαν τρέπονται λέγοντες εἶναι μῦθόν τινα καὶ πλάνην. Καταμανθάνειν, „merken auf, beobachten, bemerken",[38] mit Akk. und folgendem ὅτι auch Arist Pol 3,14, 1285a 1; Phil Leg All 3,183.[39] Die Heiden bemerken die Inkongruenz von ῥήματα und ἔργα (ἄξιος wurde bereits 1,3 für die Kongruenz von empfangener Gabe und Frucht im Leben der Beschenkten verwendet, vgl. Ign Sm 11,3: θεοῦ ἄξιον πρᾶγμα) und wenden sich deshalb zur Blasphemie: die καλὰ καὶ μεγάλα λόγια τοῦ θεοῦ seien doch nur μῦθός τινα καὶ πλάνη. Μῦθος kommt in der frühchristlichen Literatur nur noch 1 Tim 1,4; 4,7; 2 Tim 4,4; Tit 1,14; 2 Petr 1,16 vor, stets sensu malo als „erdichtete Geschichte",[40] die keinen Anspruch auf Wahrheit hat (in diesem Sinn auch meistens in der heidnischen Tradition, vgl. nur Plat Tim 26e; Epict Diss 3,24,18 u. ö.).[41] Die Inkongruenz von Handeln und Reden mache somit den christlichen Glauben in den Augen der Heiden zu dem, was der Prediger (zusammen mit der sonstigen Polemik der Alten Kirche)[42] von deren eigener Religion behauptet. Πλάνη verstärkt das abfällige Urteil noch, insbesondere bei der Bedeutung „Täuschung".[43]

V.4 bietet mit Hilfe eines Zitats eine zweite Erläuterung der paränetischen Forderung, den Außenstehenden durch Gerechtigkeit zu imponieren, damit sie den Namen Christi nicht schmähen.

2 Clem 13,4	Mt 5,46.44	Lk 6,32.27.28
λέγει ὁ θεός·		
οὐ χάρις ὑμῖν,		
εἰ ἀγαπᾶτε	46 ἐὰν γὰρ ἀγαπήσητε	32 καὶ εἰ ἀγαπᾶτε
τοὺς ἀγαπῶντας ὑμᾶς,	τοὺς ἀγαπῶντας ὑμᾶς,	τοὺς ἀγαπῶντας ὑμᾶς,
ἀλλὰ χάρις ὑμῖν,	τίνα μισθὸν ἔχετε;	ποία ὑμῖν χάρις ἐστίν;
	οὐχὶ καὶ οἱ τελῶναι	
	τὸ αὐτὸ ποιοῦσιν;	
	44 ἐγὼ δὲ λέγω ὑμῖν·	27 ἀλλὰ ὑμῖν λέγω
		τοῖς ἀκούουσιν·
εἰ ἀγαπᾶτε τοὺς ἐχθροὺς	ἀγαπᾶτε τοὺς ἐχθροὺς	ἀγαπᾶτε τοὺς ἐχθροὺς
	ὑμῶν	ὑμῶν,
		καλῶς ποιεῖτε
καὶ τοὺς μισοῦντας ὑμᾶς·		τοῖς μισοῦσιν ὑμᾶς,
		28 εὐλογεῖτε
		τοὺς καταρωμένους ὑμᾶς,
	καὶ προσεύχεσθε ὑπὲρ	προσεύχεσθε περὶ
	τῶν διωκόντων ὑμᾶς,	τῶν ἐπηρεαζόντων ὑμᾶς,

---

[38] BAUER/ALAND, Wb 842.
[39] Mit Akk. und folgendem πῶς Mt 6,28; Ign Sm 6,2.
[40] BAUER/ALAND, Wb 1070.
[41] Vgl. STÄHLIN, μῦθος 786.
[42] Ebd. 799f.
[43] BAUER/ALAND, Wb 1338: „Irrtum", „Irrwahn", „Täuschung".

Der Differenz von ἀκούειν und καταμανθάνειν (V.3) entspricht nun die von ἀκούειν und ὁρᾶν. Die Zitateinleitung ist auffällig: ὅταν γὰρ ἀκούσωσιν παρ' ἡμῶν, ὅτι λέγει ὁ θεός. Die Einleitung des Zitates eines Herrenwortes mit λέγει ὁ θεός ist ungewöhnlich.[44] Sie dürfte durch die V.3 genannte Wendung λόγια τοῦ θεοῦ motiviert sein, die an das Jesajazitat in V.2 anknüpft und Schriftbezüge bezeichnet.[45] Vorausgesetzt ist die schon 1,1 betonte gottgleiche Stellung Christi, sodass die Jesustradition von ihrem Sprecher her der Schrift gleichgestellt ist.[46]

Das Zitat lautet: οὐ χάρις ὑμῖν, εἰ ἀγαπᾶτε τοὺς ἀγαπῶντας ὑμᾶς, ἀλλὰ[47] χάρις ὑμῖν, εἰ ἀγαπᾶτε τοὺς ἐχθροὺς[48] καὶ τοὺς μισοῦντας ὑμᾶς. Der Prediger zitiert hier das bekannte Logion über die Feindesliebe.[49] Mit Mt 5,44.46 stimmen die Textfragmente τοὺς ἀγαπῶντας ὑμᾶς und ἀγαπᾶτε τοὺς ἐχθροὺς wörtlich überein, mit Lk 6,27.32.35 darüber hinaus die Einleitung mit χάρις, die Verbform ἀγαπᾶτε vor τοὺς ἀγαπῶντας ὑμᾶς und der Hinweis auf die μισοῦντες. Eine direkte Abhängigkeit von Mt scheidet aus, ob aber ein von Lk beeinflusstes Zitat aus dem Gedächtnis vorliegt,[50] ein Zitat aus einer Logiensammlung, aus einer apokryphen Quelle,[51] speziell aus dem auch sonst benützten apokryphen

---

[44] Zumeist ist von κύριος die Rede (4,5; 5,2; 6,1 u. ö.), aber auch Ἰησοῦς (5,4), αὐτός (3,2; vgl. 4,2) oder γραφή (2,4) werden genannt.

[45] Vgl. oben zu V.3.

[46] Vgl. GEBHARDT/HARNACK, Epistulae 130. Nach LINDEMANN, 2 Clem 239 wäre es denkbar, „daß in den Augen des Vf ein Reden des θεός in seiner besonderen religiösen Qualität für die Heiden eher zugänglich ist als ein Reden Jesu." Doch warum erscheint dann θεός nur bei einem Zitat? Der Kontextaspekt dürfte doch der ausschlaggebende sein.

[47] Ἀλλά H; S setzt ἀλλ' οὖν voraus; die kürzere H-Version ist vorzuziehen.

[48] S setzt zusätzlich ὑμῶν voraus, die kürzere H-Version ist wieder vorzuziehen.

[49] Das Gebot der Feindesliebe (Mt 5,43–48par) hat eine vielfältige Wirkungsgeschichte im frühen Christentum, wobei diese Forderung in recht unterschiedlicher Weise formuliert bzw. deren Erfüllung beschrieben wird. Im NT: Segen für Verfolger bzw. Lästerer (Röm 12,14; 1 Kor 4,12; 1 Petr 3,9), Speisung des hungernden Feindes (Röm 12,20), Verzicht auf Vergeltung des Bösen mit Bösem (1 Thess 5,15; Röm 12,17; 1 Petr 3,9), Liebe gegen jeden (1 Thess 3,12; Gal 6,10). Apostolische Väter: Gebet für Feinde, Könige, Gewalthaber (Did 1,3; Pol Phil 12,3), Liebe gegen Hassende (Did 1,3); Fasten für Verfolger (Did 1,3). Märtyrerakten: Gebet für Verfolger (Heg bei Eus HE 2,23,16f; gall. Märt. bei Eus HE 5,2,5), Vergeltung von Bösem mit Gutem (Pass Scil 2; Mart Apoll 37). Apologeten: Verweis auf Jesu Gebot der Feindesliebe (Just Apol I,15,9; Dial 85; 96; 133); Gebet für Feinde (Arist Apol 17,3; Just Apol I,14; Dial 35; 133); Gebot oder Konstatierung der Feindesliebe (Athenag Leg 11,2f; Theoph Autol 3,14; Arist Apol 15,5; Diogn 5,11; 6,6; Tert Apol 37 u. ö.). Den (von den Apologeten abgesehen) eher spärlichen Niederschlag des Motivs der Feindesliebe im 2. Jh. erklärt BAUER, Gebot 246f mit der Differenziertheit der frühesten Tradition (bei Mk, Joh fehlt es und die apk. Tradition ist ganz anders ausgerichtet) und der begrifflichen Unklarheit (Feinde – Feinde Gottes). In der weiteren Tradition ist und bleibt das Motiv freilich fest verankert: Iren Haer 3,18,5; 4,13; ClemAl Paed 3,12, 92; Strom 7,84,5f; besonders instruktiv: Tert Pat 6: principale praeceptum. Zur Vorgeschichte des Motivs in der atl.-jüdischen Tradition vgl. nur Ex 23,4f; Prov 24,17f; mAb 4,19; AbRN 23 u. ö. BILLERBECK III 368–370. Das Motiv, Feinden zu verzeihen und sie zu Freunden zu machen, ist auch der philosophischen Tradition nicht unbekannt, vgl. Sen Ira 3,24,2; Epict Diss 3,22,54; Plut Mor 218a.

[50] LIGHTFOOT, Fathers I/2 243, KÖSTER, Überlieferung 76f; GREGORY/TUCKETT, 2 Clem 271 (mit besonderem Hinweis auf das der lk Redaktion zugeschriebene χάρις); zurückhaltender GREGORY, Reception 139.

[51] OXFORD COMMITTEE, New Testament 132; DONFRIED, Setting 78.

Evangelium,[52] kann schwerlich mit Sicherheit entschieden werden.[53] Wenn die Heiden das Logion von der Feindesliebe hören, bewundern sie das Übermaß an Güte, das in ihm enthalten ist. Von der ἀγαθότης Gottes zu reden, ist heidnische wie jüdisch-weisheitliche Tradition,[54] in der frühchristlichen Tradition ist das Syntagma sonst nicht belegt[55] – wohl wieder ein Beleg für das Streben nach gehobener Diktion des Predigers. Die Bewunderung der Heiden für das Gebot der Feindesliebe ist ein wesentlicher Aspekt der Anziehungskraft der kirchlichen Botschaft.

Wenn das Handeln den bewundernswerten Reden jedoch nicht entspricht, hat das Auswirkungen für die Stellung der Heiden zur Gemeinde wie zu Christus: ὅταν δὲ ἴδωσιν, ὅτι οὐ μόνον τοὺς μισοῦντας οὐκ ἀγαπῶμεν ἀλλ᾿ ὅτι οὐδὲ τοὺς ἀγαπῶντας, καταγελῶσιν ἡμῶν[56] καὶ βλασφημεῖται τὸ ὄνομα.[57] Die Erwähnung von Freunden und Feinden im Zitat wird chiastisch aufgenommen und (wohl im Blick auf reale Erfahrungen)[58] verstärkt: während die Liebe zu den Freunden im Zitat vorausgesetzt wird, wird sie jetzt nicht mehr zugestanden, sodass die Reaktion der Heiden umso begründeter ausfällt.[59] Einerseits Gelächter über solchen Widerspruch: Καταγελᾶν kommt in der frühchristlichen Literatur sonst nur Mk 5,40 parr und 1 Clem 56,11 vor. Andererseits Lästerung des Namens: Vom Herrenwort V.4a her dürfte eindeutig der Name Jesu gemeint sein. Ὄνομα steht für Jesus Christus, was auch (das vermutlich valentinianische) EV NHC I 38,7–41,19 belegt.[60] Die Lästerung ist Zielpunkt der Argumentation. Das begründete Gelächter über die Inkonsequenz der Gemeindeglieder[61] hat zur Folge, dass auch der Name des Gesetzgebers in Mitleidenschaft gezogen wird, dessen Durchsetzungskraft anscheinend nicht gegeben ist, vgl. 4,3, wonach das Bekenntnis zu Christus sich zuerst in der gegenseitigen Liebe äußert.

---

[52] WARNS, Untersuchungen 388.

[53] KÖHLER, Rezeption 143. Zwischen den beiden letztgenannten Möglichkeiten besteht vermutlich keine Alternative, da schwerlich anzunehmen ist, dass der Prediger die Herrenworte ausschließlich aus dem apokryphen Evangelium hat, zumal ein Logion wie das von der Feindesliebe sicher einen hohen Bekanntheitsgrad hat und in unterschiedlichen Traditionen umlief. Auf den Prediger selbst werden die Änderungen bei dem als Zitat angeführten Logion auch schwerlich zurückzuführen sein, LINDEMANN, 2 Clem 239.

[54] Themist Orat 1 (SCHENKL/DOWNEY, 12,13); Sap Sal 7,26; Phil Deus 73 u. ö.

[55] Ἀγαθότης (allerdings auf Menschen bezogen) liegt als v.l. (zu ἀδελφότης) Herm Mand 8,10 vor. Als Parallelbegriff erscheint 2 Clem 15,5; 19,1 χρηστότης.

[56] S setzt zusätzlich ἄρα voraus. Der logische Konnex zwischen καταγελᾶν und βλασφημεῖν wird dadurch explizit gemacht.

[57] S erläutert (sachlich richtig) τοῦ Χριστοῦ.

[58] Luz, Mt I 411: „Mit der innergemeindlichen Harmonie stand es nicht zum Besten!"

[59] Das Gebot der Feindesliebe wird vom Prediger als erfüllbar vorausgesetzt (Luz, Mt I 411). Die ganze Argumentation zielt auf eine generelle Einhaltung. Allerdings weiß er nur zu genau um das Scheitern aller guten Bemühungen (vgl. nur 18,2).

[60] Vgl. DONFRIED, Setting 155 f.

[61] 9,6 fordert der Prediger zur gegenseitigen Liebe auf.

14,1–5: Die Teilhabe an der zukünftigen Kirche

(1) Folglich, Brüder, wenn wir den Willen des Vaters, Gottes, tun, werden wir zur ersten Kirche gehören, der geistlichen, die vor Sonne und Mond geschaffen worden ist. Wenn wir den Willen des Herrn aber nicht tun, werden wir zu denen gehören, von denen die Schrift sagt: „Mein Haus ist zu einer Räuberhöhle geworden." Lasst uns folglich wählen, zur Kirche des Lebens zu gehören, damit wir gerettet werden.

(2) Ich kann mir nicht vorstellen, ihr wüsstet nicht, dass die lebendige Kirche der Leib Christi ist. Die Schrift sagt nämlich: „Gott schuf den Menschen männlich und weiblich." Das „Männliche" meint Christus, das „Weibliche" die Kirche. Und auch die Bücher der Propheten und die Apostel sagen, dass die Kirche nicht erst seit jetzt existiert, sondern von Anfang an. Denn sie war geistlich, wie auch Jesus Christus, unser Herr: er wurde offenbar am Ende der Tage, damit er uns rette.

(3) Die Kirche aber, die geistlich war, wurde offenbar im Fleisch Christi und zeigte uns, dass, wenn einer von uns sie im Fleisch bewahrt und nicht zerstört, er sie im heiligen Geist wieder erhalten wird. Denn dieses Fleisch ist das Gegenbild des Geistes. Niemand nun, der das Abbild zerstört, wird das Urbild erhalten. Brüder, das meint also Folgendes: Bewahrt das Fleisch, damit ihr am Geist Anteil bekommt.

(4) Wenn wir aber sagen, das Fleisch sei die Kirche und der Geist Christus, so hat folglich der, der am Fleisch frevelt, an der Kirche gefrevelt. Ein solcher wird folglich nicht Anteil bekommen am Geist, der Christus ist.

(5) An solchem Leben und solcher Unvergänglichkeit kann dieses Fleisch Anteil erhalten, wenn der Heilige Geist sich fest mit ihm verbindet. Niemand kann ausdrücken oder kundtun, was der Herr seinen Auserwählten bereitet hat.

Struktur:

V.1   a   These: Verheißung und Drohung
      b   Paränetische Schlussfolgerung
V.2   a   Erläuternde These I
      b   1. Schriftbeweis mit Interpretation
      c   2. Schriftbeweis mit Interpretation
V.3   a   Erläuternde These II
      b   Verheißung mit Begründung
      c   Drohung
      d   Paränetische Schlussfolgerung
V.4   a   Wiederaufnahme von These II
      b   Schlussfolgerung mit Drohung
V.5   a   Verheißung
      b   Schriftbeweis

V.1 schließt mit ὥστε, ἀδελφοί[1] nur äußerlich an 13,4 an, sachlich folgt ein neues und gleichzeitig altes Thema. Das Tun des Willens Gottes bzw. Christi wird häufig gefordert, erstmals 5,1. Ungewöhnlich ist die Diktion τοῦ πατρὸς ἡμῶν[2] θεοῦ. Anscheinend wollte der Prediger Gott als Vater betonen, gleich anschließend ist variierend vom θέλημα κυρίου die Rede, wobei κύριος vom Kontext her wohl auch Gott meint.[3]

Das Heilsgut wird ekklesiologisch formuliert als Zugehörigkeit zur zukünftigen, pneumatischen Kirche. Die Kirche wird (zunächst) durch eine dreifache Bestimmung gekennzeichnet: ἐκκλησία πρώτη, πνευματική und πρὸ ἡλίου καὶ σελήνης ἐκτισμένη. Die erste Kirche ist pneumatisch und präexistent.[4] Die Rede von der ἐκκλησία πρώτη unterscheidet diese von der gegenwärtigen, die allerdings nicht als δευτέρα bezeichnet wird. Der Grund dürfte in dem Wunsch zu suchen sein, einen dualistischen Kirchenbegriff zu vermeiden. Die erste und die gegenwärtige Kirche sind trotz aller Differenzen ident, sodass nur von zwei Existenzweisen der einen Kirche gesprochen werden kann. Die erste Kirche ist πνευματική.[5] Dasselbe gilt von der zukünftigen, postexistenten Kirche (V.3). Auffälliger Weise fällt die Verbindung des πνεῦμα mit der gegenwärtigen Kirche völlig aus, ebenso wie die des πνεῦμα mit der konkreten Lebensgestaltung, ganz im Unterschied zur sonstigen frühchristlichen Tradition (vgl. nur Act 2,1–13; Röm 8,2–27; 1 Kor 12,1–11; Did 4,10; Barn 1,2f; 1 Clem 22,1; Ign Magn 15,1; Herm Sim 9,1,1 u. ö.). Der Grund dürfte in der Auseinandersetzung mit der Gnosis ebenso zu suchen sein wie in der leistungsorientierten Bußforderung.[6] Die Präexistenz dieser ersten, geistlichen Kirche wird mit πρὸ ἡλίου καὶ σελήνης ἐκτισμένη bezeichnet. Die Charakterisierung als ἐκτισμένη verweist sie in den Bereich des Geschaffenen. Sie ist trotz ihrer πνεῦμα-Existenz nicht gleich ursprünglich mit Gott, sie ist nicht ohne Anfang.[7] Das Adverb ἄνωθεν (V.2) meint nicht ihre Anfangslosigkeit, sondern bezeichnet ihr präexistentes Sein im Gegenüber zu ihrem jetzigen (οὐ νῦν εἶναι, ebda.).[8] Das Motiv der uranfänglichen Schöpfung der Kirche hat seine

---

[1] Ὥστε erstmals 4,3, ἀδελφοί erstmals 1,1.

[2] In der Rede von „unserem Vater" liegt nach WARNS, Untersuchungen 294 eine „unwillkürliche Vaterunser–Reminiszenz" vor. Immerhin ist die Rede von θέλημα und 13,4 ὄνομα auffällig. Dass auch θεός ein Zitatanklang sei, nämlich an die Einleitung des Vaterunsers Mt 6,8, ist dagegen eher unwahrscheinlich.

[3] Anders LINDEMANN, 2 Clem 241. Aufgrund der engen Zusammengehörigkeit von Gott und Christus ist die Differenzierung jedoch inhaltlich in letzter Konsequenz unbedeutend.

[4] Eine Präexistenz der Kirche scheint auch Papias vorauszusetzen, wenn er (wie eine Reihe von Theologen nach ihm) das Sechstagewerk auf Christus und die Kirche deutet (Anastasius Sinaita, Anagogicarum Contemplationum in Hexaëmeron I KÖRTNER, Papiasfragmente 66 Nr 15).

[5] Vgl. (in Bezug auf die gegenwärtige Kirche): οἶκος πνευματικός (1 Petr 2,5); πνευματικὸς ναός (Barn 16,10).

[6] Vgl. PRATSCHER, Geistverständnis 48–50.

[7] Insofern differiert ihr Bezug zu Gott deutlich von dem Christi zu Gott; vgl. zu 1,1.

[8] Die temporale Deutung von ἄνωθεν ist durch das Gegenüber zu νῦν gesichert (vgl. schon LIGHTFOOT, Fathers I/2 246). Wie sehr allerdings der temporale und der lokale Aspekt miteinander verbunden sind, zeigt das Nebeneinander von νῦν Ἰερουσαλήμ und ἄνω Ἰερουσαλήμ Gal 4,25f (zum lokalen

engste Parallele Herm Vis 2,4,1 (vgl. Vis 1,1,6; 3,3,3 u. ö.).[9] Terminologisch könnte Ψ 71,5 (πρὸ τῆς σελήνης) bzw. 71,17 (πρὸ τοῦ ἡλίου) dahinter stehen, die Thematik ist allerdings eine ganz andere. Beide Verse werden in christologischer Ausrichtung auch Just Dial 64,6 miteinander verbunden. Ein Testimonium[10] muss aber nicht angenommen werden.

Die Verheißung wird im antithetischen Parallelismus durch eine Drohung ergänzt: Wenn wir den Willen des Vaters nicht tun, ἐσόμεθα ἐκ τῆς γραφῆς τῆς λεγούσης· Ἐγενήθη ὁ οἶκός μου σπήλαιον λῃστῶν.

2 Clem 14,1	Jer 7,11
… ἐκ τῆς γραφῆς τῆς λεγούσης· ἐγενήθη ὁ οἶκός μου σπήλαιον λῃστῶν.	… μὴ σπήλαιον λῃστῶν ὁ οἶκός μου …

Mt 21,13	Mk 11,17	Lk 19,46
γέγραπται· ὁ οἶκός μου οἶκος προσευχῆς κληθήσεται,	οὐ γέγραπται ὅτι ὁ οἶκός μου οἶκος προσευχῆς κληθήσεται πᾶσιν τοῖς ἔθνεσιν;	γέγραπται· καὶ ἔσται ὁ οἶκός μου οἶκος προσευχῆς,
ὑμεῖς δὲ αὐτὸν ποιεῖτε σπήλαιον λῃστῶν.	ὑμεῖς δὲ πεποιήκατε αὐτὸν σπήλαιον λῃστῶν.	ὑμεῖς δὲ αὐτὸν ἐποιήσατε σπήλαιον λῃστῶν.

Die Zitateinleitung ist verkürzt aus ἐσόμεθα ἐκ τούτων περὶ ὧν λέγει ἡ γραφή.[11] Von den atl. Zitaten wird daneben nur noch Ez 14,14.16.18 (6,8) und Gen 1,27 (14,2) mit γραφή eingeführt. Das Zitat stammt aus Jer 7,11, wo Jahwe die in den Tempel Kommenden angesichts ihrer Vergehen fragt, ob denn sein Haus zur Räuberhöhle geworden sei. Die rhetorische Frage wird durch ἐγενήθη in einen Aussagesatz umgewandelt und dadurch in ihrer kritischen Ausrichtung verstärkt.

Verständnis von ἄνωθεν bzw. ἄνω vgl. bes. (Joh 3,3.7; 8,23; Phil 3,14; Jak 1,17 u. ö.). Raum- und Zeitkategorien gehen ineinander über (FRANK, Studien 226), auch wenn 14,2 der temporale Aspekt dominiert.

[9] Über 2 Clem 14 hinaus bringen Herm Vis 1,1,6; 2,4,1 Kirche und Weltschöpfung insofern in einen Konnex, als letztere um ersterer willen erfolgte. Dieses Motiv hat eine entfernte Parallele in der Aussage, ein Christ sei von größerer Bedeutung als die ganze Welt (Cypr Ad Don 14) oder auf ihn sei die Bewahrung der Natur zurückzuführen (Just Apol II 7). Das unmittelbare Vorbild dieser Wertung der Kirche sind jedoch jüdische und judenchristliche Aussagen: Die Welt sei um der Menschen (bzw. jedes einzelnen Menschen) willen geschaffen worden (Syr Bar 14,18f; m San 4,5), sie sei vor allem um Israels willen entstanden (4 Esr 6,55) bzw. um besonders toratreuer Gottesmänner wie Abraham, Moses, David oder der Messias (b San 98b), entsprechend gilt auch die Tora selbst als Grund für die Entstehung der Welt (Ass Mos 1,12). In der judenchristlichen Tradition ist diesbezüglich vom Herrenbruder Jakobus die Rede (Ev Thom 2 NHC II 32,14–19), vgl. PRATSCHER, Herrenbruder 151–154.

[10] WARNS, Untersuchungen 485.

[11] KNOPF, 2 Clem 173.

Auch die beiden Syntagmen σπήλαιον λῃστῶν und ὁ οἶκός μου werden umgestellt. Eine direkte Herleitung aus einer Jeremiahandschrift anzunehmen, ist von der Einprägsamkeit des Bildes her unnötig, wenn auch möglich. Das Zitat liegt auch Mk 11,17parr vor, jedoch in Kombination mit Jes 56,7b, wo vom Tempel als einem Gebetshaus die Rede ist. Das Fehlen dieses Motivs[12] deutet darauf hin, dass 2 Clem das Zitat nicht von den Synoptikern hat.[13] Möglich ist natürlich die Herkunft aus dem benutzten apokryphen Evangelium oder einem Testimonium,[14] doch angesichts der Einprägsamkeit des Motivs kann man mit gleichem Recht an die mündliche Tradition[15] denken.

V.1 fin. zieht die paränetische Schlussfolgerung: ὥστε[16] αἱρετισώμεθα ἀπὸ τῆς ἐκκλησίας τῆς ζωῆς εἶναι, ἵνα σωθῶμεν. Αἱρετίζειν = sich erwählen.[17] Im Gegensatz zur Räuberhöhle und in Parallele zu den V.1 init. schon genannten drei Bestimmungen der Kirche folgt nun noch als vierte ἐκκλησία τῆς ζωῆς. Das Syntagma wird V.2 mit ἐκκλησία ζῶσα aufgegriffen und meint dort ebenso wie am Anfang von V.1 die präexistente Kirche. V.1 fin. ist sie dagegen als zukünftige im Blick, die freilich mit der präexistenten, pneumatischen ident ist, denn schon V.1 init. ist mit ἐσόμεθα die zukünftige Teilhabe an dieser präexistenten, pneumatischen Kirche angesprochen. Die prä- und postexistente Kirche ist die pneumatische. Das richtige Verhalten gewährleistet die Teilhabe an ihr als zukünftigem Heilsgut. Sie wird durch τῆς ζωῆς charakterisiert, „weil sie Leben hat und Leben mitteilt".[18] In der Zugehörigkeit zur Kirche des Lebens besteht bereits das eschatologische Heil. Das ἵνα σωθῶμεν meint somit sachlich nicht etwas über das Leben Hinausgehendes, sondern nur dessen Konkretisierung. Die Zugehörigkeit zu dieser Kirche hat nicht erst die eschatologische Rettung zur Folge, sondern ist bereits die Rettung, genauer: ein (spezifischer) Ausdruck der Rettung.[19] Σῴζεσθαι im Sinne der zukünftigen Rettung finden wir schon 4,1f; 8,2; 9,2 u. ö.; (im Unterschied zur Rettung aus der Verlorenheit im Heidentum 1,4f; 2,5.7; 3,3 u. ö.).

---

[12] Im Unterschied zu Just Dial 17,3. Zur weiteren Verwendung des Zitats vgl. Tert Pud 1,9; ClemAl Paed 2,87,4.

[13] GREGORY/TUCKETT, 2 Clem 275.

[14] WARNS, Untersuchungen 512.

[15] Ebd. als Alternative; vgl. schon KNOPF, Anagnose 209.

[16] Οὖν H. S setzt ἀδελφοί voraus. Sofern man (von einer angenommenen Überflüssigkeit her) nicht beide Versionen streicht (WENGST, 2 Clem 256; LINDEMANN, 2 Clem 241), könnte die H-Version durchaus zutreffend sein. Auch 4,3; 7,1 finden wir ὥστε οὖν.

[17] BAUER/ALAND, Wb 45. In medialer Verwendung auch Ψ 24,12; 118,30.173; 1 Makk 9,30 u. ö. Missverständlich ist die Formulierung von WALTER, Gemeinde 292: „Dieses Tun ist frei wählbar (αἱρετισώμεθα), ist synonym mit ‚zur Kirche des Lebens gehören'". Nicht eine Identität, sondern eine Folge will der Prediger beschreiben.

[18] KNOPF, 2 Clem 173; ΜΠΟΝΗΣ, Συμπόσιον 80. Der Aspekt des Leben-Schenkens steht in keinem Gegensatz zu den spekulativen Aspekten (gegen LINDEMANN, 2 Clem 241).

[19] Die These der Ausschließlichkeit der Rettung durch die Zugehörigkeit zur (irdischen) Kirche in der Pointiertheit eines Cyprian (CathEcclUnit 6) ist damit noch nicht ausgesagt, ermangelt aber nicht der Konsequenz, wenn zukünftige und jetzige Kirche nicht auseinanderfallen sollen.

V.2 setzt zunächst mit einer ersten erläuternden These fort: οὐκ οἴομαι δὲ ὑμᾶς ἀγνοεῖν, ὅτι ἐκκλησία ζῶσα σῶμά ἐστιν Χριστοῦ. Die doppelte Verneinung οὐκ – ἀγνοεῖν findet sich auch Röm 1,13 sowie 2 Kor 2,11 und drückt mit einem gewissen ironischen Unterton eine Verstärkung aus. Zu ἐκκλησία ζῶσα vgl. zu V.1. Die ἐκκλησία ζῶσα ist σῶμα Χριστοῦ.[20] Die Leben ermöglichende post-existente Kirche ist mit der präexistenten ident. Das zeigt V.3 mit der Rede vom Empfangen des αὐθεντικόν (= der präexistenten Kirche), dem das ἀντίτυπον (= die gegenwärtige Kirche) entspricht.

Die erste Begründung für die These V.2a liefert V.2b mit Hilfe eines Zitats.

2 Clem 14,2	Gen 1,27	Mt 19,4	Mk 10,6
λέγει γὰρ ἡ γραφή·			
ἐποίησεν ὁ θεὸς	καὶ ἐποίησεν ὁ θεὸς		
τὸν ἄνθρωπον	τὸν ἄνθρωπον ...		
ἄρσεν καὶ θῆλυ·	ἄρσεν καὶ θῆλυ ...	ἄρσεν καὶ θῆλυ	ἄρσεν καὶ θῆλυ
		ἐποίησεν αὐτούς;	ἐποίησεν αὐτούς.

Die Einleitung erfolgt wieder durch das Stichwort γραφή: λέγει γὰρ ἡ γραφή (vgl. zu 6,8).[21] Dieselbe Wendung liegt auch Röm 9,17; 1 Tim 5,18; Barn 4,7.11; 1 Clem 34,6; 35,7 u. ö. vor. Die Kombination von λέγειν und γραφή ist darüber hinaus weit verbreitet (Joh 19,37; Röm 4,3; 9,17; Gal 4,30; Barn 5,4; 6,12; 1 Clem 42,5 u. ö.). Das Zitat lautet: ἐποίησεν ὁ θεὸς τὸν ἄνθρωπον ἄρσεν καὶ θῆλυ. Dieser Textbestand findet sich wörtlich Gen 1,27, ist dort allerdings noch länger. Im Neuen Testament wird Gen 1,27 nur Mk 10,6par Mt 19,4 zitiert, allerdings in sehr geraffter Form, so dass diese Evangelien als Vorlage ausscheiden.[22] Das Zitat könnte aus einer Genesishandschrift oder (wahrscheinlicher) aus einer Zitatenkollektion stammen. Für letzteres spricht der gleiche Wortlaut wie 1 Clem 33,5, d.h. die Aus-lassung des εἰκών-Motivs.[23] Bei der Einprägsamkeit des Zitats wäre auch eine Wiedergabe aus dem Gedächtnis möglich.

In der Interpretation bezieht der Prediger das Zitat auf die schon vorher ge-nannten Größen Christus und Kirche: τὸ ἄρσεν ἐστὶν ὁ Χριστός, τὸ θῆλυ ἡ ἐκκλησία. Von V.1 her ist (über das Zitat hinausgehend) die Präexistenz von Christus und Kirche bereits vorausgesetzt. Beide stehen in einem Syzygieverhält-nis zueinander, wobei σῶμα die Verbindung beider in dieser urzeitlichen Syzygie bezeichnet.

---

[20] Dass dieser Satz bereits ein Zitat sein soll (LINDEMANN, 2 Clem 241), leuchtet nicht ein. Aber zitathaft ist der Satz gewiss.

[21] Dass das biblische Buch nicht genannt ist, kann mit dem hohen Bekanntheitsgrad des Zitats zusam-menhängen (LINDEMANN, 2 Clem 241), muss aber nicht, denn auch 14,1 ist in der Einleitung des Jere-miatextes nur von γραφή die Rede.

[22] WARNS, Untersuchungen 477 ist mit seiner Bemerkung „wenig wahrscheinlich" unnötig zurück-haltend.

[23] 1 Clem 33,5 taucht das Motiv allerdings auf, der Verfasser kennt auch den Kontext von Gen 1,27.

V.2c bietet einen zusätzlichen Schriftbezug (ein förmliches Zitat liegt nicht vor): καὶ ἔτι[24] τὰ βιβλία τῶν προφητῶν[25] καὶ[26] οἱ ἀπόστολοι τὴν ἐκκλησίαν οὐ νῦν εἶναι λέγουσιν[27] ἀλλὰ ἄνωθεν. Mit den βιβλία könnten im Falle der Ursprünglichkeit der S-Version die atl. Prophetenbücher gemeint sein,[28] ohne dass eine genaue Abgrenzung von den Ketubim vorliegen muss, d.h. es können sogar diejenigen jüdischen Schriften insgesamt sein, denen ein kanonischer Rang zugebilligt wird.[29] Mit den ἀπόστολοι könnte der Prediger allgemein die verwendeten frühchristlichen apostolischen Schriften (vielleicht auch nur Traditionen)[30] meinen, wobei er vermutlich die Jesustradition nicht einbezieht, andernfalls hätte er ja zusätzlich vom κύριος reden können. Folgerungen für sein Kanonsverständnis sind angesichts der recht offenen Termini nicht möglich.[31] Prophetenbücher und Apostel stimmen darin überein, dass die Kirche οὐ νῦν, ἀλλὰ ἄνωθεν ist, d.h. sie bezeugen die präexistente Kirche. Ἄνωθεν ist als Gegenbegriff zu νῦν temporal zu verstehen und meint „von Anfang an".[32] An welche Schriftstelle(n) der Prediger in Bezug auf die Prophetenbücher denkt, ist unklar. Ψ 44[33] wäre möglich, denn dieser Psalm wird auch Just Dial 63,4f auf Christus und die Kirche gedeu-

---

[24] Ἔτι in S vorausgesetzt; ὅτι H. Ersteres ist vorzuziehen, da die H-Version das ὅτι mit dem ὅτι von V.1a verbindet, während sachgemäß die Prophetenbücher und Apostel in Parallele zum Schriftzitat stehen (mit FUNK/BIHLMEYER, Väter 166; KNOPF, 2 Clem 174; WENGST, 2 Clem 256; LINDEMANN, 2 Clem 239). Zu der Möglichkeit, ὅτι als Fragepronomen ὅ τι zu lesen, vgl. WARNS, Untersuchungen 614bis–614octies.

[25] S setzt im Unterschied zu H τῶν προφητῶν voraus. Vom vorherigen Bezug auf die γραφή her scheint der Hinweis auf die Propheten sachgemäß zu sein. H neigt in 14,2 zu Auslassungen (LINDEMANN, 2 Clem 241f).

[26] S setzt im Unterschied zu H ἔτι voraus. Hier scheint die weniger überladene H-Version vorzuziehen zu sein (gegen WENGST, 2 Clem 256; LINDEMANN, 2 Clem 239).

[27] S setzt im Unterschied zu H λέγουσιν voraus. Die prädikatslose H-Version ist ungewöhnlich (mit LIGHTFOOT, Fathers I/2 246 in Klammern als Alternative zu δῆλον; WENGST, 2 Clem 276 A117; LINDEMANN 2 Clem 239; erwogen bereits von GEBHARDT/HARNACK, Epistulae 132).

[28] So schon ZAHN, Kanon II 943. Die Tora könnte durchaus eingeschlossen sein, da auch Moses als Prophet galt, GRANT, Clement 1061: „the OT".

[29] Vgl. 1 Clem 43,1 mit der Rede von Moses und den übrigen Propheten. An das Alte Testament insgesamt denken LIGHTFOOT, Fathers I/2 245f; RICHARDSON, Fathers 199; METZGER, Kanon 78; DONFRIED, Setting 85; ÖFFNER, 2 Clem 62; WENGST, 2 Clem 276 A117.

[30] Nach WENGST, 2 Clem 276 A117 seien nicht Apostelschriften, sondern die Lehren der Apostel im Blick. Nach HEMMER, Pères II 159 setze der Prediger Paulus, vielleicht auch Hebr und Apk voraus, nach DERRETT, Scripture 684 die ersten Missionare und Paulus. GREGORY/TUCKETT, 2 Clem 251f formulieren sehr weit: „certain Christian authorities alongside the Jewish Scriptures".

[31] In der frühchristlichen Literatur finden sich ganz unterschiedliche Bezeichnungen für Schriftengruppen, vgl. nur: Mt 5,17: Gesetz, Propheten; 2 Petr 3,2: Propheten, Apostel, Kyrios; 1 Clem 43,1: Moses, übrige Propheten; Pol Phil 6,3; Just Apol I 67: Apostel, Propheten; Heg bei Eus HE 4,22,3: Gesetz, Propheten, Kyrios; Heg nach Steph Gob bei Phot Bibl 232: Schriften, Kyrios.

[32] Der lokale Aspekt ist natürlich aufgrund des vorausgesetzten Weltbildes implizit mitgesetzt, aber hier geht es um den temporalen (ein Gegensatz sollte nicht konstruiert werden, gegen LINDEMANN, 2 Clem 242). BAUER/ALAND, Wb 153 ordnen 2 Clem 14,2 merkwürdigerweise der lokalen Bedeutung zu.

[33] KNOPF, 2 Clem 174.

tet.[34] Gut denkbar ist allerdings, dass er gar keine Prophetenstelle im Blick hat, sondern nur allgemein die Propheten mitbeansprucht.[35] Bei ἀπόστολοι dürfte er aber doch die paulinischen und deuteropaulinischen Stellen mit dem σῶμα Χριστοῦ-Motiv im Blick haben (dazu im Folgenden).

V.2 fin. bietet die Interpretation (γάρ) des Schriftverweises. Zunächst: ἦν γὰρ πνευματικὴ ὡς καὶ ὁ Ἰησοῦς Χριστὸς ὁ κύριος[36] ἡμῶν. Ἦν πνευματικὴ wiederholt einfach V.1 als Voraussetzung für den Schlusssatz von V.2, der eine Crux darstellt: ἐφανερώθη δὲ ἐπ᾽ ἐσχάτων τῶν ἡμερῶν[37] ἵνα ἡμᾶς σώσῃ. Das ἐφανερώθη kann auf die Kirche oder auf Christus bezogen werden. Nach dem Satzduktus wäre an die Kirche zu denken,[38] so dass sie eine unmittelbare soteriologische Funktion hätte wie sonst nur Christus. In diesem Sinne ist die Kirche vom Prediger schwerlich als σώτειρα verstanden worden. Dabei ist freilich nicht auszuschließen, dass er ihr in einem sekundären Sinn eine Heilsfunktion zuschreibt als Mittlerin des von Christus gewirkten Heils: in ihr und durch sie wird die Botschaft vom σωτὴρ Ἰησοῦς Χριστός bekannt.[39] Ob das dem Autor in V.2 fin. tatsächlich vorschwebte, ist freilich immer noch die Frage, da er sich dann doch recht missverständlich ausgedrückt und zudem eine störende Verdoppelung der Epiphanie der Kirche V.2c und V.3a vorgetragen hätte.[40.41] Der Bezug des ἐφανερώθη auf Christus bleibt die wahrscheinlichere Lösung.

Interessant ist der Hintergrund der Vorstellungen der Präexistenz der Kirche bzw. (umfassender) ihrer Syzygie mit Christus.[42] Die Syzygievorstellung hat eine lange Tradition,[43] die im ἱερὸς γάμος, der heiligen Hochzeit zwischen Gott und

---

[34] Bei Justin geht es allerdings nicht um die Präexistenz der Kirche, sondern um ihre Zugehörigkeit zum erhöhten Christus.

[35] LINDEMANN, 2 Clem 242 nimmt das auch für den folgenden Bezug auf die Apostel an.

[36] So S, in H fehlt Χριστὸς ὁ κύριος, so dass ὁ Ἰησοῦς ἡμῶν entsteht. Das wäre zwar die lectio brevior et difficilior, aufgrund der Ungewöhnlichkeit dieses Syntagmas dürfte doch (mit WENGST, 2 Clem 256; LINDEMANN, 2 Clem 242) die S-Version vorzuziehen sein.

[37] Die Rede von den ἔσχαται ἡμέραι ist weit verbreitet: Act 2,17; 2 Tim 3,1; Jak 5,3; 2 Petr 3,3; Did 16,3; Barn 4,9 u. ö.

[38] So HEMMER, Pères II 159; KRÜGER, 2 Clem 204f; RICHARDSON, Fathers 199; GRANT, Fathers 120; GRANT/GRAHAM, Fathers 126; DONFRIED, Setting 163 A2; FRANK, Studien 220f; ΜΠΟΝΗΣ, Συμπόσιον 79; QUÉRÉ, Pères 168; TUGWELL, Fathers 145. WALTER, Gemeinde 292f. lässt die Frage offen („Er/sie ist am Ende der Tage erschienen"), zieht aber 292A119 (wie es scheint) den Bezug auf die Kirche vor.

[39] So verstanden bestünde auch keine Differenz zum traditionellen frühchristlichen Kirchenverständnis.

[40] Vgl. LIGHTFOOT, Fathers I/2 246; KNOPF, 2 Clem 174; WENGST, 2 Clem 276 A119; WARNS, Untersuchungen 618; LINDEMANN, 2 Clem 242. Ἐφανερώθη in Bezug auf das Heilsgeschehen in Christus auch 1 Tim 3,16; 1 Joh 1,2; 3;5.8.

[41] Die ἐκκλησία wird auch V.1 mit σώζειν verbunden, allerdings ist es dort nicht die gegenwärtige Kirche, die retten würde, sondern die Zugehörigkeit zur zukünftigen Kirche ist (ein) Ausdruck des eschatologischen Heils.

[42] Die Auffassung von der Präexistenz der Kirche ist im Syzygiemodell nicht unmittelbar zum Ausdruck gebracht. Dass die Partner der Syzygie präexistent sind, ist aber in der Traditionsgeschichte des jüdischen Weisheitsmythos und seiner heidnischen Vorgeschichte gegeben.

[43] Vgl. ausführlich NIEDERWIMMER, Askese 58–63.134–151.186–198; ZIMMERMANN, Geschlechtermetaphorik 62–87. 91–104 u. passim.

Göttin und in deren kultischem Nachvollzug in der Tempelprostitution erstmals greifbar wird. Der Jahweglaube lehnte zusammen mit dem Baalskult auch dieses Theologumenon ab, es taucht jedoch in der Metapher von der Ehe Jahwes mit Israel (Hos 1–3; Ez 16; 23 u. ö.) ebenso auf wie später insbesondere in der Tradition von der Chokma (σοφία) als dem Liebling (Prov 8,30 u. ö.) und der Throngenossin Jahwes (Sap Sal 9,4 u. ö.) bzw. der Gefährtin des Weisheitsschülers (Sap Sal 8,9 u. ö.). Das Ambivalente dieser Gestalt blieb freilich erhalten, wie schon Prov 2,16; 5,20 u. ö. zeigen, besonders aber Philon in der Differenzierung von oberer, heller, und unterer, dunkler Sophia (Her 53 u. ö.). In der ntl. und frühen großkirchlichen Tradition fehlt eine solche Explikation der Syzygievorstellung meistens, obwohl diese selbst auch hier in vielfältiger Weise gegeben ist: In den Evangelien behandelt Mk 10,2–9 parr das Verbot der Ehescheidung unter Bezug auf Gen 1,27; 2,24,[44] Mk 2,19bf parr deutet den Bräutigam allegorisch auf Jesus und Mt 25,1–12 ist in den Jungfrauen die himmlische Hypostase Sophia und ihr trunkenes Gegenbild erkennbar. Eine besondere Akzentuierung erhielt das Syzygiemodell bei Paulus und in den Deuteropaulinen in der die Ekklesiologie prägenden Vorstellung von der Kirche als dem Leib Christi bzw. von den einzelnen Christen als den Gliedern an diesem Leib (vgl. Röm 12,4f; 1 Kor 6,13–15; 12,12–27; Kol 1,18.24; Eph 1,22f; 5,22–32 u. ö.).[45] Aus der späteren Zeit sei (neben 2 Clem 14) nur erwähnt: Jak 4,4; Apk 19,7; 21,2; Did 11,11; Ign Pol 5,1f; Herm Vis 1,1,6; 2,4,1; 3,3,3; 4,2,1f; Sim 1,1; 5,6.

Die Syzygie zwischen den präexistenten Größen Christus und Kirche hat ihre nächste Parallele in der valentinianischen Gnosis. Nach Iren Haer 1,11,1 lehrte Valentin, der oberste pneumatische Bereich hätte aus vier sukzessive auseinander hervorgehenden Äonenpaaren bestanden, wobei das dritte λόγος und ζωή, das vierte ἄνθρωπος und ἐκκλησία gewesen sei. Dasselbe lehrt Exp Val NHC XI 29,25–29. In der Ptolemäusschule wird die Reihenfolge umgedreht, die Syzygien bleiben aber bestehen (Iren Haer 1,12,3). Die Kirche ist präexistent und der weibliche Partner einer Syzygie mit dem ἄνθρωπος. Die Differenz von ἄνθρωπος und Χριστός in den Syzygien der Valentinianer und in 2 Clem ist kein Argument gegen die Parallelität, da nach Iren Haer 1,2,6 alle Äonen (und damit auch der bei Valentin erst in der Folge entstandene Äon Christus) durch das πνεῦμα miteinander verbunden sind.[46] Zudem werden im valentinianischen Tract

---

[44] Der dabei vorausgesetzte Mythos vom androgynen Urmenschen gehört eng mit der Syzygievorstellung zusammen.

[45] MUDDIMAN, Church 114f meint, der Prediger hatte bei der Abfassung von Kap. 14 speziell den Epheserbrief (1,4.22; 5,23) als Voraussetzung. Er schließt dies im Anschluss an die Ausführungen des OXFORD COMMITTEE über die Kirche als Leib und Braut Christi sowie als Präexistente (New Testament 127) aus den Hinweisen auf das οὐκ οἴομαι δὲ ὑμᾶς ἀγνοεῖν (14,2), auf die ἀπόστολοι (14,2), die ἐκκλησία πρώτη (14,1) und auf das σπήλαιον λῃστῶν (14,1). Eine direkte Abhängigkeit von Eph ist angesichts der weiten Verbreitung des Motivzusammenhanges aber mehr als unsicher, vgl. nur GREGORY/ TUCKETT, 2 Clem 287f: „... the similarities are very general and may be easily accounted for as commonplaces in early Christian paraenesis".

[46] Vgl. FRANK, Studien 241.

Trip NHC I 57,8–35 u. ö. Christus und die Kirche als präexistente Einheit verstanden, wobei ihre Wiedervereinigung im Pleroma Ergebnis des Erlösungsprozesses ist (122,12–129,34). Nicht nur die Verbindung von Χριστός und ἐκκλησία und die Präexistenz beider, sondern auch das Nebeneinander von ζωή und ἐκκλησία wird bei Annahme eines Konnexes mit den valentinianischen Spekulationen besonders anschaulich. Vom frühjüdischen Sophiamythos her ist die Annahme der Präexistenz der Kirche in den diversen Ausprägungen des Syzygiemodells implizit mitgesetzt. Dadurch ist die Annahme eines gnostischen Hintergrundes für 2 Clem 14 zwar nicht nötig, von der konkreten Durchführung her aber nahe liegend.[47]

V.3 hat eventuell eine direkte, auf jeden Fall aber eine implizite antignostische Ausrichtung. Die Verbindung Christus – Kirche wird auf eine kreative Weise fortgeführt. V.3a: ἡ ἐκκλησία δὲ πνευματικὴ οὖσα ἐφανερώθη ἐν τῇ σαρκὶ Χριστοῦ. Der Prediger macht jetzt eine Aussage über die gegenwärtige Kirche. Die präexistente pneumatische Kirche wurde offenbar ἐν τῇ σαρκὶ Χριστοῦ. Diese Wendung meint natürlich nicht die σάρξ des irdischen Jesus, sondern soll die Zugehörigkeit der gegenwärtigen Kirche zu Christus bestimmen. Neben einer präexistenten Syzygie, in der die Kirche als σῶμα Χριστοῦ bezeichnet wird, steht eine gegenwärtige, in der sie als σάρξ Χριστοῦ verstanden wird, wobei Christus als Erhöhter bereits wieder als pneumatischer zu verstehen ist. Der Grund für diesen terminologischen Wechsel von σῶμα zu σάρξ ist vermutlich weniger der Wunsch nach Variation als der Bezug auf die Inkarnation Christi,[48] insbesondere aber die folgende doppelte Argumentation mit dem Term σάρξ: in Bezug auf die Kirche und die Glaubenden in antignostischer Ausrichtung.

V.3b geht es um den ekklesiologischen Bezug. Die Interpretationsformel δηλοῦσα[49] ἡμῖν ὅτι weist die Kirche als Lehrmeisterin aus: ἐάν τις ἡμῶν τηρήσῃ αὐτὴν ἐν τῇ σαρκὶ[50] καὶ μὴ φθείρῃ, ἀπολήψεται αὐτὴν ἐν τῷ πνεύματι τῷ ἁγίῳ. Wer die gegenwärtige Kirche bewahrt (bzw. negativ formuliert: wer sie nicht zerstört), wird an ihr als eschatologischer pneumatischer Größe teilhaben und damit (nach V.1 fin.) das Heil erlangen. Der Term σάρξ[51] ist zunächst ekklesiologisch bestimmt. Das gilt auch noch für die folgende lehrhafte Begründung: ἡ γὰρ σὰρξ αὕτη ἀντίτυπός[52] ἐστιν τοῦ

---

[47] Einen gnostischen Hintergrund von 2 Clem setzen u. a. voraus (wobei die Frage einer konkreten antignostischen Polemik z. T. zurückhaltend formuliert wird): MARTÍN, Espiritu 155; DONFRIED, Theology 497; Ders., Setting 160–166; FRANK, Studien 230–252; KÖSTER, Einführung 672; WENGST, 2 Clem 227; WARNS, Untersuchungen 46–50; LINDEMANN, 2 Clem 192.

[48] LINDEMANN, 2 Clem 242 betont (in Auseinandersetzung mit FRANK, Studien 222, der davon spricht, dass die Kirche σάρξ wurde, während Christus πνεῦμα blieb) diesen Aspekt zu einseitig.

[49] Δηλοῦν mit Dativ: „erklären, deutlich machen", vgl. BAUER/ALAND, Wb 357.

[50] S setzt zusätzlich αὐτοῦ voraus, offenbar durch das vorhergehende Χριστοῦ motiviert. An die σάρξ des irdischen Jesus muss der Abschreiber trotzdem nicht denken (gegen LINDEMANN, 2 Clem 242).

[51] Analog dazu ist 8,4 vom Bewahren des Fleisches die Rede, das die ζωὴ αἰώνιος erlangen lässt.

[52] Ἀντίτυπος H. S setzt τύπος voraus. Ersteres ist vorzuziehen (so alle Herausgeber und Kommentatoren). S hat offenbar das Typos-Antitypos-Verhältnis nicht verstanden.

πνεύματος.[53] Nach der bisherigen Argumentationslinie: die sarkische Kirche ist der ἀντίτυπος der pneumatischen.

Letztere wird zusätzlich in dem der Verheißung (V.3b) folgenden Drohwort V.3c als αὐθεντικόν bezeichnet: οὐδεὶς οὖν τὸ ἀντίτυπον[54] φθείρας τὸ αὐθεντικὸν μεταλήψεται.[55] Αὐθεντικός ist hap.leg. in der frühchristlichen orthodoxen Literatur,[56] ist aber in der Gnosis gelegentlich ein Leitbegriff, so Auth Log NHC VI, 22,1–35,24.[57] Zostr NHC VIII 12,10–12 beschreibt den Weg der Seelen vom „Gegenbild des Aufenthalts" zum „wirklich existierenden Aufenthalt" (Übers. SCHENKE in: Nag Hammadi Deutsch II 642); nach Silv NHC VII 99,5–7 ist alles Sichtbare ein „Abdruck des Unsichtbaren" (Übers. SCHENKE/FUNK, in: Nag Hammadi Deutsch II 615).[58] Mit der Gegenüberstellung αὐθεντικόν – ἀντίτυπος greift der Prediger das platonische Gegenüber von Idee und Gegenständlichkeit (Plat Tim 29b u.ö.) auf und steht nahe dem neuplatonischen von himmlischer Ideenwelt und sinnlicher Erscheinungswelt (Plot Enn 2,9,6; 4,4,36; Procl Plat Crat 129).[59] Der Prediger macht das Gegenüber (zunächst) ekklesiologisch fruchtbar. Dabei erfolgt keine Abwertung der sarkischen Kirche. Sie ist keine inferiore Größe, die am Urbild nicht partizipieren könnte, sondern stellt die geschichtliche Vergegenwärtigung der himmlischen Kirche dar.[60] Zwar kommt ihr nur ein Übergangsstadium zu und sie ist umschlossen von der prä- und postexistenten pneumatischen Kirche, sie ist aber trotz aller Zeit- und Geschichtsbedingtheit keine defekte Größe, die keinen Bezug zum Eigentlichen hätte. Das ἐφανερώθη (V.3a) ist kein Betriebsunfall, sondern gehört zum endzeitlichen Heilsgeschehen der Erscheinung des Soter Christus. Die sarkische Kirche ist ebenso Kirche wie die pneumatische,[61]

---

[53] Zudem folgt die paränetische Anwendung mit ἄρα οὖν erst V.3d. Das zurückhaltende Urteil von WENGST, 2 Clem 277 A123, es lasse „sich nicht sicher sagen, ob der Verfasser mit ‚diesem Fleisch' noch die irdische Gestalt der Kirche meint (vgl. V.4a) oder schon den Christen in seiner fleischlichen Existenz (vgl. V.5)" meine, scheint m.E. nicht nötig zu sein. Dagegen ist dem folgenden Urteil, die Paränese beruhe auf einem Hinübergleiten von der einen Bedeutung von σάρξ zur anderen (ebd.), voll zuzustimmen.

[54] Τὸ ἀντίτυπον H. S setzt τὸν τύπον voraus. Vgl. zu Anm 52.

[55] Dass mit diesem Satz der Argumentation schon „ins Ethische gewendet" ist (LINDEMANN, 2 Clem 243) lässt sich schwerlich aufrecht halten. Das gilt erst für V.3d (ab ἄρα οὖν).

[56] Vgl. Hebr 9,24: Die irdischen ἀντίτυπα stehen den himmlischen ἀληθινά gegenüber. Zu den verschiedenen Bedeutungen von αὐθεντικός in der späteren altkirchlichen Literatur vgl. LAMPE, Lexicon 263f. Merkwürdigerweise bietet LAMPE 263 unsere Stelle im Abschnitt „5. of documents; a. in author's hand".

[57] WENGST, 2 Clem 277 A 124 vermutet, 2 Clem habe den Term „aus gnostisierenden Kreisen" und wende ihn „antignostisch" an.

[58] Vgl. weiters Iren Haer 1,7,2; 4,19,1; Od Sal 34,4 u.ö. (dazu WARNS, Untersuchungen 589).

[59] Vgl. GOPPELT, τύπος 248.

[60] FRANK, Studien 218 betont z.R., dass 2 Clem 14 „eine effektive Relation" zwischen Original und Abbild bestehe und somit „weit von dem σκιά-Charakter des platonischen Abbildes entfernt" sei. Die Rede von der gegenwärtigen Kirche als „Heilsanstalt" (ÖFFNER, 2 Clem 248) darf nicht im später entwickelten dogmatisch-rechtlichen Sinn verstanden werden.

[61] Dementsprechend stellt sich der Prediger (implizit) auch gegen eine eventuelle Differenzierung der Glaubenden in Pneumatiker und Psychiker. Nach Iren Haer 1,5,6 verstehen sich die Pneumatiker als ἀντίτυπον τῆς ἄνω ἐκκλησίας.

nur in einer anderen Situation und auf eine andere Weise. Das Diesseits wird nicht gnostisch abgewertet.

V.3d zieht die paränetische Schlussfolgerung, eingeleitet durch die Interpretationsformel ἄρα οὖν τοῦτο λέγει. Dieselbe Formel liegt auch 8,6 vor, τοῦτο λέγει auch 2,2.5; 12,5; 17,4, ebenso Barn 5,4; 11,8.11; 15,4.5. Die Schlussfolgerung: τηρήσατε τὴν σάρκα, ἵνα τοῦ πνεύματος μεταλάβητε.[62] Der vorgeschaltete Vokativ ἀδελφοί leitet wohl, dem sonstigen Sprachgebrauch entsprechend, den Imperativsatz ein.[63] Diese paränetische Aussage ist, wie allenthalben z.R. betont wird,[64] die Pointe des gesamten Kap. 14. Zu τηρεῖν τὴν σάρκα vgl. oben zu 8,4.6. Zum ekklesiologischen Aspekt (V.3a) tritt jetzt der paränetische. Auch die Verbindung mit dem Heilsgut ist parallel: V.3a ist es die eschatologische, pneumatische Kirche, jetzt der eschatologische Geist (vgl. V.4 das Futur μεταλήψεται). Die Ermöglichung der ekklesiologischen Argumentation für das Bewahren der σάρξ liegt in der sarkischen Verfasstheit der gegenwärtigen Kirche.

V.4 bringt zunächst eine Wiederaufnahme von These II (V.3a): εἰ δὲ λέγομεν εἶναι τὴν σάρκα τὴν ἐκκλησίαν καὶ τὸ πνεῦμα Χριστόν. Der Bezug von σάρξ und πνεῦμα auf die Kirche und Christus ist im Duktus der Predigt nicht einfach „neu",[65] sondern Anknüpfung an die These von der gegenwärtigen Kirche als der σάρξ Christi, der als Erhöhter eine πνεῦμα-Existenz hat, vgl. 2 Kor 3,17; Herm Sim 5,6; 9,1,1. Eine Anknüpfung an Paulus ist angesichts der bisherigen Ausführungen von Kap. 14 nicht nötig. Die Folgerung ἄρα οὖν ὁ ὑβρίσας τὴν σάρκα[66] ὕβρισεν[67] τὴν ἐκκλησίαν spielt weiterhin mit dem Term σάρξ. V.3a–c wurde er ekklesiologisch, V.3d anthropologisch verwendet; ebenso V.4a zunächst ekklesiologisch, dann wieder anthropologisch (mit paränetischer Ausrichtung). Ὑβρίζειν bedeutet hier „durch sein Benehmen freveln an"[68] (vgl. Jos Bell 3,371; Ant 9,257, Theoph Autol 3,30). Sachlich ist wohl angeknüpft an die Wendungen τὴν σάρκα ἁγνὴν τηρεῖν (8,4.6) bzw. ὡς ναὸν θεοῦ φυλάσσειν τὴν σάρκα (9,3). Vom Kontext dieser Stellen her dürfte beim Frevel am Fleisch an eine Missachtung der leiblichen Existenz im weitesten Sinn gedacht sein, ein Verhalten, das dem Willen Gottes bzw. den Geboten des Kyrios nicht entspricht. Diese betonte, grundsätzlich positive Wirkung der σάρξ ist schwerlich nur theoretisch formu-

---

[62] Μεταλαμβάνειν mit Genitiv drückt das Anteilhaben am Geist aus (ebenso V.4; vgl. χρηστότητος 15,5; ἐλέους 16,2; vgl. weiters Hebr 6,7; 12,10; 1 Clem 19,2; Herm Vis 3,7,6 u. ö.), mit Akk 14,3: τὸ αὐθεντικόν; 14,5: ζωήν; vgl. Act 24,25; Herm Vis 3,9,2 u. ö. Der Genitiv ist die Regel, BDR § 169,1.

[63] WARNS, Untersuchungen 190, verweist darauf, dass ἀδελφοί sonst immer (oder fast, vgl. 4,3; 7,1) am Anfang eines Satzes steht; ebenso LINDEMANN, 2 Clem 243.

[64] Vgl. KNOPF, 2 Clem 174; O'HAGAN, Re-Creation 81; DONFRIED, Setting 161; NIEDERWIMMER, Askese 192; WENGST, 2 Clem 275; LINDEMANN, 2 Clem 242f.

[65] LINDEMANN, 2 Clem 243, der zudem meint, εἰ δὲ λέγομεν weise nicht zurück, sondern nach vorn. Das scheint mir eine unnötige Alternative zu sein.

[66] S setzt zusätzlich αὐτοῦ voraus – eine sekundäre Verdeutlichung.

[67] S setzt zusätzlich τὴν σάρκα τοῦ Χριστοῦ voraus, vgl. die vorige Anm.

[68] BAUER/ALAND, Wb 1659. Grundbedeutung: „frech od. übermütig behandeln, mißhandeln, verhöhnen, beschimpfen".

liert, sondern setzt deren inadäquates Verständnis und ein entsprechendes Verhalten voraus. Wie das allerdings konkret aussah und wie kämpferisch diesbezügliche Thesen vertreten wurden, entzieht sich unserer Kenntnis. Ein gnostisches Umfeld wäre jedenfalls sehr gut verständlich. Das würde auch durch die Argumentationslinie bestätigt: Der Frevler am Fleisch ist ein Frevler an der Kirche. Die Folge (V.4b): ὁ τοιοῦτος οὖν οὐ μεταλήψεται τοῦ πνεύματος, ὅ ἐστιν ὁ Χριστός. Πνεῦμα ist eschatologisches Heilsgut. Es ist nicht gegenwärtiger Besitz und wird als zukünftige Gabe auch nur denen zuteil, die sich nicht an ihrem Fleisch vergehen, d.h. nicht denen, die sich in pneumatischer Überheblichkeit über ihre sarkische Einordnung und Verantwortung hinwegsetzen. Zu μεταλαμβάνειν τοῦ πνεύματος vgl. V.3d, zur Identifikation von πνεῦμα und Χριστός V.4a. Eine differenzierte christologische Aussage ist kaum das Ziel des Verfassers. Er will aber die Verantwortung für das rechte Tun einschärfen, indem er die V.4a genannten Termini σάρξ, ἐκκλησία, πνεῦμα und Χριστός in einen sachlichen Bezug bringt. Missachtung der sarkischen Existenz führt in letzter Konsequenz zum Verlust der eschatologischen Gemeinschaft mit Christus.[69]

V.5 schließt mit einer zusammenfassenden Verheißung samt Schriftbezug: τοσαύτην δύναται ἡ σὰρξ αὕτη μεταλαβεῖν ζωὴν καὶ ἀφθαρσίαν[70] κολληθέντος αὐτῇ τοῦ πνεύματος τοῦ ἁγίου. Der paränetischen Ausrichtung[71] entsprechend erfolgt die Verheißung für die σάρξ. Der Auferstehung gewürdigt (9,1), wird sie an Leben und Unvergänglichkeit partizipieren. Die Kombination von ζωή und ἀφθαρσία liegt auch 2 Tim 1,10; Ign Pol 2,3 vor. Diese erneute futurisch-eschatologische Wertung der σάρξ[72] ist wohl nur als Reaktion auf ihre dualistische Abwertung, wie sie für die Gnosis kennzeichnend ist, zu verstehen. Der Gen. abs. κολληθέντος τοῦ πνεύματος τοῦ ἁγίου ist wohl nicht auf ein gegenwärtiges Wirken des Geistes zu deuten.[73] Der sprachliche Wechsel von bisherigem μεταλαμβάνειν (V.3f) hin zu κολλᾶσθαι ist durch die entgegengesetzte Blickrichtung bedingt: Nicht von der σάρξ zum πνεῦμα, sondern umgekehrt. Die Verbindung von σάρξ und πνεῦμα würde dann wie in V.4 eschatologisch zu verstehen sein.

---

[69] Die ganze Argumentation entbehrt durchaus nicht einer inneren Logik. Hier nur von einer „mira et misella argumentatio" (GEBHARDT/HARNACK, Epistulae 133) oder einer sehr großen „Verwirrung im Denken" (KNOPF, 2 Clem 175; vgl. auch SWETE, Spirit 30) zu sprechen, bleibt zu sehr an der Oberfläche. Nach BAASLAND, Rhetorik 129 zeigt die Lehre von der präexistenten Kirche „Spuren einer tieferen theologischen Reflexion".

[70] Ἀφθαρσία in S vorausgesetzt; ἀθανασία H. Ersteres dürfte (gegen LIGHTFOOT, Fathers I/2 248) als das ungewöhnlichere Wort eher vorzuziehen sein. Letzteres könnte durch 1 Clem 35,2 veranlasst sein (ζωὴ ἐν ἀθανασίᾳ).

[71] Während 2 Clem die Leib-Metaphorik hier in paränetischem Kontext thematisiert, tut das Inter NHC XI 17,14–18,38 (wie 1 Kor 12–14) im Kontext der verschiedenen Geistesgaben in der Gemeinde; vgl. WALTER, Gemeinde 298f.

[72] Anders 1 Kor 15,35–50 mit der programmatischen Aussage V.50: Fleisch und Blut werden das Reich Gottes nicht erben.

[73] Gegen LINDEMANN, 2 Clem 243, mit WENGST, 2 Clem 277 A129. Vgl. auch LOHMANN, Drohung 123.

Erst in dieser Verbindung ist die σάρξ der Vorläufigkeit und Gefährdung entnommen und in den Bereich des Unvergänglichen gestellt.

An die Verheißung ist ein Schriftverweis angeschlossen: οὔτε ἐξειπεῖν τις δύναται οὔτε λαλῆσαι, ἃ ἡτοίμασεν ὁ κύριος τοῖς ἐκλεκτοῖς αὐτοῦ. Die Kombination von ἐξειπεῖν (= aussprechen; in frühchristlicher Literatur noch 1 Clem 48,5; 49,3; Diogn 11,8 u. ö.) und λαλεῖν ist offenbar als Hendiadyoin gemeint und soll das Folgende betonen. Der folgende Nebensatz gehört wohl mit dem 11,7 vorliegenden Zitat aus einer unbekannten Quelle zusammen.[74] 1 Kor 2,9 und 1 Clem 34,8 findet sich das 11,7 und 14,5 getrennt vorliegende Zitat als Einheit. 1 Kor 2,9: ἃ ἡτοίμασεν ὁ θεὸς τοῖς ἀγαπῶσιν αὐτόν; 1 Clem 34,8: ὅσα ἡτοίμασεν τοῖς ὑπομένουσιν αὐτόν. Die Differenzen sind nicht unbeträchtlich: 1 Kor 2,9 und 1 Clem 34,8 ist Gott Subjekt, 2 Clem 14,5 der Kyrios; dazu sind die Empfänger des Bereiteten 1 Kor 2,9 die ἀγαπῶντες, 1 Clem 34,8 die ὑπομένοντες, 2 Clem 14,5 die ἐκλεκτοί. Wie bei 11,7 ist auch hier eine direkte Abhängigkeit des Predigers von einer der beiden Versionen unwahrscheinlich. Der Text macht überhaupt nicht den Eindruck eines direkten Zitats, sondern eher den einer „sehr frei formulierte(n) Reminiszenz".[75]

15,1–5: Handeln und freimütiges Gebet

(1) Ich glaube aber nicht, einen unbedeutenden Rat in Bezug auf die Enthaltsamkeit gegeben zu haben. Wer ihn erfüllt, wird es nicht bereuen, sondern sowohl sich selbst retten als auch mich, der ich den Rat gegeben habe. Denn der Lohn dafür wird nicht unbedeutend sein, eine irrende und zugrunde gehende Seele umzudrehen, damit sie gerettet wird.

(2) Denn diese Gegenleistung können wir nämlich Gott, der uns erschaffen hat, abstatten, wenn der, der redet und hört, mit Glauben und Liebe redet und hört.

(3) Bleiben wir also bei dem, woraufhin wir gläubig geworden sind als Rechtschaffene und Gottesfürchtige, damit wir mit Freimut Gott bitten können, der sagt: „Während du noch redest, werde ich sagen: ‚Siehe, ich bin da'!".

(4) Denn dieses Wort ist Zeichen einer großen Verheißung: Denn der Herr sagt, er sei schneller beim Geben als der Bittende (beim Bitten).

(5) Da wir also an so großer Güte Anteil bekommen haben, wollen wir es uns doch nicht missgönnen, so große Güter erlangt zu haben. Denn so große Freude diese Worte bedeuten für die, die sie verwirklichen, so große Verurteilung bedeuten sie für die, die ihnen ungehorsam sind.

---

[74] Zum Unvermögen des Menschen, göttliches Handeln recht zu verstehen und auszusagen vgl. Pred 1,8; Sir 42,17; Apk Petr 15 akhm.; Tract Trip NHC I 65,35f; Eugn NHC III 89,23–90,3; vgl. WARNS, Untersuchungen 590.
[75] LINDEMANN, 2 Clem 243; GREGORY/TUCKETT, 2 Clem 285.

Struktur:
  V.1 Paränetisch orientierte These: Rat des Predigers zur Rettung
  V.2 Erläuterung: Handeln = Gegenleistung für Gottes Handeln
  V.3 Paränese mit Begründung durch Zitat
  V.4 Erläuterung des Zitats
  V.5 Schlussparänese: Gottes Handeln als Grund des menschlichen Handelns,
        das seinerseits die Voraussetzung für das zukünftige Ergehen ist.

V.1 wirkt zunächst wie der Abschluss der Predigt:[1] οὐκ οἴομαι δέ, ὅτι μικρὰν συμβουλίαν[2] ἐποιησάμην περὶ ἐγκρατείας (V.1a). Οὐκ οἴομαι verwendete der Prediger schon 14,2, οἰόμεθα 6,6, jeweils ohne einen besonderen Einschnitt zu markieren. Der sachliche Einschnitt ist 15,1a durch den mit einer Litotes (οὐκ … μικράν) besonders hervorgehobenen Rückblick markiert: die bisherige Rede soll als συμβουλία περὶ ἐγκρατείας verstanden werden. Συμβουλία[3] kommt in der frühchristlichen Literatur nur noch Barn 21,2 vor (συμβουλίαν λαμβάνειν), ist aber in der heidnischen (Hdt Hist 7,135; Plat Leg 12,965a; Xen Mem 1,3,4 u. ö.) und frühjüdischen (4 Makk 17,17; Phil Jos 116; Jos Ant 5,336; 8,277 u. ö.) Tradition häufig bezeugt. Das Syntagma συμβουλίαν ποιεῖσθαι περί τινος („einen Rat über etwas geben")[4] liegt Diod Sic 12,17,2 in juridischem Kontext vor.

Größtes Gewicht legt der Prediger auf die ἐγκράτεια, denn die Predigt ist insgesamt eine συμβουλία τῆς ἐγκρατείας. Ἐγκράτεια ist hap.leg. in 2 Clem und steht in einer langen Tradition.[5] In der griechischen philosophischen Tradition ist es seit Sokrates ein prägender ethischer Begriff und bezeichnet allgemein Selbstbeherrschung und Kontrolle aller Emotionen (Xen Mem 1,5,1; Arist Nik Eth 7,3, 1147b). Insbesondere in der Stoa bezeichnet der Term „das Tugendideal des freien, auf sich selbst gestellten Menschen …, der von nichts beherrscht wird, sondern alles in Freiheit beherrscht."[6] In der frühjüdischen Tradition taucht ἐγκράτεια nur Sir 18,30 in einer sekundären Überschrift[7] und 4 Makk 5,34 auf, beide Male in dem der griechischen Tradition entsprechenden allgemeinen Sinn. Gleiches gilt für Philon (LegAll 3,18; SpecLeg 1,173 u. ö.). Der Aspekt der sexuellen Enthaltsamkeit wird von Josephus für die Essener bezeugt (Bell 2,120; vgl. Ep Arist 278). Im NT wird ἐγκράτεια Act 24,25 neben δικαιοσύνη, Gal 5,23 am Ende des Kataloges über die Früchte des Geistes V.22f und 2 Petr 1,6 innerhalb einer Reihe, die von der πίστις bis zur ἀγάπη reicht, verwendet. Eine spezifisch sexuelle Konnotation ist dabei nirgends im Blick. In dem nur Tit 1,8 im NT vorliegenden Adjektiv ἐγκρατής ist sie (als Erfordernis für den Bischof) ausgeschlossen. Auch 1 Kor 9,25

---

[1] LOHMANN, Drohung 123.
[2] S setzt zusätzlich ὑμῖν voraus.
[3] Zur isagogischen Bedeutung des Terms vgl. oben Einleitung § 4.
[4] BAUER/ALAND, Wb 1552.
[5] Vgl. CHADWICK, Enkrateia 343–365.
[6] GRUNDMANN, ἐγκράτεια 339, vgl. Diog Laert 7,92; Plut Mor 1040f u. ö.
[7] Vgl. SAUER, Jesus Sirach 551 (JSHRZ).

wird das Verb ἐγκρατεύεσθαι im allgemeinen Sinn verwendet, nur 1 Kor 7,9 ist es sexuell bestimmt, allerdings auf die beschränkt, die das betreffende Charisma haben. Auch bei den Apostolischen Vätern ergibt sich ein ähnliches Bild. Meist wird sie neben anderen Tugenden (und somit im allgemeinen Sinn) genannt: Barn 2,2; 1 Clem 35,2; 62,2; 64,1; Herm Vis 2,3,2; 3,8,4.7; Mand 6,1,1; Sim 9,15,2. Sicher nicht im Sinne sexueller Abstinenz wird der Term Pol Phil 4,2 und Herm Mand 8,1 verwendet (das eine Mal ist im Kontext von Kindern die Rede, das andere Mal davon, dass Enthaltsamkeit nur bei manchen Dingen gelte).[8] Dagegen ist 1 Clem 38,2 wohl sexuelle Enthaltsamkeit vorausgesetzt: Sie solle nicht zur Prahlerei führen, da sie ein Geschenk sei. Diesem Gesamttrend dürfte auch 2 Clem entsprechen. Enthaltsamkeit in der Ehe ist nach 4,3 (siehe dort) nicht vorausgesetzt. Der Prediger ist somit kein Vertreter enkratitischer Tradition,[9] die in der Folgezeit große Bedeutung gewinnen sollte.[10]

V.1b geht wieder zum Hauptthema des Predigers über, zur Paränese, die eschatologisch motiviert wird; ἣν ποιήσας τις οὐ μετανοήσει, ἀλλὰ καὶ ἑαυτὸν σώσει κἀμὲ τὸν συμβουλεύσαντα. Ἥν kann ἐγκράτεια oder συμβουλία aufnehmen. Ersteres wäre von der Satzstellung und von der Vermeidung einer doppelten Bedeutung von ποιεῖν (Rat geben bzw. befolgen) her näher liegend,[11] gleichwohl scheint letzteres vorzuziehen zu sein, da der Prediger doch wohl an die Verwirklichung seines Rates, nicht an dessen Inhalt, denken dürfte.[12] Falls μετανοεῖν auch hier die sonstige, theologisch gefüllte Bedeutung „Buße" hat (8,1.2.3; 9,8; 13,1; 16,1; 17,1; 19,1), könnte man übersetzen „der braucht später nicht Buße zu tun". Doch dürfte die allgemeine Bedeutung „etwas bereuen" näher liegen. Die Verwirklichung des Ratschlags hat eine doppelte eschatologische Folge: Rettung der eigenen Person wie der des Ratgebers.[13] Das Motiv der Rettung von Prediger und Hörerinnen bzw. Hörer in der Akzeptanz der Predigt durch letztere ist traditionell: Ez 3,21; 1 Tim 4,16; Jak 5,20; Hipp Antichr 2; vgl. schon 2 Kor 1,14.[14] 19,1 wird es der Anagnost wieder aufgreifen.

Den konkreten Anlass für die Notwendigkeit der Rettung formuliert V.1c: μισθὸς γὰρ οὐκ ἔστιν μικρὸς πλανωμένην ψυχὴν καὶ ἀπολλυμένην ἀποστρέψαι εἰς τὸ σωθῆναι. Die „verirrte und zugrunde gehende Seele" wird nicht namhaft gemacht. Gemeint sind in erster Linie nicht die irrenden Heiden (vgl. 1,7),

---

[8] Insofern ist ἐγκράτεια „die Tugend, die mit den eigenen bösen Trieben fertig wird und die sich der Besonnenheit verdankt" (Knoch, Petrus 51).

[9] Gegen Schwegler, Zeitalter I 451 (mit Hinweis auf Epiph Pan 30,15; Hier Jov 1,12); Schubert, 2 Clem 253f; Stegemann, Herkunft 127. Müller, Ehelosigkeit 73 meint, 2 Clem propagiere eine freiwillige Enthaltsamkeit (vgl. oben zu 12,5). Richtig: Donfried, Setting 168; Wengst, 2 Clem 231; Lohmann, Drohung, 123; mit Vorsicht Lindemann, 2 Clem 245.

[10] Chadwick, Enkrateia 352–365.

[11] So Knopf, 2 Clem 175.

[12] So Gebhardt/Harnack, Epistulae 135; Wengst, 2 Clem 259; Lindemann, 2 Clem 245.

[13] Συμβουλία – συμβουλεύσαντα ist eine figura etymologica. Die Rettung wird natürlich von Christus bewirkt, das menschliche Tun (die Predigt wie deren Befolgung) ist nur die Voraussetzung dafür (8,2).

[14] Vgl. auch Ez 33,9; Phil 2,16; 1 Thess 2,19f; Barn 1,5; Epist Apost 42 (53); vgl. Neymeyr, Lehrer 170.

sondern die Gegner, die wegen der Inkongruenz von Reden und Handeln das Wort Gottes als Betrug erscheinen lassen (13,3). Das brauchen nicht speziell Gnostiker zu sein, obwohl sie gewiss mitgemeint sein werden.

V.2 erläutert den Gedankengang von V.1 unter Aufnahme des für die Paränese des Predigers überaus wichtigen Terms ἀντιμισθία (vgl. oben zu 1,3; weiters 1,5; 9,7; 11,6), der die von Menschen erbrachte Gegenleistung für das vorhergehende Handeln Gottes bezeichnet: ταύτην γὰρ ἔχομεν τὴν ἀντιμισθίαν ἀποδοῦναι τῷ θεῷ τῷ κτίσαντι ἡμᾶς. Die Erstattung (ἀποδοῦναι) der ἀντιμισθία besteht im πλανωμένην ψυχὴν ... ἀποστρέψαι (seitens des Predigers) bzw. im Befolgen des Rates (seitens der Hörerinnen und Hörer) oder allgemein im rechten Tun. Die Gegenleistung gilt auffälliger Weise Gott dem Schöpfer.[15] Dem theologischen System des Predigers entsprechend wäre eher ein Verweis auf das rettende Geschichtshandeln Gottes bzw. Christi (vgl. besonders Kap. 1f) zu erwarten, ebenso statt oder neben κτίσαντι eher σώσαντι. Doch dürfen wir den Prediger nicht einengen. Er holt nur weit aus und stellt Gottes urzeitliches neben sein endzeitliches (V.1c) Handeln. Die Rede von Gott als ὁ κτίσας ist geläufig (vgl. Jes 45,8; Pred 12,1; Hos 13,4; Bel Drac 4; 3 Makk 2,3; Jos As 12,1; Mt 19,4; Röm 1,25; Eph 3,9; Herm Sim 5,5,2; 7,4 u. ö.).

V.2b gibt an, unter welchen Bedingungen die ἀντιμισθία erstattet werden kann: ἐὰν ὁ λέγων καὶ ἀκούων μετὰ πίστεως καὶ ἀγάπης[16] καὶ λέγῃ καὶ ἀκούῃ. Redende und Hörende müssen von πίστις und ἀγάπη erfüllt sein. Πίστις ist hap. leg. in 2 Clem. Von V.3 her dürfte „in vollem Sinne ‚der Glaube‘"[17] gemeint sein. Die Kombination πίστις καὶ ἀγάπη ist traditionell: 1 Thess 3,6; 5,8; 1 Tim 1,14; Barn 11,8; Ign Eph 1,1; Ign Magn 1,2 u. ö. (vgl. auch 1 Kor 13,13; Gal 5,6; Eph 6,23; 1 Tim 1,5; 4,12; Ign Eph 14,1 u. ö.). Λέγειν und ἀκούειν werden zweimal genannt, stilistisch vielleicht etwas hart, aber offenbar will der Prediger betonen, dass die Voraussetzung von πίστις und ἀγάπη eben beide betrifft. In der Situation der Predigt ist damit der Hörer/die Hörerin im Besonderen in die Pflicht genommen. Der Grundvoraussetzung paränetischen Redens entsprechend heißt das, dass dafür Anlass bestand. Der Prediger spielt mit den Bedeutungen von ἀκούειν. Zunächst „zuhören", dann aber „befolgen" (vgl. 10,5). Der Singular ἀκούων könnte bloß stilistisch bedingt sein (neben λέγων), die je individuelle Verpflichtung ist aber gewiss vorausgesetzt. Nur ein Handeln μετὰ πίστεως καὶ ἀγάπης kann als sachgemäße ἀντιμισθία betrachtet werden.

---

[15] KNOPF, 2 Clem 175; LINDEMANN, 2 Clem 245 verweist auf die von V.1 her gegebene Logik des Gedankengangs: Die vor dem Irrtum bewahrte Seele wird bewahrt für den, der sie auch geschaffen hat.

[16] Πίστεως καὶ ἀγάπης H; S setzt ἀγάπης καὶ μετὰ πίστεως voraus. Letzteres wäre lectio difficilior, doch dürfte die logischere Reihenfolge von H doch vorzuziehen sein (so sämtliche Editoren und Kommentatoren). Auch dürfte aufs Ganze gesehen eine griechische Handschrift einer Übersetzung vorzuziehen sein.

[17] Mit LINDEMANN, 2 Clem 246 gegen KNOPF, 2 Clem 175 („gegenseitiges Zutrauen"). Die Bedeutung von „vertrauen" hat πιστεύειν 11,1, dagegen ist 2,3; 17,3 und wohl auch 17,5; 20,2 eine Charakterisierung des Christseins überhaupt im Blick.

V.3 setzt die Paränese fort, zunächst von der Vergangenheit her: ἐμμείνωμεν οὖν ἐφ' οἷς ἐπιστεύσαμεν δίκαιοι καὶ ὅσιοι. Es geht hier um das Bewahren des Erhaltenen: ἐφ' οἷς ist Attraktion aus ἐπὶ τούτοις οἷς. Das Geschenk (vgl. bes. Kap. 1f) soll bewahrt werden. Ἐμμένειν ist hap.leg. in 2 Clem;[18] bei den Apost. Vätern kommt der Term nur noch bei Hermas vor (Vis 2,2,7; 2,3,2 u. ö.), im NT: Act 14,22; 28,30; Gal 3,10; Hebr 8,9.[19] Glaubende Existenz ist nur als Bleiben beim Erhaltenen möglich, das weiß der Prediger, auch wenn es durch den immer wiederkehrenden Bezug auf Buße und verantwortliches Handeln (jedenfalls nach außen hin) zurücktritt. Letzteres ist durch δίκαιοι καὶ ὅσιοι in den Vordergrund gerückt. Δίκαιος ist ein wichtiger paränetischer t.t. in 2 Clem (5,7; 6,9; 11,1; 17,7 u. ö.), vgl. auch δικαιοσύνη (4,2; 6,9; 11,7; 12,1 u. ö.); ὅσιος wird noch 1,3; 6,9 verwendet. Die Kombination beider, die als Hendiadyoin fungiert, liegt auch 5,6; 6,9 vor (vgl. 1 Clem 14,1; 45,3). Die Folge des gerechten und gottwohlgefälligen Lebenswandels besteht darin, ἵνα μετὰ παρρησίας αἰτῶμεν τὸν θεόν. Παρρησία ist wiederum ein hap.leg. in 2 Clem,[20] in Verbindung mit dem Gebet auch 1 Joh 3,21f; 5,14. Allerdings fehlt 2 Clem die 1 Joh 3,20 vorliegende, zutiefst tröstende Erkenntnis des Größer-Seins Gottes angesichts aller Anklagen des Gewissens. Die παρρησία des Gebets ist 1 Joh 3 letztlich im Absehen von aller menschlichen Leistung begründet,[21] während 2 Clem 15 auf diese pocht. Freilich: In dem ἐπιστεύσαμεν ist der Geschenkcharakter des christlichen Seins jedenfalls vorausgesetzt und in dem folgenden, begründenden Zitat wird er noch stärker betont.

2 Clem 15,3	Jes 58,9
… θεὸν τὸν λέγοντα·	ὁ θεὸς εἰσακούσεταί σου
ἔτι λαλοῦντός σου ἐρῶ·	ἔτι λαλοῦντός σου ἐρεῖ·
ἰδοὺ πάρειμι.	ἰδοὺ πάρειμι.

Das Zitat wird als Gottesspruch eingeleitet: τὸν θεὸν τὸν λέγοντα. Nur hier wird in der Einleitung eines atl. Zitates Gott als Sprecher genannt (auch wenn er sonst als hinter der Schrift stehende Autorität implizit stets mitgenannt ist), da es sich explizit um einen Gottesspruch handelt: ἔτι λαλοῦντός σου ἐρῶ· ἰδοὺ πάρειμι. Zitiert wird Jes 58,9. Der Wortlaut ist bis auf ἐρῶ (bei Jes: ἐρεῖ)[22] wörtlich mit dem LXX-Text identisch. Dieselbe Änderung liegt auch Iren Haer 4,17,3 und ClemAl Strom 5,120,3 vor.[23] Der Prediger formuliert als Gottesrede, während Jesaja als Zu-

---

[18] Vgl. τηρεῖν τὸ βάπτισμα 6,9 bzw. τὴν σφραγῖδα 7,6 bzw. τὴν ἐκκλησίαν 14,3.

[19] Das Simplex μένειν, das im NT besonders in der joh. Tradition von großer Bedeutung ist (Joh 8,31; 15,9f; 1 Joh 2,6.28 u. ö.) und das bei den Apost. Vätern wiederum insbesondere bei Hermas vorkommt (Mand 4,4,2; Sim 9,11,1 u. ö.), fehlt im 2 Clem.

[20] Bei den Apost. Vätern nur noch 1 Clem 34,1.5; 35,2 in anderen Kontexten.

[21] Vgl. dazu PRATSCHER, Gott 272–281.

[22] Barn 3,5 zitiert Jes 58,9 im LXX-Text.

[23] Eine Beeinflussung durch Jes 65,24 (ἔτι λαλούντων αὐτῶν ἐρῶ …) nehmen u.a. an: LIGHTFOOT, Fathers I/2 249 A20; WARNS, Untersuchungen 509; LINDEMANN, 2 Clem 246. Die Änderung infolge der Formulierung als direkte Gottesrede (vgl. die Zitateinleitung θεὸν τὸν λέγοντα) ist allerdings einfacher und damit nahe liegender.

sage von Gottes helfendem Eingreifen redet. Mündliche Herkunft ist möglich, aufgrund der recht genauen Zitierweise ist aber wohl eher eine schriftliche Vorlage anzunehmen. Eine Herleitung aus dem NT entfällt, da Jes 58,9 dort nicht zitiert wird.
Als mögliche Quelle könnte man eine Jesajahandschrift, eine Testimoniensammlung oder das benutzte apokryphe Evangelium annehmen. Warns,[24] verweist zu-
gunsten einer Testimoniensammlung auf den Zusammenhang mit Ψ 33,13–15 und
Hos 6,6 bei Iren Haer 4,17,3f und mit Ψ 33,14f bei Tert Marc 2,19,2. Immerhin finden sich beide Zitate auch 2 Clem 10,2 bzw. 3,1. Doch eine Jesajahandschrift und
insbesondere das apokryphe Evangelium sind ebenso gut möglich. Das Zitat bietet
die Begründung einer Gebetsdidache, hat also auch wieder einen paränetischen
Zweck. Dabei darf freilich die theologische Interpretation nicht in den Hintergrund treten, die im Folgenden sogar ausgeführt wird.

V.4 τοῦτο γὰρ τὸ ῥῆμα μεγάλης ἐστὶν ἐπαγγελίας σημεῖον· ἑτοιμότερον γὰρ
ἑαυτὸν λέγει ὁ κύριος εἰς τὸ διδόναι τοῦ αἰτοῦντος. Das ῥῆμα ist das Zitat
V.3b, das als Zeichen einer großen Verheißung verstanden wird. Ἐπαγγελία bezeichnete bisher die eschatologische Verheißung (5,5; 10,3f; 11,1; in 11,7 im Plural),
hier dagegen präsentisch die Zusage der Erfüllung einer Bitte. Die Interpretation
V.4b verstärkt das Zitat noch und verschiebt dessen Intention. Im Zitat geht es um
die Gleichzeitigkeit von Bitte und helfendem Erscheinen Gottes. Die Auslegung
zielt jedoch weniger auf den zeitlichen Aspekt (der nicht auszuschließen ist) als auf
den sachlichen der größeren Bereitwilligkeit zur Erfüllung der Bitte gegenüber deren
Äußerung.[25] Das λέγει ὁ κύριος dürfte einfach ein Rückverweis auf das Zitat sein,
möglich wäre aber auch die bewusste Verwendung, um den zitathaften Charakter
von V.4b zu kennzeichnen: Ein Bezug auf Mt 7,7par Lk 11,9[26] bzw. Mt 6,8.32par
Lk 12,30[27] ist nicht grundsätzlich auszuschließen.[28] Ersteres Logion („Bittet, so wird
euch gegeben werden") ist freilich ebenso geläufiges Traditionsgut wie letzteres
(„Euer Vater weiß, daß ihr diese Dinge braucht"), in der Intention der Stärkung des
Vertrauens auf die Erhörungsgewissheit der Gebete liegen beide Logien allerdings
recht nahe bei V.4b. Auch der Wechsel von θεός (V.3b) zu κύριος (V.4b) könnte
eine bewusste Anspielung an diese Logien als plausibel erscheinen lassen.

V.5 schließt den Abschnitt in einer teils wiederholenden, teils überraschend weiter-
führenden Paränese. Sie beginnt mit einer Anknüpfung an V.3f: τοσαύτης οὖν

---

[24] Warns, Untersuchungen 509.
[25] Ἕτοιμος von Personen = „bereit, gerüstet, fertig, entschlossen", im Komparativ „bereitwilliger",
Bauer/Aland, Wb 641.
[26] Warns, Untersuchungen 295. Ebd. 319 auch die Erwägung der Möglichkeit, dass ein Agraphon zitiert wird (319 A 7371 unter Hinweis auf das Agraphon ClemAl Strom 7,73,1f: λέγει γὰρ ὁ θεὸς τῷ
δικαίῳ· αἴτησαι, καὶ δώσω σοι· ἐννοήθητι καὶ ποιήσω, das ClemAl Strom 6,78,1; 6,101,4 in etwas
anderer Form erscheint; vgl. auch Epist Apost 39 [50]; weiters 319 der Hinweis auf den in 2 Clem nur hier
vorliegenden absoluten Gebrauch von αἰτεῖν und διδόναι).
[27] Wengst, 2 Clem 259 A136. Zurückhaltend gegen beide Möglichkeiten: Lindemann, 2 Clem 246.
[28] Gregory/Tuckett, 2 Clem 276 erwähnen noch Act 20,35. Es sei allerdings unmöglich zu sagen,
ob Mt, Lk, eine vorsynoptische Quelle oder eine Evangelienharmonie vorliege.

χρηστότητος[29] μεταλαμβάνοντες. Die Bereitwilligkeit Gottes zur Gebetserhörung ist Ausdruck seiner Güte. Χρηστότης wird (neben εὐσέβεια) vom Anagnosten 19,1 nochmals verwendet, um das Heilshandeln Gottes auszudrücken (der Term in den Apost. Vätern noch 1 Clem 9,1; Ign Magn 10,1; Ign Sm 7,1). Τοσαύτης verstärkt und drückt die Bewunderung aus: an was für einer Güte haben wir doch Anteil bekommen! Der Inhalt der Paränese: μὴ φθονήσωμεν ἑαυτοῖς τυχεῖν τοσούτων ἀγαθῶν. Die ἀγαθά sind wegen des Plurals die bisherigen (vgl. den Aorist τυχεῖν) Gestaltwerdungen der Güte Gottes, ohne die zukünftigen auszuschließen; deren Größe drückt wiederum das τοσούτων aus. Φθονεῖν mit Dat. und Inf.: „jmdm. mißgönnen".[30] Umstritten ist das ἑαυτοῖς. Analog zu 4,3; 12,3; 13,1; 17,2 könnte es als „einander" verstanden werden.[31] Dann könnte eine Polemik gegen eine Einschränkung der Güte Gottes auf eine bestimmte Gruppe vorliegen – Pneumatiker würden sich hier anbieten. Doch bleibt der Prediger auch hier so vage, dass man über eine Möglichkeit nicht hinauskommt. Vom üblichen reflexiven Verständnis her (so auch 6,9; 9,7; 11,3; 19,1 und besonders im unmittelbar vorhergehenden Kontext 15,1.4) wäre dagegen eine überraschende, „with a touch of irony"[32] vorgetragene Ermunterung zum Vertrauen auf diese große Güte Gottes anzunehmen.

V.5b schließt mit einer Begründung (γάρ): ὅσην γὰρ ἡδονὴν ἔχει τὰ ῥήματα ταῦτα τοῖς ποιήσασιν αὐτά, τοσαύτην κατάκρισιν ἔχει τοῖς παρακούσασιν. Ἡδονή = „d. Lust, d. Vergnügen, d. Genuß",[33] im positiven Sinn wird es selten verwendet (Herm Mand 6,5,7; 10,3,3; 12,5,3; Tract Trip NHC I 92,9; eher neutral: Ign Röm 7,3), im NT wird es nur negativ gebraucht, außer 2 Petr 2,13 stets im Plural (Lk 8,14; Tit 3,3; Jak 4,1.3; ebenso u. a. Herm Sim 8,8,5; 8,9,4; Brontē NHC VI 21,25); im Singular: Ign Trall 6,2; Ign Philad 2,2 (jeweils durch κακή bestimmt); UW NHC II 109,22. Die – statistisch gesehen – ungewöhnliche positive Verwendung von ἡδονή kann in der Auseinandersetzung mit den gnostischen Gegnern begründet sein,[34] muss aber nicht. Die ῥήματα sind nicht auf das Zitat V.3b zu beziehen,[35] sondern auf die Kap. 15 gemachten oder auf alle bisherigen Verheißungen der Predigt. Mit ποιήσασιν knüpft der Prediger unmittelbar an die Paränese V.1.3 an, insgesamt formuliert er aber wiederum seine Grundthese, die Verwirklichung des rechten Tuns. Nicht zufällig steht deshalb neben der Verheißung auch die Drohung. Den (den Geboten des Kyrios 3,4; 6,7) Ungehorsamen droht die eschatologische Verurteilung (κατάκρισις ist hap.leg. bei den Apost. Vätern; im NT: 2 Kor 3,9; 7,3). Die in Kap. 15 dominierende positive Begründung der Paränese wird somit wiederum mit der negativen der Aktivierung von Angst beschlossen.

---

[29] S setzt zusätzlich τοῦ θεοῦ voraus und dürfte deshalb mit κύριος V.4b Gott (vgl. V.3b) meinen.

[30] BAUER/ALAND, Wb 1710; vgl. App BellCiv 4,95, 400; Jos Ap 2,268.

[31] KNOPF, 2 Clem 176; BAUER/ALAND, Wb 1710.

[32] UNNIK, Interpretation 34. Ebenso WARNS, Untersuchungen 95 A 3146. LINDEMANN, 2 Clem 246 verweist auf den bei dieser Deutung gegebenen guten Anschluss an V.5b. Doch der liegt auch bei der ersteren Deutung vor.

[33] BAUER/ALAND, Wb 697.

[34] DONFRIED, Setting 169.

[35] V.4a redet vom Zitat im Singular (τοῦτο τὸ ῥῆμα).

16,1–4: Ermunterung zur rechtzeitigen Buße und zum richtigen Handeln

(1) Folglich, Brüder, da wir einen nicht unbedeutenden Anlass zur Buße erhalten haben, lasst uns, da wir die Gelegenheit dazu haben, uns hinwenden zu Gott, der uns berufen hat, solange wir noch den Vater haben, der uns annimmt.

(2) Denn wenn wir diesen Lebensgenüssen entsagen und unsere Seele besiegen, indem wir ihren bösen Begierden nicht nachgeben, werden wir am Erbarmen Jesu Anteil bekommen.

(3) Erkennt aber, dass der Tag des Gerichts bereits kommt wie ein brennender Ofen. Und es werden einige Himmel und die ganze Erde schmelzen, wie Blei über einem Feuer schmilzt. Und dann werden gezeigt werden die geheimen und sichtbaren Werke der Menschen.

(4) Gut also ist Almosen, wie Abkehr von der Sünde. Wichtiger als Gebet ist Fasten, Almosen aber als beides. Liebe aber deckt eine Menge Sünden zu, Gebet aber aus reinem Gewissen rettet vor dem Tod. Glücklich ist jeder, der vollständig in diesen erfunden wird. Denn Almosen schafft Erleichterung von der Sünde.

Struktur:

V.1   Paränese: Zeitgerechte Buße
V.2   Begründung: Teilhabe am Erbarmen Jesu
V.3   Erläuterung: Apokalyptische Offenbarungen
V.4   Paränese: Inhaltliche Bestimmung des gewünschten Verhaltens mit Almosen an der Spitze

V.1 schließt mit ὥστε ἀδελφοί[1] (vgl. 4,3; 7,1; 8,4; 10,1; 11,5; 14,1) an 15,3–5 an. Die dort hervorgehobene zuvorkommende Güte Gottes ist der Anlass zur Buße: ἀφορμὴν λαβόντες οὐ μικρὰν εἰς τὸ μετανοῆσαι. Die Buße ist keine eigene Leistung, sondern basiert auf der Güte Gottes, die mit der Litotes οὐ μικράν als besonders groß verstanden wird. Ἀφορμή ist hap.leg. in 2 Clem (bei den Apost. Vätern noch Ign Trall 8,2; Herm Mand 4,1,11; 4,3,3: ἀφορμὴν διδόναι), ἀφορμὴν λαμβάνειν auch Röm 7,8.11. Zu μετανοεῖν/μετάνοια vgl. oben zu 8,1–3; 9,7f u.ö. Das gewünschte Ergebnis des gottgeschenkten Anlasses zur Umkehr ist deren Verwirklichung in der Hinwendung zu Gott: καιρὸν ἔχοντες ἐπιστρέψωμεν ἐπὶ τὸν καλέσαντα ἡμᾶς θεόν. Es besteht derzeit eine günstige Gelegenheit dazu: καιρὸν ἔχοντες. Καιρός im Konnex von Buße und Heilung schon 8,2; 9,7. Ἐπιστρέφειν ist hier reflexiv verwendet, aktiv im Sinne des Zurechtbringens 17,2, im Sinne des Hinführens zur Gerechtigkeit 19,2. Die Hinwendung erfolgt zu Gott, der berufen hat. Vom berufenden Vater redete 10,1, ansons-

---

[1] S setzt zusätzlich ἀγαπητοί voraus, sicher eine Hinzufügung.

ten scheint überall Christus der Berufende zu sein (1,2.8; 2,4.7; 5,1; 9,4f). Καιρὸν ἔχοντες wird im Schlussteil von V.1 erneut aufgegriffen und präzisiert: ἕως ἔτι ἔχομεν τὸν πατέρα[2] δεχόμενον ἡμᾶς. Gott nimmt den an, der die Zeit der Umkehr nützt.[3] Die Rede von der Annahme durch den Vater ist singulär, vgl. immerhin Lk 16,9. Ἕως ἔτι ἔχομεν knüpft an die parallelen Wendungen 8,1f; 9,7 an (siehe dort) und stellt die Dringlichkeit der Umkehr in der Zuwendung zu Gott vor Augen. Noch ist Zeit, aber die Gelegenheit könnte bald verspielt sein.

V.2 bietet die Begründung der Bußforderung durch den Hinweis auf das zu erlangende Heilsgut. Dabei wird die μετάνοια über das Motiv der Hinwendung zu Gott (V.1) hinaus in doppelter Weise näher bestimmt. Zunächst: ἐὰν γὰρ ταῖς ἡδυπαθείαις ταύταις ἀποταξώμεθα. Ἡδυπάθεια findet sich im NT und den Apost. Vätern nur hier und 17,7 jeweils im Plural und meint (negativ) die Genüsse des Lebens, das genießerische Sich-Einrichten in der Welt,[4] in LXX nur 4 Makk 2,2.4 im Sinne der sexuellen Begierde. Ebenfalls negativ ist der Gebrauch in der profanen Tradition: Xen Cyr 7,5,74 (zus. mit κακοὶ ἄνθρωποι); Plut Mor 132 c (zus. mit εὐπάθεια); vgl. M Aurel 10,33 (ἡδυπαθεῖν zus. mit τρυφῇ). Den ἡδυπάθειαι soll eine Absage erteilt werden (zu ἀποτάσσεσθαι vgl. oben zu 6,4f.).

Ἡδυπάθεια ist letztlich ein Defekt der Seele, wie die zweite Näherbestimmung der μετάνοια zeigt: καὶ τὴν ψυχὴν ἡμῶν νικήσωμεν ἐν τῷ μὴ ποιεῖν τὰς ἐπιθυμίας αὐτῆς τὰς πονηράς.[5] Eine „negative Wertung von ψυχή"[6] liegt nur insofern vor, als von ihren bösen Begierden gesprochen wird. Ψυχή steht in 2 Clem nur noch 17,7 in negativem Konnex (ἡδυπάθειαι τῆς ψυχῆς), ansonsten stets in positivem (5,4; 6,2; 10,5; 12,3f; 13,1; 15,1; 17,1). Eine genauere anthropologische Fixierung liegt nicht vor. Die ψυχή ist das Objekt der Paränese. Wer Subjekt des νικᾶν τὴν ψυχὴν im μὴ ποιεῖν τὰς ἐπιθυμίας αὐτῆς (bzw. analog des ἀποτάσσεσθαι), bzw. des ποιεῖν τὰς ἐπιθυμίας ist, wird nicht gesagt. Ein näherer Konnex zu 4 Makk 2,1–4[7] liegt eher nicht vor, da dort von positiven ἐπιθυμίαι (πρὸς τὴν τοῦ κάλλους μετουσίαν) die Rede ist. Der Prediger kennt offenbar die Abgründe der Seele, denen das Ich[8] (das in der Paränese angesprochen wird) nicht nachgeben soll.

---

[2] S setzt eindeutig πατέρα voraus, in H wurde von GEBHARDT/HARNACK, Epistulae 134 bis EHRMAN, Fathers 190 durchgehend παραδεχόμενον gelesen. Wie jedoch das Faksimile bei LIGHTFOOT, Fathers I/1 471 zeigt, ist ΠΡΑ ΔΕΧΟΜΕΝΟΝ zu lesen, so richtig WARNS, Untersuchungen 620f (ebenso ΠΡΑ ΤΗΣ ΑΛΗΘΕΙΑΣ 3,1, LIGHTFOOT I/1 463) und LINDEMANN, 2 Clem 247. Im Apparat notierte LIGHTFOOT diese richtige Lesart, nahm sie aber nicht in den Text auf.

[3] Vgl. LOHMANN, Drohung 124.

[4] BAUER/ALAND, Wb 698: „d. Wohlbehagen im Sinne des üppigen Lebensgenusses". Zu vergleichen ist der Parallelbegriff ἀπόλαυσις 10,3f.

[5] Zur Verbindung von ἡδυπάθεια und ψυχή auch 17,7; 4 Makk 2,1–4.

[6] LINDEMANN, 2 Clem 247.

[7] Ebd. als Vermutung.

[8] Ein anthropologischer Begriff dafür fehlt. Wenigstens im Umfeld wären Begriffe wie διάνοια (1,6; 3,4; 19,2; 20,1) oder συνείδησις (16,4) anzusiedeln. Von νοῦς ist in der Predigt nicht die Rede, mehrfach sind hingegen σῶμα (5,4; 12,3f; 14,2) sowie insbesondere καρδία (3,4f; 8,2; 9,8–10 u. ö.) und σάρξ (5,5; 7,6; 8,2.4.6; 9,1 u. ö.) bezeugt.

Ἀποτάσσεσθαι und νικᾶν haben eine Verheißung: μεταληψόμεθα τοῦ ἐλέους Ἰησοῦ.[9] Von der 3,1 auf das vergangene Heilswerk Jesu bezogenen Verwendung von ἔλεος darauf zu schließen, 16,2 sei „wohl nicht im Sinne einer erst zu verdienenden künftigen Belohnung zu verstehen, sondern als von Jesus kommende Bestätigung des schon Geschehenen",[10] ist schwerlich zutreffend. Nicht nur sagt die Verwendung von ἔλεος in 3,1 noch nichts über die in 16,2; vor allem wird μεταλαμβάνειν in 2 Clem meistens als zukünftiges Empfangen verstanden (14,3bis. 4.5).[11] Die futurisch motivierte Paränese (μεταληψόμεθα) setzt in 2 Clem stets das richtige Verhalten voraus. Die (positiven und negativen) Folgen des Handelns sind faktisch dessen wichtigste Begründung.

Dazu passt vorzüglich die Fortsetzung in **V.3**. Mit γινώσκετε δέ, ὅτι will der Prediger offenbar das Folgende betonen (vgl. 5,5; 9,2). Es sind apokalyptische Enthüllungen, die (in unterschiedlichem Grad) zitathaften Charakter haben.

Zunächst V.3a: ἔρχεται ἤδη ἡ ἡμέρα τῆς κρίσεως ὡς κλίβανος καιόμενος. Die Parallele bei Mal 3,19: ἰδοὺ ἡμέρα κυρίου ἔρχεται καιομένη ὡς κλίβανος. Wörtlich ident sind nur ἔρχεται, ἡμέρα und ὡς κλίβανος. Κλίβανος kommt in eschatologischer Verwendung nur hier in der frühchristlichen Literatur vor, καίεσθαι noch Apk 8,8.10; 19,20; Herm Vis 3,2,9; 3,7,2; Sim 4,4; vgl. Joh 15,6. Der Prediger dürfte den Maleachi-Text zumindest der Sache nach im Kopf gehabt haben, bei der Einprägsamkeit des Textes ist das gut vorstellbar. Ἤδη betont die Dringlichkeit, die schon 8,1–3; 9,7; 16,1 vorgetragen wurde, noch etwas stärker. Eine betonte Naherwartung wird man allein darauf aber nicht begründen können. Eher dürfte allgemein die Gerichtsangst paränetisch besonders eindrücklich fruchtbar gemacht werden.[12] Dasselbe gilt für κρίσις statt κύριος.

Weiters V.3b: καὶ τακήσονταί τινες τῶν οὐρανῶν καὶ πᾶσα ἡ γῆ ὡς μόλιβος ἐπὶ πυρὶ τηκόμενος. Dazu bietet Jes 34,4 LXX (Cod. B, L, O*) eine Parallele: Καὶ τακήσονται πᾶσαι αἱ δυνάμεις τῶν οὐρανῶν, ebenso Apk Petr 5 bei Makarius Magnes, Apocritica 4,7 (BLONDEL 165; Übers. MÜLLER, in: NTApo ⁶II 569 A27) καὶ τακήσεται πᾶσα δύναμις οὐρανοῦ. Eine Textkonjektur in V.3b legt sich von diesen Parallelen her allerdings nicht nahe.[13] So hält LIGHTFOOT das τινες für „obviously corrupt". Statt dessen sollte man von Jes 34,4 her und auf Grund sachlicher Schwierigkeit von τινες eher [αἱ] δυνάμεις lesen. Im Text hält LIGHTFOOT allerdings an der handschriftlich bezeugten Version mit τινες fest. Die Auffassung, dass nur einige Himmel samt der Erde schmelzen wer-

---

[9] Ἰησοῦ H. S setzt τοῦ κυρίου ἡμῶν Ἰησοῦ Χριστοῦ voraus. Diese ausgeführte Version ist sicher sekundär.

[10] LINDEMANN, 2 Clem 248.

[11] Auch 15,5 bezieht sich nicht auf das vergangene Heilshandeln, sondern auf die Teilhabe an Gottes Güte im Rahmen der Gebetserhörung.

[12] Vgl. WARNS, Untersuchungen 510. Dass der Prediger das ἤδη „einfügt", setzt zu sehr eine schriftliche Vorlage voraus.

[13] LIGHTFOOT, Fathers I/2 250.

den, ist tatsächlich merkwürdig.[14] Angesichts der Schwierigkeit, den Wechsel zu
τινες zu erklären, ist aber vielleicht doch am τινες festzuhalten.[15] Der Vergleich
mit μόλιβος ist vermutlich „wegen seines niedrigen Schmelzpunktes Bild für die
im Gerichtsfeuer zergehende Erde 2 Kl 16,3".[16]

Die Vorstellung vom Weltenbrand ist in der atl.-jüdischen Tradition (in unterschiedlicher Auffassung) weit verbreitet. Im AT findet es sich außer an den genannten Stellen Jes 34,4 und Mal 3,19 noch Zeph 1,18 und 3,8. In der frühjüdischen Literatur taucht es besonders in den Sibyllinen auf (3,84–87; 4,172–179; 5,155–161.530.
In 5,206–213 ist nur von Indien und Äthiopien die Rede; 5,274–281 ist die heilige
Erde der Frommen offenbar ausgenommen), in der sonstigen Literatur ist es nur
selten. So schmelzen z.B. nach Äth Hen 1,6; 52,6 die Hügel wie Wachs in der
Flamme. Vit Ad 49f und Ps Sal 15,6 wird das Feuer nur auf die Gottlosen bezogen,
ebenso in der rabbinischen Tradition, allerdings nur als mögliche Gefahr: Mekh
Ex 18,1 (64b); Gen R 49 (31c).[17] In 1 QH 3, 29–36 verfallen die Fundamente der
Berge dem Feuer, an anderen Stellen ist nur vom Feuergericht die Rede (1 Qp
Hab 10,5.13; 1 QS 2,15 u. ö.). Auch im hellenistischen Judentum finden wir Motive
der Weltenbrandvorstellung: So spricht Phil VitMos 2,263 von den oft aufeinander
folgenden Vernichtungen durch Wasser und Feuer (vgl. SpecLeg 1,208 u. ö.), nach
Jos Ant 1,70 habe Adam den Untergang aller Dinge teils durch Feuer teils durch
heftige Überschwemmungen vorhergesagt.[18]

Im NT findet sich die Vorstellung explizit nur 2 Petr 3,7.10, hier allerdings
in recht deutlich formulierter Weise: Nach V.7 werden der jetzige Himmel und die
(jetzige) Erde für das Feuer aufgespart. V.10 beschreibt genauer: Am Tag des Herrn
werden die Himmel mit gewaltigem Getöse vergehen, die Elemente[19] in der Glut-
hitze[20] sich auflösen und die Erde und alles auf ihr nicht mehr zu finden sein. Spätere Belege sind (außer der schon genannten Apk Petr 5) u.a. Herm Vis 4,3,3;
Just Apol I 60; II 7,1–3; Tat Orat 25,6; Melit Orat 12; Tert Spect 30; ClemAl Strom
5,121,4; 5,122,1.[21]

Die Vorstellung vom Weltenbrand ist allerdings kein Spezifikum der jüdisch-
christlichen Tradition. Sie findet sich auch im griechischen Kulturbereich, so schon
in Heraklits Rede vom ewig lebendigen Feuer (bei ClemAl Strom 5,104,2f), weiters

---

[14] Wie KNOPF, 2 Clem 176 richtig vermerkt, ist die Vorstellung, nur einige Himmel würden bei den
Endereignissen zerstört, nicht belegt.

[15] LINDEMANN, 2 Clem 248 hält den Konjekturvorschlag LIGHTFOOTS für „unsicher" und lässt seine
Skepsis in der Textversion durch „‚einige' der Himmel" anklingen.

[16] BAUER/ALAND, Wb 1065; zustimmend LINDEMANN, 2 Clem 248 mit dem weiteren Hinweis auf
das nach Jer 6,29 „unedle […] Metall" Blei.

[17] BILLERBECK III 773.

[18] Vgl. VOLZ, Eschatologie 335f; WINDISCH, Kath Briefe 103; MAYER, Vorstellung 79–125; PAULSEN,
2 Petr 162f.

[19] Die στοιχεῖα können die Elemente (DELLING, στοιχέω 686) oder die Gestirne sein (PAULSEN,
2 Petr 167).

[20] Στοιχεῖα καυσούμενα λυθήσεται. Καυσοῦν (BAUER/ALAND, Wb 865: „von Hitze verzehrt
werden, verbrennen") fehlt bei den Apost. Vätern.

[21] Zu verweisen ist auch auf das verwandte Motiv des Feuertäufers (Mt 3,11fpar).

bei Plat Tim 22cd und insbesondere in der Stoa seit Zenon (SVF I 107.109; II 596–632;[22] Cic Nat Deorum 2,118; Sen NatQuaest 3,29 u.ö.), weiters auch bei Ovid Met 1,256–258; 2,227–230 und bei Celsus (Orig Cels 4,11f). Doch auch im griechischen Traditionsbereich ist die Vorstellung vom Weltenbrand nicht original, vielmehr verweist sie zurück auf den Alten Orient. Nach Sen Nat Quaest 3,29 sei sie schon bei den Babyloniern anzutreffen. Auch an altiranische Vorstellungen ist zu denken.[23]

Nicht zu vergessen ist auch die (nichtchristliche wie christliche) Gnosis. Hier sind weniger die aus unterschiedlichen Bereichen stammenden späteren Belege[24] von Interesse als der frühe valentinianische in Iren Haer 1,7,1. Nach der Trennung der Pneuma- von den Seelenanteilen gehen erstere in das Pleroma ein, danach nimmt der Demiurg mit den gerechten Seelen den Ort der Mitte (das Zwischenreich) ein, da Seelisches nicht ins Pleroma eingehen kann. „Wenn sich das so abgespielt hat, dann leuchtet und entflammt das Feuer, das in der Welt verborgen war, um alle Materie zu vernichten und mitvernichtet zu werden mit ihr und ins Nichts überzugehen"[25] (vgl. Tert AdvVal 32,4).

Wie wenig die apokalyptischen Motive V.3a.b aus spekulativem Interesse vorgetragen werden, zeigt V.3c: καὶ τότε φανήσεται τὰ κρύφια καὶ φανερὰ ἔργα τῶν ἀνθρώπων. Gericht (V.3a) und Zerschmelzen einiger Himmel und der Erde (V.3b)[26] haben einen paränetischen Zweck.[27] Die geheimen und die sichtbaren Werke, d.h. alle Taten ohne Ausnahme, werden aufgedeckt. Κρύφιος kommt im eschatologischen Sinn nur hier in der frühchristlichen Literatur vor,[28] das Motiv des Aufdeckens des verborgenen Tuns im Gericht liegt auch Pred 12,14; 2 Makk 12,41; Röm 2,16; 1 Kor 3,13 vor (im allgemeinen Sinn: Ev Thom 5; Ign Eph 15,3).[29]

V.4 verstärkt und konkretisiert die Paränese. Es geht um Almosen, Fasten und Gebet. Die Aufeinanderfolge von V.3 und V.4 hat interessante Parallelen in Tob 12,7–9 und Ev Thom 5f NHC II 33,10–17. Beide Male folgt auf die Motive „Verbergen –

---

[22] Vgl. MANSFELD, Providence 129–188; Ders., Resurrection 218–233. Nach Hipp Ref 1,21,4 haben manche Stoiker die ἐκπύρωσις als totale, andere als partielle betrachtet (MANSFELD, Resurrection 218 f.).

[23] Vgl. BOUSSET/GRESSMANN, Religion 503f; MAYER, Vorstellung 1–79.

[24] Z.B. UW NHC II 126, 28–30; Noema NHC VI 40,10–16; 46,29–31; Rechter Ginza 2,1,119; vgl. Pist Soph 45 u.ö.

[25] Übers. BROX I 169. Nach EV NHC I 25,12–17 vernichtet der Erkennende die Materie in sich wie Feuer, nach Inter NHC XI 14 wird der Besitz des Erkennenden durch Feuer vertilgt.

[26] Sib 3,84–92; 4,172–183 folgt das Gericht auf den Weltenbrand; 2 Clem 16,3 könnte man die Reihenfolge vielleicht am Besten mit Kommen des Gerichtstages (V.3a); Weltenbrand (V.3b) und Gerichtsvollzug (V.3c) wiedergeben.

[27] LOHMANN, Drohung 125 betont z.R. den Drohcharakter dieser eschatologischen Begründung der Paränese.

[28] Das Motiv, dass Gott das Verborgene kennt, ist traditionell: Sir 1,30; Dan 2,47; Mt 6,4; Ign Magn 3,2 u.ö.

[29] Vgl. das Aufdecken des Zeichens des Menschensohns (Mt 24,30) oder der Zeichen der Wahrheit (Did 16,6).

Offenbaren"[30] der Hinweis auf Almosen, Gebet und Fasten (Tob 12,8 zusätzlich: Gerechtigkeit;[31] Ev Thom 6 NHC II 33,14–17 zusätzlich: Speisevorschriften).[32] In der Kombination von Almosen, Gebet und Fasten scheint ein gemeinsames Pattern vorzuliegen, das drei wesentliche frühjüdische und frühchristliche[33] Äußerungen von Frömmigkeit (vgl. auch Mt 6,1–18; Ev Thom 14 NHC II 35,15–27) zum Inhalt hat.

Auffällig ist der Versuch in V.4a, eine Rangfolge herzustellen: καλὸν οὖν ἐλεημοσύνη ὡς μετάνοια ἁμαρτίας· κρείσσων νηστεία προσευχῆς, ἐλεημοσύνη δὲ ἀμφοτέρων. Am höchsten steht ἐλεημοσύνη, dann folgt νηστεία, dann προσευχή.[34] Almosen gilt so viel wie Umkehr.[35] Damit ist beides schematisch nebeneinander gestellt, obwohl Almosen (allgemeiner: das Tun der Gerechtigkeit u. dgl.) nur eine Konkretisierung der Umkehr ist. Die Voranstellung von Almosen vor Fasten und Gebet liegt auch Mt 6,1–18 vor; Act 10,2 steht Almosen vor Gebet, Act 10,4.31 allerdings danach, ebenso Ev Thom 6.14 NHC II 33,14–17; 35,15–27, wo die Reihenfolge Fasten – Gebet – Almosen vorliegt. Fasten und Gebet stehen auch Did 8,1f nebeneinander, Gebet und Almosen Did 15,4. Eine Wertung liegt an den zuletzt genannten Stellen nicht vor. In gewisser Hinsicht scheint das Tob 12,8 mit der Formulierung προσευχὴ μετὰ νηστείας καὶ ἐλεημοσύνης καὶ δικαιοσύνης der Fall zu sein, doch wird im Folgenden (V.8f) von der ἐλεημοσύνη geredet (V.8.9bis) und diese damit hervorgehoben. Die Voranstellung des Almosens in 2 Clem 16 dürfte weniger direkt von Mt 6 (sofern überhaupt) als von dem hinter Mt und 2 Clem stehenden praxisorientierten Frömmigkeitstyp her begründet sein, der vom Prediger in besonders eindrücklicher Weise vertreten wird.[36] Dass 2 Clem mit der Betonung der drei Frömmigkeitstypen gegenläufige Traditio-

---

[30] Die Parallelen dürfen freilich auch nicht gepresst werden. Während es 2 Clem 16,3 um das Aufdecken der geheimen und offenkundigen Taten der Menschen im Endgericht geht, redet Tob 12,7 vom Geheimhalten (κρύψαι) der geheimen Information eines Königs und vom Offenbaren (ἀποκαλύπτειν) der Werke Gottes, Ev Thom 5 (POxy 654) vom Erkennen, das das Offenbaren (ἀποκαλύπτειν) des Verborgenen (κρυπτόν) zur Folge hat.

[31] Zusätzlich tauchen V.9 noch die Motive der Rettung vor dem Tod und der Reinigung von Sünden auf (vgl. 16,3b), weiters haben καλόν und ἀγαθόν (V.7f) eine Parallele im καλόν (16,4a); nicht zuletzt erinnert das πλησθήσονται (V.9) an das πλήρης (16,4d).

[32] Eine direkte Abhängigkeit von 2 Clem und Ev Thom von Tob scheint wegen der Differenzen eher unwahrscheinlich.

[33] Vgl. Dietzfelbinger, Frömmigkeitsregeln 184–201.

[34] Dass „Almosen und Buße ... am höchsten bewertet" werden (Lindemann, 2 Clem 249), ist missverständlich, denn V.4a setzt nur 3 Größen voraus, vgl. ἐλεημοσύνη (κρείσσων) δὲ ἀμφοτέρων.

[35] Lightfoot, Fathers I/2 251: „as repentance from sin is good".

[36] Eine Wirtschaftsethik im engeren Sinn entwickelt der Prediger nicht. Zum Geld hat er zwar keine so negative Haltung wie z.B. Herm Vis 1,3,1; 2,3,1 u. ö. (Zum Thema arm – reich bei Herm vgl. Leutzsch, Wahrnehmung 113–137). Ähnlich wie Did 3,5; Pol Phil 2,2; 4,1 warnt er vor der Geldgier (4,3; 6,1f.4). In der Gabe von Almosen wird Geld zumindest implizit positiv gewertet (6,1f). Wie Mt 6,24par wendet er sich hier gegen eine Wertung des Geldes, die dieses faktisch in eine Alternative zum Dienst an Gott bringt. Ähnlich scheint die Wertung des Anagnosten zu sein: Wenn er 20,4 Handel und Gottesverehrung kontrastiert, scheint das eine recht negative Haltung zu ersterem zu implizieren, im Folgenden wendet er sich aber konkret nur gegen das Gewinnstreben (vgl. Baasland, Rhetorik 141–144).

nen wie die gnostische von Ev Thom 14.104[37] distanziert,[38] ist faktisch der Fall, vielleicht sogar beabsichtigt. Eine antignostische Ausrichtung ist jedoch nicht Voraussetzung, sondern Folge der entsprechenden Grundhaltung.

Wie wenig eine Systematisierung vorliegt,[39] zeigt V.4b: ἀγάπη δὲ καλύπτει πλῆθος ἁμαρτιῶν, προσευχὴ δὲ ἐκ καλῆς συνειδήσεως ἐκ θανάτου ῥύεται. Die Aussage von der sündenbedeckenden Liebe findet sich wörtlich (ohne δέ) 1 Petr 4,8 und 1 Clem 49,5,[40] eine Abhängigkeit von einem dieser Texte[41] ist wegen der Einprägsamkeit der Aussage aber eher nicht anzunehmen. Dahinter steht vermutlich Prov 10,12 im hebräischen Text oder einer davon abhängigen Fassung (LXX weicht stark ab). Ἀγάπη muss nicht als t.t. für das Agapemahl verstanden werden,[42] an konkrete Handlungen (wie z.B. ἐλεημοσύνη, vgl. V.4d) wird aber (vom Kontext des 2 Clem her) zu denken sein.[43] Gegenläufig zur Wertung V.4a (vgl. V.4d) wird nun dem Gebet die Funktion der Rettung aus dem Tod zugeschrieben. Tob 4,10; 12,9 wird eben das von der ἐλεημοσύνη ausgesagt, Prov 10,2 von der δικαιοσύνη. Das Gebet ist nicht Subjekt der Rettung (vgl. 17,4), als vertrauensvolle Hinwendung zu Gott aber gleichsam deren causa secunda (zu ῥύεσθαι vgl. oben zu 6,7-9). Es muss freilich die Bedingung der καλὴ συνείδησις (ebenso Hebr 13,18)[44] erfüllen, d.h. aufrichtig sein, im Gegensatz zur συνείδησις πονηρά (Did 4,14 par Barn 19,12; Herm Mand 3,4).

Die V.4ab thetisch vorgetragene Paränese wird V.4c in der Form eines Makarismus fortgeführt: μακάριος πᾶς ὁ εὑρεθεὶς ἐν τούτοις πλήρης. Es ist das der erste Makarismus in 2 Clem. Der einzige noch folgende (19,3) ist ebenfalls paränetisch ausgerichtet, wiederum ein Zeichen der Praxisorientierung des Predigers. Εὑρεθείς ist bei der insgesamt starken futurisch-eschatologischen Begründung der Paränese kaum anders als in Bezug auf das Gericht zu verstehen (vgl. V.3 mit dem Motiv des dann erfolgenden Aufdeckens allen Tuns der Menschen). Πλήρης (in 2 Clem nur hier)[45] im Sinne von „vollständig, so daß nichts fehlt"[46] formuliert eine radikale eschatologische Ethik, wie sie für die Nachfolgetradition Jesu charakteristisch war (vgl. nur Mk 1,16-20par; 10,17-22parr u. ö.) und wie sie intentionali-

---

[37] Vgl. auch Ev Thom 6 NHC II 33,14-17, dazu MÉNARD, L'Évangile 87.

[38] DONFRIED, Setting 170. Nach WENGST, 2 Clem 278 A144 sei das „nicht auszuschließen, aber keinesfalls zwingend zu erweisen":

[39] Nach SCHUBERT, 2 Clem 254 ist die „Klassifikation der guten Werke … höchst unklar".

[40] Vgl. auch Jak 5,20; spätere Belege: Tert Scorp 6,11; ClemAl Strom 4,33; Paed 3,12,91; DivSalv 38,1; Didask 2,3,3 u. ö.

[41] HAGNER, Use 25 A2; nach DERRETT, Scripture 684 bestehe Abhängigkeit von 1 Petr 4,8. WENGST, 2 Clem 278 A145 nimmt wohl z.R. mündliche Tradition an.

[42] So WARNS, Untersuchungen 565.

[43] Vgl. LAMPE, Lexicon 8 (E1).

[44] Parallelen: συνείδησις ἀγαθή Act 23,1; 1 Tim 1,5.19; 1 Petr 3,16.21; 1 Clem 41,1; συνείδησις ἀγνή 1 Clem 1,3 (+ ἄμωμος; Pol Phil 5,3); συνείδησις καθαρά 1 Tim 3,9; 2 Tim 1,3; 1 Clem 45,7.

[45] Auch das Wortfeld πληρ- (πληροῦν, πλήρωμα, πληροφορεῖν, πληροφορία) fehlt in 2 Clem. Vgl. πλήρης ἐν τῇ πίστει Herm Mand 5,2,1; 12,5,4, weiters νηστεία δεκτὴ καὶ πλήρης τῷ κυρίῳ Herm Sim 5,1,3; πλήρης πνεύματος ἁγίου ἔκχυσις 1 Clem 2,2.

[46] BAUER/ALAND, Wb 1347.

ter auch in den verschiedenen Aussagen über das Tun des Willens des Vaters/
Christi (5,1; 6,7; 8,4 u.ö. vgl. dort) oder das Halten der Gebote (3,4; 4,5; 6,7 u.ö.,
vgl. dort) zum Ausdruck kommt. Doch die Wirklichkeit des Predigers sieht anders
aus, wie er 18,2 freimütig bekennt. Damit könnte der Abschnitt beendet sein.

Es folgt jedoch noch eine weitere Bemerkung V.4d: ἐλεημοσύνη γὰρ
κούφισμα ἁμαρτίας γίνεται. Der Satz klappt strukturell nach und trägt inhaltlich eher zur Verwirrung bei, da die Aussage über die ἐλεημοσύνη nicht deren
hervorgehobener Stellung V.4a entspricht und hinter der Aussage über das Gebet
V.4b deutlich zurückbleibt: κούφισμα (= Erleichterung)[47] ist hap.leg. in der LXX
und der frühchristlichen Literatur.[48] Das Motiv von der Erleichterung der Sünden
findet sich auch 1 Esdr 8,84; 2 Esdr 9,13, ein direkter Einfluss muss aber nicht angenommen werden. Eine Parallele liegt Did 4,6 vor, wo Almosen als λύτρωσις
ἁμαρτιῶν verstanden wird. Herm Sim 5,3,7f soll das beim Fasten angesparte Geld
als Almosen gegeben werden. Ein solches Fasten sei als Opfer Gott angenehm.

17,1–18,2: Buße und Gericht

(17,1) Lasst uns also aus ganzem Herzen Buße tun, damit keiner von uns verloren geht. Denn wenn wir Gebote haben und das tun, (nämlich) uns von
den Götzen losreißen und (so) lehren, um wie viel weniger darf eine Seele, die
Gott schon kennt, verloren gehen! (2) Lasst uns also einander helfen, um
auch die Schwachen in Bezug auf das Gute voranzubringen, damit wir alle gerettet werden, und lasst uns einander auf den rechten Weg bringen und ermahnen. (3) Und lasst uns nicht nur jetzt den Anschein geben, zu glauben
und acht zu geben, während wir von den Presbytern ermahnt werden, sondern lasst uns auch, wenn wir nach Hause entlassen sind, die Gebote des
Herrn in Erinnerung behalten und uns nicht von den weltlichen Begierden in
die entgegengesetzte Richtung reißen lassen, und lasst uns öfter zusammen-
kommen und versuchen, Fortschritte in den Geboten des Herrn zu machen,
damit wir alle in Eintracht zum Leben geführt werden.

(4) Denn der Herr hat gesagt: „Ich komme, um alle Völker, Stämme und
Sprachen zu versammeln." Das meint den Tag seiner Erscheinung, wenn er
kommen und uns erlösen wird, einen jeden nach seinen Taten. (5) Und die
Ungläubigen werden seine Herrlichkeit und Macht sehen; und sie werden
sich wundern, wenn sie die Weltherrschaft bei Jesus erblicken und sagen:
„Wehe uns, dass du es bist, und wir es nicht wussten und es nicht glaubten
und nicht gehorsam waren den Presbytern, die uns über unser Heil predigten". Und „ihr Wurm wird nicht sterben und ihr Feuer wird nicht gelöscht
werden, und sie werden ein Schauspiel sein für jedes Lebewesen". (6) Jenen
Tag des Gerichts meint er, wenn man die sehen wird, die unter uns gottlos ge-

---

[47] BAUER/ALAND, Wb 908.
[48] Κουφίζειν Act 27,38 im Sinn des Entladens eines Schiffes.

lebt und mit den Geboten Jesu Christi ein falsches Spiel getrieben haben. (7) Die Gerechten aber, die gut gehandelt, den Qualen standgehalten und die Begierden der Seele gehasst haben, werden – wenn sie sehen werden, wie die, die abgeirrt sind und durch Worte oder Taten Jesus verleugnet haben, mit schrecklichen Qualen durch unauslöschliches Feuer gestraft werden – ihrem Gott die Ehre geben und sagen: Es wird Hoffnung geben für den, der Gott aus ganzem Herzen gedient hat.

(18,1) Auch wir wollen folglich zu denen gehören, die Dank sagen, die Gott gedient haben, und nicht zu den Gottlosen, die gerichtet werden. (2) Denn auch ich selbst, der ich ganz und gar Sünder und keineswegs der Versuchung entflohen, sondern noch inmitten der Werkzeuge des Teufels bin, bemühe mich aus Furcht vor dem kommenden Gericht, der Gerechtigkeit nachzujagen, damit ich ihr wenigstens nahe zu kommen vermag.

Struktur:

17,1–3   Buße und zukünftige Rettung
    V.1   Paränese: Bußforderung mit Blick auf die Christwerdung
    V.2   Paränese: Bußforderung mit Blick auf die gegenseitige Verantwortung
    V.3   Paränese: Bußforderung mit Blick auf das gesamte Leben
17,4–7   Begründung durch Zitat und dessen Erläuterung
    V.4   Begründung: Zitat und Auslegung in Bezug auf die heilvolle Zukunft
    V.5   Fortsetzung der Auslegung: Erläuterung der unheilvollen Zukunft. Begründung der unheilvollen Zukunft durch Zitat
    V.6f   Erläuterung des Zitats im Blick auf die unheilvolle Zukunft und Kontrastierung durch die heilvolle Zukunft
18,1–2   Wiederholung und Formulierung der persönlichen Betroffenheit

Mit **V.1** startet der Prediger den letzten paränetischen Komplex. Μετανοήσωμεν οὖν ἐξ ὅλης καρδίας. Außer im Nachtrag 19,1 kommt μετανοεῖν hier zum letzten Mal vor (vgl. oben zu 8,1–3; 9,8 u. ö.). Οὖν knüpft an das Vorhergehende an und hat resümierenden Charakter. Ἐξ ὅλης καρδίας[1] betont die Ernsthaftigkeit der Umkehr (ebenso 19,1; ἐξ ὅλης τῆς καρδίας 8,2; ἐξ εἰλικρινοῦς καρδίας 9,8; ἐκ ψυχῆς 13,1). Der Zweck der Umkehr ist betont eschatologisch formuliert: ἵνα μή τις ἡμῶν παραπόληται. Statt der positiv formulierten ἵνα-Aussage von 8,2[2] finden wir jetzt eine negative, die die drastischen Folgen des Fehlverhaltens betont und die der Prediger explizit oder implizit stets vor Augen hat (vgl. schon 3,2; 4,1f u. ö.). Παραπόλλυσθαι (=„zugrunde gehen, verloren gehen")[3] kommt in LXX und frühchristlicher Literatur nur hier vor (vgl. Aristoph Vesp 1228; Luc Nigr 13;

---

[1] S setzt ἡμῶν voraus.

[2] Ἵνα σωθῶμεν; ohne ἵνα werden μετανοεῖν und σῴζεσθαι auch 13,1 verbunden, μετανοεῖν und δέχεσθαι 16,1.

[3] BAUER/ALAND, Wb 1256.

Phil Ebr 14 u. ö.): Da V.1fin. ἀπόλλυσθαι[4] vorkommt, hat es vermutlich weniger die Funktion der Verstärkung als die der Variation. Die innergemeindliche Solidarität hebt das μή τις ἡμῶν hervor.

V.1b beginnt mit einem Konditionalsatz: εἰ γὰρ ἐντολὰς ἔχομεν καὶ τοῦτο πράσσομεν,[5] .[6] ἀπὸ τῶν εἰδώλων ἀποσπᾶν καὶ κατηχεῖν. Bei den ἐντολαί handelt es sich wohl (wie durchgehend in der Predigt) um die Gebote Jesu. An welche Gebote der Verfasser konkret denkt, ist nicht so sicher. Die Wendung ἀπὸ τῶν εἰδώλων ἀποσπᾶν setzt die Heidenmission voraus. Εἴδωλον ist hap.leg. in 2 Clem (ebenso wie das betreffende Wortfeld überhaupt),[7] die Sache ist aber 1,6f thematisiert. Es könnte eine Reminiszenz an den Missionsbefehl (Mt 28,19f; Mk 16,15) vorliegen,[8] allerdings ist dort das Motiv der Abkehr von den Götzen, wenngleich vorausgesetzt, nicht direkt formuliert[9] – im Unterschied zu 1 Thess 1,9[10] (vgl. 1 Kor 12,2; weiters Act 15,20; Röm 2,22; 1 Kor 8–10 u. ö.). Jedenfalls knüpft 17,1 an den Anfang der Predigt an.[11] Das ἀπὸ τῶν εἰδώλων ἀποσπᾶν wird durch das κατηχεῖν verstärkt. Zwar hat ersteres ebenso aktive Bedeutung wie κατηχεῖν, dessen Informationsplus liegt aber in der katechetischen Zuspitzung. Κατηχεῖν im Sinne der christlichen Unterweisung ist traditionell (Act 18,25; 1 Kor 14,19; Gal 6,6), der Term ist hap.leg. bei den Apost. Vätern, hat hier aber ohne Objekt (zumindest auch!) schon den technischen Sinn der Katechumenunterweisung.[12]

Im Hauptsatz von V.1b kommt der Prediger auf sein eigentliches Anliegen zu sprechen: πόσῳ μᾶλλον ψυχὴν ἤδη γινώσκουσαν τὸν θεὸν οὐ δεῖ ἀπόλλυ-

---

[4] In eschatologischem Sinn auch 15,1; vgl. auch 2,5; in Bezug auf die Rettung aus dem Heidentum 1,4; 2,7.

[5] Καὶ τοῦτο πράσσομεν H, ebenso Βρυεννιος, Ἐπιστολαί 138; GEBHARDT/HARNACK, Epistulae 136; WENGST, 2 Clem 260; S setzt ἵνα καὶ τοῦτο πράσσωμεν voraus, LIGHTFOOT, Fathers I/2 252; FUNK/BIHLMEYER, Väter 170; HEMMER, Pères II 162.164. Ersteres ist nicht nur wegen der griechischen Bezeugung vorzuziehen. Eine Textverderbnis bei H (so SCHUBERT, 2 Clem 254) anzunehmen, ist problematisch, da dann nicht nur ἵνα, sondern auch das ω ausgefallen sein müsste. Zudem liegt bei S (wohl analog zu μετανοήσωμεν) eine Forderung vor, was zumindest in Bezug auf ἀπὸ τῶν εἰδώλων ἀποσπᾶν nicht passt.

[6] S setzt ein epexegetisches καί voraus, so auch WENGST, 2 Clem 260; anders Βρυεννιος, Ἐπιστολαί 138 und GEBHARDT/HARNACK, Epistulae 136. Der kürzere H-Text scheint hier vorzuziehen zu sein.

[7] Dasselbe gilt für ἀποσπᾶν (= „abspenstig machen", BAUER/ALAND, Wb 197; vgl. Jos Ant 8,277 u. ö.).

[8] So LIGHTFOOT, Fathers I/2 253; KNOPF, 2 Clem 177; GRANT/GRAHAM, Fathers 129. Eine zusätzliche Reminiszenz an Mt 10,5par anzunehmen (WARNS, Untersuchungen 307) ist eher problematisch, da dort die Heidenmission gerade abgelehnt wird.

[9] Ähnliches gilt für das Kerygma Petrou (ClemAl Strom 6,48,2 u. ö.), das das Bekenntnis zum einen Gott in der Ablehnung heidnischer (wie jüdischer) Gottesverehrung betont, vgl. dazu NTApo ⁶II 38–41.

[10] 1 Thess 1,9f liegt vermutlich nicht ein Zitat eines Taufbekenntnisses vor, wohl aber „Sprach- und Vorstellungsmaterial ..., das weiterer, gleichsam ökumenischer Herkunft ist" (HOLTZ, 1 Thess 57).

[11] DONFRIED, Setting 173.

[12] BEYER, κατηχέω 639: „... als mit κατηχέω im besonderen der Unterricht vor der Taufe ... bezeichnet wurde".

σθαι. Der Qal-Wachomer-Schluss (πόσῳ μᾶλλον)[13] kontrastiert die Zuwendung zu den Katechumenen und die Verantwortung der Gemeindeglieder für das eschatologische Heil.[14] Ψυχή meint hier nicht einen Teil des Menschen (so 5,4; 6,2; 12,3f; 16,2; 17,7), sondern ganzheitlich den Menschen „unter dem Aspekt seiner Gottesbeziehung"[15] (vgl. 10,5; 15,1), wie die nähere Bestimmung γινώσκουσα τὸν θεόν zeigt (vgl. 3,1). Es gibt kein garantiertes Heil, deshalb die ernste Ermahnung des Predigers an die, die durch Christus Gott kennen gelernt haben, zur μετάνοια.[16]

V.2 setzt die Bußforderung mit Blick auf die gegenseitige Verantwortung fort: Συλλαμβάνειν οὖν ἑαυτοῖς καὶ τοὺς ἀσθενοῦντας ἀνάγειν περὶ τὸ ἀγαθόν. Ἑαυτοῖς = ἀλλήλοις (ebenso 4,3; 12,3; 13,1; 15,5; dagegen reflexiv: 6,9; 9,7; 11,3; 15,1.4; 19,1). Συλλαμβάνειν = „unterstützen, beistehen, helfen",[17] der Dativ ἑαυτοῖς bezeichnet den, dem die Hilfe zuteil wird (Eur Med 812; Hdt Hist 6,125; Plat Leg 10,905b u. ö.). Prinzipiell sind das alle Gemeindeglieder, faktisch aber nur die ἀσθενοῦντες. Der Prediger redet nur hier von den im Glauben Gefährdeten als Schwachen, setzt die Verständlichkeit der Terminologie aber voraus (vgl. Röm 14,1f; 1 Kor 8,11f; 1 Clem 38,2). Περὶ τὸ ἀγαθόν meint ebenso allgemein wie in 4,3 und 13,1 das sittlich Erstrebenswerte, das dem Guten als Ausdruck für das eschatologische Heilsgut korrespondiert (6,6; 11,4; 15,5). Ἀνάγειν führt das ἀποσπᾶν und κατηχεῖν von V.1 fort. Eine Polemik gegen das Emporführen zur Gnosis[18] kann man als implizit gegeben voraussetzen, sie wird aber nicht explizit und scheint vom Prediger in seinem paränetischen Impetus, Entwicklungsmöglichkeiten in der Verwirklichung des rechten Tuns zu propagieren, auch kaum betont zu sein.

Das Ziel dieser Verwirklichung des Guten ist die Rettung aller. Σῴζεσθαι ist t.t. für das eschatologische Heil (4,1f; 8,2; 13,1; 14,1f; 15,1). Ἅπαντες führt das μή τις ἡμῶν von V.1 fort und zeigt die Verantwortung für die ganze Gemeinde.[19] Eine implizite Polemik gegen die gnostische Abwertung der Psychiker gegenüber den Pneumatikern ist wiederum gegeben; ob sie aber tatsächlich intendiert war, gibt der Text nicht zu erkennen. Ἐπιστρέψωμεν und νουθετήσωμεν sind nicht (wie σωθῶμεν) von ὅπως abhängig, da sie nicht die beabsichtigte Folge des Tuns beschreiben, sondern wie συλλάβωμεν dieses selbst. Ἐπιστρέφειν meint „zurechtbringen", „auf den rechten Weg bringen"[20] im Sinne der beständigen Hinwendung

---

[13] In 2 Clem nur hier. Bei den Apost. Vätern noch Did 4,8; Barn 19,8; Ign Eph 5,1.2; 16,2.

[14] Die Differenzierung zwischen äußerer Mission und nach innen gerichtetem Bemühen um reine Lehre und richtiges Handeln (LINDEMANN, 2 Clem 251) trifft nicht exakt die vorliegende Differenzierung.

[15] LINDEMANN, ebd.

[16] Der antignostische Aspekt ist wiederum deutlich, vgl. WARNS, Untersuchungen 309f.

[17] BAUER/ALAND, Wb 1550.

[18] WARNS, Untersuchungen 311 mit Hinweis auf Iren Haer 1,2,1 und Ev Phil 54 NHC II 63,27.

[19] Vgl. das Gegenüber von Prediger (bzw. Anagnost) und Gemeinde (15,1; 19,1).

[20] BAUER/ALAND, Wb 609.

zu Gott bzw. zur Gerechtigkeit (16,1 bzw. 19,2). Ἀλλήλους versteht das als gegenseitigen Dienst, faktisch jedoch als einen an den ἀσθενοῦντες (V.2a) verrichteten. Νουθετεῖν = „ermahnen, warnen"[21] (vgl. V.3; 19,2; Röm 15,14; 1 Kor 4,14; Kol 3,16; 1 Thess 5,14 u. ö.) und scheint einen stärker negativen Klang als ἐπιστρέφειν zu haben.

V.3 betont schließlich die Bußforderung im Blick auf das gesamte Leben, das aus der Sicht des Predigers aus Gottesdienst (V.3a.cα) und Alltagsleben (V.3b. cβ) besteht, das eschatologische Ziel (V.3cγ) vor Augen.

V.3a thematisiert das rechte Verhalten in den gottesdienstlichen Versammlungen: καὶ μὴ μόνον ἄρτι δοκῶμεν πιστεύειν καὶ προσέχειν ἐν τῷ νουθετεῖσθαι ἡμᾶς ὑπὸ τῶν πρεσβυτέρων. Μὴ μόνον ἄρτι gibt (im Gegenüber zum V.3b folgenden ὅταν κτλ) die Zeit an: die Ermahnung durch die Presbyter, d.h. wohl die gottesdienstliche Versammlung. An einen Katechumenenunterricht ist nicht gedacht, da als Hörerinnen und Hörer die schon Getauften vorausgesetzt werden. Was die Versammlung außer der Predigt und der Schriftlesung (vgl. zu Kap 2) noch beinhaltete, bleibt unklar. Man wird annehmen können, dass auch Gebete und Gesänge eine Rolle spielten und eventuell auch eine Mahlfeier (Agape oder/und Eucharistie) stattfand – ähnlich wie Just Apol I 67,4 Schriftlesung, Predigt, Gebet und Mahlfeier nennt. Justin bezeichnet die Predigt als eine vom Vorsteher (προεστώς) vorgetragene νουθεσία καὶ πρόκλησις τῆς τῶν καλῶν τούτων μιμήσεως. Der paränetische Charakter der Predigt ist hier ebenso auffällig wie 2 Clem (vgl. 15,1: συμβουλία; 19,1: ἔντευξις). Er scheint nicht nur zeittypisch und gattungsspezifisch zu sein,[22] sondern hängt auch mit den Hörerinnen und Hörern zusammen. Sie sind bereits eingeführt in die Grundaussagen des Glaubens, bedürfen aber noch der Ermunterung zur Bewährung im Alltag. Auffällig ist die Rede von „den" Presbytern. Da sich kaum mehrere Presbyter den Vortrag der Predigt teilten, könnte von den Versammlungen generell die Rede[23] sein oder (vielleicht eher) nicht nur die Predigt den Charakter des νουθετεῖν tragen, das dann nur noch intensiver betont wäre.[24] Von Presbytern ist nur hier und V.5 die Rede, andere Amtsträger (vielleicht auch nur Funktionäre) werden nicht erwähnt – was nicht heißt, dass es solche nicht gegeben hat.[25] Als Aufgabe der Presbyter ist nur die Predigt genannt, weiteres ist natürlich anzunehmen. Das Verhalten der Predigthörerinnen und -hörer wird mit πιστεύειν und προσέχειν ἐν τῷ νουθετεῖσθαι beschrieben. Πιστεύειν meint in 2 Clem sonst die vom Heidentum trennende christliche Botschaft

---

[21] BAUER/ALAND, Wb 1101.

[22] LINDEMANN, 2 Clem 251.

[23] Analog Herm Vis 2,4,3: andere sind besser als Hermas, ihnen müssten die Offenbarungen eigentlich zuteil werden.

[24] Merkwürdig ist die Rede von „den" Presbytern auch insofern, als ja der Prediger wohl selbst zu ihnen gehört (zurückhaltend SCHUBERT, 2 Clem 254).

[25] Unser Informationsdefizit gegenüber den Angesprochenen ist hier deutlich. Wie die Gemeindeorganisation im Detail aussah, wissen wir leider nicht. Das Auftreten eines ἐπίσκοπος (ΜΠΟΝΗΣ, Συμπόσιον 26) ist jedenfalls nicht belegbar, vgl. HAUSAMMANN, Kirche 41.

(2,3; 15,3), das Vertrauen auf die Verheißungen Gottes (11,1; vgl. 20,2) und den Glauben gegenüber der Gerichtspredigt (17,5), damit ist also weniger das Grundcharakteristikum christlichen Seins gemeint, sondern die Ausrichtung auf den Anfang des Christseins und die eschatologische Zukunft. Προσέχειν meint die aufmerksame Hinwendung zur Predigt. Πιστεύειν und προσέχειν können geheuchelt sein. Der Prediger sucht das zwar zu verhindern (μὴ ... δοκῶνεν), sein Grundanliegen ist aber weder durch Glauben noch durch äußerliche Aufmerksamkeit beschrieben. Was das ist, sagt er

V.3b: ἀλλὰ καὶ ὅταν εἰς οἶκον ἀπαλλαγῶμεν,[26] μνημονεύωμεν τῶν τοῦ κυρίου ἐνταλμάτων καὶ μὴ ἀντιπαρελκώμεθα ἀπὸ τῶν κοσμικῶν ἐπιθυμιῶν. Der Teilnahme am Gottesdienst wird die Bewährung in der Praxis hinzugefügt. Ἀλλὰ καί ist weniger additiv als kontrastierend zu verstehen. Εἰς οἶκον ist nur vordergründig lokal zu verstehen, gemeint ist die Lebensführung insgesamt; ἀπαλλάσσειν εἰς οἶκον = „nach Hause gehen".[27] Die Bewährung in der Praxis wird zunächst positiv formuliert als Gedenken an die Gebote des Herrn. Μνημονεύειν statt ποιεῖν o.dgl. ist offenbar von der vorherigen Unterweisung her motiviert und meint schwerlich primär einen kognitiven Akt, sondern das Befolgen der Gebote des Herrn (vgl. Act 20,35; Pol Phil 2,3). Ἔνταλμα kommt bei den Apost. Vätern nur hier vor, im NT dreimal (Mk 7,7par Mt 15,9 als Zitat von Jes 29,13; Kol 2,22 als Anspielung darauf – dabei handelt es sich um Gebote der Menschen). V.3cβ wird von den ἐντολαὶ τοῦ κυρίου die Rede sein. Der Gebrauch von ἐντάλματα ist wohl durch den Wunsch nach Variation bedingt; ein Bedeutungsunterschied liegt nicht vor. Negativ formuliert besteht die Bewährung in der Praxis darin, sich von den weltlichen Verlockungen nicht mitreißen zu lassen. Ἀντιπαρέλκειν ist in der gesamten griechischen Literatur, wie es scheint, nur hier bezeugt.[28] Im Unterschied zu παρέλκειν ist das Simplex ἕλκειν in der frühchristl. Literatur öfters bezeugt (Joh 6,44; Act 16,19; Jak 2,6; Barn 11,10 u.ö.). Der Term könnte eine Wortschöpfung des Predigers sein, entsprechend seinem Streben nach sprachlicher Originalität. Die κοσμικαὶ ἐπιθυμίαι (dasselbe Syntagma auch Tit 2,12),[29] nehmen die ἐπιθυμίαι πονηραί (16,2) ebenso auf wie die Forderung, τὰ κοσμικὰ ταῦτα ὡς ἀλλότρια (5,6) zu halten (vgl. jeweils dort).

Bevor in V.3cγ das eschatologische Ziel des rechten Verhaltens in den Blick kommt, wird in V.3cα nochmals an V.3a und in V.3cβ an V.3b angeknüpft.[30] V3cα

---

[26] S setzt zusätzlich καὶ καταπαύσωμεν ἀπὸ πάντων voraus. Die kürzere H-Version ist vorzuziehen, so alle Editionen.

[27] BAUER/ALAND, Wb 159; wörtlich: „nach Hause entlassen werden", hier dürfte schon liturgische Sprache vorliegen.

[28] Es fehlt bei PAPE und LIDDELL/SCOTT. LAMPE, Lexicon 156 nennt nur 2 Clem 17,3. Παρέλκειν: Hom Od 18,282; Hdt Hist 3,102; Sir 4,1.3; 29,5.8. Christlich erst spät: Athan Inc 26,5.

[29] Vgl. ἐπιθυμίαι τῶν ἀνθρώπων Herm Mand 11,6; σαρκικαὶ ἐπιθυμίαι 1 Petr 2,11; Did 1,4 (inkl. σωματικαί); ἐπιθυμία πονηρά Herm Vis 3,8,4; Mand 12,1,1; ἐπιθυμία μάταια Herm Mand 11,8 u.a.

[30] Mit ἀλλά wird das Folgende nur vom unmittelbar Vorhergehenden (ἐπιθυμίαι) abgegrenzt.

redet vom πυκνότερον προσέρχεσθαι.[31] Infolge der an die Verantwortung der
Einzelnen gerichteten Paränese ist damit wohl nicht die häufigere Abhaltung von
Gottesdiensten gemeint,[32] sondern die häufigere Teilnahme an ihnen – ein offen-
bar notwendiger paränetischer Topos in der Zeit des 2 Clem: Schon Hebr 10,25
mahnt, die Zusammenkünfte nicht (wohl vorzeitig) zu verlassen, von πυκνῶς
συνάγεσθαι redet Did 16,2, vor dem μονάζειν warnen Barn 4,10; Herm
Sim 9,26,3 und Ignatius wirbt für das πυκνότερον συνέρχεσθαι (Ign Eph 13,1).[33]
Im Unterschied zu der letztgenannten Stelle fehlt V.3cα (ebenso wie Did 16,2) eine
Ortsangabe, doch ist das von der Predigtsituation her ohnehin klar. Die Forderung
des öfteren Zusammentreffens zielt auf Leute, die meinen, die Gemeindever-
sammlungen nicht zu benötigen.[34]

V.3cβ ermuntert: πειρώμεθα προκόπτειν ἐν ταῖς ἐντολαῖς τοῦ κυρίου. Es
geht um ein qualitatives Vorankommen[35] (Lk 2,52; Gal 1,14; 2 Tim 3,9; vgl. auch
Phil SacrAbel 7; Epict Diss 2,17,4 u. ö.) in der Erfüllung der Gebote des Kyrios.
Ἐντολαί greift das ἐντάλματα von V.3b auf (vgl. dort und zu 3,4). So sehr der
Prediger hier ein stetes Fortschreiten vor Augen hat, macht er sich doch keine idea-
listischen Illusionen. Schon 7,3 ist ihm klar, dass manche nur nahe an den Sieges-
kranz herankommen werden und 18,2 gesteht er abschließend seine trotz eifrigen
Bemühens immer noch vorhandene Verstrickung in die Sünde und möchte der
Gerechtigkeit wenigstens nahe kommen.

Das Ziel des ganzen Bemühens formuliert er V.3cγ: ἵνα πάντες τὸ αὐτὸ φρονοῦντες συνηγμένοι ὦμεν ἐπὶ τὴν ζωήν. Πάντες wendet sich wieder gegen
Vereinzelungstendenzen, ebenso das τὸ αὐτὸ φρονοῦντες. Die Wendung ist
paulinisch (Röm 12,16; 2 Kor 13,11; Phil 2,2; 4,2).[36] Συνάγειν meint entweder die
Versammlung zum Gottesdienst (vgl. Did 14,1; 16,2; 1 Clem 34,7)[37] oder die eschatologische Sammlung der Gemeinde (vgl. Did 10,5).[38] Ζωή als das ewige Leben
(ohne Attribut auch 14,5; 19,1; ansonsten stets mit einem: αἰώνιος 5,5; 8,4.6 bzw.
ἐπουράνιος 20,5) passt bei beiden Möglichkeiten. Der vorhergehende Kontext
spricht für die erstere Möglichkeit, der nachfolgende für die letztere. Die irdische
Versammlung lässt die zukünftige schon durchschimmern.

---

[31] Προσερχόμενοι H, S setzt προσευχόμενοι voraus. Ersteres wird fast allgemein akzeptiert,
LIGHTFOOT, Fathers I/2 254 hält aber fest: „The Syriac reading however may be correct"; vgl. auch
SCHUBERT, 2 Clem 254; HEMMER, Pères II 165. QUÉRÉ, Pères 170 übersetzt: „assidus à la prière". Mit
dem Gebet würde freilich noch ein weiterer Aspekt dazukommen.

[32] So Ign Pol 4,2: πυκνότερον συναγωγαὶ γινέσθωσαν.

[33] Für die spätere Zeit vgl. ApostConst 2,59–61.

[34] DONFRIED, Setting 176. Eine libertinistische Ausrichtung dieser religiösen Individualisten ist damit
allerdings noch nicht bewiesen.

[35] Προκόπτειν mit ἔν τινι = „Fortschritte machen im Guten und Schlimmen", BAUER/ALAND, Wb
1417.

[36] Abhängigkeit von Paulus besteht freilich nicht. Die paulinische Verwendung ist allgemeiner Art,
GREGORY/TUCKETT, 2 Clem 282. Ign Sm 5,2 ist das Verhalten von Außenstehenden gemeint.

[37] So LINDEMANN, 2 Clem 251.

[38] So mit Vorsicht LOHMANN, Drohung 126.

V.4–7 folgt die Begründung durch zwei Zitate und deren Auslegung. **V.4** liegt der größte Teil des ersten Zitats vor (V.4a, der Rest folgt in V.5a).

2 Clem 17,4.5	Jes 66,18
καὶ εἶπεν ὁ κύριος·	
ἔρχομαι συναγαγεῖν	ἔρχομαι συναγαγεῖν
πάντα τὰ ἔθνη,	πάντα τὰ ἔθνη
φυλὰς καὶ γλώσσας …	καὶ τὰς γλώσσας
	καὶ ἥξουσιν
καὶ ὄψονται	καὶ ὄψονται
τὴν δόξαν αὐτοῦ	τὴν δόξαν μου

Die Zitateinleitung erfolgt durch εἶπεν γὰρ ὁ κύριος.[39] Mit εἶπεν werden Zitate auch 4,5; 9,11 und 12,2 eingeleitet, vom κύριος ist in Zitateinleitungen sonst noch 13,2 (AT) sowie 4,5; 5,2; 6,1; 8,5 und 9,11 (NT) die Rede. Wie hier ist auch 17,4 Christus gemeint, wie die folgende Auslegung (V.4b mit der Rede von der Parusie) zeigt (vgl. Mt 25,31–46). Das Zitat V.4a lautet: Ἔρχομαι συναγαγεῖν πάντα τὰ ἔθνη, φυλὰς καὶ γλώσσας. Es entspricht wörtlich Jes 66,18 mit Ausnahme von φυλὰς καὶ γλώσσας, wofür Jes nur καὶ τὰς γλώσσας bietet. Die Einfügung von φυλαί dürfte von Dan 3,2.7 LXX her motiviert sein,[40] wo ἔθνη, φυλαί und γλῶσσαι in einem politischen Kontext nebeneinander genannt werden (vgl. Apk 11,9; 14,6 zusammen mit λαοί im Rahmen der Endereignisse), so dass ein Mischzitat auf der Basis des Jesajatextes vorliegen dürfte. Die Herkunft des Jesaja-textes aus einer Jesajahandschrift ist damit nicht ausgeschlossen,[41] allerdings müsste es der Prediger aus eigener Schriftkenntnis heraus ergänzt haben. Möglich wären auch ein Testimonienbuch und vor allem das vom Prediger benutzte apokryphe Evangelium.[42] Weniger wahrscheinlich scheint dagegen die Annahme mündlicher Tradition. Thema des Zitats ist die endzeitliche Versammlung aller Menschen.[43] Συναγαγεῖν nimmt das συνηγμένοι von V.3cγ auf oder besser: jenes dürfte schon im Blick auf das folgende Zitat gewählt worden sein.

V.4b interpretiert das Zitat. Τοῦτο δὲ λέγει ist (teils ohne δέ) die typische Interpretationsformel (2,2.5; 8,6; 12,5; vgl. 17,6), die das Zitat auf die ἡμέρα τῆς ἐπιφανείας αὐτοῦ hin deutet. Von der ἐπιφάνεια (Christi oder Gottes) redete

---

[39] S setzt zusätzlich ἡμῶν voraus, eine nachträgliche Erweiterung.

[40] So setzt schon LIGHTFOOT voraus, Fathers I/2 254; KNOPF, 2 Clem 178.

[41] WARNS, Untersuchungen 405 betont, dass 2 Clem „bei allen übrigen, förmlich eingeleiteten Zitaten durchaus sorgfältig zu zitieren scheint". Angesichts des Ezechielzitats 6,8 dürfte dieses Urteil freilich schwer zu halten sein.

[42] Für letzteres: WARNS, Untersuchungen 408 favorisiert diese Lösung mit Bezug auf εἶπεν und auf die inhaltliche Konvergenz mit der Thematik eines Evangeliums (bes. Mt 24,30f; 25,32). Auch passt in diesem Fall die Nennung des Kyrios in der Zitateinleitung recht gut. Sicherheit ist freilich nicht möglich (wie WARNS auch sieht).

[43] Das gilt auch für Jes 66,18. „In diesem Wort ist das Heil Gottes wahrhaft universal." (WESTERMANN, Jesaja 337).

schon 12,1 (vgl. dort).[44] Auch jetzt ist nicht explizit Christus genannt, obwohl die Rede von der Erlösung (V.4b) und der Weltherrschaft Jesu (V.5a) dies nahe legen.[45] Zu ἐπιφάνεια in Bezug auf Christus vgl. im NT 2 Thess 2,8 (hier neben παρουσία); 1 Tim 6,14; 2 Tim 1,10; 4,1.8 (in Bezug auf seine Menschwerdung) und vielleicht Tit 2,13.[46] Auffällig ist die nähere Bestimmung des Handelns Christi bei seiner Epiphanie, ὅτε ἐλθὼν λυτρώσεται ἡμᾶς, ἕκαστον κατὰ τὰ ἔργα αὐτοῦ. Sein Kommen (ἐλθὼν nimmt das ἔρχομαι von V.4a auf) wird nicht ausdrücklich als Kommen zum Gericht bezeichnet, obwohl es das natürlich ist, wie schon am Anfang der Predigt unmissverständlich klargestellt wurde (1,1; vgl. 9,1; 18,1) und wie das (geläufige) Motiv der Berücksichtigung der Werke zeigt (vgl. nur Mt 16,27; 25,31–46; Röm 2,6; 1 Petr 1,17; 1 Clem 34,3 u.ö.; für die frühjüdische Tradition vgl. Prov 24,12; Ψ 61,13; Test Lev 3,2 u.ö.). In der Verbindung mit den ἔργα erwartet man natürlich κρίνειν, ἀποδιδόναι o.dgl. Dass der Prediger stattdessen von λυτροῦν spricht, ist auffällig.[47] Der Heilsbegriff ist offenbar gewählt, um das zukünftige Sein der den Geboten Christi Gehorsamen im Kontrast zum Geschick der ἄπιστοι (V.5) zu beschreiben.[48] Λυτροῦν ist nicht nur hap.leg. in 2 Clem, sondern kommt in der frühchristlichen Literatur im Sinne der zukünftigen Erlösung auch nur hier vor (im Unterschied zur vergangenen durch Leben und Tod Jesu Tit 2,14; 1 Petr 1,18; Barn 14,5–7), vgl. auch ἀπολύτρωσις Lk 21,28; Röm 8,23; Eph 4,30 (letztere Stelle spricht von der ἡμέρα ἀπολυτρώσεως).

V.5 setzt zunächst das Zitat aus Jes 66,18 fort. Καὶ ὄψονται τὴν δόξαν αὐτοῦ καὶ τὸ κράτος[49] οἱ ἄπιστοι greift den LXX-Text καὶ ἥξουσιν καὶ ὄψονται τὴν δόξαν μου mit einigen Änderungen auf. Ἥξουσιν entfällt aus Gründen der Straffung, das μου wird infolge des Wechselns in die Berichtsform durch αὐτοῦ ersetzt, der Rest ist neu. Der Prediger befindet sich im Übergang vom Zitat zum eigenen Text. Δόξα wird durch die Hinzufügung von κράτος verstärkt, liturgischem Stil entsprechend (Kol 1,11; 1 Petr 4,11; Jud 25; Apk 1,6; 5,13; 1 Clem 65,2). Κράτος soll die universale Macht Jesu betonen, der – in einer weiteren diesbezüglichen Formulierung – das βασίλειον τοῦ κόσμου in Händen hat.[50] Zu βασίλειον vgl. oben zu 6,9, gemeint ist wie bei βασιλεία der Besitz der Herr-

---

[44] Das sind die beiden einzigen Belege für ἐπιφάνεια bei den Apost. Vätern.

[45] Ebenso LINDEMANN, 2 Clem 252. KNOPF, 2 Clem 178 lässt es offen.

[46] Vgl. WEISER, 2 Tim 116–118.

[47] Vgl. schon GEBHARDT/HARNACK, Epistulae 137. WARNS, Untersuchungen 87A3093; 409–416 u.ö. sieht in dem λυτρώσεται eine Anspielung an das valentinianische Erlösungs- und Sterbesakrament. Das ist denkbar, wenn auch nicht stringent zu beweisen.

[48] Vgl. 11,6, wo offenbar nur im positiven Sinn von den Gegenleistungen für die ἔργα die Rede ist.

[49] Καὶ τὸ κράτος H, S setzt ἐν κράτει καὶ ἐξουσίᾳ voraus. Die kürzere H-Version ist vorzuziehen.

[50] Ἐν τῷ Ἰησοῦ λέγοντες H, S setzt τούτου καὶ ἔπειτα ἐροῦσιν voraus. Wiederum ist der griechischen Version der Vorzug zu geben, zumal die S-Version auch stilistisch glatter ist. Aus der Rede von Ἰησοῦς eine antivalentinianische Polemik herauszuhören (gegenüber der Rede von der Königsherrschaft, die in Christus ist, Tract Trip NHC I 132,16–20; WARNS, Untersuchungen 267f) ist interessant, gleichwohl sehr unsicher, da 2 Clem im Kontext (16,2; 17,7) ebenfalls von Ἰησοῦς spricht, daneben aber auch von Ἰησοῦς Χριστός (17,6). Das lässt nicht unbedingt auf eine bewusste Diktion schließen.

schaft. Die ἄπιστοι werden angesichts[51] dessen befremdet sein: ξενίζεσθαι = „befremdet werden, sich wundern, unwillig werden".[52] Die ἄπιστοι werden in Erstaunen gesetzt werden, wenn sie die Herrlichkeit und Macht des Weltenlenkers Jesus sehen werden.[53]

Das äußert sich in ihrer bitteren Selbsterkenntnis (V.5b): οὐαὶ ἡμῖν, ὅτι σὺ ἦς, καὶ οὐκ ᾔδειμεν καὶ οὐκ ἐπιστεύομεν καὶ οὐκ ἐπειθόμεθα τοῖς πρεσβυτέροις τοῖς ἀναγγέλλουσιν ἡμῖν περὶ τῆς σωτηρίας ἡμῶν. Unwissen, Unglaube und Ungehorsam gegenüber der Heilsbotschaft der Presbyter, noch dazu permanent (Imperfekt), sind die Ursache dafür, dass beim Gericht der Wehespruch gegen sich selbst formuliert werden muss. Σὺ ἦς erinnert insbesondere an die absoluten ἐγώ εἰμι-Sprüche Joh 8,24.28; 18,5.6.8, auch die prädikativen ἐγώ εἰμι-Sprüche (Joh 6,35; 8,12; 10,7 u. ö.) könnte man vergleichen. Aber das sind vermutlich nur formale Anklänge, wie das merkwürdige Impf. ἦς zeigt, das auf das (von der Parusie her gesehen) vergangene Handeln Jesu zurückblickt.

Unklar ist, wer die ἄπιστοι sind. Die meisten Exegeten denken an die christlichen Gegner des Predigers.[54] Das Problem dabei ist der Sprachgebrauch, der traditioneller Weise Heiden (oder z. T. vielleicht allgemeiner: Nichtchristen) meint (1 Kor 6,6; 7,12–15; 10,27; 1 Tim 5,8; Tit 1,15; Ign Magn 5,2 u. ö.).[55] Nun wendet Ign Trall 10,1; Ign Sm 2,1; 5,3 den Term auf die innergemeindlichen doketischen Gegner an: Selbst wenn er sie dabei den Nichtchristen gleichstellt,[56] zeigt diese Verwendung doch die Ausweitung auf christliche Gegner. Sie werden deshalb auch an unserer Stelle nicht auszuschließen sein; das Impf. dürfte nicht bloß gegen eine andauernde Resistenz von Heiden gerichtet sein, sondern auch eine solche von christlichen Gegnern im Blick haben, zumal der Kontext des Kap. 17 wie überhaupt die Predigt die rechte christliche Lebensführung behandeln und vor eschatologischen Sanktionen bei Fehlverhalten warnen. Gerade von Ign Trall 10,1 u. ö. her scheint eine Alternative wenig sinnvoll zu sein. Alle, die die „vorgetragene Predigt περὶ τῆς σωτηρίας ἡμῶν immer wieder (Imperfekt!) zurückgewiesen haben",[57] sind gemeint.

Zur Bestätigung folgt V.5c das schon 7,6 (vgl. dort) im selben Wortlaut gebrachte Zitat aus Jes 66,24. Eine Einleitungsformel fehlt, vielleicht wegen der zweiten Zita-

---

[51] Ἰδόντες H, S setzt εἰδότες voraus; sachlich besteht keine wesentliche Differenz, ersteres ist wegen der griechischen Bezeugung vorzuziehen.

[52] BAUER/ALAND, Wb 1109. In diesem Sinne noch 1 Petr 4,4.12.

[53] Ὄψονται als Element des eschatologischen Gerichts auch Barn 7,9.

[54] So schon GEBHARDT/HARNACK, Epistulae 137: „infideles Christiani"; SCHUBERT, 2 Clem 254: „die schlechten Christen, die der Verheißung nicht trauten und Gottes und der Presbyter Gebote nicht hielten"; KNOPF, 2 Clem 178: „ungetreue, ungläubige Christen, die die Predigt der Presbyter gehört, ihr aber keinen Glauben geschenkt haben"; in neuerer Zeit DONFRIED, Setting 172; WENGST, 2 Clem 261 A149; 263 A161 (mit Hinweis auf Kap. 17, insbesondere V.6); TUGWELL, 2 Clem 140f; LOHMANN, Drohung 127.

[55] LINDEMANN, 2 Clem 252.

[56] PAULSEN, Briefe des Ignatius 64; zitiert bei LINDEMANN, 2 Clem 252. Diese Gleichstellung vollzieht auch der Prediger, was nicht heißt, dass er den Term nur auf innergemeindliche Gegner bezieht.

[57] LINDEMANN, 2 Clem 252, der aber nur an Heiden denkt.

tion[58] oder eher, weil schon kurz vorher in V.4 ein Jesajazitat samt Einleitungsformel vorgetragen wurde. Die zweimalige Verwendung des Zitats ist wohl in seiner Brauchbarkeit für die eschatologische Motivierung der Paränese begründet.

V.6 erfolgt die Erläuterung des Zitats V.5c: τὴν ἡμέραν ἐκείνην λέγει τῆς κρίσεως. Λέγει ist geläufige Interpretationsformel (vgl. τοῦτο λέγει 2,2.5; 8,6; 12,5; 14,3; 17,4): „Er/es meint". Nicht gerade überraschend wird das Zitat auf die ἡμέρα τῆς κρίσεως hin gedeutet. Von der ἡμέρα τῆς κρίσεως redete der Prediger auch 16,3 (vgl. dort), das Gerichtsmotiv ist für die ganze Predigt höchst wichtig (vgl. 1,1; 18,2). Während 16,3 allgemein vom Aufgedecktwerden der verborgenen und sichtbaren Taten der Menschen spricht, geht es jetzt um das Tun der ἀσεβήσαντες: ὅταν ὄψονται τοὺς ἐν ἡμῖν[59] ἀσεβήσαντας καὶ παραλογισαμένους τὰς ἐντολὰς Ἰησοῦ Χριστοῦ. Umstritten ist die Identität der ἀσεβήσαντες. Eine Identität mit den ἄπιστοι von V.5[60] wäre nur möglich, wenn V.5 ausschließlich von christlichen Gegnern spräche, was allerdings kaum der Fall ist. Ebenso problematisch ist die Annahme, es handle sich um eine neue Gruppe,[61] denn das setzt voraus, dass die ἄπιστοι nur Heiden sind, was auch schwerlich zutrifft. Deutlich ist jedenfalls, dass jetzt Christen angesprochen werden, mithin der christliche Teil der ἄπιστοι, wie das ἐν ἡμῖν zeigt. Ἀσεβεῖν kommt in der frühchristlichen Literatur nur noch Jud 15 (in Aufnahme von Äth Hen 1,9) und 2 Petr 2,6 als v.l. vor. Üblicher Weise ist von ἀσεβής die Rede (18,1; vgl. Röm 4,5; 5,6; 1 Tim 1,9; 1 Petr 4,18; Barn 10,5.10; 1 Clem 3,4 u. ö.). Ἀσεβεῖν = „gottlos handeln",[62] gemeint sind Leute, die ihr Leben ohne den richtigen Gottesbezug leben – eine sehr allgemeine Bestimmung, die durch das παραλογίζεσθαι τὰς ἐντολὰς Ἰησοῦ Χριστοῦ näher erläutert wird. Παραλογίζεσθαι mit Akk. der Sache = „ein falsches Spiel treiben (mit)"[63] (vgl. OGIS 665,16; Gen 31,41). Die Gegner missbrauchen die Gebote Jesu Christi (vgl. 3,4; 4,5; 6,7; 8,4; 17,1.3), d.h. ihre Gebotserfüllung entspricht nicht der vom Prediger gewünschten Ehrlichkeit und Konstantheit (vgl. V.7 das positive Gegenüber: gut handeln und den Qualen standhalten). Ὄψονται (vgl. ἰδόντες V.5) meint: jedermann wird den unehrlichen Umgang der Gegner mit den Geboten Christi offen sehen, d.h. jetzt ist er nicht oder nicht ausreichend erkennbar. Man wird in dem schillernden παραλογίζεσθαι vermutlich nicht eine exakte Beschreibung des angegriffenen Verhaltens erkennen können. Dass ein libertinistisches Verhalten dahinter steht,[64] ist bloß eine Vermutung.

---

[58] KNOPF, 2 Clem 178.

[59] Ὑμῖν H, S setzt ἡμῖν voraus. S ist vorzuziehen, da die 1. Pers. besser in den Kontext passt.

[60] LOHMANN, Drohung 127.

[61] LINDEMANN, 2 Clem 252.

[62] BAUER/ALAND, Wb 229.

[63] BAUER/ALAND, Wb 1253. In diesem Sinn ist das Verb hap.leg. in der urchristlichen Literatur. Mit Akk. der Person = „betrügen, täuschen" Kol 2,4; Jak 1,22; Ign Magn 3,2.

[64] DONFRIED, Setting 172.175f. Dagegen LINDEMANN, 2 Clem 252.

V.7 kontrastiert die unheilvolle und heilvolle Zukunft aus der Sicht derer, die an letzterer Anteil bekommen, der δίκαιοι. Sie sind die, die aus reinem Herzen Gott dienen (11,1), die gerechte und gottgefällige Werke vorzuweisen haben, wie Noah, Hiob und Daniel (6,9) und die ermuntert werden, gerecht und gottgefällig zu bleiben (15,3). Sie werden jetzt mit drei Partizipien erneut charakterisiert: zunächst εὐπραγήσαντες: „recht handeln",[65] das Wort ist hap.leg. in der frühchristlichen Literatur und meint nicht nur das moralisch, sondern auch das unternehmerisch Richtige (vgl. Jos Ant 13,284; Test Gad 4,5), m.a.W. das von Gott durch Wohlergehen belohnte rechte Handeln. Weiters: ὑπομείναντες τὰς βασάνους. Βάσανος hat ein weites Bedeutungsspektrum: Es meint speziell irdische (1 Makk 9,56; 4 Makk 17,10; Phil Jos 86; Jos Bell 1,635; Mart Pol 2,4 u. ö.) bzw. jenseitige Folterqualen (Lk 16,23.28; 2 Clem 10,4 u. ö.), allgemein Qualen verschiedenster Art (1 Makk 9,56; Phil Abr 96; Mt 4,24; 1 Clem 6,1 u. ö.). Da eine ausgesprochene Verfolgungssituation in 2 Clem nicht vorzuliegen scheint, dürften allgemein quälende Leiden und Anfechtungen dieses Lebens gemeint sein, die geduldig ertragen werden (ὑπομένειν auch 11,5 vom Ausharren in mancherlei Unruhen und Bedrängnissen, vgl. Hebr 10,32f; 2 Clem 1,2 von den Leiden Jesu). Schließlich die dritte Näherbestimmung von δίκαιοι: μισήσαντες τὰς ἡδυπαθείας τῆς ψυχῆς. In der Seele haben die ἐπιθυμίαι πονηραί ihren Ursprung (16,2). Sie sollen ebenso wenig in die Tat umgesetzt werden wie die ἡδυπάθειαι (16,2), die Verstrickungen in die irdischen Lebensgenüsse. Gerecht sein heißt mithin V.7a: Recht handeln im standhaften Ertragen der Leiden und im entschlossenen Widerstand gegen die Verstrickungen in die irdischen Lebensgenüsse.

Bevor der Prediger (in V.7c) den Hauptsatz fortsetzt, schiebt er in V.7b einen Konditionalsatz ein: ὅταν θεάσωνται τοὺς ἀστοχήσαντας καὶ ἀρνησαμένους[66] διὰ τῶν λόγων ἢ διὰ τῶν ἔργων τὸν Ἰησοῦν, ὅπως κολάζονται δειναῖς βασάνοις[67] πυρὶ ἀσβέστῳ. Die Lk 16,19–31 u. ö.[68] geschilderte Situation ist umgedreht: Die Gerechten sehen die Bestrafung der Übeltäter.[69] Ἀστοχεῖν bezeichnet das Abirren vom Glauben (1 Tim 1,6; 6,21), vom Gewissen (1 Tim 1,6), von der Wahrheit (2 Tim 2,18) bzw. das Sich-Vergehen gegen den Anderen (Did 15,3). Das absolut gebrauchte ἀστοχήσαντες meint offenbar ein generelles Abweichen von all dem bisher positiv Bezeichneten. Es wird durch das

---

[65] BAUER/ALAND, Wb 656.

[66] S setzt zusätzlich ἢ voraus. Die Verdoppelung des ἢ ist sachlich unnötig.

[67] S setzt zusätzlich καί voraus. Die längere Lesart addiert βάσανοι und πῦρ.

[68] In der Parabel Lk 16,19–31 sieht der im Hades sitzende Reiche den in Abrahams Schoß befindlichen Lazarus und muss die Verzweiflung angesichts seines verkehrten Lebens ertragen. Sap Sal 5,1–13 treten die Gerechten beim Weltgericht ihren früheren Unterdrückern mit Freimut entgegen, während diese sich in schrecklicher Furcht mit Selbstanklagen überhäufen. Ähnlich klagen sich Barn 7,9 die Henker Jesu ihres Verhaltens an. 4 Esr 7,83–87 besteht die Pein der Gesetzesverächter darin, dass sie den Lohn der Gerechten und ihre eigene bevorstehende vielfältige Pein sehen und dabei vor Scham und Furcht vergehen.

[69] Vgl. besonders ausführlich die Schilderung der Bestrafung der Übeltäter Tert Spect 30. Die eschatologische Bestrafung der Übeltäter folgt dem Grundsatz der ausgleichenden Gerechtigkeit vgl. 4 Makk 9,9; 12,12; Lk 16,25 u. ö.

folgende ἀρνησαμένους τὸν Ἰησοῦν näher erläutert (καί wird am besten expli-
kativ verstanden).[70] Die Verleugnung ist eine ganzheitliche: Sie erfolgt durch un-
sachgemäßes Reden ebenso wie durch inadäquates Handeln (vgl. dazu Sir 3,8;
Röm 15,18; Kol 3,17[71] u. ö.). Die Verleugnung ist, wie ἔργα zeigt, recht allgemein
und jedenfalls nicht auf eine Verfolgung beschränkt. Von der Verleugnung Jesu
redete schon 3,1, der Term hat somit in 2 Clem einen betont christologischen Bezug
(vgl. 3,1; Mt 10,33par; Act 3,13; 1 Joh 2,23; Jud 4; Diogn 7,7; Herm Vis 2,2,8 u. ö.).
Eine spezifische Akzentuierung in der Verwendung von Ἰησοῦς (neben Χριστός
2,7; 5,5; 6,7; 9,5; 14,2–4 und Ἰησοῦς Χριστός 1,1f; 17,6) liegt nicht vor: es wird
vom Präexistenten (14,2) ebenso ausgesagt wie vom Irdischen (5,4) und Erhöhten
(16,2; 17.5.7). Eine eventuelle Frontstellung ist in der Terminologie schwerlich erkennbar. Die Abweichler und Verleugner Jesu werden mit schrecklichen[72] Qualen
bestraft werden[73] durch unauslöschliches Feuer. Das Syntagma πῦρ ἄσβεστον
findet sich auch Mt 3,12par; Mk 9,43; Ign Eph 16,2 u. ö.;[74] das Motiv des stets brennenden Höllenfeuers hatte der Prediger schon mehrmals benützt (5,4; vgl. 7,6 und
17,5 ebenso wie Mk 9,48 im Zitat aus Jes 66,24). Die Bestrafung der Sünder durch
Feuer ist somit ein traditioneller apokalyptischer Topos (vgl. weiters Mt 3,11par;
5,22; 18,9; Apk 19,20; 20,10.14f; 21,8 u. ö.), der in besonders eindrücklicher (und
Angst erzeugender) Weise die Folgen des falschen Verhaltens vor Augen stellt.
Irgendwelche Abhängigkeiten sind infolge der weiten Verbreitung des Topos sicher
nicht gegeben. Der Prediger schöpft nur aus dem Arsenal apokalyptischer Schre-
cken und er tut es mit besonderem Elan.

Der positive Zweck der Ausmalung des Schreckens wird vom Prediger allerdings nie vergessen,[75] wie V.7c zeigt: ἔσονται[76] δόξαν διδόντες[77] τῷ θεῷ αὐτῶν
λέγοντες, ὅτι ἔσται ἐλπὶς τῷ δεδουλευκότι θεῷ ἐξ ὅλης καρδίας.[78] Gott
die Ehre zu geben, ist schon atl. Diktion (Jer 13,16; Ψ 65,2; 67,35 u. ö.), es ist ebenso
im frühen Christentum geläufig (Lk 17,18; Joh 9,24; Act 12,23; Röm 4,20 u. ö.), in
apokalyptischem Kontext auch Apk 4,9; 11,13; 14,7. Die δίκαιοι werden angesichts
der Bestrafung der Abweichler und Verleugner Jesu Gott die Ehre geben – man

---

[70] LINDEMANN, 2 Clem 253 versteht ἀστοχήσαντες und ἀρνησάμενοι additiv.

[71] WARNS, Untersuchungen 221–225 sieht in 17,7 (διὰ τῶν λόγων ἢ διὰ τῶν ἔργων ... τῷ θεῷ) und
18,1 (εὐχαριστούντων) eine Anspielung auf Kol 3,16f, wo die genannten Wendungen fast wörtlich begegnen. Der Bezug zu Kol 3,16f sei mittelbar über die Valentinianer erfolgt (222). Auch wenn das schwer
zu verifizieren ist, besteht die Annahme z. R., „die Tendenz der Anklänge" sei „antivalentinianisch" (222).

[72] Δεινός = „schrecklich, entsetzlich, gewaltig", BAUER/ALAND, Wb 346; von eschatologischen
Qualen reden auch Mk 16,14 v.l., Herm Sim 6,3,3; von Verfolgungen 1 Clem 6,2; Mart Pol 2,4; Just Apol I
31,6.

[73] Κολάζειν im eschatologischen Sinn auch 2 Petr 2,9; Apk Petr 6,21.

[74] Vgl. τὸ πῦρ (τὸ) αἰώνιον 4 Makk 12,12; Test Seb 10,3; Gr Bar 4,16; Mt 18,8; 25,41; Jud 7; Just Apol I
21,6; Tat Orat 17,1 u. ö.

[75] Er stößt nicht zur – sit venia verbo – apokalyptischen Vergeltungssucht vor, wie sie z. B. für Apk
Petr charakteristisch ist.

[76] S setzt zusätzlich ἐν ἀγαλλιάσει voraus. Die kürzere H-Version ist vorzuziehen.

[77] Δόντες H, S setzt διδόντες voraus. Der Aorist von H ist offenbar Abschreibfehler.

[78] S setzt zusätzlich αὐτοῦ voraus. Wiederum ist die kürzere H-Version vorzuziehen.

muss verstehen: wegen der Konsequenz in Belohnung und Bestrafung menschlichen Verhaltens. Die dabei von den Gerechten gesprochenen Worte (λέγοντες mit ὅτι-citativum) sind insofern auffällig, als das Futur ἔσται im Rahmen der dargestellten eschatologischen Situation keinen Sinn ergibt. Auch passt der Singular δεδουλευκότι nicht zu den Pluralwendungen λέγοντες (17,7) und δεδουλευκότων τῷ θεῷ (18,1). Von daher ist die Annahme von WARNS[79] überzeugend, dass in den Worten ἔσται ἐλπίς κτλ.[80] wohl ein liturgisches Zitat vorliegt, genauerhin „eine Formel aus dem Sterbe- oder Bestattungsritual".[81] Das Part. perf. δεδουλευκότι ist gut verstehbar, ebenso der Aspekt der Hoffnung. Ἐλπίς hat hier futurische Bedeutung, ebenso ἐλπίζειν 11,5.[82] Das Syntagma δουλεύειν θεῷ tauchte schon 6,1; 11,1 auf (vgl. dort, weiters 18,1).

Das im Zitat formulierte Motiv der Hoffnung für den, der Gott redlich gedient hat, bemüht der Prediger, um den Schlussabschnitt seiner Predigt zu beginnen. **18,1**: καὶ ἡμεῖς οὖν[83] γενώμεθα ἐκ τῶν εὐχαριστούντων,[84] τῶν δεδουλευκότων τῷ θεῷ, καὶ μὴ ἐκ τῶν κρινομένων ἀσεβῶν. Mit dem Kohortativ γενώμεθα wird die paränetische Schlussfolgerung aus dem vorher (17,5–7) in 3. Person geschilderten Gerichtsdrama gezogen. Ἡμεῖς, d.h. die Hörerinnen und Hörer (mit denen sich der Prediger in 18,2 solidarisiert) werden zweifach beschrieben: zunächst mit ἐκ τῶν εὐχαριστούντων. Sie werden, rechtes Verhalten vorausgesetzt, zu den εὐχαριστοῦντες gehören. Εὐχαριστεῖν ist hap.leg. in 2 Clem (im Konnex des eschatologischen Gerichts auch Apk 11,17). Der Dank derer, die Gott gedient haben (die zweite Beschreibung; vgl. 17,7), wird nicht näher herausgestellt, ist aber insofern von großer Bedeutung, als der Prediger abschließend den Geschenkcharakter der endzeitlichen Annahme zumindest anklingen lässt. Damit wird das δόξαν διδόντες τῷ θεῷ von 17,7 aufgenommen,[85] aber sachlich darüber hinausgegangen. Dank ist mehr als Ehrfurcht angesichts des Lohnes für die Gerechten und der Strafe für die Gottlosen. Doch der Tun-Ergehen-Konnex setzt sich sofort wieder durch: Die Gerechten stehen den κρινόμενοι ἀσεβεῖς gegenüber. Κρινόμενοι blickt zurück auf κρίσις (17,6 vgl. dort sowie zu 1,1). Ἀσεβής (= gottlos, vgl. Ψ 1,1; 36,35; Prov 1,32; Test Seb 10,3; Röm 5,6; 2 Petr 2,5f; Jud 4.15; 1 Clem 14,5; 18,13 u. ö.) nimmt das ἄπιστοι von 17,5 und ins-

---

[79] WARNS, Untersuchungen 167–174.

[80] Mit Ausnahme von ἐξ ὅλης καρδίας, das vom Prediger stamme (168f; vgl. 3,4; 8,2, 17,1; später noch 19,1; vgl. zusätzlich 9,8.10; 11,1).

[81] WARNS, Untersuchungen 169. Biblischer Hintergrund könnte Jes 54,17 sein (ἔστιν κληρονομία τοῖς θεραπεύουσιν κύριον); vgl. auch Test Jud 26,1 (ἐστὶν ἐλπὶς πᾶσι τοῖς κατευθύνουσι τὰς ὁδοὺς αὐτῶν).

[82] 1,7 ist ἐλπίς auf die vorchristliche Existenz bezogen, ebenso ἐλπίζειν 1,2.

[83] S setzt ἀδελφοί voraus. Die kürzere H-Version ist vorzuziehen.

[84] S setzt καὶ τὸ ἔλεος λαμβανόντων voraus, WENGST, 2 Clem 264 (übernommen bei LINDEMANN, 2 Clem 250 in Klammern, der jedoch im Kommentar 253 in Aufnahme einer brieflichen Notiz von WARNS festhält, im Syrischen liege „einfach eine präzise Übersetzung von εὐχαριστεῖν vor, die auch das Element χάρις ‚Gnade' in diesem Verb beachten will".).

[85] LINDEMANN, 2 Clem 253.

besondere das ἀσεβήσαντες von 17,6 auf. Wie dort sind alle gemeint, die nicht den vorgetragenen Verhaltensnormen entsprachen.

18,2 schließt der Prediger, indem er bekenntnishaft seine eigene Betroffenheit von seinen Ausführungen einbringt. Er tut dies gleich in doppelter Weise. Bevor er aber noch den mit καὶ γὰρ αὐτός beginnenden Hauptsatz mit σπουδάζω fortsetzt, fügt er im Partizipialstil eine Parenthese ein: πανθαμαρτωλὸς ὢν καὶ μήπω φυγὼν[86] τὸν πειρασμόν, ἀλλ᾽ ἔτι ὢν ἐν μέσοις τοῖς ὀργάνοις τοῦ διαβόλου. Πανθαμαρτωλός scheint hap.leg. in der gesamten alten griechischen Literatur zu sein.[87] Parallelbegriffe sind παντάδικος (PsGregNaz ChrPat 716; 1427; 1821) und πανθαμάρτητος (Did 5,2; Barn 20,2; ApostConst 7,18 am Schluss des Todesweges). In entwaffnender Offenheit formuliert der Prediger sein eigenes Ungenügen. Er präsentiert sich als einer, „der ganz und gar Sünder und nichts anderes ist",[88] eine hyperbolische Ausdrucksweise, wie das Folgende zeigen wird, und insofern ein Ausdruck einer „stolzen Demut",[89] der seine Bemühungen um Gerechtigkeit nur umso deutlicher herausstellen soll.

Parallel zu πανθαμαρτωλός steht das Bekenntnis, der Versuchung noch nicht entflohen zu sein. Die Bewahrung vor dem endzeitlichen πειρασμός[90] wird erbeten (Mt 6,13par; Did 8,2; Pol Phil 7,2), als Zusage zugesprochen (1 Kor 10,13; 2 Petr 2,9; Apk 3,10) oder paränetisch zur Geltung gebracht (Mk 14,38parr; Lk 8,13; 1 Petr 4,12). Zum φεύγειν τὰς ἐπιθυμίας fordert 2 Tim 2,22 auf (dort ebenfalls der Konnex zu δικαιοσύνη), ähnlich 1 Kor 6,18 (τὴν πορνείαν) bzw. 1 Kor 10,14 (ἀπὸ τῆς εἰδωλολατρίας). Zur Verstärkung des Motivs der noch bestehenden Versuchung dient das adversativ (ἀλλά)[91] formulierte ἔτι ὢν ἐν μέσοις τοῖς ὀργάνοις τοῦ διαβόλου. Ὄργανον (= „Werkzeug")[92] könnte eine militärische Metapher sein und die Kriegsgeräte bzw. -maschinen (vgl. Plat Resp 2,374d; 2 Makk 12,27; Just Dial 110,3) meinen, mit denen der διάβολος angreift.[93]

Nach der langen Parenthese πανθαμαρτωλός … διαβόλου formuliert der Prediger, worin der Dienst an Gott (V.1) besteht: σπουδάζω τὴν δικαιοσύνην διώκειν. 10,1 geht es um das διώκειν τὴν ἀρετήν, 20,4 um das διώκειν τὸ

---

[86] Φεύγων H, S setzt φυγών voraus. Letzteres klingt wie eine Verbesserung, dürfte aber ursprünglich sein, da das Part. praes. von H keinen rechten Sinn ergibt und ein Schreibfehler sein dürfte.

[87] Es fehlt bei Pape und Liddell/Scott. Lampe, Lexicon 1003 nennt nur 2 Clem 18,2. Das Wort hat allerdings eine große Wirkungsgeschichte: „Νεωστὶ ἡ λ. κατέστη κοινή, μάλιστα συνηθεστάτη μεταξὺ τῶν μοναχῶν", Μπονης, Συμπόσιον 98.

[88] Knopf, 2 Clem 180.

[89] Schubert, 2 Clem 255.

[90] Πειρασμός wird nicht näher bestimmt. Der Singular sowie die Parallelität zu ἐν μέσοις τοῖς ὀργάνοις τοῦ διαβόλου deuten auf die endzeitliche Gefährdung.

[91] Πειρασμόν, ἀλλά erinnert an das Vaterunser (Mt 6,13par), eine explizite Anspielung darauf (Warns, Untersuchungen 295) ist aber wegen der anderen Zielrichtung (vgl. das φεύγειν) wohl nicht anzunehmen. Die Verbindung von πειράζειν und διάβολος/σατανᾶς ist geläufig (Mk 1,13par).

[92] Bauer/Aland, Wb 1172.

[93] Lightfoot, Fathers I/2 256; Ign Röm 4,2 meint es die Bestien als Werkzeuge, durch die der Märtyrer ein Gott wohlgefälliges Opfer wird. Mart Pol 13,3 bezeichnet es das Material für den Scheiterhaufen.

εὐσεβές. Δικαιοσύνη = hier das Rechttun, wie V.2b zeigt, wo vom eigenen Handeln die Rede ist[94] (zum Term allgemein vgl. 4,2; 6,9; 11,7; 12,1; 13,1; dazu jeweils oben; auch der Anagnost wird das Stichwort betont aufgreifen, 19,2f). Der Gerechtigkeit nachjagen ist geläufige biblische Terminologie (Prov 15,9; Röm 9,30; 1 Tim 6,11; 2 Tim 2,22; vgl. τὴν ὁδόν Act 22,4; φιλοξενίαν Röm 12,13; εἰρήνην 1 Clem 22,5; τὰ τῆς εἰρήνης Röm 14,19; Hebr 12,14; 1 Petr 3,11; τὴν ἀγάπην 1 Kor 14,1; τὸ ἀγαθόν 1 Thess 5,15; Did 5,2; Barn 20,2). Das Streben richtet sich mit aller Kraft auf das rechte Tun: Zu σπούδαζειν ist 10,2 (σπούδαζειν ἀγαθοποιεῖν) zu vergleichen. Das richtige Handeln soll mit Eifer betrieben werden, was der Prediger für sich in Anspruch nimmt.

Den erwünschten Effekt formuliert er V.2bα: ὅπως ἰσχύσω κἂν ἐγγὺς αὐτῆς γενέσθαι. Die V.2a schon mehrfach zum Ausdruck gebrachte Bescheidenheit in der Verwirklichung des rechten Tuns (πανθαμαρτωλός, μήπω φυγών, σπουδάζω) liegt auch jetzt vor. Der Prediger möchte es fertig bringen,[95] der Gerechtigkeit wenigstens nahe zu kommen. Das Motiv des ἐγγὺς γενέσθαι formulierte er schon 7,3 in Bezug auf den Siegeskranz (vgl. dort).

Eine Parallele ist Phil 3,12–14, wo Paulus sein Streben nach dem Siegespreis der himmlischen Berufung betont, ohne das zukünftige Sein aber schon ergriffen zu haben. Die dort vorliegende Dialektik (V12b: „weil ich auch von Christus ergriffen worden bin") fehlt 18,2b jedoch, wodurch die Predigt mit einem letztlich gesetzlichen Ton endet, der durch die Schlusswendung (V.2bβ) noch verstärkt wird: φοβούμενος τὴν κρίσιν τὴν μέλλουσαν. Die Furcht vor dem, der Macht hat, Leib und Seele in die Gehenna zu werfen, wurde schon 5,4 aus einem apokryphen Zitat (vgl. Mt 10,28par)[96] vorgetragen, um zur Verwirklichung des Willens Christi (vgl. 5,1; 6,7) aufzufordern (vgl. 4,4 mit der Warnung, Menschen mehr als Gott zu fürchten). Das Partizip φοβούμενος kann kaum anders als kausal verstanden werden,[97] ja es gewinnt sogar die motivierende Kraft für die eifrigen Bemühungen, der δικαιοσύνη wenigstens nahe zu kommen. Die Rede vom Gericht spielt in der gesamten Predigt eine große Rolle (κρίσις: 10,5; 16,3; 17,6; im Folgenden noch 20,4; κρίνειν 9,1; 18,1; κριτής 1,1, vgl. jeweils dort). Dass im ersten und letzten Vers der Predigt die Gerichtsthematik auftaucht, ist wohl kein Zufall und zeigt die nicht geringe Angstbestimmtheit ihres Autors. Sie ist schwerlich geringer als in beliebigen anderen Stellen, an denen vom Gericht die Rede ist (vgl. nur Mt 5,21f. 29f.; Hebr 10,27; Jak 2,13; 1 Joh 4,17; Jud 15; Apk 16,7; Barn 19,10; Herm Vis 3,9,5 u.ö.), das jeweils (ob explizit oder implizit) eine paränetisch motivierende Funktion hat.

---

[94] Dass δικαιοσύνη wie 11,7 „nicht nur im Sinn einer sittlichen Tugend (‚Rechtschaffenheit'), sondern auch als Teil der Gottesbeziehung" zu sehen ist (LINDEMANN, 2 Clem 254), darf den auf ersterem liegenden Ton nicht verwischen. Vom δικαιοσύνη-Begriff eines Paulus ist 2 Clem weit entfernt.

[95] Ἰσχύειν ist hap.leg. in 2 Clem.

[96] Vgl. Apk 14,7: Gottesfurcht angesichts des Gerichts.

[97] LINDEMANN, 2 Clem 254 meint, φοβούμενος müsse „nicht unbedingt kausal aufgelöst werden", es bezeichne einen „begleitenden Umstand". In der Übersetzung (250) wird es aber doch kausal verstanden („da ich … fürchte").

19,1–20,4: SCHLUSSERMAHNUNG

Das Tun der Gerechtigkeit wird am Ende belohnt

(19,1) Folglich, Brüder und Schwestern, nach dem Gott der Wahrheit lese ich euch eine Bittschrift vor, damit ihr auf das Geschriebene acht gebt, auf dass ihr sowohl euch selbst rettet als auch den, der unter euch vorliest. Als Lohn bitte ich euch, aus ganzem Herzen Buße zu tun, so dass ihr euch selbst Heil und Leben ermöglicht. Denn wenn wir das getan haben, setzen wir allen Jungen ein Ziel, die sich um Gottgefälligkeit und Güte Gottes bemühen wollen.

(2) Und wir wollen nicht widerwillig und aufgebracht sein wie Toren, wenn jemand uns ermahnt und uns vom Unrechttun zum Rechttun hin ausrichtet. Denn bisweilen, wenn wir Böses tun, haben wir wegen des Zweifels und Unglaubens in unserer Brust nicht die rechte Erkenntnis, und wir sind unter den nichtigen Begierden im Denken verfinstert.

(3) Verwirklichen wir also das Rechttun, damit wir am Ende gerettet werden. Selig sind, die diesen Anordnungen gehorchen. Wenn sie auch eine kurze Zeit Böses erleiden in der Welt, werden sie die unsterbliche Frucht der Auferstehung ernten.

(4) Der Gottesfürchtige soll also nicht traurig sein, wenn er in den gegenwärtigen Zeiten im Elend lebt. Eine selige Zeit erwartet ihn. Er wird oben mit den Vätern wieder zum Leben kommen und Freude erfahren in ungetrübter Ewigkeit.

(20,1) Aber auch jenes soll euer Denken nicht erschüttern, dass wir die Ungerechten im Überfluss sehen und die Knechte Gottes bedrängt.

(2) Glauben wir also, Brüder und Schwestern: Wir bestreiten die Probe des lebendigen Gottes und kämpfen in diesem Leben, damit wir im kommenden bekränzt werden.

(3) Keiner der Gerechten hat eine schnelle Frucht erlangt, sondern er erwartet sie. (4) Denn wenn Gott den Lohn der Gerechten sofort auszahlen würde, trieben wir alsbald Handel und nicht Gottesverehrung. Wir wären nur scheinbar gerecht, während wir nicht der Frömmigkeit, sondern dem Gewinn nachjagten. Und deshalb hat das göttliche Gericht einen Geist geschädigt, der nicht gerecht war, und hat ihn mit Ketten beschwert.

Struktur:

19,1a	Situationsbeschreibung:	Verlesen einer Bittschrift, die zur Paränese und so zur Rettung führen soll
1b	Paränese:	Beispielwirkung des Tuns
V.2	Paränese:	Gegen Unwilligkeit über Ermahnung. Begründung: das Erkennen des Bösen fehlt manchmal
V.3	Paränese:	Tun der Gerechtigkeit. Begründung: Zukünftige Rettung
V.4	Paränese:	Aufgeben der gegenwärtigen Angst. Begründung: Zukünftige Freude
20,1	Paränese:	Gegen Verwirrung im Denken angesichts der gegenwärtigen Situation
V.2	Begründung I:	Probe im gegenwärtigen Leben – Bekränzung im zukünftigen Leben
V.3f	Begründung II:	Frucht ist zukünftig, sonst würde sie missbraucht.

19,1 setzt mit ὥστε im gegenwärtigen Kontext der Predigt fort.[1] Es könnte vom Anagnosten[2] stammen, der damit (im Stil der Predigt, vgl. 4,3; 7,1.3; 8,4 u. ö.) 19,1–20,4 an die Predigt anschloss. Die Anrede ἀδελφοὶ καὶ ἀδελφαί (1,1; 4,3; 5,1.5; 7,1; 8,4 u. ö.) auffällig[3] und literarkritisch von großer Bedeutung.[4] Der Vorleser beschreibt zunächst die Situation: μετὰ τὸν θεὸν τῆς ἀληθείας ἀναγινώσκω ὑμῖν ἔντευξιν.[5] Die Gottesbezeichnung Θεὸς τῆς ἀληθείας (vgl. 3,1; 20,5: πατὴρ τῆς ἀληθείας)[6] findet sich auch 1 Esdr 4,40; Ψ 30,6; ob ein zufälliger Zusammenhang besteht, muss offen bleiben. Das Syntagma ist als Ellipse zu verstehen im Sinne von „Nachdem der Gott der Wahrheit gesprochen hat/nachdem ihr den Gott der Wahrheit gehört habt" o.dgl. und deutet auf eine vorangegangene Schriftlesung.[7] Nach 13,3 hören die Heiden in der christlichen Predigt τὰ λόγια τοῦ θεοῦ und das 13,4 folgende Zitat (vgl. Lk 6,32.35) wird mit λέγει ὁ θεός eingeleitet. Die „Auslegung" einer Schriftstelle

---

[1] Zur sekundären Anfügung des vom Anagnosten stammenden Abschnittes 19,1–20,4 an die Predigt 1,1–18,2; 20,5 durch einen Kompilator vgl. Einleitung § 2.

[2] Die Funktion der Anagnosten (wenn auch noch nicht als Amtsträger) ist schon für die Frühzeit des Christentums vorauszusetzen; zur weiteren Entwicklung vgl. Leclercq, Lecteur 2241–2269.

[3] Es ist als Anrede nur hier und 20,2 in der frühchristlichen Literatur belegt, vgl. υἱοὶ καὶ θυγατέρες Barn 1,1; die Nebeneinanderstellung von ἀδελφός und ἀδελφή auch Jak 2,15 (vgl. Mk 3,35par zusammen mit μήτηρ).

[4] Vgl. Einleitung § 2. Baasland, Rhetorik 114 A236 spielt die Bedeutung herunter, wenn er bloß von einer Anpassung an 20,2 spricht.

[5] S setzt zusätzlich τοῦτ' ἔστιν νουθεσίαν voraus. Die kürzere H-Version ist wieder vorzuziehen.

[6] Vgl. auch πνεῦμα τῆς ἀληθείας. Joh 14,17; 15,26; 16,13 u. ö.

[7] So schon Bryennios, Ἐπιστολαί 140 A2. Kap 1–18 würden schwerlich in dieser Direktheit als Gottesrede bezeichnet werden, siehe Einleitung § 2. Das deutet auf die ursprüngliche Stellung von 19,1–20,4 vor der Predigt 1,1–18,2; 20,5 hin, vgl. Warns, Untersuchungen 150f, übernommen von Lindemann, 2 Clem 255f. Zur Deutung auf eine vorherige Schriftlesung vgl. auch Knopf, Anagnose 266; Wengst, 2 Clem 216.

durch eine nachfolgende Predigt ist frühjüdische Tradition (Neh 8,7; vgl. 2 Chr 17,9; Mk 1,21; Lk 4,20f; Act 13,15).[8] Für das frühe Christentum bezeugt 1 Tim 4,13 das Nebeneinander von ἀνάγνωσις, παράκλησις und διδασκαλία; weiters bezeugt Just Apol I 67,3f eine Schriftlesung vor einer ermahnenden Predigt (vgl. auch Tert Apol 39; ApostConst 2,54,1 u. ö.). Welche bzw. ob überhaupt eine bestimmte Schriftstelle vorausgesetzt ist, kann nicht gesagt werden. Es muss jedenfalls irgendein zu 1,1–18,2; 20,5 passender Text gewesen sein, eventuell aus einer Jesajahandschrift, einem Testimonium oder dem benutzten apokryphen Evangelium.[9] Die paränetisch orientierte Predigt setzt keinen bestimmten Text voraus, so dass die Vorleser vermutlich die Freiheit der Wahl hatten.

Der Anagnost trägt nach der Schriftlektüre eine ἔντευξις vor. Ἔντευξις = wörtlich „d. Eingabe, d. Bittschrift".[10] So bezeichnet Justin seine erste Apologie (Apol I 1,1) und auch die römische Gemeinde ihr Schreiben an die Korinther (1 Clem 63,2). Damit ist der werbende, aber doch zugleich bestimmte und fordernde Charakter der Predigt bezeichnet, die der Anagnost gleich vorlesen wird. Die paränetische Absicht des Ganzen wird in der Fortführung εἰς τὸ προσέχειν τοῖς γεγραμμένοις sogleich deutlich. Προσέχειν = „achten auf, hören auf, folgen",[11] mit Dativ der Sache: τοῖς γεγραμμένοις.[12] Das Geschriebene wird aufgrund des traditionellen Sprachgebrauchs (Lk 18,31; 21,22; Joh 12,16; 1 Kor 15,54; Barn 7,3; 1 Clem 13,1 u. ö.) die Schriftlesung[13] sein, schließt aber in der Sicht des Anagnosten in sekundärer Weise vielleicht auch die Predigt 1,1–18,2; 20,5 ein, um deren Vortrag es ihm ja geht. Dass 19,1 die Verlesung einer Predigt bezeugt, sagt nichts über den sonstigen Brauch aus. Synagogalem Usus entsprechend werden Predigten wohl überwiegend frei gehalten worden sein (vgl. Mk 14,49par; Lk 4,16–30; Joh 18,20).[14]

---

[8] STEMBERGER, Judentum 104–107. „Schon in frühester Zeit war mit der Verlesung des Bibeltextes in der Synagoge seine Erklärung verbunden" (104). Weiters schon ELBOGEN, Gottesdienst 194–198. Die Predigt war in der antiken Synagoge üblich (wenn auch nicht verpflichtend) und konnte vor oder nach der Toralesung stattfinden. Sie ist „keine Verkündigung des Wortes Gottes, sondern ein menschlicher Versuch, dem Verständnis dieses Wortes nahe zu kommen und es auf die Gegenwart zu beziehen." (TREPP, Gottesdienst 68).

[9] Vgl. WARNS, Untersuchungen 151.

[10] BAUER/ALAND, Wb 542 mit Hinweis auf Polyb Hist 5,35,4; Plut TibGracch 829; Ep Arist 252; Jos Ant 15,79 u. ö.

[11] BAUER/ALAND, Wb 1430.

[12] Zu τὰ γεγραμμένα vgl. 2 Kor 4,13; 1 Clem 13,1.

[13] ZAHN, Geschichte I 849A 3; SCHUBERT, 2 Clem 255; SCHÜSSLER, 2 Clem 13. STEWART/SYKES, Prophecy 186 ergänzt: „albeit not to any preceding scriptural reading". Alternative: „self-reference to the enteuxis which is being read" (ebd.). GRANT, Clement 1061: „the scriptures which he frequently cites".

[14] Nach Eus HE 6,36,1 hat der alternde Origenes entgegen seiner früheren Gewohnheit das Mitschreiben gestattet, d. h. seine Predigten waren nicht schriftlich fixiert. Gleiches gilt auch für das charismatische prophetische Reden und Lehren der Frühzeit (1 Kor 12,28; 14,26–33; Eph 4,11 u. ö.) und wohl auch für das Predigen und Lehren der Amtsträger (1 Tim 3,2; 5,17 u. ö.). Zur frühchristlichen Predigt insgesamt vgl. NIEBERGALL, Geschichte 186–214; zur Predigt als Schriftauslegung vgl. SALZMANN, Lehren 46.70.77 u. ö. (Register).

Der Zweck der Beachtung der Predigt: ἵνα καὶ ἑαυτοὺς σώσητε καὶ[15] τὸν ἀναγινώσκοντα ἐν ὑμῖν.[16] Das betont gemeinschaftsorientierte Motiv der Rettung von Sprecher und Hörern knüpft an 15,1 an (vgl. dort). Σῴζειν ist 15,1 wie 19,1 im Sinn der Ermöglichung der göttlichen Rettung durch das entsprechende Handeln zu verstehen.

V.1b greift den Konnex Paränese – eschatologische Folge auf und verstärkt ihn unter betonter Anknüpfung an Motive der Predigt: μισθὸν γὰρ αἰτῶ ὑμᾶς τὸ μετανοῆσαι ἐξ ὅλης καρδίας,[17] σωτηρίαν ἑαυτοῖς καὶ ζωὴν διδόντας. Μισθός ist ein Lieblingswort des Predigers (1,5; 3,3; 9,5; 11,5; 15,1; vgl. dort); es setzt ein Bezugsverhältnis voraus und meint hier den Lohn, den der Anagnost für den Vortrag der Predigt erwartet. Unmittelbar: Buße aus reinem Herzen. Μετανοεῖν/μετάνοια ist das (formale) Hauptanliegen des Predigers (8,1–3; 9,8; 13,1; 15,1; 16,1.4; 17,1, vgl. dort): Die Ganzheitlichkeit dieser Lebensausrichtung (ἐξ ὅλης καρδίας) ist an den genannten Stellen mehrfach und in unterschiedlicher Terminologie formuliert und wird im jetzigen Kontext abschließend verstärkt (z. Z. der Abfassung von 19,1–20,4: ouvertürenhaft vorbereitet). Mittelbar erwartet der Vorleser den eschatologischen Lohn, der Paränese entsprechend, jetzt nur mehr für die Hörerinnen und Hörer. Σωτηρία καὶ ζωή begegnen zusammen auch Barn 2,10; beide Termini (bzw. das jeweilige Verb) sind in der Predigt geläufige Bezeichnungen für das eschatologische Heil (1,1.7; 4,1f; 8,2; 13,1; 14,1 u. ö. bzw. 5,5; 8,4.6; 10,1; 14,5 u. ö.).

V.1c formuliert ein weiteres Ziel der Buße: τοῦτο γὰρ ποιήσαντες σκοπὸν[18] πᾶσιν τοῖς νέοις θήσομεν, τοῖς βουλομένοις περὶ τὴν εὐσέβειαν καὶ τὴν χρηστότητα τοῦ θεοῦ φιλοπονεῖν. Das bußfertige Verhalten der Hörerinnen und Hörer soll Vorbildwirkung haben. Σκοπός ist hap.leg. in 2 Clem.[19] Die νέοι sind wohl, dem üblichen Sprachgebrauch entsprechend (vgl. nur App Bell Civ 5,136, 566; Ps Sal 2,8; Phil PostCain 109; Tit 2,4; 1 Clem 1,3; 3,3; 21,6),[20] die an Jahren jungen Gemeindeglieder. Neubekehrte[21] werden Herm Vis 3,5,4 durch den Zusatz ἐν τῇ πίστει gekennzeichnet. Die plötzliche Hervorhebung einer einzigen Gruppe ist auffällig und zeigt das spezifisch didaktische Interesse des Anagnosten.

---

[15] S setzt zusätzlich ἐμέ voraus (übernommen von WENGST, 2 Clem 264). Die kürzere H-Version ist vermutlich vorzuziehen (so die übrigen Editionen). LINDEMANN, 2 Clem 256 lässt die Frage offen.

[16] S setzt zusätzlich τὰ λόγια τοῦ θεοῦ voraus. Die kürzere H-Version ist wiederum vorzuziehen (so alle Editionen).

[17] S setzt zusätzlich ὑμῶν voraus. Vgl. die vorige Anm.

[18] S setzt σκοπόν voraus, κοπόν H. Ersteres ergibt einen viel besseren Sinn und ist vorzuziehen, zur Sache vgl. Polyb Hist 7,8,9; ApostConst 2,6,7.

[19] Bei den Apost. Vätern ist der Term noch 1 Clem 19,2; 63,1 (sowie σκοπεῖν 1 Clem 51,1) bezeugt und meint dort das Ziel der Beseitigung der Missstände in Korinth als Ausdruck der Rückkehr zur ursprünglichen Gottesordnung, vgl. LONA, 1 Clem 246. Der Term dient Phil VitMos 1,48; Abr 130 u. ö. zur Beschreibung der Aufgaben der Philosophie. Im einzigen ntl. Beleg (Phil 3,14) formuliert Paulus als σκοπός den Siegespreis der himmlischen Berufung.

[20] Ebenso der Komparativ νεώτεροι: Act 5,6; 1 Tim 5,1f.11.14; Tit 2,6; 1 Petr 5,5; Pol Phil 5,3.

[21] So KNOPF, Zeitalter 182; ΜΠΟΝΗΣ, Συμπόσιον 105; in 2 Clem 181 verbindet KNOPF beide Gruppen.

Die Bereitschaft der Jungen (τοῖς βουλομένοις), ein vor Augen gestelltes Ziel zu verfolgen, muss vorausgesetzt werden, konkret: sich zu bemühen (φιλοπονεῖν)[22] um εὐσέβεια und χρηστότης τοῦ θεοῦ. Εὐσέβεια meint das rechte Gottesverhältnis (in 2 Clem nur noch 20,4; vgl. Prov 1,7; Sap Sal 10,12; Sir 49,3; 4 Makk 5,18; 6,2; 7,1; 1 Tim 2,2; 3,16; 2 Tim 3,5; Tit 1,1; 2 Petr 1,3; 1 Clem 1,2; 11,1 u. ö.). Χρηστότης wurde vom Prediger schon 15,5 verwendet (vgl. noch in Bezug auf Gott Ψ 13,1; 20,4; 24,7; Röm 2,4; 11,22; 1 Clem 9,1; Ign Sm 7,1 u. ö.). Die Nebeneinanderstellung dürfte nicht zufällig sein. Um die Güte Gottes muss man sich bemühen, aber die Voraussetzung dafür ist die Bemühung um das rechte Gottesverhältnis.

V.2 setzt die Paränese fort. Thema in V.2a ist die Unwilligkeit gegenüber den Ermahnungen: καὶ μὴ ἀηδῶς ἔχωμεν καὶ ἀγανακτῶμεν οἱ ἄσοφοι, ὅταν τις ἡμᾶς νουθετῇ καὶ ἐπιστρέφῃ ἀπὸ τῆς ἀδικίας εἰς τὴν δικαιοσύνην. Ἀηδῶς ἔχειν = „etwas ungern haben, sich ärgern über"[23] (vgl. Demosth Orat 20,142; 37,11; BGU II 665 col. III 10f u. ö.) ist fast bedeutungsgleich mit ἀγανακτεῖν = „erregt sein, unwillig sein, aufgebracht sein, zürnen"[24] (Bel Drac 28 Θ; Jos Ant 2,284; Mt 21,15; 26,8; Mk 10,14; 1 Clem 56,2 u. ö.). Beide Termini sind hap.leg. in 2 Clem, mithin spezifischer Sprachschatz des Anagnosten und haben als Hendiadyoin die Funktion der Verstärkung des Unwillens, dessen Beseitigung durch Befolgen der Predigt nur umso gewichtiger erscheint. Beide Verhaltensweisen würden zu ἄσοφοι[25] stempeln: es geht nicht nur um einen Vergleich mit Toren, die Verärgerten und Ungehorsamen wären welche. Die Wendung τις ἡμᾶς νουθετῇ nimmt 17,3 auf, wo die Ermahnung durch die Presbyter thematisiert wird.[26] Sie deutet darauf hin, dass der Anagnost nicht zu dieser Gruppe gehört. Zweck des Ermahnens ist die Hinwendung von der Ungerechtigkeit zur Gerechtigkeit. Ἐπιστρέφειν ist 16,1 die Hinwendung zu Gott, hier εἰς τὴν δικαιοσύνην. Δικαιοσύνη ist wie beim Prediger (4,2; 6,9; 11,7; 12,1; 13,1; 18,2) das rechtschaffene Tun, eine „religiöse" Bedeutung[27] ist damit nur insofern gegeben, als der Term nicht im ideologisch leeren Raum anzusiedeln ist.

Die Begründung für die Mahnung, nicht unwillig zu reagieren, wird V.2b in dem einleitenden πονηρὰ πράσσοντες[28] gegeben, das seinerseits doppelt begründet

---

[22] Φιλοπονεῖν ist hap.leg in der frühchristlichen Literatur; vgl. Sir Prolog Z 20; Isocr Orat 1,46. Der Term ist Ausdruck des Leistungsdenkens des Predigers und des Anagnosten, auch wenn er inhaltlich nicht überfrachtet wird.

[23] BAUER/ALAND, Wb 37.

[24] BAUER/ALAND, Wb 7.

[25] In der frühchristlichen Literatur nur hier und Eph 5,15.

[26] Der τις ist ein Presbyter, GOLDHAHN-MÜLLER, Grenze 337.

[27] LINDEMANN, 2 Clem 257 stellt den sittlichen und religiösen Aspekt zu schematisch additiv nebeneinander (vgl. zu 18,2).

[28] Bei dieser Wendung liegt wieder eine deutliche Differenz zur Haltung des Predigers vor. Während dieser sich 18,2 als πανθαμαρτωλός versteht, hat der Anagnost offenbar nur ein gelegentliches (vgl. ἐνίοτε) Versagen vor Augen. Die Wendung πονηρὰ πράσσειν liegt schon 8,2 (ähnlich 16,2) vor.

wird. Zunächst: ἐνίοτε γὰρ²⁹ … οὐ γινώσκομεν διὰ τὴν διψυχίαν καὶ ἀπιστίαν τὴν ἐνοῦσαν ἐν τοῖς στήθεσιν ἡμῶν. Böses Handeln ist Folge bzw. Ausdruck von Unwissen, wie dieses Folge von Zweifel und Unglauben ist.³⁰ Im Unterschied dazu setzt der Prediger Erkenntnis voraus (3,1; 17,1). Auch bedingt sein Bekenntnis der Sündhaftigkeit (18,2) nicht ein durch Zweifel und Unglauben gekennzeichnetes Selbstverständnis. Beide Termini fehlen bei ihm (nur δίψυχοι 11,2 und διψυχεῖν 11,5 für die innerchristlichen Gegner bzw. für ein abzulehnendes Verhalten; ἄπιστοι 17,5 für die den Presbytern Ungehorsamen, vgl. jeweils dort).

Die zweite Begründung für das πονηρὰ πράσσειν schließt V.2b ab: καὶ ἐσκοτίσμεθα τὴν διάνοιαν³¹ ὑπὸ τῶν ἐπιθυμιῶν³² τῶν ματαίων. Ἐπιθυμίαι μάταιαι kennt auch Herm Mand 11,8; 12,6,5; der Prediger spricht 17,3 in ähnlicher Weise von κοσμικαὶ ἐπιθυμίαι (vgl. oben; dort weitere parallele Wendungen). Die nichtigen (μάταιος = „eitel, nichtig, vergeblich, ohne Nutzen, ohne Erfolg")³³ Begierden sind Ursache für eine Verfinsterung des Denkens. Dass die Begierden zur Tat drängen, weiß auch der Prediger (16,2). Die Wendung ἐσκοτίσμεθα τὴν διάνοιαν erinnert an Eph 4,18 und bezeichnet dort das Verhalten der Heiden (ähnlich Röm 1,21; vgl. 2 Clem 1,6), 1 Clem 36,2 wendet ἐσκοτωμένη διάνοια auf das (offenbar gegenwärtige) Emporwachsen ins Licht an und steht somit der Auffassung des Anagnosten nahe, dass Gemeindeglieder im Tun des Bösen eine Verfinsterung des Denkens zeigen.

V.3 setzt die Paränese fort: πράξωμεν οὖν τὴν δικαιοσύνην, ἵνα εἰς τὸ τέλος σωθῶμεν. Die Verbindung von πράσσειν und δικαιοσύνη ist in der biblischen und frühchristlichen Literatur sonst nicht belegt.³⁴ Der Prediger hatte vom ποιεῖν bzw. διώκειν τὴν δικαιοσύνην gesprochen (4,2; 11,7 bzw. 18,2, siehe jeweils dort). Πράσσειν mit Akk. ist verschiedentlich bezeugt, z.B.: ἀγαθόν/φαῦλον 2 Kor 5,10; ἄξια ἔργα Act 26,20; τὰ πνευματικά Ign Eph 8,2; πάντα Ign Magn 6,1; πρᾶξιν Herm Sim 5,2,11 u. ö. Ein Bedeutungsunterschied zu ποιεῖν ist nicht erkennbar. Beide Male geht es um die Verwirklichung der Gerechtigkeit im rechten Handeln. Ἵνα σωθῶμεν (wörtlich auch 8,2; 14,1; vgl. ὅπως σωθῶμεν 17,2) greift das ἵνα … σώσητε von V.1 auf und knüpft an die entsprechenden Aussagen der Predigt an (vgl. zu V.1 sowie zu 4,2; 8,2 u. ö.). Wie dort ist auch hier nicht vorausgesetzt, dass das eigene Tun rettet³⁵ (das tut natürlich der himmlische Rich-

---

²⁹ Ἔνια H, S setzt ἐνίοτε voraus; letzteres scheint besser in den Kontext zu passen. Sachlich ergibt sich keine signifikante Differenz.

³⁰ Streng genommen ist nur von der ἀπιστία gesagt, sie sei in unserem Inneren (στῆθος nur hier und Herm Vis 1,4,2 bei den Apost. Vätern), aber sachlich wird das auch für διψυχία gelten (die Wortfamilie ist häufig bei Hermas: διψυχεῖν: Vis 2,2,7; 3,2,2; 3,3,4 u. ö.; διψυχία Vis 2,2,4; 3,7,1; 3,10,9 u. ö.; δίψυχος Vis 3,4,3; 4,2,6; Mand 5,2,1 u. ö.).

³¹ S setzt zusätzlich ἡμῶν voraus. Die kürzere H-Version ist, wie allgemein anerkannt, vorzuziehen.

³² S setzt zusätzlich τούτων voraus. Vgl. die vorige Anm.

³³ BAUER/ALAND, Wb 1004.

³⁴ Vgl. Xenoph Fr 1,16 (DIELS/KRANZ ¹¹I 127): τὰ δίκαια πρήσσειν.

³⁵ Richtig LINDEMANN, 2 Clem 257: „daß die Christen sich durch das Tun der Gerechtigkeit selbst das Heil verschaffen müßten oder könnten, sagt Vf. nicht." Dass sich „die Tendenz dieser Paränese … im Grunde nicht von der etwa in Gal 6,6–10" unterscheidet (ebd.) ist missverständlich, insofern Paulus die

ter und Retter Christus, vgl. 8,2: ἵνα σωθῶμεν ὑπὸ τοῦ κυρίου). Insofern muss differenziert von „Gesetzlichkeit" gesprochen werden (vgl. Einleitung § 6):[36] Das eigene Tun ist nicht causa prima, wohl aber causa secunda für das eschatologische Heil.[37] Die Ausrichtung gegen eine billige Gnade ist festzuhalten.

V.3b setzt mit einem Makarismus fort: μακάριοι οἱ τούτοις ὑπακούοντες τοῖς προστάγμασιν ist Wiederaufnahme des Makarismus von 16,4, der dem gegolten hat, der sich in Bezug auf Almosen, Fasten und Gebet als πλήρης erwiesen hat. Den Term μακάριος wird der Anagnost in V.4 gleich wieder aufgreifen. Das Aufzeigen der paradiesischen Zukunft liegt ihm offenbar sehr am Herzen. Ὑπακούειν/ ὑπακοή kommen beim Prediger nicht vor,[38] dagegen häufig 1 Clem (7,6; 9,1; 39,7 u. ö. bzw. 9,3; 10,2.7 u. ö.), ebenso πρόσταγμα (1 Clem 2,8; 3,4; 20,5 u. ö.; in der frühchristlichen Literatur sonst nur noch Herm Sim 5,1,5). Der sprachliche Befund könnte zumindest auf die Kenntnis von 1 Clem durch den Anagnosten schließen lassen, vielleicht auch auf die Anfügung von 19,1–20,4 im Rahmen der Zusammenstellung der Predigt mit 1 Clem.

V.3c setzt den schon 3a.b vorliegenden Blick auf die eschatologische Zukunft fort: κἂν[39] ὀλίγον χρόνον κακοπαθήσωσιν ἐν τῷ κόσμῳ[40] τὸν ἀθάνατον[41] τῆς ἀναστάσεως καρπὸν τρυγήσουσιν.[42] Der Anagnost arbeitet hier mit dem Jetzt-Dann-Schema. Der Kürze des Leidens[43] in der Welt steht die unsterbliche[44] Frucht der Auferstehung[45] gegenüber. Von einem Nebeneinander zweier Äonen

---

Paränese nicht in soteriologischem Kontext behandelt. Der Anagnost ist von Paulus her ebenso zu hinterfragen wie der Prediger (oder auch der Verfasser von Jak 2,14–26).

[36] Die Aussage, dass die „von Christus bereits vollbrachte Rettung noch nicht vollständig und endgültig" ist (WENGST, 2 Clem 234), ist richtig, wenn sie im vorgetragenen Sinn verstanden wird.

[37] Εἰς τέλος nur hier in 2 Clem; zum Syntagma vgl. Barn 10,5; 19,11; Ign Eph 14,2; Ign Röm 10,3 u. ö.

[38] Ein Befolgen seiner συμβουλία erwartet er natürlich ebenso, vgl. nur 15,1.

[39] Κἂν H, S setzt nur καί voraus. Ohne ἄν wäre der folgende Konjunktiv ganz merkwürdig, sodass die H-Version vorzuziehen ist (so auch GEBHARDT/HARNACK, Epistulae 140; FUNK/BIHLMEYER, Väter 172; HEMMER, Pères II 168; WENGST, 2 Clem 266).

[40] H fügt τούτῳ ein. Die S-Version könnte als lectio brevior vorzuziehen sein, zumal auch 19,4 und 20,2 nicht von zwei Äonen reden.

[41] Δὲ θάνατον H, S setzt ἀθάνατον voraus, was einzig einen Sinn ergibt.

[42] Τρυγήσουσιν H, S setzt τρυφήσουσιν voraus. Zum Akk καρπόν passt ersteres besser. Τρυγᾶν = „(reife Früchte) einsammeln, ernten", BAUER/ALAND, Wb 1651; τρυφᾶν = „ein üppiges Leben führen, schwelgen" (ebd.).

[43] Κακοπαθεῖν kommt in der frühchristlichen Literatur nur noch 2 Tim 2,9 im Blick auf das Leiden des Paulus, 2 Tim 4,5 im Blick auf das des Timotheus und Jak 5,13 im Blick auf das von Christinnen und Christen vor. Das Leiden um des Evangeliums willen dominiert, darauf deutet auch κακοπαθία Jak 5,10, wo die Propheten als Vorbild im Leiden hingestellt werden. Das κακοπαθεῖν ist ein gemeinschaftliches (2 Tim 1,8; 2,3: συγκακοπαθεῖν).

[44] Ἀθάνατος nur noch Did 4,8; 1 Clem 36,2; Diogn 6,8; 9,2 in der frühchristlichen Literatur (vgl. ἀθανασία 1 Kor 15,53f; 1 Tim 6,16; Did 10,2; 1 Clem 35,2; Ign Eph 20,2). Die in der frühjüdischen Literatur einige Male belegte, aus dem profanen Hellenismus stammende Vokabel (Sap Sal 1,15; Sir 17,30; 4 Makk 7,3; 14,6; 18,23) findet zögernd Eingang in die frühchristliche Literatur.

[45] Zu ἀνάστασις (das Substantiv ist hap.leg. in 2 Clem) vgl. oben zu 6,8; 9,1. Den Anagnosten interessiert nicht der kosmologische Aspekt der Auferstehung (so wenig er ihn leugnen würde), sondern der individualistische.

(so 5,5; 6,3) ist nicht explizit die Rede. Sollte H mit τούτῳ Recht haben, wäre das allerdings anzunehmen, doch hat die S-Version für sich, dass auch 19,4; 20,2 nur von einem zukünftigen individuellen Leben sprechen, nicht dagegen von einem zukünftigen Äon. Eine Ersetzung der kosmologisch orientierten apokalyptischen Eschatologie durch eine individualistische muss dennoch nicht angenommen werden. Denn auch Röm 8,18; 2 Kor 4,17; 1 Petr 1,6; 5,10 wird das gegenwärtige Leben im Leiden dem zukünftigen in Herrlichkeit kontrastiert, ohne dass Paulus oder der Verfasser von 1 Petr deshalb die kosmologische Eschatologie aufgeben würden. Die individualistische Redeweise dürfte durch die Paränese bedingt sein, in der die einzelnen durch den Blick auf ihr gegenwärtiges bzw. zukünftiges Geschick zum rechten Handeln ermuntert werden. Ἀθάνατος neben ἀνάστασις zeigt das Zusammengehen hellenistischer und apokalyptischer Terminologie. Die Rede vom ἀθάνατος καρπός der ἀνάστασις dürfte nicht dahin zu deuten sein, dass die Auferstehung selbst diese Frucht ist, sondern dass sie diese bedingt.

V.4 ist in Satzstruktur und Gedankenführung erstaunlich parallel zu V.3, wobei der Aspekt des Erleidens von Bösem (V.3c) zum Zentralthema gemacht wird. V.4a: μὴ οὖν λυπείσθω ὁ εὐσεβής, ἐὰν ἐπὶ τοῖς νῦν χρόνοις ταλαιπωρῇ. Εὐσεβής nimmt das πράσσειν τὴν δικαιοσύνην von V.3a auf. Der Term erscheint 20,4 nochmals, er ist kennzeichnend für die Sprache des Anagnosten, beim Prediger fehlt er überhaupt (dasselbe gilt für εὐσέβεια 19,1 und θεοσέβεια 20,4). Gott wohl gefällig ist also, wer die Gerechtigkeit verwirklicht. Ein solcher braucht nicht traurig zu sein, wenn er gegenwärtig Leid erdulden muss. Als eschatologische Paränese kommt μὴ λυπείσθω auch 1 Thess 4,13 vor. In diesem Kontext bezeichnet der Term nicht bloß eine allgemein menschliche Erfahrung, sondern die Gefährdung der Gottesbeziehung durch das ταλαιπωρεῖν (= hier: „Mühsal haben, Ungemach leiden, bedrückt sein")[46] stellt also die Theodizeefrage.

Eine Lösung für sie bietet V.4b (in V.4c nur noch näher expliziert): μακάριος αὐτὸν ἀναμένει χρόνος. Μακάριος greift das Stichwort des Makarismus (V.3b) auf und verwendet es zur Bezeichnung des zukünftigen χρόνος im Gegenüber zu den νῦν χρόνοι.[47] Die Terminologie setzt die Zwei-Äonen-Vorstellung (νῦν bzw. ἀναμένειν und χρόνος) voraus, auch wenn die t.t. κόσμος oder αἰών in V.4a.b nicht genannt werden.[48] Die Zukunftshoffnung ist somit nicht einfach nur „ganz individualistisch",[49] auch wenn dieser Aspekt dominiert. Ἀναμένειν[50] und

---

[46] BAUER/ALAND, Wb 1602, in diesem Sinn in der frühchristlichen Literatur nur noch bei Hermas (Vis 3,7,1; Sim 6,2,7; 6,3,1), im einzigen weiteren frühchristlichen Beleg (Jak 4,9) meint es „wehklagen".

[47] Μακάριος ist ursprünglich heidnisches Gottesprädikat (Epikur bei DiogLaert 10,123; in der biblischen Tradition nur 1 Tim 1,11; 6,15; vgl. BERTRAM, μακάριος 368). In den Makarismen werden die gepriesen, denen sich Gott zuwendet (vgl. Lk 6,20f) bzw. die, die in der rechten Gottesbeziehung stehen (Mt 5,1–12; Lk 6,22).

[48] Vgl. aber κόσμος V.3c und αἰών V.4c.

[49] So LINDEMANN, 2 Clem 257.

[50] Ἀναμένειν [= „erwarten" (BAUER/ALAND, Wb 113)] ist hap.leg. in 2 Clem (bei den Apost. Vätern noch Ign Magn 9,2; Ign Philad 5,2).

χρόνος beschreiben die ungetrübte Gottesbeziehung in der Kategorie der Zeit, was sofort durch die des Raumes ergänzt wird:

V4c: ἐκεῖνος ἄνω μετὰ τῶν πατέρων ἀναβιώσας εὐφρανθήσεται εἰς τὸν ἀλύπητον αἰῶνα. Ἄνω = droben;[51] an welchen Ort im Himmel/in den Himmeln gedacht ist, bleibt offen, der Term ist geläufig als Bezeichnung für den Aufenthaltsort der Gerechten (vgl. nur Gal 4,26; Phil 3,14; Kol 3,1f). Ἀναβιοῦν ist hap.leg. in der gesamten biblischen Literatur und bei den Apost. Vätern (αἰώνιος ἀναβίωσις 2 Makk 7,9), ist aber Jos Ant 18,14 in eschatologischem Kontext belegt. Hier dürfte profan-hellenistischer Sprachgebrauch vorliegen, vgl. Philostr VitApoll 1,1,1: die Wiederbelebung des verstorbenen Pythagoras (vgl. weiters Aristoph Ran 177; Plat Resp 10,614b). Ob die ἄνω lebenden πατέρες atl. Fromme sind[52] (vgl. Lk 16,19–31) oder verstorbene Christen (2 Petr 3,4), „läßt sich kaum sagen",[53] eine Alternative ist allerdings (wie schon die Wertung Abrahams im frühen Christentum zeigt) fehl am Platz. Dahinter dürfte die atl. Redeweise vom Hinzugefügtwerden zu den Vätern nach dem Tod stehen (vgl. Gen 25,8.17; 35,29; 49,29.33; Ri 2,10; 2 Kön 22,20; 1 Makk 2,69; Act 13,36). Εὐφραίνεσθαι zur Bezeichnung eschatologischen Jubels liegt noch Tob 13,12; Test Lev 18,15; Apk 12,12; 18,20; Herm Vis 3,4,2; Just Dial 80,1; 130,1.4 u. ö. vor, im Zitat Jes 54,1 verwendete es auch der Prediger (2,1). Im Kontext des Verhältnisses Apostel – Gemeinde ist das Nebeneinander von λυπεῖν und εὐφραίνειν auch 2 Kor 2,2 bezeugt.[54] Ἀλύπητος ist hap.leg. in der frühchristlichen Literatur. Der Anagnost verwendet diesen Term zur Bezeichnung des Seins im zukünftigen Äon offenbar, um dadurch den Gegensatz zu λυπεῖσθαι (V.4a) auch terminologisch prägnant formulieren zu können.

20,1–4 führen die 19,4 angesprochene Thematik weiter aus: Die Differenz zwischen dem gottgefälligen Leben und den misslichen Lebensbedingungen (V.1). Sie wird wiederum eschatologisch gelöst (V.2–4).

20,1: Ἀλλὰ μηδὲ ἐκεῖνο τὴν διάνοιαν[55] ἡμῶν[56] ταρασσέτω, ὅτι βλέπομεν τοὺς ἀδίκους πλουτοῦντας καὶ στενοχωρουμένους τοὺς τοῦ θεοῦ δούλους. Ἀλλὰ μηδέ knüpft an 19,4 an und nennt einen weiteren für die εὐσεβεῖς irritierenden Punkt. Ταράσσειν = „in Aufregung, Unruhe, Verwirrung bringen".[57] Τὴν διάνοιαν ἡμῶν = unser Denken und Verstehen des Geschehens um uns herum (vgl. τὴν γνώμην σου Epict Ench 28). Wie ὅτι βλέπομεν κτλ. zeigt,

---

[51] Der Term ist hap.leg. bei den Apost. Vätern; vgl. aber ἄνωθεν 14,2 und bei Hermas (Mand 9,11; 11,5.8.20.21).

[52] KNOPF, 2 Clem 181; LOHMANN, Drohung 130; WENGST, 2 Clem 279 A191.

[53] LINDEMANN, 2 Clem 258.

[54] Gegenbegriff zu λύπη/λυπεῖν ist allerdings häufiger χαρά/χαίρειν (vgl. Joh 16,20; 2 Kor 2,3; 6,10; 7,8f; Phil 2,27f; Hebr 12,11; Herm Vis 3,13,2 u. ö.), vgl. BULTMANN, εὐφραίνω 772f.

[55] In den Sacra Parallela (vgl Einleitung § 1) lautet der Beginn von V.1: μὴ ταρασσέτω τὴν καρδίαν ὑμῶν. Die Änderung ist Teil des auch in V.3.4a der Sacra Parallela-Version erkennbaren Abschleifungsprozesses.

[56] Ὑμῶν H, S setzt ἡμῶν voraus (so auch WENGST, 2 Clem 266; LINDEMANN, 2 Clem 258).

[57] BAUER/ALAND, Wb 1606; „in uns. Lit. v. geistiger und seelischer Erregung u. Verwirrung" (ebd.) vgl. Act 15,24; 17,8.13; Gal 1,7; 5,10 u. ö.

geht es um den irritierenden Tatbestand, dass die Ungerechten reich sind und die Knechte Gottes bedrängt werden. Die Verwirrung besteht „nicht darin, daß die Christen an Gottes Gerechtigkeit zweifeln, sondern offenbar darin, daß auch ihnen der Reichtum als erstrebenswertes Gut erscheinen könnte".[58] Wie schon 19,4 spricht der Anagnost das Theodizeeproblem nicht explizit aus, setzt es aber voraus.[59] Die Parallelität zu 19,3f kommt in zwei Details zum Ausdruck: dem μὴ λυπεῖσθαι (19,4) entspricht μηδὲ ταράσσεσθαι; dem κακοπαθεῖν (19,3) bzw. ταλαιπωρεῖσθαι (19,4) das στενοχωρεῖσθαι. Στενοχωρεῖσθαι = „in Bedrängnis sein, beengt sein",[60] vgl. Jes 28,20; Jos Bell 4,163; 2 Kor 6,12. 2 Kor 4,8 wird es als Steigerung gegenüber θλίβεσθαι im Sinn von „zu Boden gedrückt"[61] verwendet. In ähnlicher Weise könnte auch der Anagnost die δοῦλοι θεοῦ in einer sehr bedrängten Lage gezeichnet haben, wenn auch vielleicht in hyperbolischer Weise. Die δοῦλοι θεοῦ sind „allgemein die Christen"[62] (vgl. Act 2,18; 1 Petr 2,16; Apk 1,1; 7,3; Herm Vis 1,2,4 u. ö.) und nicht hervorgehobene Einzelne (Tit 1,1; vgl. Röm 1,1; Phil 1,1; Jak 1,1 u. ö.). Die ἄδικοι werden (durch die allgemeine Paränese bedingt) nicht genauer charakterisiert. Dass damit ausschließlich Außenstehende gemeint sind (Gegensatz: δοῦλοι τοῦ θεοῦ V.1 bzw. εὐσεβεῖς 19,4; vgl. 2 Petr 2,9), ist nicht gesagt, aber wohl überwiegend der Fall. Die Rede vom Reichtum der ἄδικοι impliziert, dass die δοῦλοι τοῦ θεοῦ (wenigstens überwiegend) arm sind. Dass das Reich-Sein der Ersteren das Arm-Sein der Letzteren zur Folge hat (vgl. Jak 5,4, wo die Reichen u. a. wegen ihrer Lohnpolitik angegriffen werden), ist aber nicht explizit gesagt, aber doch wohl implizit mitgesetzt. Eine Kritik am Reichtum als solchem (vgl. Lk 6,24) liegt nicht vor, auch nicht der Ansatz von Überlegungen, mit dem Reichtum sinnvoll umzugehen (z.B. Lk 16,9; Herm Sim 2,4–10 u. ö.).

Die Klage über den Reichtum ungerechter, böser Menschen (z.T., wie 20,1, mit der Kontrastierung der Armut von Gerechten) ist ein weit verbreiteter Topos antiker Tradition.[63] Für den heidnischen Bereich vgl. schon Solon, Elegien 4 Z 9 (FRANYÓ/SNELL/MAEHLER 38: πολλοὶ γὰρ πλουτοῦσι κακοί, ἀγαθοὶ δὲ πένονται) oder Demokrit Fr. 185 (DIELS/KRANZ IIII 183,3f). Reichtum ist ein Mittel, dessen Wert an seiner Bedeutung für die Tugend zu messen ist (Plat Resp 7,521a; Arist Pol 1,2,1095a). In der Stoa ist Reichtum ein Adiaphoron (Epict Diss 2,19,13), die Unverständigen gebrauchen ihn aber in übler Weise (Plut Mor 1048 c), wie überhaupt der Besitz von Reichtum durch Ungerechte zu beklagen ist

---

[58] LINDEMANN, 2 Clem 258 mit Hinweis auf V.4; der Verfasser wolle „den Hörern Mut dazu machen, die ungerechte gegenwärtige Weltordnung zu ertragen" (258f).

[59] Vgl. LOHMANN, Drohung 130.

[60] BAUER/ALAND, Wb 1530. Der Term ist hap.leg. in 2 Clem. Bei den Apost. Vätern ist er nur noch Herm Mand 5,1,3 belegt (durch Jähzorn wird der Hl. Geist verdrängt).

[61] BAUER/ALAND, Wb 1530. Die konkreten Umstände bleiben unklar. Man wird vielleicht am Besten allgemein an Pressionen seitens der nichtchristlichen Umwelt zu denken haben. Eine Verfolgung im strengen Sinn ist jedenfalls nicht auszumachen.

[62] LINDEMANN, 2 Clem 258.

[63] Zur Frage des Reichtums insgesamt vgl. HAUCK/KASCH, πλοῦτος 316–330.

(Epict Diss 3,17). Im AT hält (trotz dessen grundsätzlich positiver Stellung zum Reichtum) die prophetische Sozialkritik die Frage nach dem Verhältnis von Reichtum und Gerechtigkeit wach (vgl. nur Am 5,7–12; Mi 2,1–11; Jes 5,8–24 u. ö.). Die Gefahren des Reichtums werden insbesondere in der Weisheitsliteratur und in der Apokalyptik gesehen. Reichtum führt zu Hochmut und Selbstbezogenheit (Prov 18,10–12; Ψ 48,7; 51,9; Sir 11,19; 31,5 u. ö.). Das im Gegenüber reicher Gottloser und armer Gottesfürchtiger gegebene Theodizeeproblem wird oft angesprochen (Hi 21,7–13; Ψ 36; 48; 72 u. ö.). Die Vergänglichkeit des Reichtums wie des Menschen und der Blick auf eine baldige Herbeiführung einer gerechten Ordnung sind dabei ein wichtiger Trost für die, die nicht an ihm partizipieren (Pred 5,12–19; Ψ 33,11; 36,5f; 48,17f; Sir 11,17–19; Äth Hen 96,4.8 u. ö.). In der Apokalyptik verliert irdischer Besitz jegliche Bedeutung (vgl. Syr Bar 15,8; 50–52; Äth Hen 94,8 u. ö.).[64] Der Gefahr des Reichtums ist sich auch die frühchristliche Tradition bewusst (vgl Mk 4,19parr; 10,17–27parr; 12,41–44parr; Lk 18,18–27; 1 Tim 6,9f; Jak 1,10f; Herm Sim 1 u. ö.), wobei z. T. eine scharfe Ablehnung vorliegt (vgl. nur Jak 5,1–6; Apk 18,3–19; 1 Clem 16,10). Das dabei vorausgesetzte Leiden der Christen unter reichen Nichtchristen ist nur ein Teil des Leidens insgesamt, dessen Bewältigung nicht zuletzt eschatologisch motiviert wird: mit dem Blick auf die Kürze der Zeit, die Bestrafung der Übeltäter und die eigene heilvolle Zukunft. Letzteres liegt im Folgenden vor.

V.2 beginnt mit einer Selbstermunterung: πιστεύωμεν[65] οὖν, ἀδελφοὶ καὶ ἀδελφαί.[66] Πιστεύειν meint das sichere Festhalten an einem Sachverhalt (vgl. Mk 11,23f; Röm 6,8; Jak 2,19 u. ö.). Die Anrede ἀδελφοὶ καὶ ἀδελφαί ist typisch für den Anagnosten in Differenz zum Prediger (vgl. zu 19,1). Die Verwirrung angesichts des Reichtums der Ungerechten und der eigenen Bedrängnis wird in einem ersten Begründungsdurchgang zu beseitigen versucht. Dabei wird aber nicht, wie man erwarten könnte, auf den baldigen Untergang der Ungerechten Bezug genommen. Es geht nur um die eigene Gruppe:[67] θεοῦ ζῶντος πεῖραν ἀθλοῦμεν καὶ γυμναζόμεθα τῷ νῦν βίῳ, ἵνα τῷ μέλλοντι στεφανωθῶμεν. Das Verhalten der δοῦλοι θεοῦ wird hier ganz unproblematisch indikativisch formuliert mit ἀθλοῦμεν und γυμναζόμεθα. Damit knüpft der Anagnost an die Kap. 7 vorliegende Metaphorik an. Ἀθλεῖν[68] ist hap.leg. in 2 Clem. Bei den Apost. Vätern kommt es nur noch 1 Clem 5,2 vor, ebenfalls in metaphorischer Verwendung[69] (im NT nur 2 Tim 2,5 im wörtlichen Sinn). Γυμνάζεσθαι[70] ist hap.leg. bei den Apost.

---

[64] Vgl. Volz, Eschatologie 304.

[65] Πιστεύομεν H, S setzt den Kohortativ πιστεύωμεν voraus, was z.R. allgemein akzeptiert wird.

[66] S setzt ein ὅτι-citativum voraus, ebenso Wengst, 2 Clem 266; Lindemann, 2 Clem 254. Die kürzere H-Version ist vermutlich vorzuziehen.

[67] Implizit ist damit das negative Urteil über die ἄδικοι natürlich gesprochen.

[68] Bauer/Aland, Wb 39: „kämpfen".

[69] Ebenso Phil Migr 26.200; SpecLeg 2,183 u. ö.

[70] Bauer/Aland, Wb 334: „eigentl. nackt üben", metaphorisch „auch auf d. Übung der geistigen u. seelischen Kräfte" bezogen.

Vätern, im NT 1 Tim 4,7 (4,8 γυμνασία); Hebr 5,14; 12,11; 2 Petr 2,14, stets in metaphorischer Verwendung (ebenso Phil Jos 26; Jos Ant 3,15 u. ö.). Die Differenz in der Terminologie zu 2 Clem 7 bei gleicher Thematik ist wieder deutlich. Der Lebenskampf, der für die δοῦλοι θεοῦ ohne Leiden nicht denkbar ist, wird als Probe verstanden.[71] Πεῖρα kommt in der frühchristlichen Literatur nur noch Hebr 11,29.36 vor (im Sinne von Versuch, Erfahrung), das Motiv der Erprobung/Versuchung durch Gott ist allerdings traditionell (vgl. schon Gen 22,1–19; Ex 15,25; 16,4 u. ö.). Gott wird als der lebendige (ζῶν) verstanden, ebenfalls eine traditionelle Bezeichnung, die sich in den frühchristlichen Texten häufig findet (Mt 16,16; 26,63; Act 14,15; Röm 9,26; 2 Kor 3,3; 6,16; 1 Tim 4,10; Hebr 9,14; Herm Vis 2,3,2; 3,7,2 u. ö., vgl. ὁ ζῶν πατήρ Joh 6,57),[72] dahinter steht eine breite atl.-jüdische Tradition (Dtn 4,33; 5,26; Jos 3,10; 1 Sam 17,26.36; 2 Kön 19,4.16; Jes 37,4.17 u. ö.).[73] Gott als der Lebendige ist dabei stets auch der Leben Schaffende (proto- und eschatologisch).

Das gegenwärtige (τῷ νῦν βίῳ) ἀθλεῖν und γυμνάζεσθαι hat den Zweck (ἵνα), im zukünftigen Leben den Siegeskranz zu erhalten. Στεφανοῦσθαι verwendete bereits der Prediger (7,1.2.3 bis; vgl. στέφανος 7,3 vgl. dort). Die Differenz zwischen dem Prediger und dem Anagnosten[74] kommt wiederum darin zum Ausdruck, dass ersterer in seinem Sündenbewusstsein von einem Nahe-Herankommen an den Kranz spricht (7,3), während das Bekränztwerden für den Anagnosten ganz unproblematisch ist.

Mit **V.3** beginnt eine neue Begründung für die gegenwärtige Misere der εὐσεβεῖς, die hier als δίκαιοι[75] bezeichnet werden – der direkte Gegenbegriff zu ἄδικοι V.1: οὐδεὶς[76] τῶν δικαίων ταχὺν καρπὸν[77] ἔλαβεν, ἀλλ᾽ ἐκδέχεται αὐτόν.[78] Ταχύς mit Substantiv kommt nur hier in der frühchristlichen Literatur vor[79] (dagegen häufig ταχύ: Mk 9,39; Lk 15,22; Joh 11,29; 1 Clem 23,5 u. ö.). Jak 5,7 begründet das geduldige Warten auf die Parusie mit dem geduldigen Warten des Bauern auf den καρπὸς τίμιος. In Terminologie und Intention liegt damit eine große Nähe zu V.3 vor, der explizit nicht als Paränese, sondern als Sachaussage for-

---

[71] Vgl. die erzieherische Funktion des Leidens in der Stoa (Epict Diss 1,6,30–43; Sen Ep 64,4; M Aurel 4,49 u. ö.).

[72] In 2 Clem analog auch ἡ ἐκκλησία ζῶσα.

[73] Vgl. KREUZER, Gott 259–298.

[74] Vgl. auch das Fehlen des für den Prediger wichtigen Wortfeldes ἀγών/ἀγωνίζεσθαι sowie von κοπιᾶν (7,1–3).

[75] Δίκαιοι auch 2,4; 6,9; 11,1; 15,3; 17,7 zur Beschreibung des gegenwärtigen Seins derer, die recht handeln (vgl. dort).

[76] Sacra Parallela (vgl Einleitung § 1) fügen γάρ ein.

[77] Ταχὺν καρπόν H, S setzt ταχὺ καρπούς voraus. Erstere Formulierung ist ungewöhnlicher und deshalb vorzuziehen.

[78] Αὐτόν H, S setzt αὐτούς voraus. Die Differenzen ergeben sich aus den vorherigen Lesarten, die Entscheidung hängt ebenso an der vorigen.

[79] Prädikativ auch Jak 1,19.

muliert ist. Die Gerechten warten (ἐκδέχειν)[80] auf die Frucht ihres Verhaltens. Vom καρπός redete der Anagnost schon 19,3, ebenfalls futurisch–eschatologisch.[81] Der Aorist ἔλαβεν „ist wohl gnomisch aufzufassen":[82] Der καρπός wurde und wird nur zukünftig ausgezahlt.

V.4 führt das näher aus. 4a: εἰ γὰρ τὸν μισθὸν τῶν δικαίων ὁ θεὸς συντόμως[83] ἀπεδίδου, εὐθέως ἐμπορίαν ἠσκοῦμεν καὶ οὐ θεοσέβειαν.[84] Μισθός ist 2 Clem stets Entschädigung für eine Leistung. Sie wird meist direkt als eschatologische verstanden (3,3; 9,5; 11,5).[85] Dass Gott Lohn für rechtes Tun (δίκαιοι zuletzt V.3, weiters V.4b) gewährt, ist für den Prediger wie den Anagnosten ganz selbstverständlich. Letzterer wendet sich nur gegen die sofortige[86] Auszahlung, da die Belohnten sich ansonsten sehr schnell des Handels befleißigten und nicht der Gottesverehrung. Ἐμπορία = „d. Handel, d. Geschäft"[87] kommt in der frühchristlichen Literatur sonst nur noch Mt 22,5 vor, ἀσκεῖν (= „etw. ausüben, betreiben")[88] Act 24,16; Herm Mand 8,10; Diogn 5,2. Θεοσέβεια = „d. Gottesfurcht, d. Gottesverehrung, d. Frömmigkeit"[89] ist ein geläufiger Term zur Bezeichnung des rechten Gottesverhältnisses (Gen 20,11; Hi 28,28; Sir 1,25; Phil Opif 154; 1 Tim 2,10; Diogn 1,1; 3,3; 4,5 u. ö.).

Die sofortige Auszahlung des Lohnes würde nur zu irdischem Leistungsdenken führen: V.4b: ἐδοκοῦμεν γὰρ εἶναι δίκαιοι, οὐ τὸ εὐσεβές,[90] ἀλλὰ τὸ κερδαλέον διώκοντες. Die Betroffenen würden in diesem Fall nur den Anschein erwecken, δίκαιοι zu sein (vgl. 17,3: δοκῶμεν πιστεύειν). In Wirklichkeit würden sie nur hinter dem Gewinn her sein. Eine Parallele liegt im missbräuchlichen Auftreten als Wandercharismatiker (Did 12,5: χριστέμπορος). Das Adjektiv κερδαλέος (= „nützlich, gewinnbringend")[91] ist hap.leg. in der biblischen und frühchristlichen Literatur (vgl. Hom Il 10,44; Aisch Eum 962; Hdt Hist 9,7,1 u. ö.): Vom Kontext her ist irdischer Gewinn gemeint. Gegenbegriff zu τὸ κερδαλέον ist τὸ εὐσεβές (vgl. εὐσεβής 19,4). Ersteres Streben wird distanziert, letzteres (hier

---

[80] Ἐκδέχειν schon 12,1, ebenfalls in eschatologischem Kontext (Erwarten des Reiches Gottes). Die dabei vorausgesetzte Parusieverzögerung spielt beim Anagnosten keine Rolle.

[81] Der auch schon in der Gegenwart gegebene Lohn der Jünger (Mk 10,28–31parr) wird nicht thematisiert.

[82] LINDEMANN, 2 Clem 259.

[83] Sacra Parallela (vgl. Einleitung § 1) lesen εὐθέως und lassen dafür das folgende εὐθέως aus.

[84] Sacra Parallela lesen εὐσέβειαν.

[85] Das gilt auch für 15,1, selbst wenn man dort μισθός mit Verdienst/Leistung wiedergibt. 1,5 und 19,1 ist der Term auf das gegenwärtige Tun bezogen (1,5 spricht von μισθός als Gegenleistung für das durch Christus Empfangene, 19,1 meint der Term das Befolgen der verlesenen Predigt), das ja die Voraussetzung zukünftigen Heils ist.

[86] Συντόμως ist hap.leg. in 2 Clem (vgl. noch Act 24,4; Ign Magn 14,1; Ign Röm 5,2).

[87] BAUER/ALAND, Wb 518.

[88] BAUER/ALAND, Wb 232.

[89] BAUER/ALAND, Wb 727.

[90] Εὐσεβές H, S setzt θεοσεβές voraus. Die Bedeutung ist ident, die griechische Handschrift scheint vorzuziehen zu sein (so allgemein).

[91] BAUER/ALAND, Wb 873.

implizit) befürwortet, wie überhaupt die Verwirklichung der Gerechtigkeit durch die ganze Predigt hindurch prägender Inhalt der Paränese ist (vgl. Einleitung § 6). Die Frage bleibt freilich, inwieweit auch der Anagnost „den Gedanken zurück(weist), der Mensch könne sich das Heil ‚verdienen‘“.[92] Im gesamten Dokument wird die Bedeutung des rechten Tuns für das eschatologische Heil festgehalten und gleichzeitig dieses Heil als von Gott/Christus gegeben verstanden. Ein „Verdienen“ im Sinne einer Verpflichtung Gottes durch den Gottesfürchtigen liegt nicht vor. Wohl aber die Gewissheit, dass rechtes Tun belohnt wird und deshalb zu verwirklichen ist.

Die Fortsetzung V.4c ist seit jeher z.R. als crux empfunden worden:[93] καὶ διὰ τοῦτο θεία κρίσις ἔβλαψεν πνεῦμα μὴ ὂν δίκαιον, καὶ ἐβάρυνεν δεσμοῖς.[94] Ein sachlicher Konnex ist kaum aufzeigbar, auch wenn die Motive Gericht, Strafe und Gerechtsein in den Kontext passen. Die Frage: Wer ist mit dem πνεῦμα gemeint, das Gott schädigte und beschwerte? Auszugehen ist wohl davon, dass die Aoriste ἔβλαψεν[95] und ἐβάρυνεν[96] nicht als gnomische zu verstehen sind,[97] sondern ein konkretes Beispiel göttlicher Strafe bezeichnen. Auf der Realebene wäre an ein innergemeindliches Geschehen zu denken, das den Hörerinnen und Hörern im Unterschied zu uns sofort verständlich gewesen wäre. „In einem Leiden, vielleicht einer Krankheit, die ein unwürdiges Glied der Gemeinde getroffen hat, wird ein göttliches Strafgericht erkannt“.[98] Allerdings ist bei dieser Lösung der Term πνεῦμα „schwierig, mindestens auffällig“.[99] Diese Lösung ist möglich, auch wenn sich die mythische vielleicht doch eher empfiehlt: Im Hintergrund steht dabei die jüdische Auslegung von Gen 6,1–4. Die dort erwähnten Gottessöhne werden als Engel verstanden, die nach ihrem illegitimen Umgang mit Frauen zur Strafe gefesselt und in die Finsternis geworfen wurden (Äth Hen 10,4.11; Jub 5,10; 10,5; Syr Bar 56,12. Von schweren eisernen Ketten als Marterwerkzeugen redet Äth Hen 54,3, allerdings ohne nähere Bezüge). In der frühchristlichen Tradition ist der Mythos

---

[92] LINDEMANN, 2 Clem 259.

[93] Vgl. schon GEBHARDT/HARNACK, Epistulae 142: obscura haec sunt.

[94] Δεσμός H, S setzt δεσμοῖς voraus. Die H-Version (vertreten von GEBHARDT/HARNACK, Epistulae 142) würde für ἔβλαψεν und ἐβάρυνεν zwei verschiedene Subjekte voraussetzten, was vom Gedankenfluss her eher unwahrscheinlich ist.

[95] Βλάπτειν wird in der griechischen Tradition öfters zur Beschreibung göttlicher Strafen benützt (Hom Il 9,507; Od 1,195; 14,178, Plut Caes 45 u.ö.), für die jüdische Tradition vgl. Theodotus bei Eus PraepEv 9,22,9. In der biblischen und frühchristlichen Tradition liegt βλάπτειν in dieser Verwendung nur an unserer Stelle vor.

[96] Βαρύνειν ist hap.leg. in der frühchristlichen Literatur (als v.l.: Act 3,14; 28,27; 2 Kor 5,4). Oft in LXX: Ex 5,9; Jos 19,47; Ri 1,35; 1 Sam 3,2 u.ö.

[97] Diskutiert, aber m.R. abgelehnt von KNOPF, 2 Clem 183. Er verweist auf die Seltenheit gnomischer Aoriste in der Koine und auf die Bestimmtheit von δεσμοῖς, das kaum eine allgemeine Aussage über göttliche Strafe meine.

[98] Nach KNOPF, 2 Clem 184 empfiehlt sich diese Deutung „verhältnismäßig am besten“.

[99] Das gesteht KNOPF, 2 Clem 184 selbst zu. LINDEMANN, 2 Clem 260 verweist auf 1 Kor 11,30 (infolge des unwürdigen Genießens des Herrenmahls gibt es in der Gemeinde viele Kranke, Schwache und z.T. Verstorbene). Dass hier Krankheit und Sterben nicht als Gottesstrafe gedeutet würden, wie LINDEMANN, ebd. betont, ist angesichts der Rede vom Gericht V.29 ein unnötiger Selbsteinwand.

Jud 6 und 2 Petr 2,4.9 belegt: Gott bewahrt die gefallenen Engel gefesselt in der Finsternis für das Gericht auf. Im Unterschied zu Gen 6 und die daran anknüpfende jüdische und frühchristliche Tradition spricht V.4c nicht von mehreren Gefesselten, sondern nur von einem einzigen πνεῦμα-Wesen. Immerhin wird Äth Hen 10,4.11 auch jeweils ein bestrafter Engel (Azazel bzw. Semjaza) namentlich genannt. Von daher könnte mit dem Singular πνεῦμα der Satan gemeint sein, zumal auch im frühen Christentum die Vorstellung vom Fall des Satans aus dem Himmel (Lk 10,18; vgl. Joh 12,31) bekannt ist.[100] Sicherheit ist freilich in der Frage der Interpretation von V.4c nicht zu gewinnen. Der Zusammenhang von V.4c mit 4ab (bzw. dem vorherigen Text) ist einigermaßen überraschend.[101] Betont werden soll wohl, dass fehlendes Rechttun Folgen haben wird, wie es bei dem einen ungerechten πνεῦμα schon jetzt der Fall ist.

---

[100] Zur späteren rabbinischen Tradition vgl. BILLERBECK I 139; II 167.

[101] Die Annahme einer nachträglichen Glosse empfiehlt sich dennoch nicht. Damit würde das Problem nur zeitlich verlagert.

20,5 Schlussdoxologie

(5) **Dem einzigen, unsichtbaren Gott, dem Vater der Wahrheit, der uns den Retter und Führer zur Unvergänglichkeit gesandt hat, durch den er uns auch die Wahrheit und das himmlische Leben gezeigt hat, sei die Ehre von Zeitalter zu Zeitalter. Amen**

Struktur:

a   Beschreibung des Seins Gottes
b1   Beschreibung des Wirkens Gottes I: Sendung des Erlösers
b2   Beschreibung des Wirkens Gottes II: Kundmachung der Wahrheit und des himmlischen Lebens
c   Doxologie[1]

V.5 ist im jetzigen Kontext der Abschluss des Gesamtdokuments, ursprünglich wohl jedoch der (stilgemäße) Abschluss der Predigt 1,1–18,2, wofür die gemeinsame Terminologie spricht. V.5a beschreibt zunächst das Sein Gottes: Τῷ μόνῳ θεῷ ἀοράτῳ, πατρὶ τῆς ἀληθείας.[2] Die Eingangswendung τῷ μόνῳ θεῷ ἀοράτῳ findet sich fast wörtlich 1 Tim 1,17: τῷ ... ἀοράτῳ μόνῳ θεῷ. Das dort zusätzlich vorliegende ἀφθάρτῳ bietet V.5b1 mit τῆς ἀφθαρσίας. Eine direkte Abhängigkeit ist wegen der liturgischen Prägung der Sprache nicht anzunehmen, was auch die Differenzen bestätigen. Μόνος ist geradezu klassisches Gottesattribut (2 Kön 19,15.19; Ψ 85,10; Jes 37,20; Vit Ad 13,5; Ep Arist 132,1; Sib 3,629; Phil Gig 64; Fug 71; Jos Ant 8,335 u. ö.) und grundlegender Ausdruck atl.-jüdischer Frömmigkeit (vgl. nur das 1. Dekaloggebot Ex 20,3; Dtn 5,7). Dasselbe gilt für das frühe Christentum (Joh 5,44; 17,3; Röm 16,27; 1 Tim 1,17; Jud 25; 1 Clem 59,4 u. ö.). Ähnliches gilt, auch wenn die Belege infolge des philosophischen Hintergrundes nicht so alt sind, für ἀόρατος (Vit Ad 35,3; Sib 3,12; Kol 1,15; 1 Tim 1,17; Hebr 11,27;

---

[1] WARNS, Untersuchungen 139 schließt aus der „Trinität" von θεός – σωτήρ – ἀλήθεια (bzw. aus den jeweiligen Appositionen πατήρ – ἀρχηγός – ζωή) „die Nähe des 2. Cl zum Valentinianismus": In der Iren Haer 1,21,3 überlieferten Taufformel finden wir πατήρ, ἀλήθεια und Ἰησοῦς, in ExcTheod 61,1 ζωή, ἀλήθεια und πατήρ. Den „Gegensatz zum Valentinianismus markieren am schärfsten die Wörter, die ... als einzige in der Doxologie zweimal vorkommen: ἡμῖν und ἀλήθεια". Sie sollen zeigen, dass im kirchlichen Christentum des Verfassers der Doxologie die Wahrheit zu finden ist. Die Nähe zu diesen Parallelen ist tatsächlich erstaunlich, bei der Variabilität der Doxologien ist aber ein abschließendes Urteil kaum zu gewinnen.

[2] S setzt zusätzlich voraus: τοῦ κυρίου ἡμῶν Ἰησοῦ Χριστοῦ (LIGHTFOOT, Fathers I/2 260; die von WENGST 2 Clem 268 gebotene griechische Version entspricht nicht dem syr. Text; mündl. Hinweis J.A. LOADER).

Ign Magn 3,2; Ign Pol 3,2 u. ö.). Πατὴρ τῆς ἀλεθείας ist schon 3,1 belegt (vgl. dort).

V. 5b beschreibt in doppelter Weise das Handeln Gottes. Zunächst 5b1: τῷ ἐξαποστείλαντι ἡμῖν τὸν σωτῆρα καὶ ἀρχηγὸν τῆς ἀφθαρσίας. Mit ἐξαποστέλλειν setzt der Anagnost die Sendungschristologie voraus,[3] die ursprünglich von der Sendung des Sohnes durch Gott/den Vater explizit spricht (Gal 4,4; Joh 3,17; 1 Joh 4,9.14) bzw. die Sohnesbeziehung voraussetzt (Joh 5,36.38; 6,57; 7,29; 8,42; 10,36 u. ö.). Der Term ist hap.leg. in 2 Clem (bei den Apost. Vätern nur noch Herm Vis 4,2,6; Sim 8,6,3; 9,14,3; im NT im Rahmen der Sendungschristologie nur noch Gal 4,4), auch ἀποστέλλειν fehlt. Gleichwohl setzt auch der Prediger diesen Typ Christologie voraus, wie Kap. 14 zeigt. Die bei diesem von Anfang an gegebene soteriologische Akzentuierung der Christologie (vgl. nur das oftmalige Auftauchen von σωτηρία und σῴζειν in Bezug auf die schon geschehene sowie die erst im Eschaton erfolgende Rettung, 1,1 u. ö. vgl. dort) liegt auch in der Schlussdoxologie vor: Σωτήρ als christologischer Titel findet sich schon Phil 3,20, ist aber erst in der späteren Zeit zu großer Bedeutung gelangt (Lk 2,11; Joh 4,42; Act 5,31; 13,23; Eph 5,23; 2 Tim 1,10; Tit 1,4; 2,13; 3,6; 2 Petr 1,1.11; 2,20; 3,18; 1 Joh 4,14; Ign Eph 1,1; Ign Magn Inscr; Ign Philad 9,2; Ign Sm 7,1; Pol Phil Inscr).[4] Den soteriologischen Akzent verstärkt der folgende Hoheitstitel ἀρχηγὸς τῆς ἀφθαρσίας. Ἀρχηγός als christologischer Hoheitstitel kommt in der frühchristlichen Literatur noch Act 3,15 (ἀρχηγὸς τῆς ζωῆς),[5] Act 5,31 (ἀρχηγὸς καὶ σωτήρ), Hebr 2,10 (ἀρχηγὸς τῆς σωτηρίας) und Hebr 12,2 (τῆς πίστεως ἀρχηγὸς καὶ τελειωτής) vor.[6] Ἀρχηγὸς τῆς ἀφθαρσίας für Christus meint hier vermutlich eher Führer zur als Urheber der Unvergänglichkeit,[7] um die Differenz zwischen Gott und Christus und damit die Souveränität Gottes, der in der Doxologie im Zentrum steht, festhalten zu können. Andererseits muss die Christologie des Predigers berücksichtigt werden, der die Differenz zwischen beiden in der Wirkung nach außen ganz verwischt, so dass faktisch beide Bedeutungen nahezu ineinander fließen. Zu ἀφθαρσία vgl. oben zu 7,5; 14,5.

V. 5b2 folgt eine weitere Beschreibung des Handelns Gottes: δι' οὗ καὶ[8] ἐφανέρωσεν ἡμῖν τὴν ἀλήθειαν καὶ τὴν ἐπουράνιον ζωήν.[9] Φανεροῦν kommt bereits 14,2f als irdisches Sichtbarwerden der himmlischen Syzygiepartner

---

[3] Mit der Sendungs- und Präexistenzchristologie „erreicht die Christologie ihren konsequenten Abschluß" (NIEDERWIMMER, Theologie 97). Der Anagnost partizipiert somit (ebenso wie der Prediger, vgl. oben zu 14,1–3) am großkirchlichen Trend in der Christologie.

[4] Daneben ist σωτήρ auch als Gottesprädikat geläufig: Lk 1,47; 1 Tim 1,1; 2,3; 4,10; Tit 1,3; 2,10; 3,4; Jud 25; 1 Clem 59,3.

[5] Vgl. die S-Version in 2 Clem 20,5b1. Die Wendung kommt auch in Bezug auf die gall. Märt. bei Eus HE 5,2,3 vor.

[6] Bei den Apostolischen Vätern kommt ἀρχηγός nur noch 1 Clem 14,1; 51,1 vor, beide Male nicht auf Christus angewandt, sondern auf die Anführer des Aufstands.

[7] BAUER/ALAND, Wb 225 bieten diese Bedeutungen unter Nr. 1 und 3. Für „Führer" auch LINDEMANN, 2 Clem 251.

[8] H fügt hier καί ein, das (als Fortsetzung von b1) ursprünglich zu sein scheint.

[9] Ζωήν H, S setzt χαρὰν καί voraus. Die H-Version dürfte vorzuziehen sein.

Christus und Kirche vor. In der Doxologie geht es um das Aufgedecktwerden von ἀλήθεια und ἐπουράνιος ζωή. Ἀλήθεια kommt V.5a in der Wendung πατὴρ τῆς ἀληθείας vor, ebenso schon 3,1 (vgl. dort). Der Term bezeichnet die göttliche Wirklichkeit, das wahrhafte Sein, das nur durch göttliche Offenbarung erkennbar ist. Zu ἐφανέρωσεν τὴν ἀλήθειαν[10] vgl. Joh 1,17; 8,40; 18,37 u. ö.; dem Offenbaren entspricht ein Erkennen (Joh 8,32; 2 Joh 1 u. ö.). Dem Offenbaren der Wahrheit durch Jesus hat das durch den Apostel zur Folge (2 Kor 4,2 finden sich ἀλήθεια und φανεροῦν nebeneinander). Ἐπουράνιος ζωή ist 2 Clem sonst nicht belegt. Der Prediger redet von der ζωὴ αἰώνιος (5,5; 8,4.6) oder nur von der ζωή (14,5; 17,3); der Anagnost parallelisiert 19,1 σωτηρία und ζωή. 5b2 zeigt (ganz liturgischem Stil entsprechend) eine große sprachliche Redundanz bei gleichzeitiger Fortführung: ἐφανέρωσεν τὴν ἀλήθειαν greift πατὴρ τῆς ἀληθείας auf; die dem Vater eignende Wahrheit ist sichtbar geworden. Ἐπουράνιος ζωή schließt an ἀφθαρσία an und fügt zur temporalen Bestimmung die lokale dazu.

V.5c schließt mit dem doxologischen Hauptsatz: αὐτῷ[11] ἡ δόξα[12] εἰς τοὺς αἰῶνας τῶν αἰώνων. ἀμήν.[13] Er ist außerordentlich einprägsam und deshalb (abgesehen vom einleitenden αὐτῷ) im selben Wortlaut öfters belegt: 4 Makk 18,24; Gal 1,5; Phil 4,20; 1 Tim 1,17; 2 Tim 4,18; 1 Clem 32,4; 38,4; 43,6; 45,7; 50,7; im selben Wortlaut von Christus Hebr 13,21; 1 Clem 58,2 (leicht variiert von Gott Ψ 103,31; Röm 11,36; 16,27; 1 Petr 4,11; Jud 25; Did 8,2; 9,2.3.4; 10,2.4.5, von Christus 1 Petr 4,11; 2 Petr 3,18). Δόξα ist Ausdruck von Gottes Herrlichkeit,[14] die in der liturgischen Wendung preisend anerkannt wird.

Mit ἀμήν schließt die Doxologie, dem Usus entsprechend. Damit bekräftigt die Gemeinde die Richtigkeit und Gültigkeit des Gesagten, d.h. sie stimmt liturgisch der Predigt zu.[15]

---

[10] Parallelen: Offenbaren der δόξα (Joh 2,11), der δικαιοσύνη θεοῦ (Röm 3,21), des göttlichen μυστήριον (Kol 1,26), der χάρις (2 Tim 1,9f), des λόγος (Tit 1,3), der ζωή (1 Joh 1,2), der ἀγάπη τοῦ θεοῦ (1 Joh 4,9) u.dgl.

[11] S setzt zusätzlich voraus: Ἰησοῦ Χριστῷ τῷ κυρίῳ ἡμῶν σὺν τῷ πνεύματι ἁγίῳ. Der Text ist sicher eine Erweiterung.

[12] S setzt zusätzlich voraus: καὶ τὸ κράτος καὶ ἡ δύναμις. Wiederum eine liturgische Erweiterung.

[13] S setzt als Subscriptio voraus: ἐτελείσθη Κλήμεντος ἐπιστολὴ δευτέρα πρὸς Κορινθίους: Η gibt nur eine Stichenangabe: στίχοι χ ῥητὰ κε.

[14] KITTEL, δοκέω 251. Im NT sind wie in LXX „die Übergänge der Bedeutungen: *göttliche Ehre, göttliche Pracht, göttliche Macht, sichtbarer göttlicher Glanz*, oft fließend und nur künstlich gegeneinander abzugrenzen." Diese δόξα eignet auch dem himmlischen Christus, die die Ungläubigen bei seiner Parusie anerkennen müssen (17,5).

[15] So wie der Prediger mit ἀμήν die Predigt 1,1–18,2; 20,5 schloss, schließt nach der Anfügung von 19,1–20,4 der Anagnost den gesamten 2 Clem (zum ἀμήν vgl. JEREMIAS, Amen 390).

C. SCHLUSSBEMERKUNG

Der zweite Clemensbrief ist ein frühchristliches Dokument, das in der handschriftlichen Überlieferung eher bescheiden dasteht. Er findet sich nur dreimal, stets im Konnex mit dem ersten Clemensbrief. Wir verdanken seine Kenntnis somit der viel größeren Beliebtheit seines größeren Bruders. Auch in der Beachtung der Sekundärliteratur fällt er quantitativ stark zurück. Zudem ist seine Bewertung nicht einheitlich. Bis in die jüngere Zeit hinein wird er in der Forschung mit Bezeichnungen wie „Werkgerechtigkeit", „Gesetzlichkeit" oder „Moralismus" verbunden. Die starke Betonung der Paränese in soteriologischen Kontexten ist tatsächlich auffällig.

Allerdings: Wie man in neuerer Zeit z. R. sieht, trifft ihn ein solches in der Gesamtwertung negatives Urteil keineswegs. Der Verfasser der Predigt bzw. genauer: Mahnrede – denn um eine solche handelt es sich – betont zwar ausführlich die Notwendigkeit rechten Verhaltens, insbesondere angesichts der eigenen Zukunft in Heil oder Unheil. Er weiß aber sehr wohl um das Heilsgeschehen im Handeln Gottes bzw. Christi, wie er schon in den Einleitungskapiteln in aller Deutlichkeit klarmacht. Er betont hier das dem geforderten Verhalten vorausgehende und dieses ermöglichende göttliche Handeln. Der für ihn charakteristische Term ἀντιμισθία bezeichnet das verlangte Verhalten als Gegenleistung für das Empfangene. Der Sache nach kennt er die Reihenfolge Indikativ – Imperativ.

Es darf aber auch nicht der Eindruck entstehen, dass der Prediger die theologische Reflektiertheit z. B. eines Paulus besitzt. Schon die Rede von der ἀντιμισθία setzt ein religiöses Selbstverständnis voraus, das stark vom Leistungsdenken beherrscht wird. Die eigene Leistung ist für das Heil unverzichtbar. Man hat geradezu den Eindruck, dass in der Betonung der Verantwortung für das eigene Heil das vorausgehende Heilshandeln Christi in den Hintergrund rückt. Die Mahnrede bekommt so einen dunklen Akzent: die Gesamthaltung ist nicht die des erlösten Menschen, der aus der je größeren Gnade Gottes heraus lebt (z. B. 1 Joh 3,19f), sondern der geradezu verbissen um das Heil ringt. Das macht den Prediger gewiss großartig in seiner subjektiven Ehrlichkeit und Folgerichtigkeit, aber er predigt und lebt doch nicht die Gelöstheit der Kinder Gottes, wie sie besonders in der apostolischen Zeit prägend war.

Der zweite Clemensbrief ist dementsprechend auch nicht wegen seiner kreativen theologischen Aussagen von Bedeutung, wohl aber wegen seines unermüdlichen Eintretens für die rechte Lebensgestaltung, das in sehr differenzierter Terminologie vorgetragen wird: Tun des Willens des Vaters bzw. Christi, der Gerechtigkeit, der Gebote, das Trachten nach Gerechtigkeit, das Bewahren der Taufe, des Fleisches etc. Es geht dem Verfasser durchgehend um μετάνοια, um

Buße. Er vertritt nicht die Forderung, dass für die Getauften keine oder nur mehr eine Buße möglich sei. Er spricht zwar auch nicht von der Notwendigkeit, das ganze Leben als Buße zu betrachten, ist aber offensichtlich auf dem Weg zu dieser Forderung der kirchlichen, insbesondere monastischen Tradition, nicht zuletzt Luthers. Er ist insofern theologisch durchaus fortschrittlich, während er andererseits auch die traditionellen Formen frühjüdischer und judenchristlicher Lebensgestaltung aufnimmt – Almosen, Gebet und Fasten – und bei aller Bewährung in der Welt die frühchristliche, eschatologisch motivierte bzw. in anderer Gestalt auch in der antiken Philosophie bekannte Weltdistanz zu leben versucht. Er streicht schließlich die Bedeutung des geforderten Verhaltens in Bezug auf das individuelle Heil, sowie in Bezug auf die Mission und die Auseinandersetzung mit gnostischen Gegnern heraus.

Insgesamt ist der zweite Clemensbrief ein interessantes Dokument des östlichen, vielleicht ägyptischen Heidenchristentums gegen Mitte des 2. Jh.; eines Durchschnittschristentums mit all seinen Vorzügen und Schwächen. Vielleicht ist er gerade deswegen, trotz aller Bedenken, ein beeindruckendes Dokument.

Literatur

1. Quellen

1.1. Editionen, Übersetzungen und Kommentare zum 2. Clemensbrief

Bensly, Robert L.: The Epistles of S. Clement to the Corinthians in Syriac. Edited from the Manuscript with Notes by the late R.L. Bensly, Hg. R.H. Kennett, Cambridge 1899.

Bihlmeyer, Karl: Die Apostolischen Väter. Neubearbeitung der Funkschen Ausgabe, unveränderter Nachdruck der mit einem Nachtrag von W. Schneemelcher versehenen 2. Aufl., I: Didache, Barnabas, Klemens I und II, Ignatius, Polycarp, Papias, Quadratus, Diognetbrief, SQS 2,1,1, Tübingen ³1970 (Bihlmeyer).

Βρυεννιοσ, Φιλόθεος: Τοῦ ἐν ἁγίοις πατρὸς ἡμῶν Κλήμεντος ἐπισκόπου Ῥώμης αἱ δύο πρὸς Κορινθίους Ἐπιστολαί. Ἐκ χειρογράφου τῆς ἐν Φαναρίῳ Κων/πόλεως Βιβλιοθήκης τοῦ Παναγίου Τάφου νῦν πρῶτον ἐκδιδόμεναι πλήρεις μετὰ προλεγομένων καὶ σημειωσέων, Konstantinopel 1875.

Bueno, Daniel R.: Padres Apostólicos. Edicion Bilingüe Completa. Introducciones, Notas y Version Española, BAC 65, Madrid ⁵1985.

Cotelerius, Ioannes B. (Cotelier Jean B.): Sanctorum Patrum, qui temporibus apostolicis floruerunt, Barnabae, Clementis, Hermae, Ingatii, Polycarpi Opera, vera, et suppositicia. Una cum Clementis, Ignatii, Polycarpi Actis atque Martyriis. Recensuit et Notulas aliquot suas et aliorum adspersit Ioannes Clericus, I.II, Amsterdam ²1724.

Crafer, Thomas W.: The Second Epistle of Clement to the Corinthians, Texts for Students 22, London 1921.

–: An English Translation of the so-called Second Epistle of Clement to the Corinthians, Texts for Students 22A, London 1922.

Ehrman, Bart D.: The Apostolic Fathers. I: I Clement. II Clement. Ignatius. Polycarp. Didache, edited and translated, LCL 24, Cambridge MA/London 2003.

Funk, Franciscus X: Patres Apostolici. Textum recensuit, adnotationibus criticis, exegeticis, historicis illustravit, versionem latinam, prolegomena, indices addidit, I.II, Tübingen ²1901.

Gebhardt, Oscar de/Harnack, Adolfus: Clementis Romani ad Corinthios quae dicuntur epistulae. Textum ad fidem codicum et Alexandrini et Constantinopolitani nuper inventi, rec. et illustr. (Patrum Apostolicorum Opera, Hg. O. de Gebhardt/A. Harnack/T. Zahn, I, 1) Leipzig ²1876.

Glimm, Francis X./Marique, Joseph M.-F./Walsh, Gerald G.: The Apostolic Fathers (The Fathers of the Church. A New Translation I), Washington DC ⁴1969.

Goodspeed, Edgar J.: The Apostolic Fathers. An American Translation, New York 1950.

Grabius, Ioannes E.: (Grabe, Johann Ernst): Spicilegium sanctorum patrum, ut et haereticorum, seculi post Christum natum I–III, I. II, Oxford 1698–1699.

Grant, Robert M./Graham, Holt H.: The Apostolic Fathers. A New Translation and Commentary. II: First and Second Clement, New York/Toronto/London 1965.

–: An Ancient Homily by an Unkown Author, in: J.N. Sparks (Hg.), The Apostolic Fathers, Nashville 1978, 55–70.

HEMMER, Hippolyte: Les Pères Apostoliques. II: Clément de Rome. Épître aux Corinthiens. Homélie du IIᵉ siècle. Texte Grec, Traduction Française, Introduction et Index, TDEHC, Paris ²1926.

HILGENFELD, Adolphus: Clementis Romani Epistulae. Edidit, commentario critico et adnotationibus instruxit. Mosis Assumptionis quae supersunt. Primum edita et illustrata (= Novum Testamentum extra canonem receptum I), Leipzig ²1876.

HOLL, Karl: Fragmente vornicänischer Kirchenväter aus den Sacra Parallela, TU.NF 5,2, Leipzig 1899.

HOLMES, Michael W.: Apostolic Fathers. Greek texts and English translation, Grand Rapids 1999.

IUNIUS, Patricius (YOUNG, Patrick): Κλήμεντος πρὸς Κορινθίους ἐπιστολὴ πρώτη. Clementis ad Corinthios epistola prior. Ex laceris reliquiis vetustissimi exemplaris Bibliothecae Regiae eruit, lacunas explevit, Latine vertit et notis brevioribus illustravit, Oxford 1633. (Editio princeps, bietet auch Text von 2Clem).

KENYON, Frederick G.: The Codex Alexandrinus (Royal MS. 1D V–VIII) in reduced photographic Facsimile. New Testament and Clementine Epistles, London 1909.

KLIJN, Albertus F. J.: Apostolische Vaders I: De Brieven van Ignatius. De Brief van Polycarpus. De Marteldood van Polycarpus. I Clemens. II Clemens. Het Onderwijs van de Twaalf Apostelen. Vertaald, ingeleid en toegelicht, Kampen 1981.

KNOPF, Rudolf: Die Lehre der Zwölf Apostel. Die zwei Clemensbriefe. HNT Erg I, Tübingen 1920.

LAKE, Kirsopp: The Apostolic Fathers. With an English Translation, I: I Clement, II Clement, Ignatius, Polycarp, Didache, Barnabas. LCL 24, London/Cambridge MA 1959 (Nachdr.d.Aufl. 1912).

LIGHTFOOT, Joseph B.: The Apostolic Fathers. I 1.2: S. Clement of Rome. A Revised Text with Introductions, Notes, Dissertations and Translations, Hildesheim/New York 1973 (Nachdr.d.Aufl. ²1890).

LIGHTFOOT, Joseph B./HARMER, John R./HOLMES, Michael W.: The Apostolic Fathers, Leicester ²1990 (rev. Nachdr.d.Aufl. 1891).

LINDEMANN, Andreas: Die Clemensbriefe (Die Apostolischen Väter I), HNT 17, Tübingen 1992.

LINDEMANN, Andreas/PAULSEN, Henning (Hg.), Die Apostolischen Väter. Griechisch-deutsche Parallelausgabe auf der Grundlage der Ausgaben von Franz Xaver Funk/Karl Bihlmeyer und Molly Whittaker, mit Übersetzungen von M. Dibelius und D.-A. Koch, neu übers.u. hg., Tübingen 1992 (danach griech. Text von FUNK/BIHLMEYER zitiert).

LOUVEL François/BOUYER Louis/MONDÉSERT, Claude: Les Écrits des Pères Apostoliques (Annotés par F. Louvel, Préface de L. Bouyer, Introduction de C. Mondésert), Paris ²1963.

ΜΠΟΝΗΣ, Κωνσταντῖνος Γ: Συμπόσιον πατέρων. Ἡ καλουμένη Βʹ ἐπιστολὴ Κλήμεντος Ῥώμης Ἱ Πρὸς Κορινθίους, Athen 1975.

QUÉRÉ, France: Les Pères apostoliques. Écrits de la primitive Église. Traduction et introduction, Paris 1980.

RICHARDSON, Cyril C. u.a. (Hg.), Early Christian Fathers, LCC 1, Philadelphia 1953.

SCHUBERT, Hans von: Der sogen. 2. Clemensbrief, eine Gemeindepredigt, in: E. Hennecke (Hg.), Neutestamentliche Apokryphen. In Verbindung mit Fachgelehrten in deutscher Übersetzung und mit Einleitungen, Tübingen/Leipzig 1904, 172–179 (Einleitung und Text; Schubert, Apokryphen).

–: Der sogen. 2. Clemensbrief, eine Gemeindepredigt, in: E. Hennecke (Hg.), Handbuch zu den Neutestamentlichen Apokryphen, Tübingen 1904, 248–255 (Kommentar; Schubert, 2Clem).

WENGST, Klaus: Didache (Apostellehre). Barnabasbrief. Zweiter Klemensbrief. Schrift an Diognet. Eingeleitet, hg., übertragen und erläutert, SUC II, Darmstadt 1984.

WOCHER, Maximilian J.: Die Briefe der apostolischen Väter Clemens und Polykarpus, neu übersetzt und mit Einleitungen und Commentarien versehen, Tübingen 1830.

ZELLER, Franz: Die Apostolischen Väter. Aus dem Griechischen übersetzt, BKV 35, Kempten/München 1918.

1.2. Altes Testament und Frühjüdische Literatur

Die APOKRYPHEN und PSEUDEPIGRAPHEN des Alten Testaments, Hg. E. Kautzsch u.a., I: Die Apokryphen des Alten Testaments; II: Die Pseudepigraphen des Alten Testaments, Hildesheim 1962 (Nachdr.d.Aufl. 1900).

ABOTH R. NATHAN, Hg. J. Goldin (engl.), New York 1974 (Nachdr.d.Aufl. 1955).

ALTJÜDISCHES SCHRIFTTUM außerhalb der Bibel, Hg. P. Rießler, Augsburg 1928.

Der BABYLONISCHE TALMUD, Hg. L. Goldschmidt (dt.), I–XII, Berlin 1930–1936.

BIBLIA HEBRAICA STUTTGARTENSIA, Hg. K. Elliger/W. Rudolph, Stuttgart 41990.

(STRACK, Hermann L.)/BILLERBECK, Paul: Kommentar zum Neuen Testament aus Talmud und Midrasch, I–VI, München 1922–1961.

FLAVIUS JOSEPHUS, Opera, Hg. B. Niese, I–VII (VI zus. mit J.A. Destinon), Berlin 21955.

FLAVIUS JOSEPHUS, De Bello Judaico, Hg. O. Michel/O. Bauernfeind, I, Bad Homburg vor der Höhe 1960; II, 1, München 1963; II, 2 und III, München 1969.

JESUS SIRACH (Ben Sira), übers. von G. Sauer, JSHRZ 3, Gütersloh 1981, 483–644.

JÜDISCHE SCHRIFTEN aus hellenistisch-römischer Zeit, Hg. W.G. Kümmel u.a., Gütersloh 1973ff (JSHRZ).

MEKILTA De Rabbi Ishmael. A Critical Edition on the Basis of the Manuscripts and Early Editions with an English Translation, Introduction and Notes, Hg. J.Z. Lauterbach, I–III, Philadelphia 1949.

MIDRASCH RABBAH. Translated into English with Notes, Glossary and Indices, Hg. H. Freedman/M. Simon, I–X, London/New York 31983.

Die MISCHNA. Text, Übersetzung und ausführliche Erklärung, Hg. G. Beer u.a., Gießen (Berlin, New York) 1912ff.

PHILON. Opera, Hg. L. Cohn/P.Wendland, I–VII, Berlin 1896–1930.

The Old Testament PSEUDEPIGRAPHA, Hg. J.H. Charlesworth, I: Apocalyptic Literature and Testaments, Garden City NY 1983; II: Expansions of the ‚Old Testament' and Legends, Wisdom and Philosophical Literature, Prayers, Psalms, and Odes, Fragments of Lost Judeo-Hellenistic Works, Garden City NY 1985.

PSEUDO-PHILO. Liber Antiquitatum Biblicarum, Hg. G. Kisch, PMS 10, Notre Dame 1949.

Die QUMRAN-ESSENER. Die Texte vom Toten Meer, hg. von J. Maier, I: Die Texte der Höhlen 1–3 und 5–11, UTB 1862, München/Basel 1995; II: die Texte der Höhle 4, UTB 1863, München/Basel 1995; III: Einführung, Zeitrechnung, Register und Bibliographie, UTB 1916, München/Basel 1996.

Septuaginta. Id est Vetus Testamentum Graece iuxta LXX interpretes, Hg. A Rahlfs, Stuttgart 1979.

Sifra. An Analytical Translation, Hg. J. Neusner, I–III, Atlanta 1988.

Der tannaitische Midrasch Sifre Deuteronomium. Übers. und erklärt von H. Bietenhard (mit einem Beitrag von H. Ljungman), Judaica et Christiana 8, Bern u.a. 1984.

Sibyllinische Weissagungen. Griechisch-deutsch. Auf der Grundlage der Ausgabe von A. Kurfeß neu übersetzt und hg. von J.-D. Gauger, Sammlung Tusculum, Düsseldorf-Zürich 1998.

The Talmud of the Land of Israel. A Preliminary Translation and Explanation. 18: Besah und Taanit, transl. J. Neusner, Chicago Studies in the History of Judaism, Chicago/London 1987.

The Testaments of the Twelve Patriarachs. A Critical Edition of the Greek Text, by M. de Jonge in cooperation with H.W. Hollander, H.J. de Jonge, T. Korteweg, PVTG 1,2, Leiden 1978.

Die Tosefta. Sed I: Zeraiim. 1.1: Berakot – Pea, übers. und erklärt von E. Lohse/G. Mayer, Rabb Texte I: Die Tosefta I, 1,1, Stuttgart/Berlin/Köln 1999.

Die Weisheitsschrift aus der Kairoer Geniza. Erstedition, Kommentar und Übersetzung von K. Berger, TANZ 1, Tübingen 1989.

Die Weisheitsschrift aus der Kairoer Geniza. Text, Übersetzung und philologischer Kommentar von H.P. Rüger, WUNT 53, Tübingen 1991.

1.3. Christliche Literatur

Acta Apostolorum Apocrypha, Hg. R.A. Lipsius/M. Bonnet, I. II, 1. 2, Hildesheim 1959 (Nachdr.d.Aufl. Leipzig 1891–1903).

Agrapha. Außercanonische Schriftfragmente, Hg. A. Resch, Darmstadt 1967 (Nachdr.d. Aufl ²1906 = TU.NF 15/3.4).

Analecta. Kürzere Texte zur Geschichte der Alten Kirche und des Kanons. II: Zur Kanonsgeschichte, Hg. E. Preuschen, SQS 1,8,2, Tübingen ²1910.

Aphrahat. Demonstrationes. Textum Syriacum vocalium signis instruxit, Latine vertit, notis illustravit I. Parisot, PS I 1.2, Paris 1894–1907.

Neutestamentliche Apokryphen in deutscher Übersetzung, Hg. E. Hennecke/W. Schneemelcher, I. Evangelien, Tübingen ⁴1968; II. Apostolisches, Apokalypsen und Verwandtes, Tübingen ⁴1971.

Neutestamentliche Apokryphen in deutscher Übersetzung, Hg. W. Schneemelcher, I. Evangelien, Tübingen ⁶1990; II. Apostolisches, Apokalypsen und Verwandtes, Tübingen ⁶1997.

Fragmente apokryph gewordener Evangelien in griechischer und lateinischer Sprache, hg., übersetzt und eingeleitet in Zusammenarbeit mit E. Schlarb von D. Lührmann, MThSt 59, Marburg 2000.

Die ältesten Apologeten. Texte mit kurzen Einleitungen, Hg. E.J. Goodspeed, Göttingen 1984 (Nachdr.d.Aufl. 1914).

Apostolische Kirchenordnung, in: A. Harnack: Lehre der Zwölf Apostel nebst Untersuchungen zur ältesten Geschichte der Kirchenverfassung und des Kirchenrechts, TU 2, 1.2, Leipzig 1893 (Nachdr.d.Aufl. 1884), 225–237.

Athanase d'Alexandrie. Sur l'incarnation du Verbe. Introduction, Texte critique, Traduction, Notes et Index, Hg. C. Kannengiesser, SC 199, Paris 1973.

ATHENAGORAS. Supplicatio pro Christianis, in: Die ältesten Apologeten. Texte mit kurzen Einleitungen, hg. von E.J. Goodspeed, Göttingen 1984 (Nachdr. d. Aufl. 1914), 314–358.

CLEMENS ALEXANDRINUS. I: Protrepticus und Paedagogus, Hg. O. Stählin/U. Treu, GCS ClemAl I, Berlin ³1972.

CLEMENS ALEXANDRINUS. II: Stromata Buch I–VI, Hg. O. Stählin/L. Früchtel/U. Treu, GCS ClemAl II, Berlin ⁴1985.

CLEMENS ALEXANDRINUS. III: Stromata Buch VII und VIII. Excerpta ex Theodoto. Eclogae Propheticae. Quis dives salvetur. Fragmente, Hg. O. Stählin/L. Früchtel/U. Treu, GCS ²17, Berlin ²1970.

CLÉMENT DE ROME. Épître aux Corinthiens. Introduction, Texte, Traduction, Notes et Index par A. Jaubert, SC 167, Paris 1971.

Ps.CLEM. EPISTULAE AD VIRIGINES, in: H. Duensing, Die dem Klemens von Rom zugeschriebenen Briefe über die Jungfräulichkeit, ZKG 63, 1950/51, 166–188.

CYPRIAN. Opera omnia, Hg. W. Hartel, CSEL 3, 1–3. Wien 1868–1871.

DIDASCALIA ET CONSTITUTIONES APOSTOLORUM, Hg. F.X. Funk, I. II, Paderborn 1905.

DOROTHEUS. Τοῦ ὁσίου πατρὸς ἡμῶν Δωροθέου διδασκαλίαι ψυχωφελεῖς διάφοροι, PG 88, Paris 1860, 1611–1844.

EPIPHANIUS. I: Ancoratus und Panarion haer. 1–33, Hg. K. Holl, GCS 25, Leipzig 1915.

EPIPHANIUS. II: Panarion 34–64, Hg. K. Holl/J. Dummer, GCS.Epiph II, Berlin ²1980.

EPIPHANIUS. III: Panarion 65–80. De Fide, Hg. K. Holl, GCS 37, Leipzig 1933.

EPISTULA APOSTOLORUM, Hg. H. Duensing, KlT 152, Bonn 1925.

EUSEBIUS. II, 1–3: Die Kirchengeschichte, Hg. E. Schwartz/T. Mommsen, 2. Aufl. Hg. F. Winkelmann, GCS NF 6,1–3, Berlin ²1999 (Mart Pal in: II, 2, 907–950).

EUSEBIUS. VIII, 1–2: Die Praeparatio Evangelica, Hg. K. Mras/É. de Places, GCS.Eus VIII, Berlin 1982–1983.

FLORILEGIUM EDESSENUM ANONYMUM (syriace ante 562), Hg. I. Rucker, SBAW, PH 1933, Heft 5, München 1933.

GRÉGOIRE DE NAZIANZE. La Passion du Christ. Tragédie. Introduction, Texte Critique, Traduction, Notes et Index de A. Tuilier, SC 149, Paris 1969.

HIERONYMUS. Opera omnia, PL 23, Turnhout 1969 (Nachdr.)

HIERONYMUS. Liber de viris inlustribus, Hg. E.C. Richardson, TU 14, 1, Leipzig 1896.

HILARIUS. Opera onmia, PL 10, Turnhout 1966 (Nachdr.).

HIPPOLYT. I. Exegetische und homiletische Schriften, Hg. G.N. Bonwetsch/H. Achelis, 1. Die Kommentare zu Daniel und zum Hohenliede. 2. Kleinere exegetische und homiletische Schriften, GCS Hipp I, Leipzig 1897.

HIPPOLYT. III. Refutatio omnium haeresium, Hg. P. Wendland, GCS 26, Leipzig 1916.

HIPPOLYT. Fragmente: Fragmente vornicänischer Kirchenväter aus den Sacra Parallela, Hg. K. Holl, TU.NF 5, 2, Leipzig 1899, 128–144.

HIPPOLYT. Fragmente, in: W.J. Malley: Four unedited Fragments of the *De Universo* of the Pseudo-Josephus found in the *Chronicon* of George Hamartolus (Coislin 305), JThS.NS 16, 1965, 13–25.

IRENÄUS VON LYON. Epideixis. Adversus Haereses. Gegen die Häresien, I, hg. und übers. von N. Brox, I, FC 8,1, Freiburg/Basel/Wien 1993.

IRÉNÉE DE LYON. Contre les Hérésies, Hg. A. Rousseau u.a. I, SC 263.264, Paris 1979; II, SC 293.294, Paris 1982; III, SC 210.211, Paris 1974; IV, SC 100 (2 Bde), Paris 1965; V, SC 152.153, Paris 1969.

JUSTIN. Apologia I. II. Dialogus, in: Die ältesten Apologeten. Texte mit kurzen Einleitungen, hg. von E.J. Goodspeed, Göttingen 1984 (Nachdr.d.Aufl. 1914), 24–265.

JUSTIN. Dialogus, Hg. G. Archambault, I. II, TDEHC 8.11, Paris 1909.

JUSTIN. Opera quae feruntur omnia, Hg. I.C.T. von Otto, I–III (CorpAp I–V), Jena ³1876–1881.

(Ps.-)JUSTIN. Questiones et Responsiones ad Orthodoxos, in: A. Harnack, Diodor von Tarsus. Vier pseudojustinische Schriften als Eigentum Diodors, TU.NF 6,4, Leipzig 1901, 69–160 (dt).

LIBER GRADUUM, Hg. M. Kmosko, PS I, 3, Paris 1926.

LUTHER, Martin. Disputatio pro declaratione virtutis indulgentiarum. 1517, WA 1, Weimar 1883, 233–238.

MAKARIUS MAGNES. Μακαρίου Μάγνητος Ἀποκριτικὸς ἢ Μονογενής. Macarii Magnetis quae supersunt, ex inedito codice, Hg. C. Blondel, Paris 1876.

Ausgewählte MÄRTYRERAKTEN, Hg. G. Krüger/G. Ruhbach, SQS.NF 3, Tübingen 1965.

MAXIMUS CONFESSOR. Τοῦ ἁγίου Μαξίμου Πρόλογος εἰς τὰ τοῦ ἁγίου Διονυσίου, PG 4, 16–24.

MELITO, in: Corpus Apologetarum Christianorum Saeculi Secundi, Hg. I.C.T. von Otto, IX, Jena 1872, 374–478.

NOVUM TESTAMENTUM GRAECE, Hg. K. Aland u.a., Stuttgart ²⁷1993.

Die ORACULA SIBYLLINA, Hg. J. Geffcken, GCS (8), Leipzig 1902.

ORIGENES. I: Die Schrift vom Martyrium, Buch I–IV gegen Celsus, Hg. P. Koetschau, GCS Orig I, Leipzig 1899.

ORIGENES. II: Buch V–VIII gegen Celsus. Die Schrift vom Gebet, Hg. P. Koetschau, GCS Orig II, Leipzig 1899.

ORIGENES. III: Jeremiahomilien. Klageliederkommentar. Erklärung der Samuel- und Königsbücher, Hg. E. Klostermann/P. Nautin, GCS Orig III, Berlin ²1983.

ORIGENES. IV: Der Johanneskommentar, Hg. E. Preuschen, GCS Orig IV, Leipzig 1903.

ORIGENES. VI: Homilien zum Hexateuch in Rufins Übersetzung. I: Die Homilien zu Genesis, Exodus und Leviticus, Hg. W.A. Baehrens, GCS 29, Leipzig 1920.

ORIGENES. Opera Omnia, Hg. C.H.E. Lommatzsch.
    VI. In Epistolam ad Romanos Commentariorum Pars I, Berlin 1836;
    VII. In Epistolam ad Romanos Commentariorum Pars II, Berlin 1837;
    XI. Selectorum in Psalmos Pars I, Berlin 1841, 351–458;
    XII. Selectorum in Psalmos Pars II, Berlin 1841;
    XIII. Selectorum in Psalmos Pars III, Berlin 1842, 1–166.

PAPIASFRAGMENTE, in: U.H.J. Körtner, Papiasfragmente. Hirt des Hermas, eingeleitet, hg., übertragen und erläutert von U.H.J. Körtner und M. Leutzsch, SUC 3, Darmstadt 1998, 1–103.

PHOTIUS. Bibliothèque, Texte établi et traduit par R. Henry, I–VIII. IX Index par J. Schamp, Paris 1959–1991.

PRAEDESTINATUS, sive praedestinatorum haeresis, PL 53, 589–672.

Die PSEUDEKOLEMENTINEN. I. Homilien, Hg. B. Rehm/G. Strecker, GCS PsClem I, Berlin ³1992.

SEVERUS von ANTIOCHIEN. Liber Contra Impium Grammaticum. Orationis tertiae pars posterior, Hg. I. Lebon, CSCO 101 = ScriptSyr 50 (Text), CSCO 102 = ScriptSyr 51 (frz), Louvain 1933.

SYNOPSIS QUATTUOR EVANGELIORUM. Locis parallelis evangeliorum apocryphorum et patrum adhibitis, Hg. K. Aland u.a., Stuttgart ¹⁵1996.

TATIAN. Oratio ad Graecos, in: Die ältesten Apologeten. Texte mit kurzen Einleitungen, hg. von E.J. Goodspeed, Göttingen 1984 (Nachdr.d.Aufl. 1914), 266–305.

TERTULLIAN. I: Opera Catholica. Adversus Marcionem, Hg. E. Dekkers u.a. CCL 1, Turnhout 1954.

TERTULLIAN. II: Opera Montanistica, Hg. A. Gerlo u.a., CCL 2, Turnhout 1954.

THÉOPHILE D'ANTIOCHE. Trois livres à Autolycus, trad. de J. Sender, intr. et notes de G. Bardy, SC 20, Paris 1948.

1.4. Gnostische und hermetische Literatur

CORPUS HERMETICUM, Hg. A.D. Nock/A.-J. Festugière, CUFr, I.II, Paris ²1960; III.IV, Paris 1954.

L'ÉVANGILE SELON THOMAS, Hg. J.-È. Ménard, NHS 5, Leiden 1975.

GINZĀ. Der Schatz oder das Große Buch der Mandäer, übersetzt und erklärt von M. Lidzbarski, QRG 13,Göttingen/Leipzig 1925.

MANDÄISCHE LITURGIEN, mitgeteilt, übersetzt und erklärt von M. Lidzbarski, Berlin/Hildesheim 1962 (Nachdr. d. Aufl. 1920).

The NAG HAMMADI LIBRARY in English, Hg. J.M. Robinson, Leiden u.a. ³1988.

NAG HAMMADI Deutsch, Hg. H.-M. Schenke/H.-G. Bethge/U. U. Kaiser, I: NHC I, 1-V, 1, GCS.NF 8 (Kopt.-Gnost. Schriften II), Berlin/New York 2001; II: NHC V, 2–XIII, 1, BG 1 und 4, GCS.NF 12 (Kopt.-Gnost. Schriften III), Berlin/New York 2003.

PISTIS SOPHIA, in: Koptisch-gnostische Schriften I: Die Pistis Sophia. Die beiden Bücher des Jeû. Unbekanntes altgnostisches Werk, Hg. C. Schmidt, 4. Aufl. Hg. H.-M. Schenke, GCS, Kopt-gnost. Schriften I, Berlin ⁴1981.

QUELLEN zur Geschichte der christlichen Gnosis, Hg. W. Völker, SQS.NF 5, Tübingen 1932.

1.5. Griechische und lateinische Profanliteratur

AISCHYLOS. Septem quae supersunt Tragoediae, Hg. G. Murray, SCBO, Oxford 1960 (Nachdr.d.Aufl. ²1955).

APPIAN. Roman History, with an English Translation by H. White, I–IV, London/Cambridge MA 1958–1962 (Nachdr.d.Aufl. 1912–1913) (I–II = Hist; III–IV = BellCiv).

APULEIUS. Metamorphosen oder Der goldene Esel. Lateinisch und Deutsch von R. Helm, SQAW 1, 6. Aufl. von W. Krenkel, Berlin ⁶1970.

ARISTOPHANES. Comoediae, recognoverunt brevique adnotatione critica instruxerunt F.W. Hall/W.M. Geldart, I Oxford 1960 (Nachdr.d.Aufl. ²1960); II Oxford 1959 (Nachdr.d.Aufl. ²1907).

ARISTOTELES. Opera. Ex recensione Immanuelis Bekkeri, Hg. O. Gigon, I–IV, Berlin ²1960. V: Index Aristotelicus, Hg. H. Bonitz, Berlin ²1961.

CICERO. Scripta quae manserunt omnia, Hg. C. Atzert, BSGRT, Leipzig 1963.

COMICORUM ATTICORUM FRAGMENTA, Hg. T. Kock, II. Novae Comediae Fragmenta 1, Leipzig 1884 (CAF).

DEMOSTHENES, with an English Translation by J.H. Vince u.a., I–VII, LCL, London/Cambridge MA 1956–1962 (Nachdr.d.Aufl. 1926–1949).

DIO CHRYSOSTOM, with an English Translation by J.W. Cohoon and H.L. Crosby, I–V, LCL, London/Cambridge MA 1956–1964 (Nachdr.d.Aufl. 1932–1951).

DIODORUS OF SICILY, with an English Translation by C.H. Oldfather u.a., I–XII, LCL, London/Cambridge MA 1957–1967 (tlw. Nachdr.d.Aufl. 1933–1954).

DIOGENES LAERTIUS. Lives of eminent Philosophers, with an English Translation by R.D. Hicks, I. II, LCL, London/Cambridge MA 1958–1959 (Nachdr.d.Aufl. 1925).

DIONYSIUS VON HALICARNASSOS. Quae exstant, I–VI, Hg. H. Usener/L. Radermacher, Stuttgart/Leipzig 1997 (Nachdr.d.Aufl. 1904–1929).

EPIKTET. Dissertationes ab Arriano digestae, Hg. H. Schenkl, Accedunt fragmenta. Enchiridion. Ex recensione Schweighaeuseri. Gnomologiorum Epicteteorum reliquiae, ed. maior, BiTeu, Stuttgart 1965 (Nachdr.d.Aufl. ²1916).

EURIPIDES. Fabulae, recognovit brevique adnotatione critica instruxit G. Murray, I–III, Oxford 1957–1958 (Nachdr.d.Aufl. 1902–1913).

EURIPIDES. Fragmente: Tragicorum Graecorum Fragmenta, rec. A. Nauck, BSGRT, Leipzig ²1889 (TGF).

HERODOT. Historiae, Hg. C. Hude, I. II, SCBO, Oxford 1958–1960 (Nachdr.d.Aufl. ³1927).

HESIOD. Carmina, Hg. A. Rzach, BiTeu, Stuttgart 1967 (Nachdr.d.Aufl. ³1913).

HOMER. Ilias, übertragen von H. Rupé. Mit Urtext, Anhang, Register und Karten, I.II., Nördlingen 1948.

HOMER. Odyssee. Griechisch und Deutsch, Übertragung von A. Weiher. Mit Urtext, Anhang und Registern, München/Zürich ⁷1982.

Sylloge INSCRIPTIONUM GRAECARUM, Hg. W. Dittenberger, I–IV, Hildesheim ⁴1960 (Nachdr.d.Aufl. Leizpig ³1915–1924) (SIG).

Orientis Graeci INSCRIPTIONES Selectae. Supplementum Sylloges Inscriptionum Graecarum, Hg. W. Dittenberger, I. II, Hildesheim 1960 (Nachdr.d.Aufl. Leipzig 1930 bzw. 1905) (OGIS).

ISOCRATES, with an English Translation by G. Nolin (I.II) and L. van Hook (III), LCL, London/Cambridge MA 1961–1962 (Nachdr.d.Aufl. 1928–1945).

LUKIAN. Opera, Hg. M.D. Macleod, I–III, SCBO, Oxford 1972–1980.

MARK AUREL. The Communings with Himself of Marcus Aurelius Antoninus, emperor of Rome, together with his speeches and sayings, rev. Text and English Translation by C.R. Haines, LCL, London/Cambridge MA 1961 (Nachdr.d.Aufl. 1930).

OVID. Metamorphosen, in deutsche Hexameter übertragen und mit Text hg. von E. Rösch, TuscBü, München 1952.

The OXYRHYNCHUS PAPYRI, III, edited with Translations and Notes by B.P. Grenfell/A.S. Hunt, London 1903.

Greek PAPYRI in the British Museum, Hg. F.G. Kenyon/H.I. Bell, I–V, London 1893–1917.

PLATON. Opera, recognovit brevique adnotatione critica instruxit I. Burnet, I–V, SCBO, Oxford 1957–1959 (versch. Nachdr.d.Aufl. 1900–1907).

PLINIUS d. J. Epistularum libri decem, Hg. R.A.B. Mynors, SCBO, Oxford 1963.

PLOTIN. Schriften, übersetzt von R. Harder, Neubearbeitung mit griechischem Lesetext und Anmerkungen, I–V I, Hamburg 1956–1971.

PLUTARCH. Moralia in Fifteen Volumes, with an English Translation by F.C. Babbitt u.a., LCL, London/Cambridge MA 1957–1976 (tlw. Nachdr.d.Aufl. 1927–1939).

PLUTARCH. Vitae Parallelae, Hg. C.L. Lindskog/K. Ziegler, BiTeu, Leipzig ³1964.

POLLUX. Onomasticon, Hg. E. Bethe, I. Lib. I–V, Lexicographi Graeci IX, Leipzig 1900.

POLYBIUS. The Histories, with an English translation by W.R. Paton, I–VI, LCL, London/Cambridge MA 1960 (Nachdr.d.Aufl. 1922–1927).

PROCLUS. In Platonis Cratylum Commentaria, Hg. G. Pasquali, Stuttgart/Leipzig 1994 (Nachdr.d.Aufl. 1908).

SENECA. Ad Lucilium Epistulae Morales, übersetzt, eingeleitet und mit Anmerkungen versehen von M. Rosenbach, I–LXIX, Darmstadt ³1989; LXX–CXXIV (CXXV), Darmstadt ²1987.

SENECA. De providentia. De constantia sapientis. De ira. Ad Marciam de consolatione, übersetzt, eingeleitet und mit Anmerkungen versehen von M. Rosenbach, Darmstadt ⁴1989.

SENECA. Naturalium Quaestionum Libri, Hg. H.M. Hine, BiTeu, Stuttgart/Leipzig 1996.

SEXTUS EMPIRICUS. Opera, Hg. H. Mutschmann/J. Mau, III. Adversus Mathematicos, BiTeu, Leipzig 1961.

SOLON VON ATHEN. Elegien, in: Frühgriechische Lyriker. I: Die frühen Elegiker, Deutsch von Z. Franyó, griech. Text. bearb. von B. Snell, Erläuterungen von H. Maehler, SQAW 24/1, Berlin 1971, 29–55.

STOICORUM VETERUM FRAGMENTA, I–III, Hg. J. von Armin, Stuttgart 1978–1979 (Nachdr.d.Aufl. 1903–1905); IV. Register, Hg. M. Adler 1924 (SVF).

THEMISTIUS. Orationes quae supersunt, Hg. H. Schenkl/G. Downey, I, BiTeu, Leipzig 1965.

THUCYDIDES. Historiae, recognovit brevique adnonatione critica instruxit H.S. Jones, I. II, SCBO, Oxford 1958–1960 (Nachdr.d.Aufl. 1900–1901).

Ägyptische URKUNDEN aus den Königlichen Museen zu Berlin, hg. von der Generalverwaltung. Griechische Urkunden, II, Berlin 1898 (BGU).

Die Fragmente der VORSOKRATIKER. Griechisch und Deutsch, Hg. H. Diels/W. Kranz I. II, Zürich/Berlin ¹¹1964 (Diels/Kranz ¹¹I.II).

XENOPHON. Opera omnia, Hg. E.C. Marchant, I–V, SCBO, Oxford 1962 (Nachdr.d.Aufl. ²1921).

2. Hilfsmittel

ALAND, Kurt: Vollständige Konkordanz zum Griechischen Neuen Testament, I 1.2, Berlin/New York 1983; II, Berlin/New York 1978.

BAUER, Walter: Griechisch-Deutsches Wörterbuch zu den Schriften des Neuen Testaments und der frühchristlichen Literatur, Hg. K. Aland/B. Aland, Berlin/New York ⁶1988 (Bauer/Aland, Wb)

BLASS, Friedrich/DEBRUNNER, Albert: Grammatik des neutestamentlichen Griechisch, Hg. F. Rehkopf, Göttingen ¹⁷1990 (BDR).

CENTRE D'ANALYSE ET DE DOCUMENTATION PATRISTIQUES: Biblia Patristica. Index des citations et allusions bibliques dans la littérature patristique, I: Des origines à Clément d'Alexandrie et Tertullien, Paris 1975.

DENIS, Albert-Marie: Concordance grecque des Pseuépigraphes d'Ancien Testament, Louvain 1987.

GOODSPEED, Edgar J.: Index apologeticus sive clavis Iustini Martyris operum aliorumque apologetarum pristinorum, Leipzig 1912.

–: Index patristicus sive clavis patrum apostolicorum operum, Leipzig 1907.

HATCH, Edwin/REDPATH, Henry A.: A Concordance to the Septuagint, and the other Greek versions of the Old Testament (including the Apocryphal Books), I. II, Graz 1954 (Nachdr.d.Aufl. 1897).

KRAFT, Heinrich/FRÜCHTEL, Ursula: Clavis Patrum Apostolicorum, Darmstadt 1964.

KÜHNER, Raphael/GERTH, Bernhard: Ausführliche Grammatik der griechischen Sprache II 1.2, Hannover 1966 (Nachdr.d.Aufl. ³1898–1904).

LAMPE, Geoffrey W. H.: A Patristic Greek Lexicon, Oxford ¹⁰1991.

LIDDELL, Henry G./SCOTT, Robert: A Greek-English Lexicon, Hg. H.S. Jones/R. McKenzie, with a revised supplement, Oxford 1996.

MAYSER, Edwin: Grammatik der griechischen Papyri aus der Ptolemäerzeit. Mit Einschluss der gleichzeitigen Ostraka und der in Ägypten verfassten Inschriften, I 1. bearb. von H. Schmoll, Berlin ²1970; I 2, Berlin 1970 (Nachdr.d.Aufl. ²1938); I 3, Berlin 1970 (Nachdr. d.Aufl. ²1935); II,1, Berlin 1970 (Nachdr.d.Aufl. 1926); II, 2, Berlin 1970 (Nachdr.d.Aufl. 1934); II, 3, Berlin 1970 (Nachdr.d.Aufl. 1934).

MORGENTHALER, Robert: Statistik des neutestamentlichen Wortschatzes, Zürich/Frankfurt/Main 1958.

PAPE, Wilhelm: Griechisch-Deutsches Wörterbuch, Hg. M. Sengenbusch, I. II, Graz 1954 (Nachdr.d.Aufl. ³1914).

SIEGERT, Folker: Nag-Hammadi-Register. Wörterbuch zur Erfassung der Begriffe in den koptisch-gnostischen Schriften von Nag-Hammadi mit einem deutschen Index, WUNT 26, Tübingen 1982.

3. Sekundärliteratur

ADAM, Alfred: Lehrbuch der Dogmengeschichte. I: Die Zeit der Alten Kirche, Gütersloh 1965.

ALAND, Kurt: Methodische Bemerkungen zum Corpus Paulinum bei den Kirchenvätern des zweiten Jahrhunderts, in: A.M. Ritter (Hg.), Kerygma und Logos. Beiträge zu den geistesgeschichtlichen Beziehungen zwischen Antike und Christentum. Festschrift für C. Andresen zum 70. Geburtstag, Göttingen 1979, 29–48.

–: Das Ende der Zeiten – über die Naherwartung im Neuen Testament und in der Alten Kirche, in: Neutestamentliche Entwürfe, ThB 63, München 1979, 124–182.

–: Von Jesus bis Justinian. Die Frühzeit der Kirche in Lebensbildern, GTB 1403, Gütersloh 1981.

ALAND, Kurt/ALAND, Barbara: Der Text des Neuen Testaments. Einführung in die wissenschaftlichen Ausgaben sowie in Theorie und Praxis der modernen Textkritik, Stuttgart ²1989.

ALTANER, Berthold/STUIBER, Alfred: Patrologie. Leben, Schriften und Lehre der Kirchenväter, Freiburg/Basel/Wien ⁹1980.

AONO, Tashio: Die Entwicklung des paulinischen Gerichtsgedankens bei den Apostolischen Vätern, EHS XXIII, 137, Bern u.a. 1979.

ARNOLD, Eberhard: Die ersten Christen nach dem Tode der Apostel. Aus sämtlichen Quellen der ersten Jahrhunderte zusammengestellt und herausgegeben, Sannerz/Leipzig 1926.

AUNE, David E.: Prophecy in Early Christianity and the Ancient Mediterranean World, Grand Rapids 1983.

–: Oral Tradition and the Aphorisms of Jesus, in: H. Wansbrough (Hg.), Jesus and the Oral Gospel Tradition, JSNT.SS 64, Sheffield 1991, 211–265.

BAARDA, Tjitze: 2. Clement 12 and the Sayings of Jesus, in: J. Delobel (Hg.), Logia. Les Paroles de Jésus. The Sayings of Jesus. Mémorial J. Coppens, BEThL 59, Leuven 1982,

529–556 (danach zitiert), jetzt auch in: Early Transmission of Words of Jesus. Thomas, Tatian and the Text of the New Testament. A collection, Amsterdam 1983, 261–288.

BAASLAND, Ernst: Der 2. Klemensbrief und frühchristliche Rhetorik: „Die erste christliche Predigt" im Lichte der neueren Forschung, ANRW II 27,1, 1993, 78–157.

BARDY, Gustave: La Théologie de l'Èglise de saint Clément de Rome à saint Irénée, UnSa 13, Paris 1945.

BARDENHEWER, Otto: Geschichte der altchristlichen Literatur. I: Vom Ausgang des apostolischen Zeitalters bis zum Ende des zweiten Jahrhunderts, Darmstadt 1962 (Nachdr. d.Aufl. Freiburg 1913).

BARNARD, Leslie W.: Studies in the Apostolic Fathers and their Background, Oxford 1966.

BARTLET, Vernon: The origin and date of 2. Clement, ZNW 7, 1906, 123–135.

BAUER, Walter: Rechtgläubigkeit und Ketzerei im ältesten Christentum, 2. durchges. Aufl. mit einem Nachtrag, Hg. G. Strecker, BHTh 10, Tübingen ²1964.

–: Das Gebot der Feindesliebe und die alten Christen, ZThK 27, 1917, 37–54; jetzt in: Aufsätze und kleine Schriften, Hg. G. Strecker, Tübingen 1967, 235–252.

BAUERNFEIND, Otto: ἀρετή, ThWNT I, 1933, 457–461.

BEATRICE, Pier F.: Une citation de l'Évangile de Matthieu dans l'Épître de Barnabé, in: J.-M. Sevrin (Hg.), The New Testament in Early Christianity. La réception des écrits néotestamentaires dans le christianisme primitif, BEThL 86, Leuven 1989, 231–245.

BELLINZONI, Arthur J. The Gospel of Matthew in the Second Century, in: Second Century 9, 1992, 197–258.

–: The Gospel of Luke in the Apostolic Fathers: An Overview, in: A.F. Gregory/C.M. Tuckett (Hg.), Trajectories through the New Testament and the Apostolic Fathers, Oxford 2005, 45–68.

BENOÎT, André: Die Überlieferung des Evangeliums in den ersten Jahrhunderten, in V. Vajta (Hg.), Evangelium als Geschichte. Identität und Wandel in der Weitergabe des Evangeliums, EuG4, Göttingen 1974, 161–186.

BENRATH, Gustav Adolf: Buße V. Historisch, TRE 7, 1981, 452–473.

BERGER, Klaus: Zur Diskussion über die Herkunft von I Kor. II.9, NTS 24, 1978, 271–283.

–: Unfehlbare Offenbarung. Petrus in der gnostischen und apokalyptischen Offenbarungsliteratur, in: P.G. Müller/W. Stenger (Hg.), Kontinuität und Einheit. Für F. Mußner, Freiburg/Basel/Wien 1981, 261–326.

–: Theologiegeschichte des Urchristentums. Theologie des Neuen Testaments, Tübingen/Basel ²1995.

BERTRAM, Georg: μακάριος, ThWNT IV, 1942, 367–369.

BEYER, Hermann W.: κατηχέω, ThWNT III, 1938, 638–640.

BEYSCHLAG, Karlmann: Clemens Romanus und der Frühkatholizismus. Untersuchungen zu I Clemens 1–7, BHTh 35, Tübingen 1966.

BÖTTRICH, Christfried: Petrus. Fischer, Fels und Funktionär, Bibl. Gestalten 2, Leipzig 2001.

BOUSSET, Wilhelm: Die Religion des Judentums im späthellenistischen Zeitalter, bearb. von H. Greßmann, HNT 21, Tübingen ⁴1966.

BRAUN, Herbert: An die Hebräer, HNT 14, Tübingen 1984.

BROX, Norbert: Der Hirt des Hermas, KAV 7, Göttingen 1991.

BULTMANN, Rudolf: ἔλεος κτλ, ThWNT II

BULTMANN, Rudolf: εὐφραίνω κτλ, ThWNT II, 1935, 770–773.

–: Theologie des Neuen Testaments, UTB 630, 9. Aufl., durchgesehen und ergänzt von O. Merk, Tübingen ⁹1984.

CALLAN, Terrance: The Saying of Jesus in Gos. Thom. 22/2. Clem. 12/Gos. Eg. 5, JRSt 16, 1990, 46–64.

CAMPENHAUSEN, Hans von: Kirchliches Amt und geistliche Vollmacht in den ersten drei Jahrhunderten, BHTh 14, Tübingen ²1963.

–: Die Entstehung der christlichen Bibel, BHTh 39, Tübingen 1968.

CHADWICK, Henry: Enkrateia, RAC V, 1962, 343–365.

CONZELMANN, Hans: φῶς κτλ, ThWNT IX, 1973, 302–349.

–: Der erste Brief an die Korinther, KEK 5, Göttingen ¹²1981.

DALEY, Brian E.: The Hope of the Early Church. A Handbook on Patristic Eschatology, Cambridge 1993 (Nachdr.d.Aufl 1991).

DART, John: The Two Shall Become One, ThTo 35, 1978/79, 321–325.

DASSMANN, Ernst: Sündenvergebung durch Taufe, Buße und Märtyrerfürbitte in den Zeugnissen frühchristlicher Frömmigkeit und Kunst, MBTh 36, Münster 1973.

–: Der Stachel im Fleisch. Paulus in der frühchristlichen Literatur bis Irenäus, Münster 1979.

DECKER, Wolfgang: Sportfeste, DNP 11, 2001, 847–855.

DELLING, Gerhard: στοιχέω κτλ, ThWNT VII, 1964, 666–687.

DERRETT, J. Duncan M.: Scripture and Norms in the Apostolic Fathers, ANRW II 27,1, 1993, 649–699.

DESJARDINS, Michel R.: Sin in Valentinianism, SBL. Diss. Ser. 108, Atlanta 1990.

DIETZFELBINGER, Christian: Die Frömmigkeitsregeln von Mt 6,1–18 als Zeugnisse frühchristlicher Geschichte, ZNW 75, 1984, 184–201.

DONFRIED, Karl P.: The Theology of Second Clement, HThR 66, 1973, 487–501.

–: The Setting of Second Clement in Early Christianity, NT.S 38, Leiden 1974.

DROBNER, Hubertus R.: Lehrbuch der Patrologie, Freiburg/Basel/Wien 1994.

EHRMAN, Bart D.: Textual Traditions Compared: The New Testament and the Apostolic Fathers, in: A.F. Gregory/C.M. Tuckett (Hg.), The Reception of the New Testament in the Apostolic Fathers, Oxford 2005, 9–27.

EIJK, Ton H.C. van: La résurrection des morts chez les Pères Apostoliques, ThH 25, Paris 1974.

ELBOGEN, Ismar: Der jüdische Gottesdienst in seiner geschichtlichen Entwicklung, Hildesheim ⁴1962.

ELLSWORTH, James D.: Agon. Studies in the Use of a word, Diss. Univ. of California, Berkeley 1971.

FISCHER, Joseph A.: Die ältesten Ausgaben der Patres Apostolici. Ein Beitrag zu Begriff und Begrenzung der Apostolischen Väter. II, HJ 95, 1975, 88–119.

FITZER, Gottfried: σφραγίς κτλ, ThWNT VII, 1964, 939–954.

FOERSTER, Werner: ἀρέσκω κτλ, ThWNT I, 1933, 455–457.

FRANK, Albert: Studien zur Ekklesiologie des Hirten, II Klemens, der Didache und der Ignatiusbriefe unter besonderer Berücksichtigung der Idee einer präexistenten Kirche, Diss. München 1975.

FREND, William H.C.: The Rise of Christianity, Philadelphia ²1989.

FUHRMANN, Manfred: Die antike Rhetorik. Eine Einführung, Artemis Einführung 10, München/Zürich 1984.

FUNK, Franz X.: Die syrische Übersetzung der Clemensbriefe, ThQ 59, 1877, 477–498.

–: Der sog. zweite Klemensbrief, ThQ 84, 1902, 349–364, mit Nachtrag in: Kirchenge-
schichtliche Abhandlungen und Untersuchungen III, Paderborn 1907, 261–275.

GNILKA, Joachim: Das Matthäusevangelium. I: Kommentar zu Kap. 1,2–13,58, HThK 1,1,
Freiburg/Basel/Wien 1986.
GOLDHAHN-MÜLLER, Ingrid: Die Grenze der Gemeinde. Studien zum Problem der
Zweiten Buße im Neuen Testament unter Berücksichtigung der Entwicklung im 2. Jh. bis
Tertullian, GTA 39, Göttingen 1989.
GOPPELT, Leonhard; τύπος κτλ, ThWNT VIII, 1969, 246–260.
GRANT, Robert M.: The Apostolic Fathers. A New Translation and Commentary, I: An In-
troduction, New York/Toronto/London 1964.
–: The Formation of the New Testament, New York 1965.
–: Gnosticism and Early Christianity, New York/London ²1966.
–: Clement, Second Epistle of, in: The Anchor Bible Dictionary I, 1992, 1061.
GRANT, Robert M./FREEDMAN, David N.: Geheime Worte Jesu. Das Thomasevangelium.
Mit einem Beitrag: Das Thomas-Evangelium in der neuesten Forschung, von J. B. Bauer,
Frankfurt/Main 1960.
GREGORY, Andrew F.: The Reception of Luke and Acts in the Period before Irenaeus. Loo-
king for Luke in the Second Century, WUNT 2, 169, Tübingen 2003.
GREGORY, Andrew F./TUCKETT, Christopher M.: Reflections on Method: What constitu-
tes the Use of the Writings that later formed the New Testament in the Apostolic Fathers?,
in: The Reception of the New Testament in the Apostolic Fathers, Oxford 2005, 61–82.
–: 2 Clement and the Writings that later formed the New Testament, in: The Reception of
the New Testament in the Apostolic Fathers, Oxford 2005, 251–292.
GÜNTHER, Matthias: Einleitung in die Apostolischen Väter, ARGU 4, Frankfurt/Main u.a.
1997.

HAGEMANN, Hermann: Über den zweiten Brief des Clemens von Rom, ThQ 43, 1861,
509–531.
HAGNER, Donald A.: The Use of the Old and New Testaments in Clement of Rome, NT.S
34, Leiden 1973.
–: The Sayings of Jesus in the Apostolic Fathers and Justin Martyr, in: D. Wenham (Hg.),
Gospel Perspectives. The Jesus Tradition outside the Gospels V, Sheffield 1985, 233–268.
HALL, Stuart G.: Repentance in I Clement, in: F.L. Cross (Hg.), Studia Patristica VIII, 2,
TU 93, Berlin 1966, 30–43.
HARNACK, Adolf (von): Über den sogenannten zweiten Brief des Clemens an die Korin-
ther, ZKG 1, 1877, 264–283.329–364.
–: Geschichte der altchristlichen Litteratur bis Eusebius. I: Die Überlieferung und der Be-
stand, Leipzig 1893; II: Die Chronologie der altchristlichen Litteratur bis Eusebius. 1: Die
Chronologie der Litteratur bis Irenaeus, Leipzig 1897; 2: Die Chronologie der Litteratur
von Irenaeus bis Eusebius, Leipzig 1904 (Harnack, Geschichte).
–: Zum Ursprung des sog. 2. Clemensbriefs, ZNW 6, 1905, 67–71.
–: Lehrbuch der Dogmengeschichte, I: Die Entstehung des kirchlichen Dogmas, Darmstadt
1990 (Nachdr.d.Aufl. ⁴1909).
HARRIS, Rendel: The Authorship of the so-called Second Epistle of Clement, ZNW 23,
1924, 193–200.
HAUCK, Friedrich: ὅσιος κτλ, ThWNT V, 1954, 488–492.
HAUCK, Friedrich/KASCH, Wilhelm: πλοῦτος κτλ, ThWNT VI, 1959, 316–330.

Hausammann, Susanne: Alte Kirche. Zur Geschichte und Theologie in den ersten vier Jahrhunderten. I: Frühchristliche Schriftsteller. „Apostolische Väter". Häresien. Apologeten, Neukirchen-Vluyn 2001.

Hauschild, Wolf-Dieter: Gottes Geist und der Mensch. Studien zur frühchristlichen Pneumatologie, BevTh 63, München 1972.

Helderman, Jan: Melchisedeks Wirkung. Eine traditionsgeschichtliche Untersuchung eines Motivkomplexes in NHC IX, 1, 1–27, 10 (Melchisedek), in: J.-M. Sevrin (Hg.), The New Testament in Early Christianity. La réception des écrits néotestamentaires dans le christianisme primitif, BEThL 86, Leuven 1989, 335–362.

Herzog, Rudolf: Arzthonorar, RAC I, 1950, 724f.

Hilgenfeld, Adolf: Die Briefe des römischen Clemens und ihre syrische Übersetzung, ZWTh 20, 1877, 549–562.

Hofius, Otfried: Katapausis. Die Vorstellung vom endzeitlichen Ruheort im Hebräerbrief, WUNT 11, Tübingen 1970.

Hofmann, Johannes: Ps.-Clementinische Literatur, in: S. Döpp/W. Geerlings (Hg.), Lexikon der antiken christlichen Literatur, Freiburg/Basel/Wien ³2002, 155–157.

Hoh, Josef: Die kirchliche Buße im II. Jahrhundert. Eine Untersuchung der patristischen Bußzeugnisse von Clemens Romanus bis Clemens Alexandrinus, BSHT 32, Breslau 1932.

Holtz, Traugott: Der erste Brief an die Thessalonicher, EKK 13, Zürich u.a. 1986.

Hübner, Reinhard M.: Εἷς θεὸς Ἰησοῦς Χριστός. Zum christlichen Gottesglauben im 2. Jahrhundert – ein Versuch, MThZ 47, 1996, 325–344.

Jacobsen, Anders-Christian L.: The Philosophical Argument in the Teaching of Irenaeus on the Resurrection of the Flesh, in: M.F. Wiles/E.J. Yarnold (Hg.), Studia Patristica XXXVI. Papers presented at the Thirteenth International Conference on Patristic Studies held in Oxford 1999, Leuven 2001, 256–261.

Jefford, Clayton N./Harder, Kenneth J./Amezaga, Louis D.: Reading the Apostolic Fathers. An Introduction, Peabody MA 1996.

Jeremias, Joachim: Unbekannte Jesusworte, Gütersloh ⁴1965.

–: Amen I, TRE II, 1978, 386–391.

Jordan, Hermann: Geschichte der altchristlichen Literatur, Leipzig 1911.

Kahmann, Johannes: The Second Letter of Peter and the Letter of Jude. Their Mutual Relationship, in: J.-M. Sevrin (Hg.), The New Testament in Early Christianity. La réception des écrits néotestamentaires dans le christianisme primitif, BEThL 86, Leuven 1989, 105–121.

Kittel, Gerhard: δοκέω κτλ, ThWNT II, 1935, 235–240.245–258.

Knoch, Otto B.: Eigenart und Bedeutung der Eschatologie im theologischen Aufriss des ersten Clemensbriefes. Eine auslegungsgeschichtliche Untersuchung, Theoph 17, Bonn 1964.

–: Im Namen des Petrus und Paulus: Der Brief des Clemens Romanus und die Eigenart des römischen Christentums, ANRW II 27,1, 1993, 3–54.

Knopf, Rudolf: Die Anagnose zum zweiten Clemensbriefe, ZNW 3, 1902, 266–279.

–: Das nachapostolische Zeitalter. Geschichte der christlichen Gemeinden vom Beginn der Flavierdynastie bis zum Ende Hadrians, Tübingen 1905.

Koch, Dietrich-Alex: Die Schrift als Zeuge des Evangeliums. Untersuchungen zur Verwendung und zum Verständnis der Schrift bei Paulus, BHTh 69, Tübingen 1986.

Köhler, Wolf-Dietrich: Die Rezeption des Matthäusevangeliums in der Zeit vor Irenäus, WUNT 2, 24, Tübingen 1987.

KOSCHORKE, Klaus: Die Polemik der Gnostiker gegen das kirchliche Christentum. Unter besonderer Berücksichtigung der Nag-Hammadi-Traktate „Apokalypse des Petrus" (NHC VII, 3) und „Testimonium Veritatis" (NHC IX, 3), NHS 12, Leiden 1978.

–: Paulus in den Nag-Hammadi-Texten. Ein Beitrag zur Geschichte der Paulusrezeption im frühen Christentum, ZThK 78, 1981, 177–205.

KÖSTER(=KOESTER), Helmut: Synoptische Überlieferung bei den Apostolischen Vätern, TU 65, Berlin 1957 (Überlieferung).

–: Einführung in das Neue Testament im Rahmen der Religionsgeschichte und Kulturgeschichte der hellenistischen und römischen Zeit, de Gruyter Lehrbuch, Berlin/New York 1980.

–: Überlieferung und Geschichte der frühchristlichen Evangelienliteratur, ANRW II 25, 2, 1984, 1463–1542 (Evangelienliteratur).

–: The Text of the Synoptic Gospels in the Second Century, in: W.L. Petersen (Hg.), Gospel Traditions in the Second Century. Origins, Recensions, Text, and Transmission, CJAn 3, Notre Dame/London 1989, 19–37.

–: Ancient Christian Gospels. Their History and Development, Cambridge MA 1990 (Gospels).

–: Gospels and Gospel Traditions in the Second Century, in: A.F. Gregory/C.M. Tuckett (Hg.), Trajectories through the New Testament and the Apostolic Fathers, Oxford 2005, 27–44.

KREUZER, Siegfried: Der lebendige Gott. Bedeutung, Herkunft und Entwicklung einer alttestamentlichen Gottesbezeichnung, BWANT 116, Stuttgart u.a. 1983.

KRÜGER, Gustav: Bemerkungen zum zweiten Klemensbrief, in: S.J. Case (Hg.), Studies in Early Christianity, New York/London 1928, 419–439.

–: Zu II. Klem. 14, 2, ZNW 31, 1932, 204f.

LAUSBERG, Heinrich: Handbuch der literarischen Rhetorik. Eine Grundlegung der Literaturwissenschaft, Stuttgart ³1990.

LECLERCQ, Henry: Lecteur, DACL 8, 2, 1929, 2241–2269.

LEIPOLDT, Johannes; Der soziale Gedanke in der altchristlichen Kirche, Leipzig 1952.

LEUTZSCH, Martin: Die Wahrnehmung sozialer Wirklichkeit im „Hirten des Hermas", FRLANT 150, Göttingen 1989.

LIETZMANN, Hans: Geschichte der Alten Kirche. I: Die Anfänge, Berlin/New York ⁴˙⁵1975.

LINDEMANN, Andreas: Paulus im ältesten Christentum. Das Bild des Apostels und die Rezeption der paulinischen Theologie in der frühchristlichen Literatur bis Marcion, BHTh 58, Tübingen 1979.

–: Paulinische Theologie im Brief an Diognet, in: A.M. Ritter (Hg.), Kerygma und Logos. Beiträge zu den geistesgeschichtlichen Beziehungen zwischen Antike und Christentum. FS C. Andresen, Göttingen 1979, 337–350.

–: Der Apostel Paulus im 2. Jahrhundert, in: J.-M. Sevrin (Hg.), The New Testament in Early Christianity. La réception des écrits néotestamentaires dans le christianisme primitif, BEThL 86, Leuven 1989, 39–67.

LINDESKOG, Gösta: Schöpfer und Schöpfung in den Schriften der Apostolischen Väter, ANRW II 27, 1, 1993, 588–648.

LOHMANN, Hans: Drohung und Verheißung. Exegetische Untersuchungen zur Eschatologie bei den Apostolischen Vätern, BZNW 55, Berlin/New York 1989.

LÖHR, Winrich A.: Basilides und seine Schule. Eine Studie zur Theologie- und Kirchengeschichte des zweiten Jahrhunderts, WUNT 83, Tübingen 1996.

Lohse, Eduard: Christus als Weltenrichter, in: G. Strecker (Hg.), Jesus Christus in Historie und Theologie. Neutestamentliche Festschrift für H. Conzelmann zum 60. Geburtstag, Tübingen 1975, 475–486, jetzt in: Die Vielfalt des Neuen Testaments. Exegetische Studien zur Theologie des Neuen Testaments, Göttingen 1982, 70–81.

Lona, Horacio E.: Die Auferstehung des Fleisches, BZNW 66, Berlin/New York 1993.

–: Der erste Clemensbrief, KAV 2, Göttingen 1998.

Loofs, Friedrich: Leitfaden zum Studium der Dogmengeschichte, Halle ⁴1906.

Lührmann, Dieter: Epiphaneia. Zur Bedeutungsgeschichte eines griechischen Wortes, in: G. Jeremias/H.-W. Kuhn/H. Stegemann (Hg.), Tradition und Glaube. Das frühe Christentum in seiner Umwelt. Festgabe für K.G. Kuhn zum 65. Geburtstag, Göttingen 1971, 185–199.

–: POx 4009. Ein neues Fragment des Petrusevangeliums?, NT 35, 1993, 390–410.

–: Petrus als Evangelist – ein bemerkenswertes Ostrakon, NT 43, 2001, 348–367.

–: Die apokryph gewordenen Evangelien. Studien zu neuen Texten und zu neuen Fragen, NT.S 112, Leiden/Boston 2004.

Lütgert, Wilhelm: Amt und Geist im Kampf. Studien zur Geschichte des Urchristentums, BFChTh 15,4.5, Gütersloh 1911.

Luz, Ulrich: Das Evangelium nach Matthäus, EKK 1,1–4, Düsseldorf u. a., I ⁵2002; II 1990; III 1997; IV 2002.

Mansfeld, Jaap: Providence and the Destruction of the Universe in Early Stoic Thought. With Some Remarks on the „Mysteries of Philosophy", in: M. J. Vermaseren (Hg.), Studies in Hellenistic Religions, EPRO 78, 1979, 129–188.

–: Resurrection Added: The Interpretatio Christiana of a Stoic Doctrine, VigChr 37, 1983, 218–233.

Markschies, Christoph: Valentinus Gnosticus? Untersuchungen zur valentinianischen Gnosis mit einem Kommentar zu den Fragmenten Valentins, WUNT 65, Tübingen 1992.

Martín, José P.: El Espiritu Santo en los origenes del Cristianismo. Estudio sobre I Clemente, Ignacio, II Clemente y Justino Martir, BSRel 2, Zürich 1971.

Mason, Arthur J.: Conceptions of the Church in Early Times, in: H.B. Swete (Hg.), Essays on the Early History of the Church and the Ministry, London ²1921, 3–56.

Massaux, Édouard: Influence de l'Évangile de saint Matthieu sur la littérature chrétienne avant saint Irénée. Réimpression anastatique présentée par F. Neirynck. Supplément Bibliographie 1950–1985 par B. Dehandschutter, BETL 75, Leuven 1986 (Nachdr.d.Aufl. 1950).

Mayer, Rudolf: Die biblische Vorstellung vom Weltenbrand. Eine Untersuchung über die Beziehungen zwischen Parsismus und Judentum, BOS.NS 4, Bonn 1956.

McDonald, J.I.H.: Some Comments on the Form of Melito's Paschal Homily, in: E. A. Livingstone (Hg.), Studia Patristica XII. Papers presented to the Sixth International Conference on Patristic Studies held in Oxford 1971, TU 115, Berlin 1975, 104–112.

Meeks, Wayne A.: The Origins of Christian Morality. The First Two Centuries, New Haven/London 1993.

Ménard, Jacques É.: Le repos, salut du gnostique, RevSR 51, 1977, 71–88.

Merklein, Helmut: Der erste Brief an die Korinther. Kap 1–4, ÖTK 7,1, Gütersloh-Würzburg 1992.

Metzger, Bruce: Der Kanon des Neuen Testaments. Entstehung, Entwicklung, Bedeutung, Düsseldorf 1993.

Michaelis, Wilhelm: ὁράω κτλ, ThWNT V, 1954, 315–381.

MORGAN, Colby S.: The Comparative Influence of the Gospels of Matthew and Luke on Christian Literature before Irenaeus, Diss. Cambridge MA 1969.

MUDDIMAN, John: The Church in Ephesians, 2. Clement, and the Shepherd of Hermas, in: A.F. Gregory/C.M.Tuckett (Hg.), Trajectories through the New Testament and the Apostolic Fathers, Oxford 2005, 107–121.

MÜLLER, Karl: Die Forderung der Ehelosigkeit für alle Getauften in der alten Kriche, SgV 126, Tübingen 1927, jetzt in: Aus der akademischen Arbeit. Vorträge und Aufsätze, Tübingen 1930, 63–79 (danach zitiert).

NEYMEYER, Ulrich: Die christlichen Lehrer im zweiten Jahrhundert. Ihre Lehrtätigkeit, ihr Selbstverständnis und ihre Geschichte, VigChr.S 4, Leiden u.a. 1989.

NIEBERGALL, Alfred: Die Geschichte der christlichen Predigt, in: K.F. Müller/W. Blankenburg (Hg.), Leiturgia. Handbuch des evangelischen Gottesdienstes. II. Gestalt und Formen des evangelischen Gottesdienstes. 1. Der Hauptgottesdienst, Kassel 1955, 181–353.

NIEDERWIMMER, Kurt: Askese und Mysterium. Über Ehe, Ehescheidung und Eheverzicht in den Anfängen des christlichen Glaubens, FRLANT 113, Göttingen 1975.

–: Die Didache, KAV 1, Göttingen ²1993.

–: Theologie des Neuen Testaments. Ein Grundriss, Wien ³2004.

NUTTON, Vivian: Medizin IV, DNP 7, 1999, 1107–1117.

OEGEMA, Gerbern S.: Zwischen Hoffnung und Gericht. Untersuchungen zur Rezeption der Apokalyptik im frühen Christentum und Judentum, WMANT 82, Neukirchen-Vluyn 1999.

OEPKE, Albrecht: ἰάομαι κτλ, ThWNT III, 1938, 194–215.

ÖFFNER, Ernst: Der zweite Klemensbrief. Moralerziehung und Moralismus in der ältesten christlichen Predigt, Diss. Erlangen/Nürnberg 1976.

O'HAGAN, Angelo: Material Re-Creation in the Apostolic Fathers, TU 100, Berlin 1968.

OPITZ, Helmut: Ursprünge frühchristlicher Pneumatologie. Ein Beitrag zur Entstehung der Lehre vom Heiligen Geist in der römischen Gemeinde unter Zugrundelegung des I. Clemens-Briefes und des „Hirten" des Hermas, ThA 15, Berlin 1960.

OXFORD COMMITTEE: The New Testament in the Apostolic Fathers. By a Committee of the Oxford Society of Historical Theology, Oxford 1905 (II Clement: 124–136; Evangelien: J.V. Bartlet; Paulusbriefe: A.J. Carlyle; Kath. Briefe: P.V.M. Benecke).

PAULI, Andreas di: Zum sog. 2. Korintherbrief des Clemens Romanus, ZNW 4, 1903, 321–329.

PAULSEN, Henning: Der Zweite Petrusbrief und der Judasbrief, KEK 12,2, Göttingen 1992.

–: Die Briefe des Ignatius von Antiochia und der Brief des Polykarp von Smyrna, 2., neu bearb. Auflage von W. Bauer, HNT 18. Die Apost. Väter 2, Tübingen ²1985.

PAVAN, Vincenzo: Battesimo e Incorruttibilità nella II Clementis, catechesi ai neofiti, VetChr 14, 1977, 51–67.

PEARSON, Birger A./GOEHRING, James E.: The Roots of Egyptian Christianity, Studies in Antiquity and Christianity, Philadelphia 1986.

PELIKAN, Jaroslav: The Christian Tradition. A History of the Development of Doctrine. I: The emergence of the Catholic Tradition (100–600), Chicago/London 1971.

PESCH, Rudolf: Simon-Petrus. Geschichte und geschichtliche Bedeutung des ersten Jüngers Jesu Christi, PuP 15, Stuttgart 1980.

PETERSEN, William L.: Textual Traditions Examined: What the Text of the Apostolic Fathers tells us about the Text of the New Testament in the Second Century, in: A.F. Gregory/C.M. Tuckett (Hg.), The Reception of the New Testament in the Apostolic Fathers, Oxford 2005, 29–46.

PFITZNER, Victor C.: Paul and the Agon Motif. Traditional Athletic Imagery in the Pauline Literature, NT.S 16, Leiden 1967.

PFLEIDERER, Otto: Das Urchristentum. Seine Schriften und Lehren in geschichtlichem Zusammenhang beschrieben, II, Berlin ²1902.

POHLENZ, Max: Die Stoa. Geschichte einer geistigen Bewegung, I, Göttingen ⁷1992.

POSCHMANN, Bernhard: Paenitentia secunda. Die kirchliche Buße im ältesten Christentum bis Cyprian und Origenes. Eine dogmengeschichtliche Untersuchung, Theoph 1, Bonn 1964 (Nachdr.d.Aufl. 1940).

POWELL, Douglas: Clemensbrief, Zweiter, TRE 8, 1981, 121–123.

PRAETORIUS, W. (Diakonus): Die Bedeutung der beiden Klemensbriefe für die älteste Geschichte der kirchlichen Praxis, ZKG 33, 1912, 347–363.501–528.

PRATSCHER, Wilhelm: Gott ist größer als unser Herz. Zur Interpretation von 1. Joh. 3,19f., ThZ 32, 1976, 272–281.

–: Das Kirchenverständnis des 2. Klemensbriefes, in: W. Pratscher/G. Sauer (Hg.), Die Kirche als historische und eschatologische Größe. Festschrift für K. Niederwimmer zum 65. Geburtstag, Frankfurt/Main u.a. 1994, 101–113.

–: Soteriologie und Ethik im Kontext von Eschatologie und Schöpfungslehre in 2. Clem 1, in: M. Evang/H. Merklein/M. Wolter (Hg.), Eschatologie und Schöpfung. Festschrift für E. Gräßer zum siebzigsten Geburtstag, BZNW 89, Berlin 1997, 261–274.

–: Schriftzitate im 2. Klemensbrief, SNTU 22, 1997, 139–159.

–: Das Gottesbild des Zweiten Klemensbriefes, in: U. Körtner/R. Schelander (Hg.), Gottes Vorstellungen. Die Frage nach Gott in religiösen Bildungsprozessen. G. Adam zum 60. Geburtstag, Wien 1999, 361–378.

–: Das Geistverständnis des 2. Klemensbriefes im Verhältnis zu dem des Neuen Testaments, Wiener Jahrbuch für Theologie 3, 2000, 38–51.

–: Begründungen der Paränese. Ein Beitrag zum Selbstverständnis der Kirche nach dem 2. Klemensbrief, Wiener Jahrbuch für Theologie 4, 2002, 81–95.

–: Die Wettkampfmetaphorik im 2. Klemensbrief, Wiener Jahrbuch für Theologie 5, 2004, 47–59.

–: Die Bedeutung der Gebote im 2. Clemensbrief, Amt u. Gem. (Wien) 55, 2004, 208–212.

–: Die Parusieerwartung im 2. Klemensbrief, in: M. Becker/M. Öhler (Hg.), Apokalyptik als Herausforderung neutestamentlicher Theologie, WUNT 2, 214, Tübingen 2006, 197–210.

–: Neutestamentliche und apokryphe Zitate im 2. Clemensbrief, Wiener Jahrbuch für Theologie 6, 2006, 99–111.

PREISKER, Herbert: μισθός κτλ, ThWNT IV, 1942, 699–710.718–736.

PRIGENT, Pierre: Le que l'oeil n'a pas vu, I Cor. 2,9, ThZ 14, 1958, 416–429.

PROSTMEIER, Ferdinand: Der Barnabasbrief, KAV 8, Göttingen 1999.

QUACQUARELLI, Antonio: Alle origini del „Lector", in: Convivium dominicum. Studi sull' Eucaristia nei Padri della Chiesa antica e Miscellanea Patristica, Centro di Studi sull'Antico Cristianesimo (Univ. di Catania), Catania 1959, 381–406.

QUASTEN, Johannes: Patrology. I: The Beginnings of Patristic Literature, Utrecht/Antwerp 1975 (Nachdr.d.Aufl 1950).

RAD, Gerhard von: Es ist noch eine Ruhe vorhanden dem Volke Gottes. Eine biblische Begriffsuntersuchung, ZZ 11, 1933, 104–111, jetzt in: Gesammelte Studien zum Alten Testament, ThB 8, München 1965, 101–110.

RÄISÄNEN, Heikki: „Werkgerechtigkeit" – eine „frühkatholische" Lehre? Überlegungen zum 1. Klemensbrief, StTh 37, 1983, 79–99.

REBELL, Walter: Neutestamentliche Apokryphen und Apostolische Väter, München 1992.

REINMUTH, Oscar W.: Agon(es), DKP 1, 1979, 135–139.

REISCH, Emil: Agones (ἀγῶνες), PRE I 1, 1893, 836–866.

RIESNER, Rainer: Jesus als Lehrer. Eine Untersuchung zum Ursprung der Evangelien-Überlieferung, WUNT 2,7, Tübingen ³1988.

RITT, Hubert: φῶς, EWNT III, ²1992, 1071–1075.

RUDOLPH, Kurt: Die Gnosis. Wesen und Geschichte einer spätantiken Religion, UTB 1577, Göttingen ³1990.

SALZMANN, Jorg C.: Lehren und Ermahnen. Zur Geschichte des christlichen Wortgottesdienstes in den ersten drei Jahrhunderten, WUNT 2, 59, Tübingen 1994.

SCHLIER, Heinrich: αἰνέω κτλ, ThWNT I, 1933, 176f.

SCHMIDT, Karl L.: καλέω κτλ, ThWNT III, 1938, 488–539.

SCHMIDT, Karl L./SCHMIDT Martin A.: πάροικος κτλ, ThWNT V, 1954, 840–848. 849–852.

SCHNEEMELCHER, Wilhelm: Bemerkungen zum Kirchenbegriff der apokryphen Evangelien, in: Ecclesia. Een bundel opstellen aangeboden aan Prof. Dr. J.N. Bakhuizen van den Brink, s'Gravenhage 1959, 18–32.

SCHNEYER, Johann B.: Geschichte der katholischen Predigt, Freiburg 1969.

SCHOLTEN, Clemens: Martyrium und Sophiamythos im Gnostizismus nach den Texten von Nag Hammadi, JAC.E 14, Münster 1987.

SCHRAGE, Wolfgang: Das Verhältnis des Thomas-Evangeliums zur synoptischen Tradition und zu den koptischen Evangelienübersetzungen. Zugleich ein Beitrag zur gnostischen Synoptikerdeutung, BZNW 29, Berlin 1964.

–: Der erste Brief an die Korinther. I: 1. Kor 1,1–6,11, EKK 7,1, Zürich u.a. 1991.

SCHREINER, Josef: Alttestamentlich-jüdische Apokalyptik. Eine Einführung, BiH 6, München 1969.

SCHULZ, Siegfried: Die Mitte der Schrift. Der Frühkatholizismus im Neuen Testament als Herausforderung an den Protestantismus, Stuttgart/Berlin 1976.

SCHÜSSLER, Walther: Ist der zweite Klemensbrief ein einheitliches Ganzes?, ZKG 28, 1907, 1–13.

SCHWEGLER, Albert: Das nachapostolische Zeitalter in den Hauptmomenten seiner Entwicklung, I.II, Graz 1977 (Nachdr.d.Aufl. 1846).

SCHWEIZER, Eduard: πνεῦμα κτλ, ThWNT VI, 1959, 394–453.

SEEBERG, Reinhold: Lehrbuch der Dogmengeschichte. I: Die Anfänge des Dogmas im nachapostolischen und altkatholischen Zeitalter, Darmstadt 1974 (Nachdr.d.Aufl. ³1922).

SEITZ, Oscar J. F.: Relationship of the Shepherd of Hermas to the Epistle of James, JBL 63, 1944, 131–140.

–: Antecedents and Signification of the Term of ΔΙΨΥΧΟΣ, JBL 66, 1947, 211–219.

–: Afterthoughts on the Term ‚Dipsychos', NTS 4, 1957/58, 327–334.

SKEAT, Theodore C.: The Provenance of the Codex Alexandrinus, in: JTHS.NS 6, 1955, 233–235, jetzt in: J.K. Elliott (Hg.), The Collected Biblical Writings of T.C. Skeat, NT.S 113, Leiden/Boston 2004, 119–121.

STAHL, Arthur: Patristische Untersuchungen, Leipzig 1901.

STÄHLIN, Gustav: μῦθος, ThWNT IV, 1942, 769–803.

STANTON, G. R.: 2. Clement VII and the origin of the document, CM 28, 1967, 314–320.

STAUFFER, Ethelberth: ἀγών κτλ, ThWNT I, 1933, 134–140.

STEGEMANN, Christa: Herkunft und Entstehung des sogenannten zweiten Klemensbriefes, Diss. Bonn 1974.

STEMBERGER, Günter: Das klassische Judentum. Kultur und Geschichte der rabbinischen Zeit (70 n. Chr. bis 1040 n. Chr.), Beck'sche Elementarbücher, München 1979.

STEWART-SYKES, Alistair: From prophecy to preaching. A search for the origins of the Christian homily, VigChr.S 59, Leiden 2001.

STRATHMANN, Hermann: λαός, ThWNT IV, 1942, 29–39.49–57.

STREETER, Burnett H.: The Primitive Church. Studied with special reference to the origins of the Christian ministry, London 1930 (Nachdr.d.Aufl. 1929).

STROBEL, August: Untersuchungen zum eschatologischen Verzögerungsproblem. Auf Grund der spätjüdisch-urchristlichen Geschichte von Habakuk 2,2ff, NT.S 2, Leiden/Köln 1961.

STROKER, William D.: Extracanonical Sayings of Jesus, SBL. Resources for Bibl. Studies 18, Atlanta 1989.

SWETE, Henry B.: The Holy Spirit in the Ancient Church. A Study of Christian Teaching in the Age of the Fathers, London 1912.

TAYLOR, Charles: The Homily of Pseudo-Clement, JP 28, 1903, 195–208.

TELFER, William: The Forgiveness of Sins. An Essay in the History of Christian Doctrine and Practice, London 1959.

THYEN, Hartwig: Der Stil der jüdisch-hellenistischen Homilie, FRLANT 65, Göttingen 1955.

TREPP, Leo: Der jüdische Gottesdienst. Gestalt und Entwicklung, Stuttgart/Berlin/Köln 1992.

TUGWELL, Simon: The Apostolic Fathers, Outstanding Christian Thinkers, London 1989.

TURMEL, J.: L'homélie Clémentine, APhC 76, 1905, 466–480.

UHLHORN, Gerhard: Clemens von Rom, PRE IV, [3]1898, 163–171.

UNNIK, Willem C. van: Die Rücksicht auf die Reaktion der Nicht-Christen als Motiv in der altchristlichen Paränese, in: W. Eltester (Hg.), Judentum. Urchristentum. Kirche. Festschrift für J. Jeremias, BZNW 26, Berlin 1960, 221–234.

–: The interpretation of 2. Clement 15,5, VigChr 27, 1973, 29–34.

URNER, Hans: Die außerbiblische Lesung im christlichen Gottesdienst. Ihre Vorgeschichte und Geschichte bis zur Zeit Augustins, VEGL 6, Göttingen 1952.

VIELHAUER, Philipp: Ἀνάπαυσις. Zum gnostischen Hintergrund des Thomasevangeliums, in: Apophoreta. Festschrift für E. Haenchen zu seinem siebzigsten Geburtstag am 10. Dezember 1964, BZNW 30, Berlin 1964, 281–299, jetzt in: Aufsätze zum Neuen Testament, ThB 31, München 1965, 215–234.

–: Geschichte der urchristlichen Literatur. Einleitung in das Neue Testament, die Apokryphen und die Apostolischen Väter, Berlin/New York 1985 (Nachdr.d.Aufl. 1975).

VIELHAUER, Philipp/STRECKER, Georg: Apokalypsen und Verwandtes. Einleitung, in: W. Schneemelcher (Hg.), Neutestamentliche Apokryphen in deutscher Übersetzung. II: Apostolisches, Apokalypsen und Verwandtes, Tübingen [6]1997, 491–515.

Vogt, Hermann-J.: Rez. A. Lindemann, Die Clemensbriefe, 1992, JAC 38, 1995, 167–170.

Völter, Daniel: Die Apostolischen Väter neu untersucht. II, 1: Die älteste Predigt aus Rom (Der sogenannte zweite Clemensbrief), Leiden 1908.

Volz, Paul: Die Eschatologie der jüdischen Gemeinde im neutestamentlichen Zeitalter nach den Quellen der rabbinischen, apokalyptischen und apokryphen Literatur dargestellt, Tübingen 1934.

Walter, Matthias: Gemeinde als Leib Christi. Untersuchungen zum Corpus Paulinum und zu den „Apostolischen Vätern", NTOA 49, Freiburg/Göttingen 2001.

Warns, Rüdiger: Untersuchungen zum 2. Clemens-Brief, Diss. Marburg 1985 (Nachträge bis 1989).

Wehofer Thomas M.: Untersuchungen zur altchristlichen Epistolographie, SAWW.PH 143, 17, Wien 1901.

Weiser, Alfons: Der zweite Brief an Timotheus, EKK 16,1, Düsseldorf/Neukirchen-Vluyn 2003.

Weiss, Hans-Friedrich: Untersuchungen zur Kosmologie des hellenistischen und palästinischen Judentums, TU 97, Berlin 1966.

Weiss, Johannes: Der erste Korintherbrief, KEK 5, Göttingen ⁹1910.

Westermann, Claus: Das Buch Jesaja. Kapitel 40–66, ATD 19, Göttingen ⁵1986.

Wibbing, Siegfried: Die Tugend- und Lasterkataloge im Neuen Testament und ihre Traditionsgeschichte unter besonderer Berücksichtigung der Qumran-Texte, BZNW 25, Berlin 1959.

Wilckens, Ulrich: Der Brief an die Römer. I: Röm 1–5, EKK 6,1, Zürich u.a. ²1987.

Wilson, Robert McL.: The Spirit in gnostic literature, in: B. Lindars/S.S. Smalley (Hg.), Christ and Spirit in the New Testament, Cambridge 1973, 345–355.

Windisch, Hans: Taufe und Sünde im ältesten Christentum, Tübingen 1908.

–: Das Christentum des zweiten Clemensbriefes, in: Harnack-Ehrung. Beiträge zur Kirchengeschichte, ihrem Lehrer A. v. Harnack zu seinem siebzigsten Geburtstage (7. Mai 1921), dargebracht von einer Reihe seiner Schüler, Leipzig 1921, 119–134.

–: Julius Cassianus und die Clemenshomilie (II Clemens), ZNW 25, 1926, 258–262.

–: Die Katholischen Briefe, HNT 15, Tübingen ²1930.

Wrege, Hans-Theo: Die Überlieferungsgeschichte der Bergpredigt, WUNT 9, Tübingen 1968.

Wright, David F.: The Apostolic Fathers and Infant Baptism: Any Advance on the Obscurity of the New Testament?, in: A.F. Gregory/C.M. Tuckett (Hg.), Trajectories through the New Testament and the Apostolic Fathers, Oxford 2005, 123–133.

Zahn, Theodor: Das älteste Kirchengebet und die älteste christliche Predigt, ZPK.NF 72, 1876, 194–209.

–: Geschichte des Neutestamentlichen Kanons. I. Das Neue Testament vor Origenes, Erlangen 1888 (1. Hälfte), Erlangen/Leipzig 1889 (2. Hälfte), II. Urkunden und Belege zum ersten und dritten Band, Erlangen/Leipzig 1890 (1. Hälfte), Erlangen/Leipzig 1892 (2. Hälfte).

Zimmermann, Ruben: Geschlechtermetaphorik und Gottesverhältnis. Traditionsgeschichte und Theologie eines Bildfeldes in Urchristentum und antiker Umwelt, WUNT 2, 122, Tübingen 2001.

REGISTER

1. Autoren

Adam 59[6]. 62[18]
Aland, K. 97[41]
Aland/Aland 9[2]. 60[14]. 146[43]
Altaner/Stuiber 12[22]. 13[32]. 59[6]. 62[7]
Aono 46[36]. 49[55]. 60[17]. 63[21]
Arnold 63[21]
Aune 132[34]. 143[20]

Baarda 36[40]. 162[17]. 163[20.21.24.27]. 164[29]. 165[40]. 166[48]. 167[54.56]
Baasland 13[28]. 18[2]. 19[8]. 224[5]. 23. 23[25]. 25[1]. 267[.12]. 46. 46[41]. 47[45]. 49[54]. 56[4]. 57[13]. 58[18]. 61[20.23]. 70[28]. 126[1]. 188[69]. 201[36]. 220[4]
Bardenhewer 18[1]. 59[6]. 63[21]
Bartlet 60[17]. 62[14]
Bauer 8[5]. 17[5]
Bauer/Aland 72[40]. 78[22.23]. 100[3]. 102[12]. 111[14]. 116[48]. 119[9]. 122[25]. 128[16]. 134[49]. 140[2.4]. 145[29.31.32]. 147[49]. 148[56]. 153[16.19]. 157[44]. 160[5]. 174[38.40.43]. 180[17]. 182[32]. 185[49]. 187[68]. 190[4]. 194[25]. 195[30.31.32]. 197[4]. 199[16.20]. 202[46]. 203[47]. 204[3]. 205[7]. 206[17.20]. 207[21]. 208[27]. 209[35]. 212[52]. 213[62.63]. 214[65]. 215[72]. 217[92]. 221[10.11]. 223[23.24]. 224[33]. 225[42]. 226[46.50]. 227[57]. 228[60.61]. 229[68.70]. 231[87.88.89.91]. 235[7]
Bauernfeind 144[28]
Bellinzoni 59[2]. 63[22]
Benoît 80[36]
Benrath 48[47]
Bensly/Kennett 10. 10[11]. 11
Berger 26[11]. 50[3]. 100[5]. 102[16]. 158[53]
Bertram 226[47]
Beyer 205[12]
Beyschlag 152[10]
Bihlmeyer 9f[7]. 56[3]. 59[6]. 62[7]
Böttrich 102[16]
Bousset/Gressmann 110[11]. 148[55]. 168[58]. 200[23]
Braun 105[41]. 106[43]
Brox 129[23]. 200[25]

Βρυέννιος 9. 9[7]. 56. 56[7]. 60[13]. 66[5]. 67[14]. 166[45]. 205[5.6]. 220[7]
Bueno 59[2]. 63[21]
Bultmann 26[11]. 46. 46[34]. 84[1]. 227[54]

Callan 163[24.26]. 164[28]
Campenhausen 80[45]
Chadwick 190[5]. 191[10]
Conzelmann 70[26]. 158[53.56]
Cotelerius 17[54]

Daley 62[7]
Dassmann 26[8]. 127[6]
Decker 118[3]
Delling 199[19]
Derrett 63[21]. 163[23]. 182[30]. 202[41]
Dietzfelbinger 201[33]
Donfried 22. 22[12]. 23. 26[11]. 38[5]. 44[27]. 46. 46[39]. 50[6.54]23. 60. 60[9.10]. 62[2]. 66[5.8]. 68[16]. 75[62]. 76[6]. 77[11]. 78[17]. 79[29]. 80[37]. 85[9.14]. 87[23]. 90[51]. 92[8]. 97[40]. 100[2.5]. 104[29]. 110[9]. 111[13]. 119[7.11]. 123[3]. 126[2]. 132[34]. 134[51]. 144[25]. 145[30]. 151[8]. 163[24]. 167[52.54]. 170[4]. 171[18]. 175[51]. 176[60]. 182[29]. 183[38]. 185[47]. 187[64]. 191[9]. 195[34]. 202[38]. 205[11]. 209[34]. 212[54]. 213[64]
Drobner 62[12]

Ehrman 46[40]. 56[5]. 59[1]. 62[19]. 137[73]. 197[2]
Eijk 129[19]. 130[26]. 135[54]. 168[60]
Elbogen 221[8]
Ellsworth 118[3]

Fischer 63[21]
Fitzer 123[34]. 124[36]
Foerster 170[10]
Frank 22[6]. 23. 23[22]. 25[4]. 50[6]. 54[23]. 63[21]. 68[15]. 77[13]. 80[39]. 132[37]. 179[8]. 183[38]. 184[46]. 185[47.48]. 186[60]
Frend 59[2]. 62[2]. 152[10]

2. Quellen

2.1. Altes Testament

2.2. Frühjüdische Literatur

2.2.1. Alttestamentliche Apokryphen

9,11 — 32. 33. 34. 39. 86[15]. 88. 92. 99. 106. 129. 130. 132[35]. *142–144.* 210

10,1–5 — 126. 126[1]. 150[2]

10,1–4 — 157

10,1–3 — 45

10,1f — 146. 151

10,1 — 38. 39. 40. 44. 45. 47. 66[1]. 73. 88. 93. 99. 106. 129. 130. 143. *144f.* 146. 150. 153. 196. 217. 222

10,2 — 18. 31[12]. 45. *145f.* 147. 194. 218

10,3–5 — 13. 54. 55[30]

10,3f — 153. 194

10,3 — 52. 54. 105. *146f*

10,3 vl — 105[37]

10,4 — 54. 105. 146. *147f.* 149. 214

10,5 — 42. 43. 54. 147. *148f.* 192. 197. 206. 218

11,1–7 — *150–58*

11,1–5 — 42

11,1 — 45. 88. 99. 105. *150f.* 154. 158. 192[17]. 193. 194. 208. 214. 216. 216[80]. 230[75]

11,2–4 — 31. 146. *151–153.* 158

11,2 — 92[4]. 143[15]. 151. 152. *153f.* 224

11,3 — 152. *155.* 195. 206

11,4 — 32. 152. *155.* 206

11,5–7 — 158

11,5 — 19. 66[1]. 67[13]. 87. 129. 144[24]. 151. 152. *155f.* 156. 196. 214. 216. 222. 224. 231

11,6f — 158

11,6 — 46. 69. 110[8]. 140. 141[10]. 152[4]. *156f.* 192. 211[48]

11,7–12,2 — 39[9]

11,7 — 32. 45. 52. 88. 92. 92[9]. 93. 93[13]. 105. 106. 138. 141[10]. 153. 154. *157f.* 159[2]. 160. 170. 189. 193. 194. 218. 223. 224

12,1–6 — 42. 60. *159–168*

12,1 — 40[10]. 42. 43. 66. 93. 94. 138. 154. 157. *159f.* 168. 168[58]. 169. 170. 193. 211. 218. 223. 231[80]

12,2–6 — 35. 53. 57. 64[48]. 159

12,2–5 — 68[15]. 168

12,2 — 35. 36. 37. 53[19]. 55. 55[25]. 86[15]. 132[35]. 138. 143. 159. *160–164.* 167. 167[52]. 168. 210

12,3–5 — 37. 53. 160. 164

12,3f — 197. 197[8]. 206

12,3 — 49[57]. *164f.* 167. 170. 195. 206

12,4 — 136. *165f.* 167

12,5 — 9. 53. 78[19]. 95. 130. 133. 165. 165[40]. *166f.* 187. 210. 213

12,6 — 35. 36. 55[25]. 106. 137[69]. 138. 159. 159[1]. 160. 166. *167f*

13,1–5 — 49

13,1–4 — 26. 44. *168–176*

13,1 — 31. 45. 47. 66[1]. 71. 93. 126. 129. 130. 144[24]. 157. *169–171.* 172[20]. 173. 191. 195. 204. 204[2]. 206. 218. 222. 223

13,2–4 — 49

13,2 — 28. 28[3]. 29. 31. 33. 92[4]. 106. 143. 143[15]. 169. *171–173.* 175. 210

13,3f — 169

13,3 — 31. 82[54]. *173f.* 175. 175[45]. 192. 220

13,4 — 29. 32. 34. 39[9]. 40. 40[10]. 49. 54. 66. 86. 92[4]. 94. 110[7]. 132[35]. 138. 172[20]. 173. *174–176.* 178. 178[2]. 220

14,1–5 — *177–189*

14,1–4 — 54[23]

14,1–3 — 44

14,1f — 51. 93. 130. 206

14,1 — 28. 28[3]. 29. 30. 38. 39. 47. 52. 53[19]. 54. 66[1]. 71. 74[52]. 80[41]. 88. 92[4]. 99. 106. 124. 129. 130. 133. 143. 143[15]. 144. 144[24]. 150. 150[2]. *178–180.*181. 181[21]. 183. 183[41]. 184[45]. 185. 196. 222. 224

14,2–4 — 214

14,2f — 235

14,2 — 28. 28[3]. 29. 30. 39. 40. 41. 66. 71. 76. 80[41]. 81[49]. 92[4]. 112. 124. 143[15]. 178. *178f*[8]. 179. 180. *181–185.* 190. 197[8]. 215. 227[51]

14,3–5 — 51. 51[11]. 52

2.6. Profanliteratur

3. Begriffe und Namen